普通高等教育“十三五”规划教材

中国科学院规划教材

医学信息检索与利用

（第二版）

主　编　陈　燕

副主编　胡希俊　胡　虹

编　委（按姓氏音序排序）

陈　燕（重庆医药高等专科学校）

胡　虹（重庆医科大学）

胡希俊（河北沧州医学高等专科学校）

刘方方（重庆三峡医药高等专科学校）

刘　静（重庆医药高等专科学校）

梁　瑜（重庆医药高等专科学校）

田　柳（重庆医药高等专科学校）

叶甬渝（重庆师范大学涉外商贸学院）

曾小莹（广州医科大学卫生职业技术学院）

郑　伟（河北沧州医学高等专科学校）

周　玥（天津医学高等专科学校）

科学出版社

北　京

内 容 简 介

本书从医学、药学类专业信息需求入手，以信息素养为主线，按基础、技能、应用三个层次，以基本理论、方法与工具、专题信息检索、信息资源评价管理与应用四大模块组织教材。

本书共有信息素养及其评价，信息检索基础，信息检索技术与检索策略构建，网络免费医学学术信息检索，图书馆及其利用，工具书及其利用，中外学术数据库检索，电子图书数据库，特种文献检索，学术性信息资源评价、管理与利用，医学论文投稿及文献综述撰写等 11 章及 9 个实习项目。

本书适合普通本科院校、高职高专层次医学、药学及相关专业师生使用，也适合医药专业科研人员、信息用户使用。

图书在版编目（CIP）数据

医学信息检索与利用 / 陈燕主编. —2 版. —北京：科学出版社，2016

普通高等教育“十三五”规划教材•中国科学院规划教材

ISBN 978-7-03-046648-8

Ⅰ. ①医… Ⅱ. ①陈… Ⅲ. ①医药学-情报检索-高等学校-教材 Ⅳ. ①G252.7

中国版本图书馆 CIP 数据核字(2015)第 305977 号

责任编辑：胡云志 任俊红 陈 凤 / 责任校对：桂伟利
责任印制：赵 博 / 封面设计：华路天然工作室

科学出版社 出版
北京东黄城根北街 16 号
邮政编码: 100717
http://www.sciencep.com

保定市中画美凯印刷有限公司印刷
科学出版社发行 各地新华书店经销

*

2012 年 1 月第 一 版 开本：787×1092 1/16
2016 年 1 月第 二 版 印张：22 1/2
2017 年 7 月第七次印刷 字数：533 000

定价：45.00 元

前　　言

当前，全球性的信息技术革命，正以前所未有的方式对社会变革方向起决定性作用。信息素养能力已成为全球信息化要求人们具有的基本能力。“医学信息检索”课程正是以提高医学生的信息资源查找、分析评价、选择与管理应用的综合信息素养能力为目标的，为其从事医学专业工作及继续教育奠定一个良好的基础。

医药学和信息科学是快速发展的两大领域，为适应学科与信息技术发展及高校信息素养教育的要求，本次修订强调课程内容与学科/专业的针对性，注重概括反映医药专业领域文献资源状况，适度反映信息检索新技术的应用，强调信息素养综合能力的培养。

本书从医学、药学类专业信息需求入手，以信息素养为主线，按基础、技能、应用三个层次，以基本理论、方法与工具、专题信息检索、信息资源评价管理与应用四大模块组织教材，在注重培养信息意识和提高信息检索能力的同时，注重批判性思维及信息道德法律意识的培养，强调医学信息资源的评价、管理与利用。

本书注重反映新知识内容及检索新技术的应用，如元素养、信息过滤与知识管理工具应用、Web2.0 在信息获取中的典型应用等内容，以增强学生利用网络检索与信息管理的实践应用能力、对信息利用的创新能力。

本书设计了大量医药类专业资源检索与检索技术应用案例，并配有 9 个实习项目，设计制作了课程同步 PPT 课件，建有课程学习网站平台、课程学习视频空间等学习平台（相关资料可向作者或出版社索取）。

本书各章编写分工如下：第一章由胡希俊编写，第二章由叶甬渝编写，第三章由曾小莹编写，第四章由郑伟编写，第五章由梁瑜编写，第六章由刘方方编写，第七章由刘静编写，第八章由周玥编写，第九章由胡虹编写，第十章由陈燕编写，第十一章由田柳编写。陈燕还负责教学参考大纲编写、全书的统稿及同步课件的界面设计工作。

本书的出版得到了科学出版社编辑的大力帮助和指导，也参考借鉴了国内外有关学者和研究人员的相关学术成果，在此，一并表示衷心的感谢。

囿于作者的学识和水平，书中难免有疏漏之处，希望读者赐教指正，相关建议与意见请致作者邮箱 cqyxcy@163.com。

陈　燕

2015 年 10 月

目　　录

第一章 信息素养及其评价

学习目标

1. 了解信息素养的发展概况。
2. 掌握元素养的概念，了解元素养的领域和目标。
3. 了解高等教育信息素养框架的六项主要内容。
4. 掌握信息伦理与学术规范、学术行为不端的含义。
5. 了解知识产权与知识共享的关系。
6. 了解CC协议的宗旨及四部分主要内容。

第一节 信息素养发展概述

进入信息时代以来，信息技术日新月异，信息资源与日俱增，信息素养成为高素质人才必备的生存和发展能力，是信息时代高素质人才的重要基础。信息素养已成为评价人才综合素质的一项重要指标。

一、信息素养概述

1. 信息素养

信息素养（information literacy）也被称作信息素质、信息能力、信息文化、咨询素养等。最早提出信息素养这一概念的是美国信息产业协会主席保罗·车可斯基（Paul Zurkowski），1974年他向全美图书馆学与信息学委员会提交的一份报告中将其定义为："所有经过训练的在工作中善于运用信息资源的人即称为具有信息素养的人，他们具有利用多种信息工具及主要信息资源使问题得到解答的技能。"随后经过十余年的研究和探索，信息素养的内涵发生了深刻的变化，人们更加强调利用计算机进行检索的技能及对检索结果的评价，并重视人的认知属性，即态度和意识。美国图书馆学会（American Library Association，ALA）信息素养委员会在其1989年的总结报告中对信息素养的含义进行了重新概括："具备信息素养的人，能够充分认识到何时需要信息，并能有效地检索、评价和使用所需要的信息。"随着时代的发展，高等教育发生了很大的变化，越来越复杂的信息生态环境使学者们重新界定信息素养的概念，人们对信息素养概念的理解也在不断地发展和完善，并于20世纪90年代以后，逐步与终身学习关联起来。进入21世纪以来，信息素养作为一种高级的认知技能，同批判性思维、解决问题的能力一起构成了学生进行知识创新和终身学习的基础。

2. 信息素养内涵

信息素养是一种综合能力，其内涵也随着信息社会的发展而发展。经过多年来的研究和探讨，一般认为，信息素养的内涵包括信息意识、信息知识、信息能力和信息伦理四个方面。信息意识是客观存在的信息和信息活动在人们头脑中的能动反映，是对周围信息的敏感度与注意力，是对信息价值的判断力与洞察力，以及捕捉、判断、分析、评价、利用信息的自觉程度。信息知识是指与信息的获取、分析、评价及利用相关的基本原理、概念和方法性知识。信息能力是指人们对信息的搜集、加工、传递、评价、利用进而创造新知识、新信息的能力。信息伦理是指在信息的获取、利用、传播过程中应遵守的道德规范。

信息意识、信息知识、信息能力和信息伦理四者相辅相成、相互促进、互为补充，共同构成一个不可分割的统一整体。信息意识是先导，对信息素养起决定性作用，控制着信息行为的发生。信息知识是关于信息的理论和知识，是信息素养的基础。信息能力是与信息行为相关的能促进开放式信息思维形成，使信息创造力得到更大发挥的一系列能力，是信息素养的核心。信息伦理是信息行为所表现出来的道德修养，是信息领域规范人们的社会信息行为的思想观念与行为准则，是信息素养的思想保障，也是维护信息社会正常秩序的保障。

3. 医学信息素养

医学科技的日新月异，伴随而来的是医学文献信息的急剧增长，以医学信息获取、评价和利用等处理能力为核心的信息素养成为医学人才综合素养的核心。医学生除了具备通用信息素养外，还应具备适应医学专业需要的专业信息素养，即更多地关注医学专业学术信息的获取、处理和应用，为专业学习和职业决策服务，尤其在当今的全媒体时代，有学者对医学信息素养的外延进一步延伸，提出了要关注图像信息的理解与应用能力的视觉素养，体现个体在媒介时代生存和发展所必须具备的思维方式与综合行动能力的媒介素养，体现移动互联网环境下的信息获取、鉴别能力的移动信息素养等。

二、元素养概述

（一）元素养概念的提出

元素养的提出是为了改变信息素养不适应 Web2.0 环境下特别是网络社交媒体时代的状况，而提供一个“元”视角来整合各种信息素养模式，以推动信息素养理论的发展。

知识链接

元素养提出的背景

信息素养这个概念自1974年提出至今已有40余年，人类社会也从工业社会进入信息社会，信息和信息技术引发了社会生活各方面的翻天覆地的变化，信息资源形式从传统纸质资源单一线性组织模式发展到互联网时代多媒体、非线性组织内容的模式，尤其是在Web2.0环境下，新的网络模式更加强调社交媒体环境中的信息协同生产及传播。用户主动参与内容建设并与贡献者形成反馈及互动，同时具备消费和信息生产两种行为，如Facebook、Twitter和YuTube，以及博客、维基、社交网络、即时通信、社会书签等，其核心应用都是社交功能。40余年来，各学科新的概念不断出现，如数字素养、视觉及媒体素养、学术素养、信息通晓等，这使得源于图书馆的信息素养概念面临前所未有的竞争压力。同时高等教育及社会对人才的需求发生了巨大变化，人们在使用信息素养这个概念时的困惑也越来越大，因此，学者们意识到必须用更开放的眼光去关注多种形式信息融会贯通的信息情景，以及因此形成的学术交流新方式，从宏观上对信息素养进行完善，在此情形下，元素养概念应运而生。

1. 元素养的概念

2014年1月，由美国图书馆学会所属出版社 Neal-Schuman 出版了纽约州立大学学者 Mackey 和 Jacobson 二人合著的《元素养：通过重塑信息素养增强学习者的能力》（*Metaliteracy: Reinventing Information Literacy to Empower Learners*），简称《元素养》。元素养是面向 Web2.0 环境特别是社交媒体，通过对相关素养的整合并与新信息技术结合，指导信息主体在社交媒体和交互协同在线社区中进行信息获取、评估、组织、交互协同生产与分享的整体性、综合性和自我参照的素养框架，强调对信息的批判性思维和交互协同能力（图1-1）。

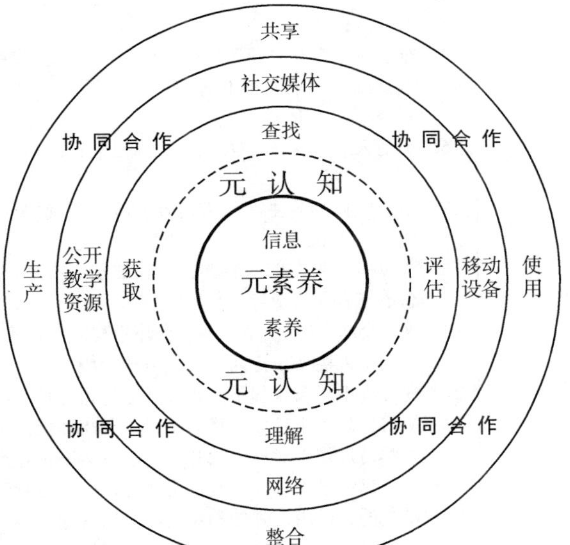

图1-1　元素养概念模型

2. 元素养的领域和目标

元素养学习分为四个领域，实现四个培养目标，每个培养目标都涉及其中的一个或多个领域（表1-1）。

（1）A：情感（affective），学生在学习活动中实现的态度转变。

（2）B：行为（behavioral），学生在完成学习后应当获得的技巧和能力。

（3）C：认知（cognitive），学生在完成学习后应当学会对知识点的理解、组织、应用与评估。

（4）M：元认知（metacognitive），学生对自己思路的反思，即对为何学、如何学、知道及不知道什么、观念是否偏差、如何继续学习等问题的自我剖析。

表 1-1　元素养的领域和目标

目标	所指内容	领域
目标 1：能批判性地评估动态演化的信息内容和网络情景	1. 将参与者情景与信息源结合起来以便确定信息的价值	BC
	2. 从研究者视角区分原始信息和编辑信息，了解价值和将细节嵌入所有信息中	C
	3. 判断来自各种网络信息源的正式或非正式信息的价值	C
	4. 对用户反馈做积极评估，理解传统传统网络与社交平台之间不同的机制和情形	BC
	5. 理解从各种渠道获取信息的重要性，特别是评判地获取社交平台内容	A
目标 2：理解技术变迁情景中个人隐私信息伦理和知识产权等议题	6. 区分原始信息和合成信息或开源信息生产的差别	C
	7. 区分适合于开放或分享的信息和适合于在受限环境中传播的个人信息	C
	8. 运用信息技术构建活跃的网络空间	B
	9. 再生产或再创造信息时恰当地运用版权和共享许可	B
	10. 遵守信息分享的伦理准则	A
目标 3：在多元化信息参与环境中交互协同和分享信息	11. 切实地参与到交互协同的信息环境中去	B
	12. 负责任地参与到交互协同的信息环境中去	A
	13. 有能力区分学术文献、维基等信息形式，并恰当使用和引用以创造新信息	B
	14. 能描述在交互协同环境中与他人所分享信息的不同侧面	A
	15. 根据服务需求能将不同信息形式进行转换，将非结构化数据整合成统一形式	MC
	16. 和他人有效地就个人或专业信息进行沟通，懂得师生角色可以相互转化	AB
	17. 用多媒体形式生产所需内容，将在不确定环境中获取的信息转换为新形式	B
	18. 尊重用户生产的内容并合理评估别人贡献，懂得自己也是信息生产者和消费者	A
	19. 保持全球化视角，在全球化环境中与他人交流以促进深度学习	A
目标 4：具备将终身学习、个人学业及专业目标与学习和科研相结合的能力	20. 根据个人需要设定问题或任务的范围	C
	21. 在过程中对需求和下一步任务进行再评估	C
	22. 懂得信息需求获取策略与信息工具相匹配的重要性	C
	23. 在学习过程中对自己的知识和学习策略进行反思	M
	24. 在信息情景中进行批判性思考并能够迁移到新的情景中	M
	25. 持久的、适用性强的和灵活的价值观念	M
	26. 在交互协同的环境中有效沟通，保持多元化学习视角	M
	27. 懂得学习是一个过程，总结经验教训能带来新的认知和发现	M
	28. 通过了解当今信息技术保持全球化视野，开展智慧的自我学习	M
	29. 通过互动和表达自我赋权，具有教学相长和师生角色转换的能力	M
	30. 懂得元素养具有的终生实践的价值	

（二）元素养的特点

元素养提供了新的学术话语，要求从行为上、情感上、认知上及元认知上参与到信息生态系统中，保留并整合了各种素养理论的合理内核，在原信息素养内涵基础上引入批判性思维、交互协同生产与分享信息、元认知等新的素养要素，扩展了传统信息技能的范畴（即确定、获取、定位、了解、生产和使用信息），把参与式数字环境（协作、生产和共享）中的协作生产和信息共享纳入其中。在指导实践方面，元素养教学模式引入了开放学习理论和方法，即联通主义学习理论和MOOCs，创新了素养教育模式，其特点主要表现为以下几点。

1. 有效整合各种素养理论，强调批判性思维

元素养没有否定信息素养的内容，而是对各种素养理论进行整合，加入了信息主体面对社交媒体情景所必需的批判性思维，保持了信息主体的能动性，体现了以人为本的价值取向。

2. 强调在社交媒体情景中交互协同生产和分享信息

Jacobson 和 Mackey 强调元素养是面向社交媒体、开放学习和交互协同在线社区构建的综合性素养框架，指出了在多元化信息参与环境中交互协同和分享信息的能力是能胜任新的信息情境的基本要求。

3. 强调动态信息情景中的元认知，提升信息素养的品位

强调具备元素养的学习者通过对自身学习行为和过程的批判性反思来探求学习之道，元认知的引入提升了信息素养理论的品味，使信息素养从技术性、实用性方法到具有科学性、知识性的理论体系的转变。

4. 引入 MOOCs 教学模式，创新了素养教育模式

元素养教学模式一开始就引入了开放学习理论和方法，在元素养 MOOCs 中通过不同群体、环境和学习动机之间的交互协同生产和分享信息，使元素养得到最大限度推广和传播。

三、信息素养向元素养的转变

元素养亦被理解为"催生其他素养的素养"，其创始人雅各布森指出尽管目前多种新素养都宣称与信息素养有别，但信息素养仍然是这些概念的核心基础，它们都关注信息及信息使用、理解及评估能力，把培养面向信息的批判性思维作为根本任务。元素养与传统信息素养的区别在于两者关注的具体技术和信息形式有所不同，传统信息素养往往采取的是菜单式的技巧取向，着重于列举人们应该具备的各种信息技巧，这种取向导致的结果就是不适应现实的发展，提供的解决方案与现实脱节，也因此遭人诟病。因此，基于信息素养构建的数字化时代的元素养被认为是新数字时代的信息素养。

背景资料

ACRL（美国大学与研究图书馆协会）高等教育信息素养框架（2015）的发布

《高等教育信息素养能力标准》自2000年发布距今已有15年了，一直以来被认为是比较成熟和最具影响力的信息素养能力评价标准，然而，像ACRL其他标准一样，《高等教育信息素养标准》也需要周期性审核，因此，2011年7月，ACRL任命了一个特别工作组来决定如何处理信息素养现行标准。2012年6月，工作组建议修订现行标准，2013年6月启动信息素养新标准的制定工作，工作组于2014年2月和4月分两个部分发布了新标准的第一版，2014年7月发布第二版草案，2014年11月发布第三版，2015年2月由ACRL理事会签署通过新的信息素养框架（Framework for Information Literacy for Higher Education）。

第二节　信息素养评价标准

信息素养评价标准是评价个体信息素养能力、评价教育教学效果、指导信息素养教育实践的框架、准则和指南。信息素养自1974年提出以来在世界各国被广泛重视，越来越多的国家注重信息素养教育，并根据实际情况制定了适应本国或本地区高等教育发展的信息素养标准。

一、世界各国信息素养评价标准概况

（一）美国《高等教育信息素养能力标准》（2000）

ACRL于2000年制定的《高等教育信息素养能力标准》（2000）更着重于信息获取、信息评价处理、信息交流和信息创新的能力。该标准包含了5项一级指标、22项二级执行指标、87项参考指标，其5个主要指标如下。

标准1：能确定所需要信息的本质和范围。

标准2：能有效地、有能力地获取所需的信息。

标准3：能批判性地评价信息和信息源，并能将经过选择的信息融入自身的知识库和价值体系。

标准4：具有信息素养能力的学生，能独立地或作为小组成员有效地利用信息来完成特定的任务。

标准5：具有信息素养能力的学生，理解围绕信息和信息使用的经济、法律和社会问题，并能合理合法地获取和使用信息。

（二）《澳大利亚与新西兰信息素养框架：原则、标准和实践》（2004）

澳大利亚较早推出了国家信息素养能力标准，为全面开展信息素养教育提供规范和指导。澳大利亚大学图书馆协会（CAUL）在2000年10月的堪培拉会议上对ACRL刚发布的美国《高等教育信息素养能力标准》修改后，作为澳大利亚的《国家信息素养标准》。2001年，澳大利亚与新西兰高校信息素养联合工作组又正式发布了《澳大利亚与新西兰信息素养框架：原则、标准和实践》，作为各高校开展信息素养教育的指导性文件。2004年，该工作组又在结合各高校实施反馈意见及学术研讨会的基础上，修正了部分内容，形成了2004年版《澳大利亚与新西兰信息素养框架：原则、标准和实践》。

2004年版框架要求具有信息素养的人具备4条中心原则。

（1）采用新方式方法独立学习掌握知识。

（2）有效利用信息充实和提升自己。

（3）会利用信息进行人事、职业及社会方面的决策并解决问题。

（4）通过终身学习进行社会参与，承担社会责任。

框架还提出了6条核心信息素养标准。

（1）理解信息需求并能确定所需信息的性质和范围。

（2）确实有效地查找出所需信息。

（3）批判性地评价信息和信息查找过程。

（4）对信息收集和生产进行管理。

（5）优先应用新信息形成新概念或产生新认识。

（6）通过信息的使用认识和处理有关文化、伦理、经济、法律和社会问题。

（三）英国《信息素养七要素标准》

2006 年，英国图书馆协会（SCONUL）颁布了《信息素养七要素标准》（2006）即 SCONUL 标准。SCONUL 标准（UK）主要内容包括如下七个方面。

（1）能够认识到自己的信息需求。

（2）能明确信息鸿沟之所在，从而确定合适的获取信息方法。

（3）能针对不同的检索系统，构建找到信息的策略。

（4）能找到和获取所需信息。

（5）能比较和评价从不同来源所获得的信息。

（6）能以适当的方式组织、应用并交流信息。

（7）能在已知信息的基础上进一步进行组织和构建，从而创造新的知识。

（四）《北京地区高校信息素质能力指标体系》（2005）

我国目前最有影响的信息素养评价标准是由清华大学图书馆和北京航空航天大学图书馆等单位研制，北京高校图工委于 2005 年发布的《北京地区高校信息素质能力指标体系》。该指标体系由 7 个一级指标、19 个二级指标、61 个三级指标组成。各级指标的设置与 ACRL《高等教育信息素养能力标准》相似，但标准更加具体，在许多指标后面进行举例说明，更易于理解。

维度 1：具备信息素质的学生能够了解信息及信息素质能力在现代社会中的作用、价值与力量。指标有两个：①具有强烈的信息意识；②了解信息素质的内涵。

维度 2：具备信息素质的学生能够确定所需信息的性质与范围。指标有三个：①能够识别不同的信息源并了解其特点；②能够明确地表达信息需求；③能够考虑到影响信息获取的因素。

维度 3：具备信息素质的学生能够有效地获取所需要的信息。指标有四个：①能够了解多种信息检索系统，并使用最恰当的信息检索系统进行信息检索；②能够组织与实施有效的检索策略；③能够根据需要利用恰当的信息服务获取信息；④能够关注常用的信息源与信息检索系统的变化。

维度 4：具备信息素质的学生能够正确地评价信息及其信息源，并且把选择的信息融入自身的知识体系中，重构新的知识体系。指标有两个：①能够应用评价标准评价信息及其信息源；②能够将选择的信息融入自身的知识体系中，重构新的知识体系。

维度 5：具备信息素质的学生能够有效地管理、组织与交流信息。指标有两个：①能够有效地管理、组织信息；②能够有效地与他人交流信息。

维度 6：具备信息素质的学生作为个人或群体的一员能够有效地利用信息来完成一项具体的任务。指标有四个：①能够制订一个独立或与他人合作完成具体任务的计划；②能够确定完成任务所需要的信息；③能够通过讨论、交流等方式，将获得的信息应用到解决任务的过程中；④能够提供某种形式的信息产品（如综述报告、学术论文、项目申请、项目汇报等）。

维度 7：具备信息素质的学生了解与信息检索、利用相关的法律、伦理和社会经济问题，能够合理、合法地检索和利用信息。指标有两个：①了解与信息相关的伦理、法律和社会经济问题；②能够遵循在获得、存储、交流、利用信息过程中的法律和道德规范。

二、信息素养能力标准的演变

（一）信息素养能力标准的演变

一直以来，ACRL 2000 年发布的《高等教育信息素养能力标准》得到了广泛的关注和应用，成为事实上的全球信息素养标准框架，但在 15 年后的今天，它已不能完全适应高等教育发展的变化，以及越来越复杂的信息生态环境，只有通过一套更丰富、更具包容性的核心理念，信息素养作为教育改革运动的潜力才能得以实现。经过近四年的研究和论证，2015 年 2 月，ACRL 理事会签署通过了新的《高等教育信息素养框架》(2015)（表 1-2)。

表 1-2　2015 年《高等教育信息素养框架》与 2000 年《高等教育信息素养能力标准》比较

六个信息素养框架（2015）	五项信息素养能力标准（2000）
1．信息权威性的构建与情景相关； 2．信息创建是一种过程； 3．信息拥有价值； 4．研究即探究过程； 5．学术研究即对话； 6．检索即策略式探索	1．能确定所需要信息的本质和范围； 2．能有效地、有能力地获取所需的信息； 3．能批判性地评价信息和信息源，并能将经过选择的信息融入自身的知识库和价值体系； 4．具有信息素养能力的学生，能独立地或作为小组成员有效地利用信息来完成特定的任务； 5．具有信息素养能力的学生，理解围绕信息和信息使用的经济、法律和社会问题，并能合理合法地获取和使用信息

（二）美国《高等教育信息素养框架》(2015) 主要内容

新标准在原信息素养概念基础上引入元素养理念，使用了“框架”(framework) 一词，新框架不是一套标准，也不是一些既定的学习成效或技能的列表，而是一个基于互相关联的核心概念的集合，可供灵活选择实施。新标准有六个框架，每个框架分解为知识技能和行为方式两项内容，知识技能表示学习者如何增强他们对这些信息素养概念的理解，行为方式则描述解决学习的情感、态度或评价维度的方式。每个框架都旨在揭示在特定领域里的初学者（novice）和专家（expert）两个不同角色在思维上的差异（表 1-3)。

表 1-3　美国《高等教育信息素养框架》(2015) 内容概况

六个框架	主要内容
1．信息权威性的构建与情境	相关信息资源反映了其创建者的专业水平和可信度，人们基于信息（authority is constructed and contextual）需求和使用环境对信息资源进行评价。权威的构建取决于各种团体对不同类型权威的认可。权威性与信息环境相关
（1）知识技能（knowledge and practices）	1．确定权威的不同类型，如学科专业知识方面（如学术成就)、社会地位（如公共职位或头衔）或特殊经历（如参与某个历史事件)； 2．使用研究工具和权威性的指标来确定信息来源的可信度，了解可能影响这种可信度的因素； 3．理解在很多学科领域，知名学者和著名出版物被视作权威，并普遍以此为标准。然而，即便在这种情况下，一些学者仍将挑战这些信息来源的权威性；

续表

六个框架	主要内容
（1）知识技能（knowledge and practices）	4. 认识到他们自己正在一个特定的领域形成自己的权威声音，以及由此而承担的责任，包括追求精确度和可靠性，尊重知识产权，以及参与社区实践； 5. 理解信息生态系统由于权威人士积极互联、信息源随时间不断发展而日益社会化的本质
（2）行为方式（dispostions）	1. 在遇到不同的甚至相互冲突的观点时，保持开放的心态； 2. 激励自己找到权威的信息来源，认识到权威性可以被授予或通过意想不到的方式表现出来； 3. 逐步意识到对内容做客观评估的重要性。评估时要有批评精神，并清楚意识到自己的偏见和世界观可能对评估带来的影响； 4. 质疑传统的推崇权威的观念，并认识到多元观点和世界观的价值； 5. 意识到维持这些态度和行为需要经常进行自我评价
2. 信息创建是一种过程（information creation as a process）	任何形式的信息都是为了传递某个消息而生成的，并通过特定的传送方式实现共享。研究、创造、修改和传播信息的迭代过程是不同的，由此产生的作品能够反映出这些差异
（1）知识技能	1. 阐明通过不同创造过程所产生信息的功能和局限性； 2. 评估信息产品的创造过程与特定信息需求之间的匹配程度； 3. 阐述一个特定学科中传统与新兴的信息创造与传播过程； 4. 认识到信息可能会因为包装格式的不同而被区别对待； 5. 从信息格式判断其所含信息为静态或动态； 6. 监测在不同场景中施加于不同类型信息产品的价值； 7. 将对信息产品的作用和局限性的认识转移到新类型的信息产品中去； 8. 在自己创造信息的过程中形成一种认识，即自己的选择会影响信息产品的使用目的及其所传达的消息
（2）行为方式	1. 力图找出能体现基本创造过程的信息产品特性； 2. 重视将信息需求与适当产品相匹配的过程； 3. 承认信息的创造最初可能始于一系列不同信息格式或模式的传递； 4. 承认以新兴格式或模式所表达的信息创造的潜在价值的模糊性； 5. 懂得理解为达到不同的目的，可有不同的信息传播方式供选择
3. 信息拥有价值（information has value）	信息作为一种商品、一种教育手段、影响方式，以及谈判和认知世界的途径等，拥有多维度的价值。法律和社会经济利益影响信息的生产和传播
（1）知识技能	1. 通过合理地注明出处和引用，表达对他人原创观点的尊重； 2. 理解知识产权是法律和社会的共同产物，随着文化背景的不同而有差异； 3. 能够清晰表述版权、正当使用、开放获取和公有领域的意义及其显著特征； 4. 理解在信息生产和传播系统中，一些个人或群体是如何，以及为什么被忽视或被排斥的； 5. 认识到获取或缺乏获取信息来源的问题； 6. 判断信息发布的途径和方式； 7. 理解个人信息商品化和在线交互活动如何既影响个人获取的信息，也影响他们生成或在线传播的信息； 8. 在线活动中充分认识到个人隐私和个人信息商业化的问题
（2）行为方式	1. 尊重他人的原创； 2. 重视知识生产所需的技能、时间和精力； 3. 将自身定位为信息市场的贡献者而非单纯的消费者； 4. 倾向于审视自身的信息特权

续表

六个框架	主要内容
4．研究即探究过程 （Research as inquiry）	在任何领域，研究都是不断迭代的，通过提出越来越复杂的问题或新问题，获得的答案反过来又产生更多的问题或丰富探究的思路。
（1）知识技能	1．基于信息空白或重审现有的、可能存在矛盾的信息来制定研究问题； 2．确立合适的调研范围； 3．根据不同的需求、环境条件和探究类型使用多种研究方法； 4．监测收集到的信息，评估缺口或薄弱环节； 5．以有意义的方式组织信息； 6．综合多渠道获取的观点； 7．通过信息分析和演绎得出合理结论
（2）行为方式	1．视研究为开放式的信息探索和深入过程； 2．领会一个问题也许看起来很简单，但仍可能对研究有颠覆性和重要性； 3．重视问题发现和学习新调研方法过程中的求知欲； 4．保持开放意识和批判态度； 5．重视持久性、适应性和灵活性，认识到模糊性对研究过程是有益的； 6．在信息收集和评估过程中寻求多维视角； 7．如有需要可寻求适当帮助； 8．在收集和使用信息过程中要遵守道德和法律准则； 9．展现虚心求知（如认识到个人知识或经验的局限）
5．学术研究即对话 （Scholarship as conversation）	由于不同的视角和理解，学者、研究人员或专业人士团体随着时间的推移不断以新见解和新发现参与到持续的学术对话中
（1）知识技能	1．在自己信息作品中引用他人有贡献的成果； 2．在适当的层面为学术对话做出贡献； 3．识别通过各种途径加入学术对话的障碍； 4．理性评判他人在参与信息环境中所做的贡献； 5．识别特定文章、书籍和其他学术作品对学科知识所做的贡献； 6．总结针对具体学科中特定主题的学术观点随时间变化的情况； 7．认识到一个指定学术作品可能不代表唯一，甚至也不是多数人的观点
（2）行为方式	1．认识到他们加入的往往是进展中的学术对话，不是已结束的对话； 2．找出他们研究领域内正在进行的对话； 3．将自己视为学术的贡献者而不仅是消费者； 4．认识到学术对话发生在各种场合中； 5．在更好地理解学术对话大背景之前，不对某一具体学术作品的价值进行判断； 6．理解责任是伴随着进入对话而来的； 7．重视用户生成内容的价值，批判性地评价他人做出的贡献； 8．认识到系统可以给予权威特权，而初学者会由于语言和学术流程的不流利而失去参与及继续深入学术对话的能力
6．检索即策略式探索 （searching as strategic exploration）	信息检索往往是非线性并且迭代反复的，需要对广泛的信息源进行评估，并随着新认识的形成，灵活寻求其他途径
（1）知识技能	1．确定满足信息需求任务的初始范围； 2．识别产生某一主题信息并决定该信息访问途径的相关各方，如学者、组织、政府、企业； 3．检索时合理运用发散（如头脑风暴）和收敛（如选择最佳的来源）思维； 4．选择与信息需求和检索策略相匹配的检索工具； 5．根据检索结果来设计和改进需求与检索策略； 6．理解信息系统（如已记载信息的收集）的组织方式，以便获取相关信息； 7．合理使用不同类型的检索语言； 8．有效管理检索过程和结果

续表

六个框架	主要内容
（2）行为方式	1. 展现出思维的灵活性和创造性； 2. 明白初次的检索尝试并不一定得到足够的结果； 3. 认识到各种信息源在内容和形式上有很大的不同，并且其相关性和价值也会因需求和检索性质的不同而差异很大； 4. 寻求专家的指导，比如图书馆员、研究人员和专业人士； 5. 认识到浏览及其他偶然发现的信息收集方法的价值； 6. 坚持面对检索的挑战，并知道在拥有足够的信息时结束任务

三、医学信息素养评价标准

医学是一个对信息高度依赖的学科，以医学信息获取、评价和利用能力为核心的信息素养是医学人才综合素养的核心要素之一，也是医学工作者胜任专业工作的重要条件。

1.《本科医学教育全球标准》

1998 年，经世界卫生组织和世界医学协会批准，世界医学教育联合会（WFME）建立了“医学教育国际标准”项目，于 2001 年 6 月通过并发布了《本科医学教育全球标准》。2011 年启动并于 2012 年完成了“全球标准”的首次修订，并于 2013 年颁布。该标准对医学生信息素养的要求体现在：把医学教育结构和过程分为九大领域，其中在“教育资源”领域中设置“信息技术”亚领域。其“基本标准”规定，医学院必须有政策使信息和通信技术能有效地用于教学领域并评估相关状况，师生们应当能够利用信息和通信技术进行自学、获取信息、治疗患者及开展卫生保健工作，相关使用计算机、校内外网络及其他信息和通信技术的政策应包括协调图书馆服务，使用信息和通信技术还可以是循证医学教育作为医学生准备继续教育和职业培训的内涵。

在这个标准的基础上，世界卫生组织西太区办事处制定的区域性医学教育标准《本科医学教育质量保证指南》也于 2001 年 7 月出版。

2.《全球医学教育最低基本要求》

1999 年 6 月，经纽约中华医学基金会（CMB）理事会的批准和资助，国际医学教育专门委员会（IIME）成立了。2001 年 11 月，该委员会制定颁布了《全球医学教育最低基本要求》，“基本要求”是指世界各地医学院校培养的医生都必须具备医学知识、临床技能、职业态度、行为和职业道德等方面的基本素质。“最低基本要求”包括 7 个宏观的教学结果和能力领域：①职业价值、态度、行为和伦理；②医学科学基础知识；③沟通技能；④临床技能；⑤群体健康和卫生系统；⑥信息管理；⑦批判性思维和研究。相关基本素质能力要求与信息素养内涵有高度的切合性。

3. 中国医学教育标准的出台与实施

我国为促进我国医学教育能与世界医学教育协调发展，以世界医学教育联合会 2003 年版本的《本科医学教育全球标准》、世界卫生组织西太平洋地区《本科医学教育质量保障指南》和国际医学教育组织《全球医学教育最低基本要求》为参照，于 2008 年教高［2008］9 号文发布《本科医学教育标准——临床医学专业（试行）》，标准中对医学教育中的信息素养提出了具体要求，在“科临床医学专业毕业生应达到的基本要求”的技能目标中明确要“结合临床实际，能够独立利用图书资料和现代信息技术研究医学问题及获取新知识与相关信息”“具有自主学习和终身学习的能力”等，在医学本科教育办学标准“教育资源”项中的“图书及信息服务”要求：医学院校必须拥有并维护良好的图书馆和网络信息设施，必须建立相应的政策和制度，使现代信息和通信技术能有效地用于教学，使师生能够利用信息和通信技术进行自学，获得信息，治疗管理患者及开展卫生保健工作。

2012 年 12 月，教育部、国家中医药管理局发布了《本科医学教育标准——中医学专业（暂行)》。

上述两个标准都提出了医学生应该具有自主学习和终身学习的能力，最终达到知识、能力、素质协调发展，标准的出台反映了医学教育面对的国际趋势、国内环境和社会期待，是制订教育计划的依据和规范教学管理的参照系，为各医学院校制订自己的教育目标和教育计划提供了依据，完善了国内教育评估体系和教育质量保障机制。

可以说信息素养作为一种获取利用信息资源的综合素质能力，是当今医学者必须具备的学术素质。随着美国《高等教育信息素养框架》(2015）的发布，医学教育界也将会在新框架指导下，对当今的医学信息素养能力标准给予完善和修订。新的信息素养框架为医学生更广泛、更灵活地理解信息素养的本质提供了强有力的支撑，适用于医学生终身学习的理念。

第三节　信息伦理与学术规范

一、信息伦理

信息伦理（information ethics）又称信息道德，它是调整人们之间及个人与社会之间信息关系的行为规范总和。信息伦理作为道德和意识领域的事物不是由国家强行制定和强行执行的，而是人们在信息活动中依靠个体的内心信念、习惯、教育及社会舆论进行维系，在某种程度上体现了主体性和自律性。

信息伦理与信息政策、信息法律有密切的关系，人们在信息行为实施过程中必须要遵循的社会法律、法规、伦理道德体系：遵循信息法律伦理就要求人们须了解与信息相关的伦理、法律和社会经济问题，遵循在获得、存储、交流、利用信息过程中的法律和道德规范。信息伦理在学术活动中的表现即为学术规范。

【案例 1-1】恶意下载与过度利用

国内某高校一名博士生因违反规定开通代理服务，造成校外非法用户通过代理服务批量下载国内图书馆电子资源，致使图书馆受到出版商的警告并冻结了 IP。更有甚者，由于用户的恶意下载，图书馆面临更为严厉的处罚，停止违规 IP 的使用权、法律诉讼、图书馆信誉危机等，也势必会影响数字资源的服务质量。

所谓“恶意下载”就是超越正常范围或是利用不许可方式进行的、会导致不良后果的、故意的数据下载行为。其主要特点是：利用服务器不许可的方式进行数据下载，如利用专门的工具进行下载或启用多线程进行下载等；下载行为具有不良动机或将下载的大量数据用于不许可的目的；数据下载的数量超过许可范围，如有些数据库服务厂商明确规定不允许一次性下载某种期刊同一期半数以上的全文。恶意下载对服务器容易形成拒绝服务攻击（Denial of Service，Dos），在一定时间范围内占用了大量服务器资源，包括通信带宽资源、计算资源等，从而影响其他用户的使用；另外，对数据的大量恶意下载还可能侵害数据商的版权。因此，我们在使用电子资源时须注意合理使用，规范行为。

【案例 1-2】患者的病历隐私权信息保护

医生因为专业缘故，不免要了解病人既往病史、家族史及个人的信息，在工作过程中可能未经患者同意，无意间泄露了其个人信息，从而造成医患纠纷。

病患隐私权，是信息隐私权的一种，隐私权是患者享有的一项重要的人格权。《中华人民共和国执业医师法》规定，医师必须保护病人的隐私权。对未经他人同意，擅自公布他人的隐私材料或者以书面、口头形式宣扬他人隐私，致他人名誉受到损害的，按照侵害他人名誉权处理。显而易见，遵守医学信息行为规范；尊重病人稳私，遵守病人病历文件、知识产权权益、保密和剽窃等伦理约束正是信息伦理与信息法律约束的范畴。

二、学术规范与学术行为不端

（一）学术规范

学术规范（academic requirement）是指学术共同体内形成的进行学术活动的基本规范，或者根据学术发展规律制定的有关学术活动的基本准则。用以保障学术研究活动正常有序进行的一系列规章制度、行为准则和约束条件，以防范学术研究中可能出现的失误和偏差，为学术研究创造一个公平、公正、有序的环境，保障和推动学术研究持续、文明、健康的发展。

学术规范涉及学术研究的全过程及学术活动的各方面，包括学术研究规范、学术评审规范、学术批评规范、学术管理规范。主要体现在两个方面：一是学术研究中的具体规则，如文献的合理使用规则、引证标注规则、理论阐述的逻辑规则等；二是学术制度规范、学风规范等。它并非指其某种“行政化”的操作，而是在学术共同体内部所构建的一种自觉的约束机制。学术规范要求学术研究人员普遍遵守、严格执行，更要依靠自律和自觉。学术共同体成员必须熟悉和掌握学术研究的行为准则即学术规范，并在实际行动中遵守这些规范。

2004 年 6 月 22 日，教育部社会科学委员会通过了《高等学校哲学社会科学研究学术规范（试行）》，就高校哲学社会科学研究应遵循的规范做出了比较详尽的规定，内容包括学术研究规范、学术评审规范、学术批评规范、学术管理规范，被称为我国的“学术宪章”。

2009 年 6 月，教育部社会科学委员会学风建设委员会发布了《高校人文社会科学学术规范指南》，是高校人文社会科学教学与研究人员关于学术规范的共同约定。该指南对学术研究相关的基本概念、学术伦理进行了阐述，并以学术研究的环节为纲，介绍和解释相关的学术规范，介绍了学术资源获得与权益自我保护的知识。

2010 年 3 月，教育部科学技术委员会学风建设委员会发布了《高等学校科学技术学术规范指南》，文中对学术共同体、学术规范、学风、学术成果、学术评价、学术不端等基本概念进行了阐述。在科技工作者应遵守的学术规范部分明确了相关基本准则、查新和项目申请规范、项目实施规范、引文和注释规范、参考文献规范、学术成果的发表与后续工作规范、学术评价规范等具体规范。

目前，国际上一般遵循的学术规范有哈佛体系（Harvard System）、英国标准（British Standard，BS5605）、美国心理学协会（The American Psychological Association，APA）、当代人文研究协会（The Modern Humanities Research Association，MHRA）和现代语言协会（The Modern Language Association，MLA）。

（二）学术行为不端

学术行为不端（academic misconduct）一般包括“学术失范”“学术腐败”“学术不端”，为加强高等学校学风建设，惩治学术不端行为，教育部在 2009 年 3 月 19 日发出《关于严肃处理高等学校学术不端行为的通知》，列举了必须严肃处理的七种高校学术不端行为。

（1）抄袭、剽窃、侵吞他人学术成果；

（2）篡改他人学术成果；

（3）伪造或者篡改数据、文献，捏造事实；

（4）伪造注释；

（5）未参加创作，在他人学术成果上署名；

（6）未经他人许可，不当使用他人署名；

（7）其他学术不端行为。

【案例 1-3】抄袭与合理引用

黄先生在撰写毕业论文的过程中，整体复制王先生某一论文的论证结论。但没有做出脚注来指示该段论述来源于王先生。王先生将黄先生诉至法院。法院审理后认定黄先生故意隐匿作品的来源，将他人具有关键价值的观念据为己有，已经构成侵权。（引至：http://www.chinawriter.com.cn/）

我国《著作权法》第二十二条（2）规定“为介绍、评论某一作品或者说明某一问题，在作品中适当引用他人已经发表的作品”为合理使用。“抄袭”与“剽窃”在法律上被并列规定为同一性质的侵权行为，2001 年 10 月修订的《中华人民共和国著作权法》第四十六条删除了原“著作权法”第四十六条中的“抄袭”二字，将“剽窃、抄袭他人作品的”改为“剽窃他人作品的”，其法律后果是：“应当根据情况，承担停止侵害、消除影响、赔礼道歉、赔偿损失等民事责任”。对于作者来说，一定要避免出现引证行为失范的现象，要有严谨的学术自律观念。

（三）学术论文相似性检测

学术论文相似性检测（paper similarity detection service，PSDS）是基于知识服务平台中的学术文献资源，对学术成果进行相似性检测，提供客观翔实的检测报告，为学术出版、科研管理、学位论文管理等提供支持。

目前，国内外较有影响的论文抄袭剽窃检测系统有知网学术不端文献检测系统、万方论文相似性检测系统、维普通达论文引用检测系统和国外的英文论文反剽窃系统 Turnitin。Turnitin 除了具有反检测功能外，还有同行评审和无纸化评分两大附加功能，评审者可根据 Turnitin 精确定位出文稿中的非原创内容，并对此内容给出有效客观的评判和评分，帮助评审者节省大量的审稿时间。

三、知识产权与知识共享

（一）知识产权

知识产权（intellectual property，IP）也称为“知识财产权”或“智慧财产权”，是指“权利人对其所创作的智力劳动成果所享有的财产权利”，是依照各国法律赋予符合条件的著作者、发明者或成果拥有者在一定期限内享有的独占权利，一般认为它包括版权（又称著作权）和工业产权。版权（著作权）是指创作文学、艺术和科学作品的作者及其他著作权人依法对其作品所享有的人身权利和财产权利的总称；工业产权则是指包括发明、专利、实用新型专利、外观设计专利、商标、服务标记、厂商名称、货源名称或原产地名称等在内的权利人享有的独占性权利。知识产权从本质上说是一种无形财产权，它的客体是智力成果或者知识产品，是一种无形财产或者说是一种精神财富，其具有法定性、专有性、时间性、地域性等主要特征。

（二）知识产权保护

知识产权保护（intellectual property protection），是指依据法律法规对侵犯知识产权的行为进行制止和打击。在国际上著作权是自动产生的，作品完成后，就可以根据有关规定获得有关国家的著作权保护。工业产权不能自动产生，权利人必须向有关国家或国际组织办理申请注册登记手续，取得有关国家工业产权主管机关颁发的证书，才能依照该国法律得到保护。随着新技术、新知识的不断涌现，知识产权的新类别相继出现，现代知识产权的保护范围已从传统的专利、商标、版权扩展到包括计算机软件、集成电路、植物品种、商业秘密、生物技术等在内的多元对象。

（三）知识共享协议

随着信息时代技术的进步和网络的发展，出现了开放共享的需求，而传统的作品保护模式对作品的使用和内容的开放带来一定的限制，传统的作品保护模式更多地关注保护而忽略了公众分享知识文化的需求。在网络环境下，如何既尊重权利人的著作权又能满足人们的需求，实现合法的分享？在这样一种背景下，2002 年 12 月，知识共享协议（CC 协议）在美国首次发布，2006 年 3 月经 CCI（Creative Commons International）批准的中国版 2.5 版 CC 系列许可协议在北京正式发布。目前最新版本是 CC 协议 3.0 版本。CC 组织是一个非营利性组织，CC 协议是一种著作权许可协议，它是在著作权制度的框架下权利人实现其著作权的一种方式。CC 协议又是一种开放的著作权许可协议，帮助实现资源共享与权利保护的协调，是知识共享组织以知识共享为理念，遵从现有的法律框架，利用互联网的技术手段，克服传统著作权保护方式的不足，通过向公众免费提供一系列独特的许可协议，力图为创造性成果提供一种更加灵活并且行之有效的保护与使用方法。

CC 协议可以分为四个部分，每个部分对使用者有不同程度的限定。

（1）署名（BY）：作品上必须附有作品的归属。如此之后，作品可以被修改、分发、复制和作其他用途。

（2）非商业性使用（NC）：作品可以被修改、分发等，但不能用于商业目的。

（3）禁止演绎（ND）：可以复制和分发，不能以任何方式修改或基于它们进行二次创作。

（4）相同方式共享（SA）：作品可以被修改、分发或进行其他操作，但所有的衍生品都要置于 CC 许可协议下。

知识链接

CC 协议六种常用协议

实际使用时，需要对四种条件分别做出约束。不同的条件共有 16 种组合方式，其中有的组合方式互斥，简化后剩下了六种常用协议。

（1）署名（BY）：此协议最为宽松，只需署名，其他无约束。

（2）署名（BY）-禁止演绎（ND）：署名的同时，不得对作品进行改动，但可以用于商业或非商业用途。

（3）署名（BY）-非商业性使用（NC）：署名的同时，可以修改作品，但不能用于商业用途。

（4）署名（BY）-非商业性使用（NC）-禁止演绎（ND）：署名，且不得用于商业用途和修改。

（5）署名（BY）-非商业性使用（NC）-相同方式共享（SA）：署名，不能商用，但可以演绎，且演绎后的内容必须是同样的共享方式。

（6）署名（BY）-相同方式共享（SA）：署名，可以商用，可以演绎，但演绎后的作品必须是同样的共享方式。

CC 协议是一种创作的授权方式，其充分利用网络的便利性，鼓励分享和创新。

第四节　信息素养与医学生成长

信息社会，人们越来越倾向于通过现代信息技术不断地获取信息、充实自己，使得寻找知识变得比掌握知识本身更加重要。而要具备这些能力就必须提高自身的信息素养。信息素养作为终身学习和知识创新的必备技能，已成为世界各国教育界、信息产业界乃至全社会所关注的焦点，医学界也不例外。医学科技迅猛发展，医学生需要不断地学习新知识，捕捉新信息，不断学习与自我完善。良好的信息素养可以满足医学生自身发展的需求，具有敏锐的信息意识和获取信息的能力，能够从瞬息万变的事物中得到有效信息；良好的信息素养还可以满足医学生创新发展的需求，只有具有了较强的信息分辨和协调能力，才能够进行创新思维与活动。

一、提高专业学习能力，获取最新医疗技术

医学生需要更多医学专业知识的积累，由于医学信息数量庞大、载体多样化，且信息更新加快、半衰期变短，唯具有良好的医学信息素养才能熟练地检索各种医学专业数据库和网上电子期刊，并对医学信息的价值进行判断，发现信息中隐含的相互关联，增强检索效果，促进自身学术水平的提高，掌握新的医疗技术，丰富新的医学思维和观念，

有效地获取最前沿的医学知识，并借助不断更新的知识更好地提高医学研究和疾病防治能力。

二、提高科研创新能力，推动医疗实践发展

科研工作是一份充满创新性、探索性和累积性的工作，需要在收集多种信息、交互作用的基础上，才能迸发出创造性思维的火花。医学生从业后随着就业年限的增长，他们对专业知识的需求逐渐转向临床研究的最新进展，转向如何为患者提供最好的符合患者意愿的经济的诊疗措施。具有良好的信息素养的人善于获取、开发和利用信息，其创新能力越强，创新人才通常是那些具有良好信息素养的人。只有拥有高度敏感自觉的信息意识，高超的信息检索能力，才能成为信息时代的弄潮儿，才能不断创新，推动医疗实践的发展。现在医学教育应着重提高医学生信息素养，使医学生成为具有批判性思维能力和创新能力的信息素养人，成为符合社会发展需求的创新型医学人才。

本 章 小 结

信息素养是一个含义广泛的综合性概念，包括信息意识、信息知识、信息能力及信息道德四个要素。信息素养也是一个不断发展的概念，不仅包括运用信息技术获取、识别、加工、传递和创造信息的基本技能，更是强调人们在信息环境中的独立学习能力及创新意识、科学批判精神、社会责任感和参与意识。

信息素养评价标准扩展丰富了信息素养的内涵与外延，具有评价、指导实践的作用，是基于批判性思维培养的标准指南。基于当代高素质医学人才的知识能力结构要求和Web2.0环境下信息素养理念的演变，元素养理念的《高等教育信息素养框架》的发布使信息素养的评价有了更加丰富、更具包容性的标准。

信息道德与法律是我们利用信息资源的规范，学术规范涉及学术研究全过程及学术活动的各方面，人们需要通过自律及法律来约束自己的行为。

学 习 检 测

一、选择题

（一）单项选择题

1．北京地区高校信息素养能力指标体系是有（　　）个“维度”的一级指标。

A．5　　B．7　　C．4　　D．22

2．下列选项中哪一项不属于知识产权（　　）？

A．著作权　　B．邻接权　　C．集成电路布图设计权　　D．工业产权

3．ACRL2015 年颁布的《高等教育信息素养框架》中包含（　　）个框架。

A．5　　B．7　　C．6　　D．8

4．我国于 2004 年和 2012 年分别颁布的临床医学专业和中医学专业的本科医学教育毕业生应达到的基本要求中不包含哪个方面的内容（　　）？

A．思想道德与职业素养　　B．知识目标

C．技能目标　　D．情感目标

5．信息伦理在学术活动中的表现即为（　　）。

A．学术规范　　B．行为规范　　C．道德规范　　D．法律规范

（二）多项选择题

1．元素养所包含的领域是（　　）。

A．情感　　B．行为　　C．认知

D．元认知　　E．情景

2．英国《信息素养七要素标准》主要内容不包括（　　）。

A．能够认识到自己的信息需求　　B．通过终身学习进行社会参与，承担社会责任

C．有效利用信息充实和提升自己　　D．能以适当的方式组织、应用并交流信息

E．采用新方式方法独立学习掌握知识

3．知识产权从本质上说是一种无形财产权，它的客体是智力成果或者知识产品，是一种无形财产或者说是一种精神财富，其具有哪些主要主要特征（　　）？

A．法定性　　B．交流型　　C．时间性

D．地域性　　E．专有性

4．CC 协议可以分为哪几个主要部分（　　）？

A．署名（BY）　　B．非商业性使用（NC）

C．禁止演绎（ND）　　D．相同方式共享（SA）

5．目前国内外较有影响的论文抄袭剽窃检测系统有（　　）。

A．知网学术不端文献检测系统　　B．万方论文相似性检测系统

C．维普通达论文引用检测系统　　D．英文论文反剽窃系统 Turnitin

二、思考题

1．何为元素养？

2．学术行为不端包括哪些内容？

3．ACRL2015 年《高等教育信息素养框架》的内容是什么？

4．面对新的信息素养框架，医学生应如何提高自己的信息素养？培养并提高信息素养对医学生的学习、工作和生活将产生怎样的影响？

5．在今后的职业生涯中，如何做到学术规范，避免学术不端行为？

（胡希俊）

第二章 信息检索基础

学习目标

1. 了解信息、知识、情报、文献的概念及关系，理解掌握信息资源的类型。
2. 理解信息检索的原理及类型。
3. 了解文献检索的语言，熟悉《医学主题词表》、《中国图书馆分类法》。
4. 掌握文献检索的方法和途径，能应用文献检索的方法和途径有效地进行检索。

第一节　信息文献概述

在现代社会，信息化已成为不可阻挡的时代潮流，信息已经成为社会的关键要素和最重要的战略资源之一。正确地认识信息文献的基本概念及相互关系是树立信息意识、培养信息综合应用能力的基础。

一、信息、知识、情报、文献及其关系

信息是信息社会中的关键要素，发挥着重要作用，信息、情报、知识、文献是情报学的 4 个基本概念。

（一）信息的定义

信息的概念十分广泛，至今仍无统一的定义。信息奠基人香农（Shannon）认为“信息是用来消除随机不确定性的东西”。国家标准《情报与文献工作词汇基本术语》（GB4894-95）对信息的定义是：信息是物质存在的一种方式、形态或运动状态，也是事物的一种普遍属性，一般指数据、消息中所包含的意义，可以使消息中所描述事件的不确定性减少。综上所述，信息是以物质介质为载体，传递和反映世界各种事物存在方式、运动规律及特点的表征，它反映了物质客体及其相互作用、相互联系过程中表现出来的种种状态和特征。

（二）信息的特征

信息具有如下特征。

（1）可识别性。信息是可以识别的，对信息的识别又可分为直接识别和间接识别。直接识别是指通过人的感官的识别，如听觉、嗅觉、视觉等；间接识别是指通过各种测试手段的识别，如使用温度计来识别温度、使用试纸来识别酸碱度等。不同的信息源有不同的识别方法。

（2）可存储性。信息可以用不同的方式存储在不同的介质上，即信息必须依附物质才

能存在。大脑本身就是一个天然的信息存储器，纸张、图像、摄影、录音、光盘、计算机存储器等都可以进行信息存储。

（3）可扩充性。任何信息，人们都可根据需要对其进行加工、整理、转换成另一种形态。例如，自然信息可转换为语言、文字和图像等形态，也可转换为电磁波信号或计算机代码。

（4）可压缩性。信息可以进行压缩，可以用不同信息量来描述同一事物。人们常常用尽可能少的信息量描述一件事物的主要特征。

（5）可传递性。可传递性是信息的本质特征之一，所谓信息的运动过程，就是信息的传递和反馈过程，信息也只有在传递过程中才能体现它的价值。

（6）可转换性。信息可以从一种形态转换为另一种形态，如自然信息可转换为语言、文字和图像等形态，也可转换为电磁波信号和计算机代码。

（7）特定范围有效性。信息是对事物存在方式和运动状态的反映，如果不能反映事物的最新变化状态，它的效用就会降低，这也就是说信息一经生成，其反映的内容越新，它的价值越大；时间延长，价值随之减小，一旦信息的内容被人们了解了，价值就会消失。信息使用价值还取决于使用者的需求及其对信息的理解、认识和利用的能力。

（三）信息、知识、情报、文献及其关系

与信息概念密切相关的还有知识、情报、文献的概念。

1. 知识

关于知识的定义，《现代汉语词典》中解释是：人们在改造世界的实践中所获得的认识和经验的总和。知识是人类对自然界、人类社会中各种现象、规律的信息反映进行思维分析，加工提炼，经过系统化、理论化的过程，也就是人的大脑通过思维重新组合的系统化的信息集合。

知识是一种特定的人类信息，它是对信息进行提炼和深化的结果。知识经过不断提炼和深化，形成较为完整的科学知识体系。例如，根据某一症状、体征诊断为某一疾病，这种症状和体征是该疾病信息的反映，该疾病是症状和体征的信息升华，这种信息升华就是疾病的诊断知识。

2. 情报

情报是指被传递的知识或事实，是知识的激活，是运用一定的媒体（载体），越过空间和时间传递给特定的用户，解决科研、生产中具体问题所需要的特定知识和信息。情报具有知识性、传递性、针对性三个基本属性。知识性是指情报的本质就是知识，但不是所有的知识都是情报，只有经过筛选、加工成为用户所需要的知识才能称为情报；传递性是指知识必须经过交流传递并被用户接受或利用才能转化为情报；针对性是指情报是要针对性地解决某一特定的问题，这就要求情报具有时效性，如果失去了时效性就不能针对性地解决某一特定的问题，那么，这种陈旧的知识也就不能被称为情报。随着历史、社会及科学技术的不断发展，情报已转化为人们获取知识、信息的一种重要手段。

3. 文献

《中华人民共和国国家标准·文献著录总则》对文献的定义，即“文献是记录有知识的一切载体”。文献不仅包括各种图书和期刊，也包括会议文献、科技报告、专利文献、学位论文、科技档案等各种类型的出版物，还包括用声音、图象及其他手段记录知识的全部现代出版物。

信息、知识、情报、文献之间存在着辩证的关系，信息是情报和知识的载体，情报是知识中的一部分，情报是特指的专业信息；知识依存于信息，是信息中的精华部分；文献是信息、知识、情报的主要载体形式，人类社会利用文献进行交流，其实质是利用和交流文献中的信息、知识和情报（图 2-1）。

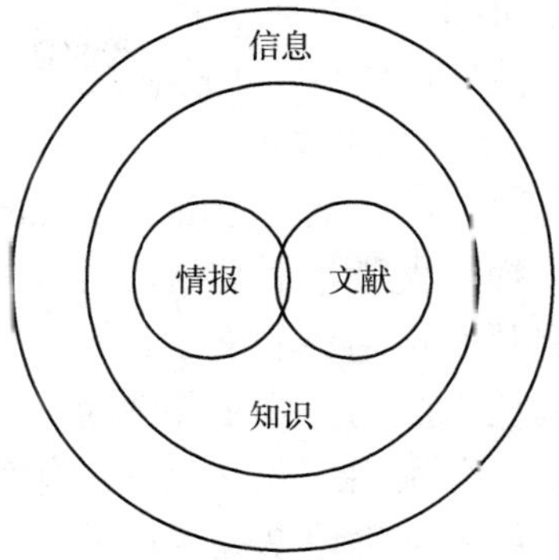

图 2-1 信息、知识、情报、文献关系图

二、信息资源类型

信息资源多种多样，按不同的办法可分为不同的类型。

（一）按载体的类型划分

1. 印刷型

印刷型指以纸张为载体的文献记录形式，也是目前使用的主要形式，包括油印、铅印和胶印。优点是阅读方便、便于流通，缺点是笨重、占空间大、存储密度低、管理困难。

2. 缩微型

缩微型是以感光材料为载体、以缩微照相为记录手段的文献记录形式，包括缩微胶卷、平片等。优点是体积小、重量轻、存储密度高、便于保存转移，其缺点是不能直接阅读，必须借助专门的阅读设备。

3. 视听型

视听型是以磁性或感光材料为存储介质直接记录声音、视频、图像而成的一种文献信息。例如，唱片，听其声、观其形、给人以生动直观的感觉。视听型信息尤其对科学家观察、启发思路有积极的作用，缺点是需要专用设备、成本高。

4. 机读型

机读型是以磁性材料为存储介质、通过编码和程序设计，把文献资料转换成机读语言，成为供计算机使用的新型载体，包括磁带、磁盘和光盘等。优点是存储密度高、存取速度快、原有记录可改变更新，缺点是需要计算机才能使用、价格高、技术要求高。

（二）按文献的加工深度划分

1. 一次文献

一次文献（primary document）又称原始文献，是相对意义上的原始文献，是指以作者本人的生产或科研工作成果为依据而创作的文献并且载入正规载体上的一类文献，如期刊论文、专利说明书、学位论文、会议文献等。这些文献具有内容新颖丰富、实用性强、数量大而分散、参考价值大等特点，一次文献是科技文献的主体，也是人们检索利用的主要对象。

2. 二次文献

二次文献（secondary document）又称二级次文献，是对一次文献进行加工整理后的产物，是将大量分散、零乱、无序的一次文献进行整理、浓缩、提炼，著录其特征（著者、篇名、分类号、出处、文摘等），并按照一定的逻辑顺序和科学体系加以编排存储，使之系统化，便于快速检索利用，是揭示、报道和检索一次信息源的工具。其主要类型有目录、索引和文摘等。检索工具书和网上检索引擎是典型的二次文献。二次文献为研究人员检索科技情报资料、了解科技动态提供了帮助，方便快速查找到相关的原始文献资料。

3. 三次文献

三次文献（tertiary document）又称三级文献，通常是围绕某个专题，利用二次文献检索搜集大量相关文献，对其内容进行深度加工而成，是对现有成果加以评论、综述并预测其发展趋势的文献，包括综述、专题述评、学科年度总结、进展报告、数据手册、进展性出版物及文献指南等。三次文献具有系统性、综合性和知识性的特点，研究人员可以充分利用这类文献，在短时间内了解所研究课题的研究历史、发展动态、水平等，以便能更准确地掌握课题的技术背景。

4. 零次文献

零次文献（zero-level information）是一种特殊形式的情报信息源，是指科研和生产活动中未经记录整理，尚未进入科学文献系统交流，而直接被情报用户吸收利用的情报。它常以交谈和书信等方式在情报生产者和利用者之间传递。它具有原始性、新颖性、分散性和非检索性等特点，不仅在内容上有一定的价值，而且能弥补一般公开文献从信息的客观形成到公开传播之间费时甚多的弊病。

从零次文献、一次文献、二次文献到三次文献，是一个由分散到集中，由无序到有序，由博到精的加工过程。一次信息是基础，是检索的对象；二次信息是检索一次文献的工具；三次信息是一次、二次信息的浓缩和延伸。

【难点释疑】文献级别与检索类型的利用对应关系

不同级别的文献在人们日常学习和科研中所发挥的作用也是不同的。人们利用二次文献类文献检索工具进行文献线索的检索，而数据检索与事实检索需求则通过三次文献参考工具书解决，全文数据库则是获取一次文献（原始文献）的快捷方式。在实际使用文献的过程中，灵活运用文献级次来快速检索所需信息，会有效提高文献检索效率。

（三）按文献内容的公开出版状况划分

1. 图书

图书是成册出版的正式公开出版物。这是历史最悠久的文献类型。图书一般有封面、书名页、目次、正文，并装订成册，图书具有内容系统、全面，知识可靠、成熟，出版周期较长等特点。图书主要包括学术专著、参考工具书（如手册、年鉴、百科全书、辞典、字典等）、教科书等。要较全面、系统地获取某一专题的知识，参阅图书是行之有效的方法。所有正规出版的图书版权页都有国际标准书号（ISBN）。

2. 期刊

期刊是指定期或不定期出版的有固定名称的连续出版物，由专门的出版机构编辑出版，有统一的出版形式和装帧，有一定的出版规律。期刊具有出版周期短、报道速度快、材料原始、内容新颖、信息含量大、学科面广等特点，能及时反映当代社会和科技的发展水平和动向。每种期刊都有固定的名称和版式，有 ISSN 号。

3. 报纸

报纸是主要的情报信息来源。其出版周期更短，它以最快的速度报道世界各地的新闻及科技新成果，内容广泛，发行量大。但对科技成就的报道不够系统和详尽。

4. 特种文献

特种文献是指出版发行和获取途径都比较特殊的科技文献，一般包括会议文献、科技报告、专利文献、学位论文、标准文献、科技档案、政府出版物、产品样本等类型，具有文献特色鲜明、内容广泛、数量庞大、参考价值高的特点，它们在传递科技信息方面发挥的作用很大，是非常重要的信息源，在医学文献检索中占有重要地位。

除了上述几种主要文献类型之外，还有新闻稿、统计资料等类的科技文献。

知识链接

什么是 ISBN、ISSN

ISBN 是国际标准书号（International Standard Book Number）的简称，是专门为识别图书等文献而设计的国际编号。ISO 于 1972 年颁布了 ISBN 国际标准，并在普鲁士图书馆设立了实施该标准的管理机构——ISBN 中心。现在，采用 ISBN 编码系统的出版物有图书、小册子、缩微出版物、盲文印刷品等。ISBN 由 13 位数字组成。前三位数字代表图书，中间的 9 个数字分为三组，分别表示组号、出版社号和书序号，最后一个数字是校验码。在联机书目中，ISBN 可以作为一个检索字段，为用户增加了一种检索途径。

例如：ISBN 978-7-301-04815-3

组号　出版者　书序号　校验码（注：组号是国家、地区、语言的代号）

ISSN 是国际标准连续出版物号（International Standard Serial Number）的简称，是 ISDS（国际连续出版物数据系统）国际中心为在该系统登记的连续出版物分配的号码。采用 ISSN 编码系统的出版物有期刊、会议录等。ISSN 由 8 位数字组成，8 位数字分为前后两段各 4 位，中间用连接号相连，前 7 位数字为顺序号，最后一位是校验位。ISSN 通常都印在期的封面或版权页上。ISSN 可以作为一个检索字段，为用户增加了一种检索途径。

例如：ISSN 1002-1965

序号　校验码

三、现代医学信息资源发展特点与趋势

医学信息资源是与医学这一学科相关的各类信息资源的总称。在发展的过程中，现代医学信息资源呈现出以下特点和趋势。

1. 信息的生产量巨大，医学文献比重占各学科之首

随着互联网技术的发展，信息的数量也有了极大的增长，据 International Date Corporation（国际数据公司）2014 年年初发布的报告称，全世界仅数字化信息的数量就达到了 4.4ZB，并且这个数字还在以每年 40%的速度在增长。

医学科学是人类科技的前沿学科，医学文献亦是整个科技文献的重要组成部分。据统

计，医学文献约占科技文献量的1/5，为各学科之首。例如，在期刊文献中，就有约 1/7 期刊文献是生物医学文献。Science Citation Index（科学引文索引）按引文数量排列的前 500 种期刊中，生物医学期刊占 176 种，超过了1/3。

2. 文献信息的传播速度加快，更新时间缩短

互联网时代，文献信息的传播方式发生了极大的变化，由传统的信息发布者向大众单向传播朝互联网信息发布与利用的双向交流转变，大众有了自主选择信息的权利。在互联网时代，文献信息的传播速度加快，文献的更新时间缩短。文献老化周期由过去的50年缩短到现在的3～8年，在有些前沿学科如信息技术、微电子技术、分子生物学等领域其文献更新的周期甚至缩短到了以月计算。为了更新知识，人们必须终身学习。

3. 文献信息本身变化显著

现代文献信息本身发生了一些显著的变化。从内容上看，网上发布信息的自由性，造成了互联网上的信息良莠不齐；从信息的发布渠道上看，受互联网的影响，信息发布渠道不再仅仅局限于传统渠道，而更倾向于网络发布，很多传统信息发布渠道都纷纷制作了网络版向网络发布转型，此外，还出现了 OA（开放获取）等新兴的信息发布渠道；从信息形式上看，信息形式呈现出多媒体和动态多样性；从载体类型上看，由于数字化信息资源发展快速，给传统的印刷型文献资源形成巨大冲击，载体呈现出多样化的趋势，除了印刷型文献外，缩微型、视听型、电子型文献同时并存，并相互补充。

4. 文献的获取与使用发生了变化

现代医学科学发展趋势之一就是学科之间不断交叉渗透，呈现出文献交叉重复，同一篇论文以不同形式、不同范围、不同语种发表，且数量庞大，利用网络与专业数据库提供的检索，可以不受时间、空间限制地获取文献，因而更为方便，检索效率更高。在文献信息的使用上，电子形式的文献具有可以多次反复使用，还可以较容易地对一次文献进行二次、三次深度加工的优点，更为人们所青睐。

第二节 信息检索概述

随着互联网技术的发展，社会信息数量呈爆炸式增长，然而在“信息的汪洋”之中，又充斥着大量虚假信息和无用信息，这使得获取有用的信息资源变得越来越困难。信息检索技术利用现代信息检索系统检索有关信息，能有效提高人们的信息检索效率。因此，掌握信息检索技术已成为当今人才的必备技能。

一、信息检索的概念

（一）信息检索的含义

信息检索又称信息存储与检索、情报检索，是指将信息按一定的方式组织和存储起来，并根据信息用户的需要找出有关信息的过程和技术，即包括“存储”和“检索”两个环节和内容。狭义的信息检索是指从信息集合中找出所需要的信息的过程。

存储过程就是按照检索语言（主题词表或分类表）及其使用原则对原始信息进行处理，形成信息特征标识，为检索提供经过整序（即形成检索途径）的信息集合的过程。

检索过程则是按照同样的检索语言（主题词表或分类表）及组配原则分析课题，形成检索提问标识，根据存储所提供的检索途径，从信息集合中查获与检索提问标识相符的信息特征标识的过程。

（二）信息检索的意义

1. 信息检索是能有效利用信息资源并实现其最大价值的科学方法

人类社会发展到今天，积累了丰富的信息和知识。纵观历史的发展，我们能看见技术的进步取决于信息的积累、搜集、应用与创新。信息检索为我们提供了一套较完整的利用和开发信息的方法，包括检索策略的制定、检索工具的选择、检索手段的选择等。因此，信息检索是信息分析和科技创新的基础，现代信息技术的发展，又推动了信息检索手段的现代化发展，信息检索是有效利用信息资源、实现其最大价值的科学方法，信息资源管理与开发水平已成为衡量一个国家信息文明程度的重要标志。

2. 信息检索是再学习的工具，是获取知识的有效途径

我们生活在一个知识经济社会，知识更新周期变短，这就要求我们必须不断学习新东西，获得新情报，运用新方法，更新自身的知识结构，以适应社会快速发展的步伐。美国工程教育协会曾估计，人们所需知识的 20%～25%是学校教育赋予的，而 75%～80%的知识是走出学校后，在研究实践和生产实践中，根据需要，通过不断再学习而获得的。人们通过各种途径获取信息，完成知识更新，适应社会的发展。信息检索则成为人们获取知识、提高自我的最重要、最有效的途径。

3. 信息检索能有效地提高科研工作的效率

科学研究无论是在立项前还是在研究过程中，甚至在研究完成后，对已有成果的评价都离不开查阅有关文献信息资料。据美国文献专家统计，科学工作者在从事科研活动中所花的时间分配如下：查找情报资料占 50.9%，计划、思考占 7.7%，数据处理占 9.3%，试验研究占 32.1%，并且在前期资料调研过程中如果没有掌握科学的信息检索方法，调研时间还会加长。可见高效的信息检索能帮助科研人员快速了解学科进展，避免重复研究，取得事半功倍的效果。

4. 信息检索是提高信息素养的有效途径

科研工作具有继承性和创造性双重性质，现代科学发展至今，任何一个学科都积累了大量的经验和数据，只有站在前人的肩膀上，才能做出创造性的成绩，而信息素养集中表现为如何在纷繁复杂的信息面前获取有价值信息的能力，信息检索以提高人们文献收集、选择和利用的能力为目的，是提高信息素养的有效途径。

二、信息检索的原理

信息检索是指从信息集合中迅速、准确地查找出所需信息的过程和方法。这里的信息集合是指有组织的信息资源整体，可以是馆藏目录、数据库及检索工具等。广义地说信息检索包括信息存储和信息利用两个过程。简而言之，信息检索的基本原理即检索者的检索提问词与存储在检索系统中的检索标引词进行匹配对比，取得一致即为检索命中，命中结果可从检索系统中以各种方式输出。检索者可据此线索对原文进行判断、筛选，以获取自己所需要的信息。

信息检索的基本原理（图 2-2）：在存储信息时，文献标引人员首先要对各种文献进行主题分析，即把它所包含的信息内容分析出来，以形成若干能代表文献的主题概念，并用信息检索语言（标识）把这些概念标示出来，然后输入检索工具或检索系统。当检索信息时，检索人也要对检索课题进行主题分析，即明确所涉及的检索范围，使之形成若干能代表信息需求的概念，然后把这些概念转换成信息检索语言的语词（标识），并与存储在信息检索系统中文献特征加以进行比较。将具有相同标识的文献从信息系统中检索出的部分就是命中的结果。

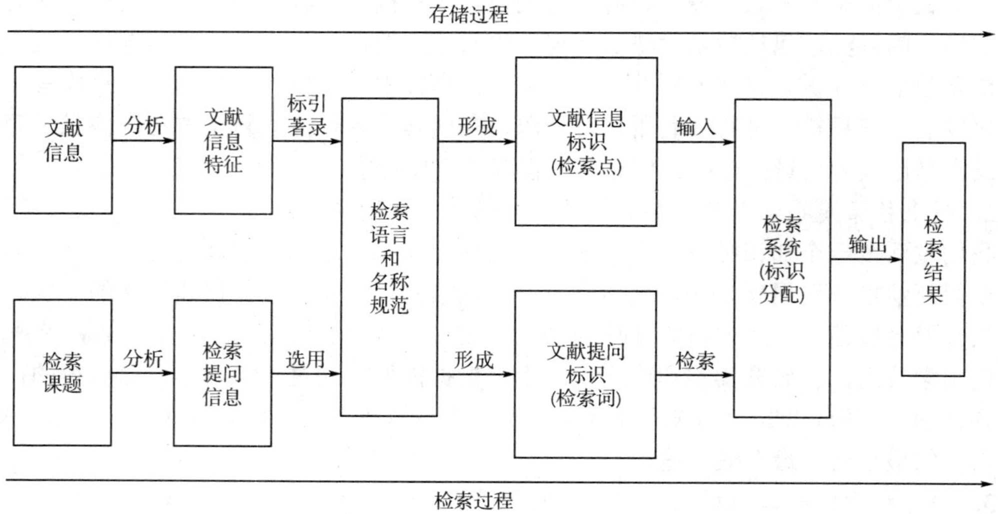

图 2-2　信息检索原理示意图

三、信息检索的类型

信息检索按检索对象、检索手段、检索途径等方式划分为多种类型。

（一）按检索对象划分

1. 文献检索

文献检索是指以文献为检索对象的信息检索。文献检索根据检索命题的要求，以一定范围内的文献或文献线索为对象，利用检索系统，从文献集合中迅速、准确地查找所需文献的过程。它是信息检索的核心部分，根据检索内容不同可分为书目检索和全文检索，其中全文检索是计算机信息检索的主流与发展方向。

2. 数据检索

数据检索是指以公式、各种常数、技术数据、图表、化学结构式等为检索对象的检索。例如，热物理性能数据（熔点、密度、溶解度、扩散系数等）、化学物质数据（分子式、结构图、官能团、混合物组成等）、光谱数据（红外光谱、质谱、核磁共振光谱）、生物数据、科学技术数据、人口统计数据或图表、计算公式等非数字数据等。数据检索是一种确定性检索，检索的结果是数值型数据，准确可靠，可以直接使用。

3. 事实检索

事实检索，指以各种史实资料、研究结果和现状为检索对象的检索。结果包括数值性数据和非数值性数据，如检索 2015 年诺贝尔医学奖得主是谁。

在数据检索和事实检索中，用户需要获得的是某一事物或某一数据的具体答案，是一种确定性检索，一般利用参考工具书；文献检索则是要检索出包含所需要信息的文献，文献检索的结果是与某一课题有关的若干篇论文或书刊的来源出处，以及收藏地点等，一般使用检索刊物、书目数据库或全文数据库。

知识链接

文献检索与数据检索、事实检索的关系

文献信息检索是一种相关性的检索，检索的结果是文献线索；数据与事实信息检索是一种确定性检索，检索的结果是可供用户直接利用的信息。通常，文献信息检索通过二次信息资源来实现，而数据与事实信息检索则是通过三次信息资源来完成。

（二）按信息检索的组织方式划分

1. 全文文本信息检索

文本，即文字信息，是数字化信息资源中最常见的形式。全文文本信息检索就是通过计算机将文献的全貌包括文字、图像等信息转换成计算机可读形式，即将存储在数据库中的整本书、整篇文章中的任意内容信息查找出来的检索，可以根据需要获得全文中的有关章、节、段、句、词等的信息，也可进行各种统计和分析。

2. 多媒体信息检索

多媒体是指包括文本、图像和声音在内的各种信息的表达或传播形式的总称。多媒体信息检索是指能够检出支持两种以上媒体的数据库检索。

3. 超文本信息检索

超文本信息检索是对每个节点中所存的信息及信息链构成的网络信息的检索。强调中心节点之间的语义联结结构，靠系统提供的工具进行图示穿行和节点展示，提供浏览式查询，可进行跨库检索。

4. 网络信息资源检索

网络信息资源检索是集各种新型技术于一体，对各种类型、各种媒体的信息进行跨时间、跨空间的检索。

（三）按检索手段划分

1. 手工检索

手工检索是一种传统的检索方法，即以手工翻检的方式，利用工具书（包括图书、期刊、目录卡片等）来检索信息的一种检索手段。手工检索的方法比较简单、灵活，容易掌握。但是手工检索费时费力，特别是进行专题检索和回溯性检索时，需要翻检大量的检索工具反复查询，花费大量的人力和时间，同时也容易造成误检和漏检。随着计算机的发展与应用，人们的检索方式也发展为以计算机检索为主。

2. 计算机检索

计算机检索是指人们在计算机或计算机检索网络的终端机上，使用特定的检索指令、检索词和检索策略，从计算机检索系统的数据库中检索出所需的信息，继而再由终端设备显示或打印的过程。计算机信息检索能够跨越时空，在短时间内查阅各种数据库，能快速进行文献资料回溯检索，且文献检索系统数据库中的信息更新速度很快，方便检索者查找最新信息文献资源，已成为人们获取文献信息的主要途径。

（四）按检索途径划分

1. 直接检索

直接检索法是指直接通过浏览、查阅文献原文而获取所需文献信息的方法。这种方法不依靠检索工具，所以不是严格意义上的检索方法。它的优点是能够明确判断文献所包含的信息是否需要，但是它难以获得全面的文献，且费时费力，具有一定的盲目性和偶然性。如果检索课题单一，文献相对集中，又熟悉检索书刊，可用这种检索方法。对于有多个主题、文献离散度较大的课题，则不宜用此法。直接检索法具有较高的查准率和查全率的优势，能满足用户直接获取文献的要求，因而是文献检索的常用手段。

2. 间接检索

间接检索法是借助于检索工具查获所需文献的方法，它的优点是检索方式比较科学，能保证较高的查全率和查准率，但必须借助检索工具，具有一定的文献检索知识。对于有多个主题、文献离散度较大的课题，则宜用此法。常用的间接检索的方法有顺查法、倒查法、抽查法等。

第三节　信息检索语言

信息检索的实质就是将信息需求和文献信息的存储标识进行比较和选择，从中找出与用户需求一致或接近的信息。连接信息需求与信息存储系统的桥梁就是信息检索语言。

一、检索语言的概念和作用

文献数量浩如烟海，信息内容包罗万象，用户需求又各不相同，因而就必须依赖一种交流“语言”，达成信息创造者与使用者之间的信息交流。

检索语言是信息检索中用来描述文献特征和表达情报提问内容的一种专门性的人工语言，是人们在加工、存储及检索信息时所使用的标识符号，是一组有规则的、能够反映出信息内容及特征的标识符，用于联系文献信息与用户需求的“语言”。检索语言在信息系统中是沟通信息存储与信息检索两个过程的桥梁。在信息存储过程中，用它来描述信息的内容和外部特征，从而形成检索标识；在检索过程中，用它来描述检索提问，从而形成提问标识；当提问标识与检索标识完全匹配或部分匹配时，结果即为命中文献。

检索语言是信息检索系统的重要组成部分，检索时如果没有检索语言作为标引人员和检索人员的共同语言，则很难使标引人员对文献信息内容的表达和检索人员对相同信息内容的需要表达取得一致，信息检索就不能顺利实现。检索语言的灵活使用是检索技能的一个重要方面。

二、检索语言的分类

信息检索语言有很多类型，可以按不同的方式和标准划分（图 2-3），其中分类语言和主题语言是使用最为广泛的检索语言。

（一）按照检索语词规范化程序划分

按照检索语词规范化程序划分可分为规范语言和非规范语言。

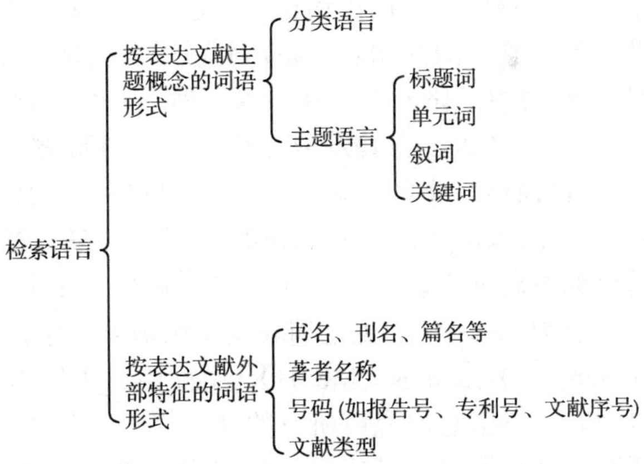

图 2-3　检索语言类型示意图

（1）规范化语言是对文献检索用语的概念加以人工控制和规范，把同义词、同音词、多义词、近义词、同形异义词等进行规范化处理的语言，使每个检索词只能表达一个概念，以便准确检索，防止误检、漏检。例如，我国的《中医药主题词表》都是规范化的检索语言。

（2）非规范化语言是对检索用语的概念不进行规范化处理，以未经人工控制的直接从原始文献信息中抽取出的自由词作为检索词，如关键词就属于此类。这种词有较大的弹性和灵活性，能及时反映最新的概念和规范词难以表达的特定概念。但这类词存在大量的同义词、多义词现象和含义模糊现象。

（二）按照所描述的文献信息的特征划分

按照所描述的文献信息的特征划分，可分为文献外表特征检索语言和文献内部特征检索语言（图 2-3）。

（1）文献外表标识检索语言是描述文献外表特征的检索语言，是依据文献外表特征，如文献名、著者、文献序号等作为文献存储标识和检索提问设计的索引语言，常见的有文献题名索引系统（如书刊目录）、著者索引系统［如著者索引（目录）］、文献序号索引系统（如专利号索引、科技报告号索引、技术标准号索引）、引文索引系统（如引文索引）等。

（2）文献内容标识检索语言是描述文献内容特征的检索语言，按其构成原理可分为以下三种检索语言（图 2-3）。

第一，分类检索语言。分类检索语言是将表示各种知识领域（学科及其研究问题）的类目按知识分类原理进行系统排列并以代表类目的数字、字母符号（分类号）作为文献主题标识的一类情报检索语言。分类语言能反映事物的从属派生关系，便于按学科门类进行族检索。检索语言的具体表现是分类表。目前国内外比较重要的分类语言表有《美国国会图书馆分类法》（LC）、《杜威十进分类法》（DDC）、《中国图书馆图书分类法》、《中国科学院图书分类法》等。分类检索语言的具体表现形式主要由分类表、辅助表和使用说明三个部分组成。分类表中所有知识依概念逐级划分，每划分一层就形成一批并列概念（下位概念）；它们同属于一个被划分概念（上位概念）。同一级下位概念之间体现的是平行关系，而上下位概念之间则是隶属关系。每一个类目都用相对固定的代码作为标识，叫作分类号，每一个分类号就代表一个特定的知识概念。

第二，主题检索语言。主题语言是以语词作为概念标识，按字顺编排的检索语言，并用参照系统等方法辅助显示概念之间的相互关系。主题语言包括主题词和关键词语言。主题词是描述主题事物或内容的规范化词汇，具有单一性，一个主题词只能表达一个概念，一个概念只能用一个主题词来表达。在其发展过程中出现过标题词语言、单元词语言、叙词语言，目前所谓的主题词语言指的是叙词语言。用户利用主题词检索可以把内容涉及这些概念的所有文献检索出来，利用主题词进行检索，文献查准率比较高。使用主题检索语言检索时往往需借助主题词表确定主题词，主题词表是反映文献内容的主题词及词间组成的规范化词典。目前常用的医学类主题词表是美国国家医学图书馆 NLM 编制的《医学主题词表》（Medical Subject Headings，MeSH）（英文版、中译本）、荷兰医学文摘社的 EMTREE、中国医学科学院医学信息研究所研发的《中国中医药学主题词表》等。目前利用《医学主题词表》进行标引的数据库有 PubMed、中国生物医学文献数据库（CBM）等。

第三，代码检索语言。代码语言是指对事物的某方面特征用某种代码系统来表示和排列事物概念，从而提供检索的检索语言。例如，根据化合物的分子式这种代码语言，可以构成分子式索引系统，允许用户从分子式出发，检索相应的化合物及其相关的文献信息。

总之，在检索过程中，需根据不同的课题需求和特征来选择不同的检索语言，才能达到更好的检索效果。

三、MeSH 及其应用

主题检索语言是信息检索语言中检索效率较高、使用频率较高的信息检索语言。生物医学领域是信息文献的重要来源，为了更好的检索利用该领域的信息文献，人们编制了一些专门的主题词表，其中最权威、最常用的是 MeSH。

（一）MeSH 概况

MeSH 是美国国家医学图书馆（National Library of Medicine，NLM）从 1960 年起编制，1963 年起正式使用的一部规范化的可扩充的动态性叙词表。它是一部在生物医学领域具有权威性的主题词表。

MeSH 的作用和特点体现在以下几个方面。

（1）规范化。MeSH 的一个重要作用就是对医学文献中的自然语言进行规范化处理，在概念和主题词之间建立一一对应的关系。NLM 以它作为标引的依据，编制和建立了《医学索引》（IM）及计算机文献联机检索系统 MEDLINE 数据库。

（2）一致性。检索者利用 MeSH 提供的主题词进行检索，可以保持与著录、标引者在用词上的一致性，确保能够快速、准确地检索到所需的文献信息，提高检索的效率。

（3）动态性。为了适应生物医学领域的不断发展，NLM 每年都会对 MeSH 进行维护，对其中的词汇进行增减和修改扩充，因此它是一部动态性的词表。

（4）专指性。MeSH 带有副主题词系统，使用 MeSH 提供的副主题词与主题词组配进行标引和检索，能够提高主题词的专指性。

（5）可扩展性。通过利用 MeSH 提供的参照系统，可以从多个角度入手对主题词进行扩展检索，从而提高信息检索的查全率和查准率。

MeSH 在我国也得到了广泛的应用，我国医学科学院信息研究所不定期地依据 MeSH 编译成《英汉对照·医学主题词注释字顺表》，作为我国许多生物医学检索工具，如 CBM、《中国医学文摘》等的主题标引工具。随着时代的发展，从 2008 年 9 月起 MeSH 就不再提供印刷纸质版，仅提供通过互联网访问的在线版，最新的 MeSH 在线版可通过 NLM 的网站 http://www.nlm.nih.gov/mesh 访问（图 2-4）。

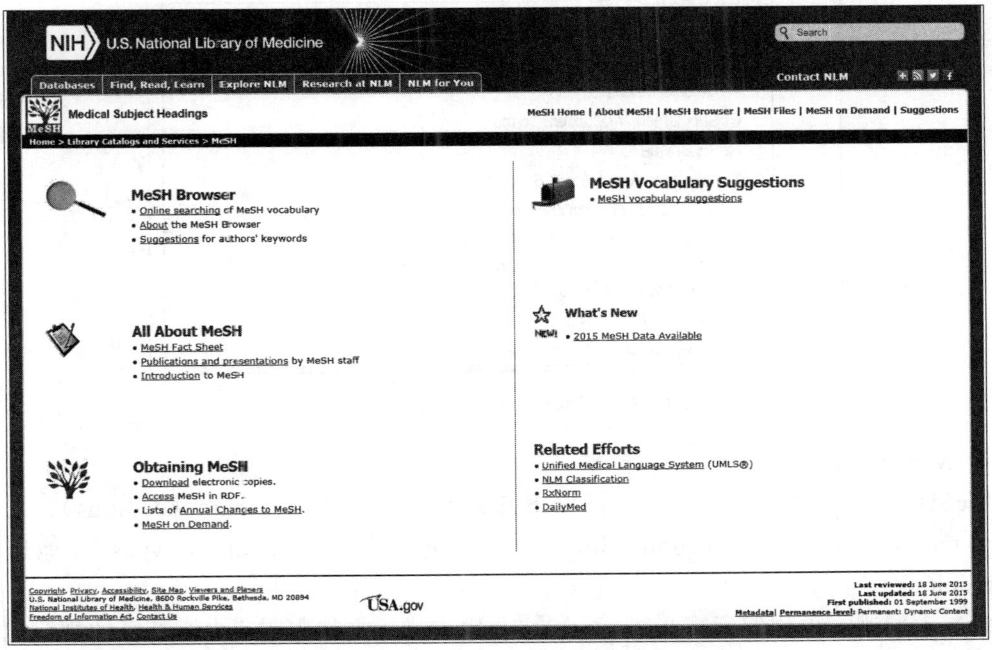

图 2-4　MeSH 在线版首页截图

（二）MeSH 的应用

在线版的 MeSH 主要包括主题词表和树状结构表两个部分。

1. *主题词表*

主题词表是 MeSH 的核心内容，收录了 MeSH 所有的主题词和非主题词（如入口词、副主题词等)，反映的是词汇间的横向关系，适用于特性检索。所谓特性检索就是从特定事物或概念出发的检索，是检索者从已知现存的及至少在某种程度上可叙述的特定项目开始进行的专指性较强的检索。

使用在线版主题词表时，只需点击 MeSH 网站左上方的 MeSH Browser 后即可访问最新版的 MeSH 主题词表搜索引擎，在 Search 项输入检索词查找使用，Search 项下方还提供了对检索结果进行限定的选项可供选择（图 2-5)。

主题词表包括了词汇、树状结构号、词义和范围注释、主题词参照、可组配的副主题词、主题词注释等内容。其中树状结构号就是某个词汇在树状结构中的编号，词义范畴注释就是对词汇的意思和使用范畴的解释，下面我们对词汇、主题词参照、主题词注释进行重点介绍。

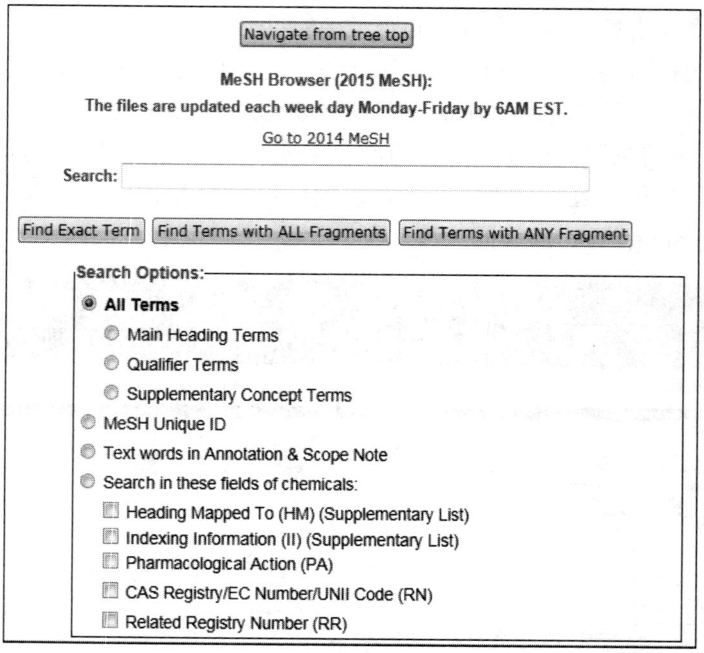

图 2-5 MeSH 主题词表检索界面

1）MeSH 主题词表的词汇

MeSH 主题词表的词汇主要包括以下几种类型：主题词（main headings）、入口词（entry terms）、副主题词（subheadings）、出版物类型（publication types）、地理名称（geographics）。

（1）主题词，也称叙词（descriptors），是用来描述文献主题或内容特征的规范化的词或词组，是 MeSH 词汇中具有检索意义的词。2015 版的 MeSH 收录的主题词有 27 455 个。主题词的拼写主要使用的是美式拼法，词组一般按正常的自然语言顺序排列。但是也有例外，对于某些复合主题词组则采用倒置的形式编排，即将被修饰的词放在前面，修饰词放在后面，中间用“，”隔开，这样做的目的是将医学概念相近的主题词集中在同一个字顺下，以便于族性检索。

例如：GASTRITIS（胃炎）

GASTRITIS，ATROPHIC（胃炎，萎缩性）

GASTRITIS，HYPERTROPHIC（胃炎，肥厚性）

（2）入口词，有的也将入口词译作款目词，入口词不属于 MeSH 词表中规范化的主题词，但与主题词表达的是等同的意思，往往是主题词的同义词、先组词、学名与俗称、旧称与新称、简称与全称、不同译名等。例如，癫痫（EPILEPSY）在英文里的就有 AURA、SEIZURE DISORDER、SINGLE SECIZURE 等入口词。入口词的数量比较多，2015 版的 MeSH 收录的入口词超过 220 000 个。入口词可以直接用于检索，在检索栏输入入口词后，系统会自动跳转到与之对应的主题词，并会在该主题词表下面的 Entry Term 项目将该主题词的所有入口词列示出来（图 2-6）。

MeSH Heading	Epilepsy
Tree Number	C10.228.140.490
Annotation	GEN or unspecified; prefer specifics
Scope Note	A disorder characterized by recurrent episodes of paroxysmal brain dysfunction due to a sudden, disorderly, and excessive neuronal discharge. Epilepsy classification systems are generally based upon: (1) clinical features of the seizure episodes (e.g., motor seizure), (2) etiology (e.g., post-traumatic), (3) anatomic site of seizure origin (e.g., frontal lobe seizure), (4) tendency to spread to other structures in the brain, and (5) temporal patterns (e.g., nocturnal epilepsy). (From Adams et al., Principles of Neurology, 6th ed, p313)
Entry Term	Aura
Entry Term	Awakening Epilepsy
Entry Term	Epilepsy, Cryptogenic
Entry Term	Epileptic Seizures
Entry Term	Seizure Disorder
Entry Term	Seizures, Epileptic
Entry Term	Single Seizure
See Also	Seizures
Allowable Qualifiers	BL CF CI CL CN CO DH DI DT EC EH EM EN EP ET GE HI IM ME MI MO NU PA PC PP PS PX RA RH RI RT SU TH UR US VE VI
Date of Entry	19990101
Unique ID	D004827

图 2-6　MeSH 主题词详细信息界面

（3）副主题词。副主题词又称为限定词（qualifiers），与主题词、入口词不同，副主题词没有独立检索意义，只能与主题词组配使用，其作用在于对主题词进行说明和限定，以提高主题词在标引和检索中的专指度。值得注意的是，并不是每个副主题词都可以和任意主题词搭配，每个副主题词都有它的适用范围，每个主题词也只能与固定的副主题词搭配。在使用时，一个主题词可以选择与一个或者分别与多个其允许的副主题词搭配使用，为了避免漏检亦可选择分别与该主题词允许的所有副主题词搭配使用。如图 2-6 所示，每个主题词表都在 Allowable Qualifiers 项目后列示出了所有可以与之匹配的副主题词的缩写，点击每一个缩写就可以进入该副主题词的详细信息。例如，点击上图的 Allowable Qualifiers 后的缩写“BL”就可以看到其所代表的副主题词“blood”的详细信息，如图 2-7 所示。

（4）出版物类型。这类词汇主要用于描述文献的类型，并且这种描述信息只针对文献的自然特征或出版方式，不涉及文献信息的内容，详列于树状结构表的 V 类出版信息（publication characteristics）中。

（5）地理名称。这类词汇主要用于描述文献的地理复分信息，详列于树状结构表的 Z 类地理位置（geographic locations）中。

2）主题词参照

为了帮助用户能够选择到规范、准确的主题词，扩大检索范围，提高检索质量，MeSH 主题词表设置了主题词参照（cross-references）。所谓主题词参照就是把检索者使用的一些非规范化的词指引到更准确、更大范围的规范主题词上去。目前，常用的有三种参照：用代参照（see references）、相关参照（see related references）和还应考虑参照（consider also references）。

Subheading	blood
Record Type	Q
Entry Version	BLOOD
Abbreviation	BL
Scope Note	Used for the presence or analysis of substances in the blood; also for examination of, or changes in, the blood in disease states. It excludes serodiagnosis, for which the subheading "diagnosis" is used, and serology, for which "immunology" is used.
Annotation	subhead only; for "in blood" or "blood in" animals or diseases; includes the presence of cells, coagulating elements, endogenous & exogenous chemical substances; not for "serology" (= /immunology), nor for "serodiagnosis" (= /diagnosis), nor for the presence of microbes or parasites in the blood in disease (= /microbiology or /parasitology); see MeSH scope note in Introduction; indexing policy: Manual 19.8.10; DF: /blood or /BL
Online Note	search policy: Online Manual; use: main heading/BL or BL (SH) or SUBS APPLY BL
History Note	67; used with Category C, D & F 1967-74; B2, C, D, F3 1975-86; B2, C, D, F3, AGING, CLIMACTERIC+, INFANT, NEWBORN+, PREGNANCY+, PREGNANCY, ANIMAL+, PUBERTY+ & PUERPERIUM+ 1987; B2, C, D, F3, AGING, CLIMACTERIC+, INFANT, NEWBORN+, PREGNANCY+, PREGNANCY, ANIMAL+, PUBERTY+, PUERPERIUM+ & SMOKING 1988; B2, C, D, F3, AGING, CLIMACTERIC+, INFANT, NEWBORN+, PREGNANCY+, PREGNANCY, ANIMAL+, PUBERTY+, PUERPERIUM+ & SMOKING+ 1989; B2, C, D1-24 & F3 1990 forward
Date of Entry	19731227
Revision Date	20030722
Date Established	19670101
Unique ID	Q000097

图 2-7　MeSH 副主题词详细信息界面

（1）用代参照。用代参照用于指出某一主题词和与该主题词具有等同关系的入口词之间的等同关系，用“see”和“X”来表示。在表示时，由入口词参见正式主题词，用“入口词 see 主题词”来表示，如 apoplexy see stroke；由主题词参见入口词，则用“主题词 X 入口词”来表示，如 stroke X apoplexy。

（2）相关参照。相关参照用于指出与某一主题词概念上相关的其他主题词，起到相互参考、扩大检索范围、提高查全率的作用，用“see related”（参）和“XR”（反参）表示。在表示时，用“主题词 see related 主题词”和“主题词 XR 主题词”表示。

例如：Population Control see related Family Planning；

Family Planning XR Population Control。

（3）还应考虑参照。还应考虑参照用于提醒用户同时采用各种不同词根的、同义而不同源的相关主题词去进行全面检索，避免漏检。Consider Also References 通常是指出一组相关的主题词而非单一的主题词。

例如：Brain

consider also terms at CEREBR- and ENCEPHAL-。

3）主题词注释

MeSH 从 1960 年开始编制，距今已经有 50 多年的历史，随着医学科技的不断发展和对事物认识的不断深入，其中一些词汇必然会发生改变，而 NLM 每年也会对 MeSH 进行修订。因此，为了适应检索者回溯检索的需要，帮助检索者更好地选用主题词，了解主题词的启用年份和演变情况，查全文献，MeSH 主题词表在主题词后附上了主题词注释。若某主题词从 1960 年开始一直作为主题词沿用至今，则不需做任何注释。如有改变，则通过主题词注释进行说明。

2. 树状结构表

树状结构表又称作范畴表，它是由 MeSH 主题词表中所有的主题词编排而成的。树状结构表反映了主题词的纵向关系，适用于族性检索。所谓族性检索就是对具有某种共同性质或特征的众多事物、概念的检索。一般来说分类搜索引擎是族性检索的首选工具。

使用在线版 MeSH 树状结构表时，只需在 MeSH Browser 网页上单击 Navigate from tree top 可看到最新的 MeSH 树状结构表（图 2-8）。

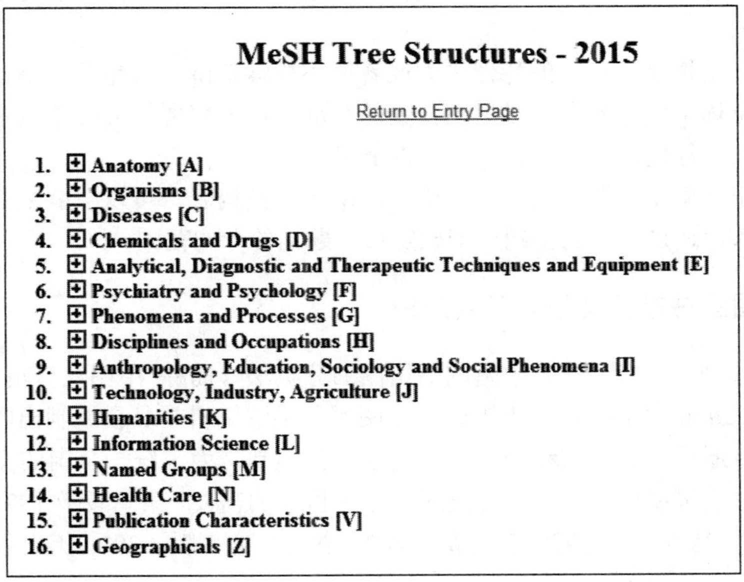

MeSH Tree Structures - 2015

Return to Entry Page

1. ⊞ Anatomy [A]
2. ⊞ Organisms [B]
3. ⊞ Diseases [C]
4. ⊞ Chemicals and Drugs [D]
5. ⊞ Analytical, Diagnostic and Therapeutic Techniques and Equipment [E]
6. ⊞ Psychiatry and Psychology [F]
7. ⊞ Phenomena and Processes [G]
8. ⊞ Disciplines and Occupations [H]
9. ⊞ Anthropology, Education, Sociology and Social Phenomena [I]
10. ⊞ Technology, Industry, Agriculture [J]
11. ⊞ Humanities [K]
12. ⊞ Information Science [L]
13. ⊞ Named Groups [M]
14. ⊞ Health Care [N]
15. ⊞ Publication Characteristics [V]
16. ⊞ Geographicals [Z]

图 2-8 MeSH 树状结构表

1）树状结构表的编排

MeSH 树状结构表编排时将每个主题词按照词义范畴和学科属性，分别归入 16 个大类，每个大类用一个字母表示，依次为 A（解剖学）、B（有机体）、C（疾病）、D（化学品和药品）、E（分析、诊断、治疗技术和设备）、F（精神病学和心理学）、G（生物科学）、H（自然科学）、I（人类学、教育、社会学和社会现象）、J（工艺学、工业、农业）、K（人文科学）、L（情报科学）、M（人群）、N（卫生保健）、V（出版特征）、Z（地理名称）。每个大类再按照从广义词（泛指词、上位词）向狭义词（专指词、下位词）的方式展开，分为若干小类，分类的深度最多可以达到 12 级，每级类目用一组阿拉伯数字（树状结构号）表示，级与级之间用“.”隔开，以示区别。整个树状结构表按树状结构号顺序进行编排，主题词则用逐级缩格的形式来表达其隶属关系。树状结构表体现了主题词之间的隶属、平行、派生关系。

例如：糖尿病性视网膜病变

内分泌系统病	C19
糖尿病	C19.246
糖尿病并发症	C19.246.099
糖尿病血管病变	C19.246.099.500
糖尿病性视网膜病变	C19.246.099.500.382

2）树状结构表的作用

（1）建立了主题词字顺表和树状结构表的联系。树状结构号确定了主题词在树状结构表中的位置，在主题词表和树状结构表之间建立了联系，也为副主题词组配的范围提供了依据。

（2）可用于族性检索，辅助从学科体系中选择主题词。树状结构表是将主题词按学科体系汇集编排的等级表，检索时若找不到恰当的主题词，可以根据课题的学科范围在结构表中查找主题词。

（3）可以利用树状结构表的特性扩大或者缩小检索范围。若想要缩小检索范围，可以用专指词（下位词）进行检索，以提高检索的查准率；若想要扩大检索范围，可以选择泛指词（上位词）进行检索，以提高检索的查全率。

（4）可以帮助确定主题词的专业范围。利用树状结构表，可以了解某主题词与其他主题词的隶属关系，通过其他的主题词来确定该主题词的专业范围。

四、《中国图书馆分类法》及其应用

《中国图书馆分类法》，原名“中国图书馆图书分类法”，简称“中图法”，英文名为 Chinese Library Classification（CLC），由中国图书馆图书分类法编辑委员会编制出版，是我国图书馆和情报单位普遍使用的一部综合性的分类法。其编制是为了统一全国的文献分类，适应我国各类型图书情报机构对文献进行整序和分类检索的需要。第一版于 1975 年出版，其后分别在 1980 年、1990 年、1999 年出版了第 2、第 3、第 4 版，2010 年出版的第 5 版是目前的最新版本。

（一）中图法体系结构

1. 中图法的体系结构

中图法根据学科和专业集中文献，类目划分按照从总到分、从一般到具体的编制原则，确定了一个层层隶属的等级分类体系，将全部文献分为 5 个基本部类，22 个大类的基本分类框架（表 2-1）。

2. 中图法的标记制度和标记符号

中图法基本采用层累制编号法。层累制编号法就是根据类目的不同等级，配以相应不同位数号码的编号方法。其类目的等级与其号码位数是相反的，即号码位数越少等级越高，号码位数越多等级越低。被划分的高等级的类目称为上位类，而上位类直接划分出来的低等级的类目称为下位类，上位类包含了其划分出来的下位类的所有信息，而下位类则继承了其上位类的属性。

表 2-1 中图法基本大类

五大部类	二十二个基本大类	
马克思主义、列宁主义、毛泽东思想、邓小平理论	**A**	**马克思主义、列宁主义、毛泽东思想、邓小平理论**
哲学	**B**	**哲学、宗教**
社会科学	**C**	**社会科学总论**
	D	政治、法律
	E	军事
	F	经济
	G	文化、科学、教育、体育
	H	语言、文字
	I	文学
	J	艺术
	K	历史、地理
自然科学	**N**	**自然科学总论**
	O	数理科学和化学
	P	天文学、地球科学
	Q	生物科学
	R	医药、卫生
	S	农业科学
	T	工业技术
	U	交通运输
	V	航空、航天
	X	环境科学、安全科学
综合性图书	**Z**	**综合性图书**

例如：

R 医药、卫生……………………………………………………………………一级类目

R5 内科学………………………………………………………………………二级类目

R55 血液及淋巴系统疾病………………………………………………………三级类目

R556 贫血病……………………………………………………………………四级类目

R556.6 溶血性贫血………………………………………………………………五级类目

R556.6⁺1 先天性溶血性贫血……………………………………………………六级类目

中图法的标记符号采用汉语拼音字母与阿拉伯数字相结合的混合号码，即用一个字母表示一个大类，以字母的顺序反映大类的序列。字母后用数字表示大类以下类目的划分。数字的编号使用小数制，每 3 个数字用“.”隔开。以图 2-9 医药卫生类为例显示中图法的逻辑体系。其中分类号为 R，各级类目的代号由字母+数字组合而成。字母表示基本大类，数字表示类目划分及隶属情况。

中图法是体系分类法中的一种，从上面的分析可以看出，体系分类法检索的优点是，可以满足从学科或专业角度广泛地进行课题检索的要求，达到较高的查全率。而查准率的准确度与类目的粗细有关，类目越细，专指度越高，查准率也就越高。因此，分类法是一种“族性检索”，而不是“特性检索”。

- R医药、卫生
  - R-0 一般理论
  - R-1 现状与发展
  - R-3 医学研究方法
  - R1 预防医药、卫生学
  - R2 中国医学
  - R3 基础医学
  - R4 临床医学
    - R45 诊断学
    - R46 治疗学
    - R47 护理学
      - R471 护理学基础科学
      - R472 护理学一般技术
      - R473 专科护理学
    - R48 临终关怀学
    - R49 康复医学
  - R5 内科学
    - R51 传染病
    - R52 结核病
    - R53 寄生虫病
    - R54 心脏、血管(循环系)疾病
    - R55 血液及淋巴系疾病
    - R56 呼吸系及胸部疾病
    - R57 消化系及腹部疾病
    - R58 内分泌腺疾病及代谢病
    - R59 全身性疾病
    - R599 地方疾病
  - R6 外科学
  - R71 妇产科学
  - R72 儿科学
  - R73 肿瘤学
  - R74 神经病学与精神病学
  - R75 皮肤病学与性病学
  - R76 耳鼻喉咽喉科学
  - R77 眼科学
  - R78 口腔科学
  - R79 外国民族医学
  - R8 特种医学
  - R9 药学
    - R91 药物基础科学
    - R917 药物分析
    - R92 药典、药方集(处方集)、药物鉴定
    - R93 生药学(天然药物学)
    - R94 药剂学
      - R942 调剂学
      - R943 制剂学
      - R944 剂型
      - R945 生物药剂学
    - R95 药事组织
    - R96 药理学
    - R97 药品
    - R99 毒物学(毒理学)

图 2-9 中图法医药卫生类体系结构示意图

【难点释疑】

由于分类体系的系统性和聚类性特点，可方便地进行扩检或缩检，在查找某一学科或专业文献时，利用类系层层隶属、外延渐小的原理，满足不同查全和查准的要求；利用类列外延相斥、同位详列的特性，进行相关查询。即类以求、触类旁通是分类检索的显著特征。

（二）中图法的应用

中图法是我国目前应用最广泛的文献分类法，如全国图书馆、情报信息机构文献的分类标引和检索就是依据中图法。图书分类法的作用是指示用户根据学科内容检索图书资料，指导用户从开架书库中按类号顺序找到指定的图书及其内容相关的资料；国内各类文献数据库中图书、期刊论文、硕博论文的分类标引和检索，如同方、万方、维普全文数据库都依据中图法提供分类查询检索途径；出版物统一编目数据、 在版编目数据中有“中图法分类号”的标识；中图法在书目分类标引中应用，如全国报刊索引、新书通报、科技新书目、社科新书目均提供征订书目的中图法分类，方便用户按类查找。一些专业信息网站、学科门户参考中图法大纲或局部类目进行结构布局。

【案例 2-1】利用中图法检索“护理学”方面的图书

“护理学”方面图书的检索目标非常明确，我们可以利用中图法确定 R 医药、卫生——R4 临床医学——R47 护理学，很快可以快速找到 R47 下关于护理学方面的所需要的图书。

【案例 2-2】为何用分类号在图书馆找不到相关的图书

因课题需要，要在图书馆查找一本《肿瘤诊断的新方法和常见肿瘤治疗》的图书。

经分析，该图书内容与“肿瘤诊断学”和“肿瘤治疗学”两个方面有关。这就应考虑是否可以利用“肿瘤诊断学”和“肿瘤治疗学”的中图法分类号 R730.4 和 R730.5 进行查找。然而，经实践发现，在 R730.4 和 R730.5 中都没有找到该图书。

原因是该图书讨论的两个问题“肿瘤诊断学”（R730.4）和“肿瘤治疗学”（R730.5）分别都是同一四级类目下的五级类目，它们之间并不存在谁包含谁的关系，而是一种并列关系，这样的图书，分类的时候应该分到其上级类目中去，因此，若想利用分类号查找该图书，我们需到“肿瘤诊断学”（R730.4）和“肿瘤治疗学”（R730.5）的上位类 R 医学—R73 肿瘤学—R730 一般性问题中去查找。

【案例 2-3】《现代生活与过敏病》通过中图法如何查找

对于论述主题之间因果关系的文献，一般分入结果方面主题所属的类目；如果所造成的结果是多方面的，且能区分出重点主题方面，则分入重点主题所属的类目，反之则归入原因方面主题所属的类目。

因此《现代生活与过敏病》一书我们可从分类号 R593.1 这一类别中去查找。

第四节 检索方法和检索途径

一、信息检索方法

检索方法是为实现检索方案中的检索目标所采用的具体操作方法和手段的总称。在检索过程中，应根据检索系统的功能和检索者的实际需求，灵活运用各种检索方法，以达到满意的检索效果。

（一）工具法

工具法也称为常规法，即利用检索工具来查找文献的方法。工具法可分为以下几种。

（1）顺查法，按从远到近的时间顺序查找文献信息的方法。这种方法漏检较少，检出率高，但检索费时费力，一般用于重大课题、各学科发展史及新兴学科等方面的研究课题的全面检索。

（2）倒查法，是一种逆时间顺序由近及远地回溯性查找文献的方法，目的是获取近期发表的最新文献信息，这种方法可以节省大量查找时间，但有时会漏掉重要的线索和有用的文献，是一般科研人员最常用的方法。在确认某项成果是否创新时，也适合用倒查法。

（3）抽查法，是针对某一学科内的课题，重点对某一时间段进行检索，这种方法多用于检索专题调查报告。一般是科研高峰时期，文献量大，成果多。

（二）追溯法

追溯法是利用已掌握文献后面的参考文献或引用文献追踪查找相关文献的方法，也叫追踪法或引文追溯法。具体检查法有两种：一种是利用原始文献新附的参考文献追溯检索；另一种是利用专门编制的引文索引进行追溯查找。循着这些轨迹去查找，不仅可以利用前人的学术成果，节省很多时间和精力，而且还能在原来的基础上有新的发现。引文索引是采用引文法快速查找文献信息的有效工具，但容易漏检。

（三）循环法

循环法又称为综合法、交替法，它是把工具法和引文法结合起来查找文献信息的方法。循环法既要利用检索工具进行常规检索，又要利用文献后所附参考文献进行追溯检索，分期分段地交替使用这两种方法。循环法的好处是能够综合工具法和引文法的优点，因为任何检索工具都有文献收录的范围、主题报道的重点和倾向等，以引文法进行补充，可以扩大文献线索的范围，发现更多有价值的文献信息。按照引文规律，有价值的文献在发表后最初几年（例如 5 年）内被引用的次数较多，但以后趋于减少。因此，追溯检索的年限不宜过长。

（四）浏览法

浏览法是对纸质型或电子文献目录内容的浏览方法。浏览是对信息结构的一种随意的探查，是发现信息及信息线索的重要手段，分为文字浏览、视频浏览、图像浏览、基于事件和叙事的浏览等。通过浏览选择其中所需或相近的内容，可作为进一步查询的依据，或者可以有效地启动一项需求更明确的检索。

二、信息检索途径

信息检索途径就是用记录的方式将文献信息中的某一特征作为检索切入点或检索标识而进行的检索。文献信息的特征可分为文献信息的外表特征和内容特征。文献信息的外表特征适宜查对文献；文献信息的内容特征适宜查寻文献，是文献检索的主要途径。

（一）依据文献外表特征的检索途径

（1）题名检索途径。题名检索途径是以书名、刊名或文章的题名（篇名）作为检索标识，通过书名目录、题名索引、刊名索引、篇名索引或数据库名称索引来查找文献信息的一种检索途径。这种检索途径一般是按照字顺排列的。某些题录、文摘刊物中的“来源索引”或“引用期刊一览表”也属于文献题名途径。在使用题名检索途径时，必须掌握文献信息的具体名称或文献题名中的主要部分，才能准确地查找到所需要的特定文献信息。题名索引广泛应用于计算机检索系统中。

（2）著者检索途径。著者检索途径是以文献信息上署名的著者、译者、编者的姓名或团体名称作为检索标识，利用著者索引或机构索引来查找文献信息的途径。通过著者检索途径，可以查找到同一著者所著内容相同或相近的文献信息，便于发现和了解同行专家的研究进展。所以，国外的各种检索工具大部分都有著者检索途径。使用著者检索途径检索文献，必须了解著者索引编制规则，熟悉著者姓名的一般知识。例如，在一般文献中，欧美国家的署名习惯是名在前、姓在后，在著者索引中则一律采用中国的习惯，按姓前名后的次序排列，姓为全称，名字可以缩写，姓名之间加逗号等。

（3）序号检索途径。序号检索途径是以文献的各种代码、数字为检索标识，利用各种序号索引查找文献信息的途径，如科技报告号、专利号、标准文献号、ISBN、ISSN等，它们都按代码字顺或数字的次序由小到大排列。序号索引具有明确、简短和唯一性的特点。

（二）依据文献内容特征的检索途径

（1）分类检索途径。分类检索途径是指根据文献信息的主题内容所属的学科分类体系，以学科分类号为检索入口，按照分类号和类目名称来检索文献信息的途径。通过分类检索途径检索文献信息的前提是要了解二次信息资源（检索工具）或数据库所采用的分类体系。分类体系的主要优点是根据科学分类的逻辑规律并结合图书类别特点进行分类。分类检索途径的优点是从学科概念的上下、左右关系来反映事物的派生、隶属、平行关系，体现了学科的系统性和科学分类的逻辑规律，有利于从学科专业角度查找文献信息，满足族性检索的要求。但该法涉及相互交叉的学科或分化较快的学科时，其专指性不强，容易造成漏检。

（2）主题词检索途径。主题检索途径是以文献涉及的主题概念词为检索入口，通过描述文献内容特征的主题索引来查找文献信息的检索途径。通过主题途径检索文献信息时，关键是要学会使用检索语言，即利用主题词表选准主题词，然后按主题词字顺在主题索引或主题系统中找到该主题词，组配相关联的副主题词，从而获得所需文献信息。目前国内最常用的主题词表是《医学主题词表》、《中医药学主题词表》和《汉语主题词表》。主题检索途径的最大优点是概念准确，直接性、适应性及通用性强，专指度高，能将分散在各学科领域里的有关某课题中的同一主题词集中在一起，较好地满足特性检索的要求，突破了分类检索途径的严格框架限制，适合现代科学发展。

【案例 2-4】从主题检索途径查找“糖尿病引起视网膜病变”的文献资料

本课题有两个主题，两主题间存在一定的关联，从主题检索途径进行查找，确定出概念词：糖尿病、视网膜病变，然后利用这两个主题词之间的关系构造关系式进行组配检索。

事实上在选择不同的检索途径的时候，要根据检索课题的不同特征来选择不同的检索途径，这样才能够提高检索的效率，如明确按学科体系查找文献可选择分类途径，如果是通过文献资料的内容主题进行检索，通常要考虑选择主题途径。在实际应用中，多种检索途径经常混合使用，如分类途径和主题途径同时使用；或从主题途径入手，结合分类途径对检索策略进行修正，这些方法都是在检索过程当中经常用到的。

（3）关键词检索途径。关键词检索途径是以关键词作为检索标识，通过关键词索引查找文献信息的一种途径。所谓关键词就是直接从文献题名、摘要和正文中挑选出来的具有实质性意义的，并能表达文献主题内容的词。其主要特征是未经过规范化处理，也不受主题词表控制，因此，又称为自由词。检索时只要根据课题要求选择关键词（包括同义词、近义词、同形异义词等），按字顺在关键词索引中找到该关键词。关键词检索是电子资源信息检索的重要检索途径。

【难点释疑】主题词与关键词的区别

主题词与关键词最大的区别就是主题词经过了规范化处理，如白介素 2、白细胞介素 2、IL2、IL-2 等表达同一概念的不同书写形式，主题词表规范为“白细胞介素 2”，主题词表是对主题词进行规范化处理的依据，也是文献处理者和检索者共同的参照依据。而关键词不受主题词表的控制，对于“白细胞介素 2”这一概念可有白介素 2、白细胞介素 2、IL2、IL-2 等不同形式来表达。

（4）分类主题检索途径。分类主题检索途径是分类途径及主题途径相结合的检索途径。如《美国生物学文摘》中的目次表即属于这一类。

（5）其他检索途径。其他检索途径是指如药品名称索引、化学物质索引、化学分子式索引等起辅助作用的检索途径。这些索引对某些专业性的文献信息具有特殊的作用。

【难点释疑】检索语言与检索途径的关系

检索语言通过检索途径来实现其要表达的意义，二者是一一对应的关系。

本 章 小 结

信息、知识、情报与文献是本课程学习的基本概念，本章的重点是建立概念，为信息检索打下基础。信息源的三大划分标准是载体形式、加工深度、编辑出版形式。不同的需求选择不同的信息源。

信息检索就是从数据库、检索工具及馆藏中查找所需信息的活动。它包括信息的存储和检索两个方面。信息检索的基本原理就是检索者将检索提问的标识与存储在检索工具中的信息特征标识进行对比，找出符合两者特征一致的信息。根据检索对象的不同、检索组织方式的不同、检索手段的不同和检索途径的不同，信息检索可分为不同类型。

检索语言是表达文献信息内容和特征的工具，了解检索语言的基本知识、掌握其基本使用技巧，可以大大提高检索效率。检索效率的高低取决于所采用的检索语言的质量及对它的使用是否正确。常用的检索语言的种类包括分类检索语言、主题检索语言、代码检索语言。在医学信息检索中影响力最大的主题检索语言是 MeSH，在我国分类检索语言应用最广的是《中国图书馆分类法》。

检索方法是为实现检索方案中的检索目标所采用的具体操作方法和手段的总称。信息检索途径是用记录的方式将文献信息中的某一特征作为检索切入点或检索标识而进行的检索。在检索过程中应根据检索系统的功能、检索者的实际需求及已掌握的信息类型，灵活运用各种检索方法选择合理的检索途径，以达到满意的检索效果。

总之，在进行信息检索时，我们应根据信息检索的要求，充分了解信息源，学会灵活利用检索语言，合理选择检索方法，快速而准确地获取到我们所需的信息文献。

学 习 检 测

一、选择题

（一）单项选择题

1．检索工具属于（　　）。

A．一次文献　　B．二次文献　　C．三次文献　　D．零次文献

2．每一种正式出版的图书都有一个（　　）。

A．ISSN　　B．ISBN　　C．ISDN　　D．ISIN

3．哪种途径是从文献的内部特征进行检索的（　　）。

A．分类途径　　B．号码途径　　C．作者途径　　D．刊名途径

4．不能作为医学论文关键词的是（　　）。

A．主题词　　B．已被公认的词　　C．专业术语　　D．副主题词

5．下列哪项属于文献的外表特征（　　）。

A．著者　　B．主题词　　C．文摘　　D．分类号

（二）多项选择题

1．信息包括（　　）。

A．自然信息　　B．生物信息　　C．电子信息

D．社会信息　　E．引用信息

2．二次文献主要包括（　　）。

A．文摘　　B．索引　　C．手册

D．书目　　E．指南

3．MeSH 主题词的关系通过（　　）来表达。

A．注释系统　　B．参照系统　　C．树状结构

D．数据库　　E．索引指南

4．MeSH 参照系统中，对应不正确的是（　　）。

A．see 与 X　　B．see 与 XR　　C．see related 与 X

D．see related 与 XR　　E．X 与 XR

5．按照检索对象不同，信息检索可划分为以下哪三种类型（　　）。

A．数据检索　　B．事实检索　　C．文献检索

D．查新检索　　E．网络信息资源检索

二、判断题

1．检索语言的规则并非约定俗成。（　　）

2．三次文献有综述、述评、专题报告、可行性报告、数据手册、百科全书等。（　　）

3．主题语言和关键词语言最大的不同在于前者需要词表控制。（　　）

4．《医学主题词表》主要有医学主题词表和副主题词表组成。（　　）

5．从概念范畴上比较，信息的范围远远大于情报。（　　）

三、思考题

1．信息、情报、知识、文献的定义是什么？试论述三者之间存在的关系。

2．结合专业论述医药信息的作用。

3．什么叫一次文献、二次文献、三次文献？相互之间有什么关系？举例说明。

（叶甬渝）

第三章 信息检索技术与检索策略构建

学习目标

1. 了解信息检索技术定义和常用的几种信息检索技术，掌握布尔逻辑检索、截词检索、限定检索、邻近检索、精确检索等技术及其运用。
2. 了解信息检索策略的定义和类型，熟悉信息检索的步骤，掌握检索词选取和检索式构造的方法技巧，学会评价检索结果，掌握检索策略调整技巧。
3. 重点学习信息检索策略构建与优化、信息检索理论与技术的掌握与运用，以高效获取所需文献信息，是本章节所要实现的目标。

第一节　信息检索技术及应用

计算机技术广泛应用于信息检索中。广义的信息检索技术包括信息组织、数据库建设在内的涉及信息科学、情报学、计算机科学等诸多学科领域的技术方法，而狭义的信息检索技术仅指从现有的信息资源中提取相关信息的技术方法。以下讨论的主要为狭义的依托于计算机检索的信息检索技术。

计算机信息检索技术实质上是“匹配运算”，即用户将检索需求组织成计算机检索系统能够识别和处理的提问式，然后输入计算机运行，由计算机自动对数据库中各个文档的记录进行扫描、匹配。为了提高检索效率，计算机系统常采用一些特定运算方法，从概念相关性、位置相关性等方面对检索提问进行技术处理。计算机信息检索的主要技术有以下几种。

一、布尔逻辑检索

在实际检索中，检索提问涉及的概念往往不止一个，而同一个概念又往往涉及多个同义词或相关词。为了正确地表达检索提问，系统中采用布尔逻辑运算符将不同的检索词组配起来，使一些具有简单概念的检索单元通过组配成为一个具有复杂概念的检索式，并可限定检索词在记录中必须存在的条件或不能出现的条件，用以表达用户的信息检索要求，这种检索方式通常称为布尔逻辑检索（Boolean Searching）。

布尔逻辑检索是计算机检索较基本、运用较广泛的一种检索技术，由英国数学家乔治·布尔提出，是利用布尔逻辑运算符对若干个检索词进行组合来表达检索要求的方法。布尔逻辑运算符有 AND、OR、NOT 三种，分别表示逻辑与、逻辑或、逻辑非，如图 3-1 所示，若有两个检索词 A 和 B，则二者执行运算的检索命中结果为灰色部分。

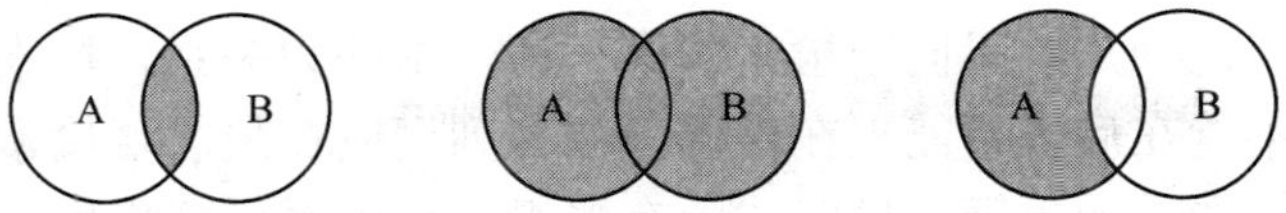

(a) AND的结果　(b) OR的结果　(c) NOT的结果

图 3-1　布尔逻辑检索运算关系示意图

（一）逻辑“与”

逻辑“与”通常用符号“AND”或“*”表示，是对具有交叉关系和限定关系概念的一种组配。其逻辑表达式为A*B或A AND B，检索时，数据库中必须同时含有检索词A和检索词B的文献才是命中文献，即同时要满足A、B两个条件，如图3-1（a）所示。例如，查询有关“高血压与防治”的文献，其逻辑表达式为“高血压 AND 防治”，表示同时含有“高血压”和“防治”两个词的文献为命中文献。逻辑“与”的作用是增加限制条件，缩小检索范围，提高查准率。

（二）逻辑“或”

逻辑“或”通常用符号“OR”或“+”表示，是对具有并列关系概念的一种组配。其逻辑表达式为A+B或A OR B，检索时，数据库中凡是含有检索词A或者含有检索词B或者同时含有检索词A和B的文献均为命中文献，即只要满足A或B中的一个条件，如图3-1（b）所示。例如，查询有关“甲肝或者乙肝”的文献，其逻辑表达式为“甲肝 OR 乙肝”，表示检索有关甲肝或者乙肝的文献。逻辑“或”的作用是扩大检索范围，提高查全率。通常用于相近检索概念组配。

（三）逻辑“非”

逻辑“非”通常用符号“NOT”或“–”表示，是对具有排斥关系概念的一种组配。其逻辑表达式为A—B或A NOT B，检索时，数据库中凡是含有检索词A但不含有检索词B的文献为命中文献，如图3-1（c）所示。例如，查询有关“肺部疾病”但不包含“肺炎”内容的文献。其逻辑表达式为“肺部疾病 NOT 肺炎”，表示从“肺部疾病”中去除涉及“肺炎”内容的文献。逻辑“非”的作用与逻辑“与”相似，可缩小检索范围，提高查准率。

逻辑“非”要慎用，只有确信要从检索结果中排除一个术语或短语时才用它，否则容易造成漏检，将有用的信息排除在外。例如，用上述检索式“肺部疾病 NOT 肺炎”检索，会把同时出现“肺炎和其他肺部疾病”的记录排斥在外。

（四）布尔逻辑运算的优先顺序

当一个检索提问式含有多个布尔逻辑运算符时，系统默认的执行顺序为NOT优先运算，AND其次，OR最后，如要改变运算顺序，则要用圆括号将需要优先运算的内容括起来。例如，查找“维生素A与维生素D对治疗骨质疏松症的作用”，检索式应为（维生素A OR 维生素D）AND 骨质疏松症。又如，检索式“甲肝 AND 婴儿 OR 乙肝 AND 婴儿”表示检索“婴儿患甲型肝炎或者乙型肝炎”方面的记录。为避免检索词重复，该检索式可简化成（甲肝 OR 乙肝）AND 婴儿，但不能写成“甲肝 OR 乙肝 AND 婴儿”，因为这样会误将含有甲肝的所有记录都检索出来。

在不能熟练构造复合检索式的情况下，应用检索栏输入检索，此时布尔逻辑算符的运算次序需要注意两点：一是如果同一检索式中只有一组并列关系，检索项之间的布尔关系只能“或”在前，不能在后也不能夹在中间，即并列词应在最前端检索栏窗口输入，然后再组配其他检索词；二是如果同一检索式中有多组并列关系，应采用二次检索（也称在结果中检索、进阶检索）分步完成操作。二次检索的实质是各次检索互为逻辑与操作。

不同的计算机检索系统，布尔逻辑运算符可能不同，具体使用时可参照计算机检索系统的“帮助”菜单。大多数网络信息检索工具都支持布尔逻辑运算，但各自采用的表现形式不尽相同：有的用 AND、OR、NOT（有的工具要求用大写，有的要求用小写，有的则大、小写均可），有的以符号（*、+、–）代替，有的可支持“&”“I”“!”符号操作，有的不输入符号时，默认运算符是布尔逻辑“与”。

二、截词检索

由词干与不同的前缀或后缀组合可派生出一系列的新词汇，这些新词由于具有相同的词干，所以其基本含义相同或相似，只是词性及语法意义有所差异。在西方语言中这一特点尤为明显。在以语言表达概念为基本特征的信息检索活动中，就可能因词汇书写形式的变化而出现漏检。为此，信息检索系统提供一种在词汇的某一位置截断的方式以解决词汇的单复数、相同词干的词尾变化和英美拼写差异等问题，用于检索与这一词汇片段相匹配的所有相关记录，以保证较高的查全率，这就是截词检索（truncation searching）。

截词检索是预防漏检、提高查全率的一种常用检索技术。大多数检索系统都提供截词检索的功能，尤其在西文检索系统中，使用截词符处理自由词可以减少检索词的输入量，简化检索程序，扩大检索范围，节省检索时间，对提高查全率的效果非常显著。通常使用的截词符有“?”“*”“$”“!”等，计算机在查找过程中如遇截词符号，将不予匹配对比，只要其他部位字符相同均算命中。采用截词检索时，既要灵活，又要谨慎，截词的部位要适当，如截得太短，将导致结果太多，影响检索结果的准确度。按照在词汇中截断的不同位置，可分为前截词、中截词、后截词和前后截词；按照截除掉的字符数不同，又可分为有限截词和无限截词两种类型。

有限截词，指对截词符代表的字符数进行限定，常用的截词符号为“?”，如“work???”表示“work”后可添加的字符数少于或等于 3 个，检索出来的结果中可能有 work、works、worker、workers、working 等；又如 h?emorrhage 可检出 haemorrhage、hemorrhage；用 pe?diatrics 检索，可检索到含有 pediatrics 和 peadiatrics 的记录；输入“血？动力学”可检出“血液动力学”“血流动力学”。

无限截词，指对截词符代表的字符数不进行限定，常用的截词符号为“*”，如 nurs* 可检出 nurse、nurses、nursing 和 nursery；又如，输入 immun*，可一次性查出含有 immun、immune、immunal、immunity、immunology、immunization、immunizations 的记录。

前截词，又称左截词、后方一致，允许检索词的词前有若干变化，检索时将截词符号放在一个字符串的左方，只要数据中具有与截词符后面部分字符串相同的检索词的信息，即为命中信息。例如，*physics 可以检出 physics、astrophysics、biophysics、chemophysics、geophysics 等词的结果。

中截词，又称前后方一致，允许检索词中间有若干变化，中间截断是为解决有些单词英、美拼写方式不同，或者有些词在某个元音位置上出现单复数的不同拼写。例如，wom?n将检索出 woman、women 的结果。

后截词，又称右截词、前方一致，允许检索词的词尾有若干变化。检索时将截词符号放在一个字符串的右方，只要数据中具有与截词符前面部分字符串相同的检索词的信息，即为命中信息。右截词主要用在词的单复数、年代、作者、查同根词等方面。例如，comput*将检索出 computer、computing、computerised、computerized、computerization 等结果。

前后截词，又称中间一致，任意一致。把截词符放在检索词的两边，允许检索词的前面部分、后面部分有一定形式的变化。例如，“*chemi*”可检索 chemical、chemistry、biochemical 等结果。

以上讲到的信息检索技术是多数检索系统和数据库常用检索技术表示方式，但不同的检索系统在检索技术的应用方面有所不同。例如，SinoMed 系统支持单字通配符（?）和任意通配符（%）；OVID 系统用“$”或“*”表示截词，通配符用“#”或“?”；Web of Science 数据库具有系统截词功能。系统截词也称自动取词，是数据库自动对检索词进行词形处理的一种检索技术。因此，在使用具体的数据库进行信息检索时，要注意阅读相关的检索说明，了解不同检索平台在检索技术上的差异性。

三、限制检索

限制检索（limit search）是一种辅助的检索技术，旨在将检索结果限制在一定范围之内，也称为范畴检索。限制检索可以进一步缩小检索范围，缩短检索时间，提高查找的准确性。为了方便查找特定类型的文献，获得有针对性的结果，大多数通用搜索引擎、检索平台系统和数据库都提供了文献类型限定功能。有些检索系统及数据库收录多种文献类型，如期刊、会议论文、学位论文、专著等，有些数据库收录的文章可以反映各种内容，如综述型、传记型、理论论述、应用、实验方法、书评等，检索者可以根据自己的需求目标，按系统给出的限定功能执行限定检索。

例如，万方数据平台的文献类型有学术论文、期刊论文、学位论文、会议论文、外文文献、专利、标准、地方志、成果、法规、机构、图书、专家、学者；CNKI 的文献类型有文献、期刊论文、博硕士论文、会议论文、报纸、外文文献、年鉴、百科、词典、统计数据、专利、标准、成果、法律、图片、古籍、引文等。CNKI 期刊数据库还可通过菜单选择限定结果为全部期刊、SCI 来源期刊、EI 来源期刊、核心期刊、CSSCI 来源期刊；读秀中文学术搜索可限定的信息类型有知识、图书、期刊、报纸、学位论文、会议论文、文档等；Science Direct 等英文数据库高级检索界面中，可选择的文献类型限定包括综述（review）、研究报告（reseach report）、期刊论文（article）、会议论文（conference）、学会论文（dissertation）等；CBM 可选择的文献类型有摘要、核心期刊、综述、讲座、译文、病例报告、临床试验、随机对照试验、Meta 分析、多中心研究等。

在搜索引擎中，很多都提供了控制词 filetype，用以控制查询结果中输出具有特定文件类型扩展名的文件。使用 filetype 语法搜索可获得 doc、pdf、ppt、rtf、xls、rar、swf 等多种特定格式的文件，需注意的是 filetype：和后面所跟的文件类型之间不要有空格。例如，护士执业资格考试 filetype：doc，表示查找历年的护士执业资格考试资料，并要求返回 doc 格式的文件。

为了提高查准率，大多数网络检索工具都具有限制检索的功能，依据此功能，可将检索限制在特定的范围内，如标题（title）、图像（image）、文本（text）、主机名（host）、域名（domain）、链接（1ink）、统一资源地址（URL）、新闻组（newsgroup）、电子邮件（E-mail）等。例如，黄连 image：jpg，可找到黄连这种中药材的图片。

四、字段限定检索

字段限定检索（Field Limit Searching）是指限定检索词在数据库记录中的一个或几个字段范围内查找的一种检索方法。用于限定提问关键词在数据库记录中出现的区域，控制检索结果的相关性，增强检索效果。被指定的字段也称检索入口，检索时，系统只对指定字段进行匹配运算，提高了检索效率和查准率。

在检索系统中，数据库设置的可供检索的字段通常有两种，即表达文献主题内容特征的基本字段和表达文献外部特征的辅助字段。①基本字段包括篇名、文摘、叙词、关键词四个字段。②辅助字段包括除基本字段以外的所有字段，如著者、机构名称、语种、刊名、来源、出版年等。每个字段的标识符都用 2 个字母表示。常用的字段代码有标题（TI）、文摘（AB）、叙词或主题词（DE 或 SU）、关键词（KE）、作者（AU）、全文（FT）、语种（LA）、期刊名称（JN）、文献类型（DT）、出版年代（PY）、作者机构（AF）等。

限制检索字段通常有两种方式：一种是字段名称放置在下拉菜单中，用户可根据需要选择不同的检索字段进行检索；另一种是输入检索字段符进行限定检索，一般出现在数据库的高级检索或专业检索中。常用的字段限定符号有“in”“=”等。字段限定符号检索分为后缀方式和前缀方式两种。后缀方式将检索词放在后缀字段代码之前，如 liver cancer［TI］、apple in AB、smith bt［au］等。前缀方式即将检索词放在前缀字段代码之后，如 ti：liver cancer、AU=WANG、ti=hepatoma 等。一般而言，计算机系统在指定的字段中进行检索，如果检索词前后未指定字段，则系统将自动检索所有基本字段。不过，不同的计算机检索系统所用的字段标识符和标识符放置位置不尽相同。

网络检索系统也有类似于字段限定的检索，如格式是“关键词 site：站点域名”或“site：站点域名关键词”，表示搜索局限于某个具体的网域、网站。例如，专升本 site：edu，表示搜索在教育网站上出现的“专升本”信息；inurl：mp3 王菲，表示“王菲”可以出现在网页的任何位置，而“mp3”则必须出现在网页的 URL 中；intitle：中医文化，表示在网页标题中搜索包含“中医文化”的网页。

五、邻近检索

邻近检索（proximity searching）又称位置算符检索，用于规定命中的检索词在记录中的间隔距离。表示词与词之间的相互关系和前后的次序，通过对检索词之间位置关系的限定，进一步增强选词指令的灵活性。位置运算可以弥补布尔逻辑运算、截词运算检索的无法确定检索词之间的位置及检索词在记录中的位置关系的一些不足，从而提高文献检索的筛选能力。邻近检索适用于自由词检索。不同的检索系统其位置算符的表示方法不尽相同，常用的位置算符有“with”“near”“Field”“Link”。

(W)-With 表示在此算符两侧的检索词必须按此前后的顺序排列，顺序不能颠倒，而且两个检索词之间不许有其他的词或字母，但允许有空格或标点符号。例如，information(w)retrieval 可检索出 information retrieval，information-retrieval。

(*n*W)-*n*Word 表示在此算符两侧的检索词之间允许插入 *n* 个（最大数量）实词或虚词（非用词），两个检索词的词序不许颠倒。例如，electronic(1W)resources，可检索出 electronic resources，electronic information resources。

(N)-Near 连接的检索项在记录中出现的顺序可以调换，即查找两个连在一起的单词。例如，gene(N)apoptosis，可检索出 gene apoptosis、apoptosis gene。

(*n*N)-nNear 表示两个词位置可以颠倒，两个词间插入词的最多数目是 *n* 个。例如，information(3N)retrieval，可检索出 information retrieval，retrieval information，retrieval of information，retrieval of law information，retrieval of Chinese law information 等，information 和 retrieval 两个词之间最多可插入 3 个词。

(F)-Field 表示在此运算符两侧的检索词必须同时出现在文献记录的同一字段内，如出现在篇名字段、文摘字段、叙词字段、自由词字段，但两个词的前后顺序不限，夹在两个词之间的词的个数也不限。

(S)-Subfield 表示在此运算符两侧的检索词只要出现在文献记录的同一个子字段或同一段内，此文献即被命中，两个词词序不限，且两个词中间可间隔若干个词，如 solar(S)heat。

(L)-Link 运算符表示两侧的检索词在同一个叙词单元，且它们之间有一定的从属关系。如“太阳能”与“能源”之间的关系可表示为 solar(L)energy。

支持位置算符检索的系统如 Web of Science、CNKI（句子检索方式）。有的系统还有“PREV”“AFT”两个位置算符，前者代表算符右面的检索词跟在算符左边的检索词的后面，后者代表算符右面的检索词跟在算符左边的检索词的前面，这两个位置算符也可以与数字配合使用，限定检索词之间的单词数。利用位置算符“NEAR/*N*”“WITH/*N*”“PREV/*N*”“AFT/*N*”在自由词检索过程中对控制命中内容有较大的灵活性和自由度，在与数字配合使用时，*N* 允许在 1～25，但 *N* 值越大，检索出的文献量越多，误检增多，因此在实际检索过程中，应根据检索课题相关文献里的用词及行文情况来决定 *N* 的值。

六、精确检索

精确检索（exact search）又叫词组检索或短语检索，指检索结果与输入的词组完全一致的匹配检索技术。在许多系统中用英文双引号“”来表示，如检索式“liver cancer”，系统将 liver cancer 视为不可分割的一个整体，只有包含与这个词组完全相同的文献才能检索出来。精确检索与模糊检索正好相反，模糊检索允许所检信息与检索提问之间存在一定的差异。使用双引号进行强制检索，可以达到特殊搜索目的，如名言名句、歌词的搜索。

【案例 3-1】精确检索“human resource management”的效果分析

当检索词是一个英语词组或多个汉字短语，有的检索系统会自动把提交的中间有空格的英文短语或没有空格的汉字短语进行拆分，如“human resource management”作为检索词，系统会自动将其拆分成“human”、“resource”和“management”三个词进行检索，其结果中有很大一部分可能都不是关于人力资源管理的。因此，如果检索意图是想把检索词作为一个整体考虑，最好是使用精确检索。

七、加权检索

加权检索（weighting search）是某些检索系统中提供的一种定量检索技术。加权检索同布尔逻辑检索、截词检索不同的是，加权检索的侧重点不在于判定检索词或字符串是不是在数据库中存在，以及与别的检索词或字符串是什么关系，而在于判定检索词或字符串在满足检索逻辑后对文献命中与否的影响程度。

采用加权检索可以命中核心概念文献，提高检索结果的准确程度，因此它是一种缩小检索范围、提高检准率的有效方法。然而并不是所有系统都能提供加权检索这种检索技术。能提供加权检索的系统，对权的定义、加权方式、权值计算和检索结果的判定等方面又有不同的技术规范。目前存在两种基本的加权检索方法——词加权检索和词频加权检索。

（一）词加权检索

词加权检索（term weighting system）是指检索者在构造检索式时，根据对检索需求的理解，对每一个检索词赋予一个数值（权重），表示其在本次检索中的重要程度。检索时先判断检索词在文献记录中是否存在，然后计算存在检索词的权值总和，通过与预先给定的阈值进行比较，权值之和达到或超过阈值的记录即为命中记录，命中记录按权值总和从大到小排列输出。

例如，以“医学伦理研究”为检索课题，给检索词“医学”“伦理”“研究”分别赋予权值 40、40、20。检索时输入“医学/40*伦理/40*研究/20”，则依据所含关键词的权重检出相应记录，按权值递减排列如下：

100=40+40+20	医学伦理研究
80=40+40	医学伦理
60=40+20	医学研究

若规定权值大于或等于 80 的为命中文献（80 为阈值），则只有关于医学伦理研究和医学伦理的文献是命中文献。

（二）词频加权检索

词频加权检索（term frequency weighting system）是根据检索词在文档记录中出现的频率来决定该检索词的权值，而不是由检索者指定检索词的权值。其优点在于避免人对信息价值重要性的主观判断，减少人工干预带来的失误，但是这种方式必须建立在全文或者文摘数据库基础上，如中国学术期刊全文数据库 CNKI 的词频检索。

八、相关性反馈

相关反馈（relevance feedback）是备受关注的一种自动扩展查询方法。相关反馈技术的主要思想是：检索系统在初始查询到一组样本文档的基础上，根据用户在样本文档中的相关性选择，构造出改进的查询表达式，据此再次进行检索。这种通过调整检索策略增强对相关文献的响应，抑制非相关文献的查询扩展技术，就是相关反馈技术。目前，在知识检索、Web 智能检索、图像检索中，相关反馈是一种被普遍采用的改进检索效率的方法。在检索过程中，用户如果发现某些检索结果密切相关，可以进一步得到与该信息需求类似的文献，这就是相关信息反馈检索的结果。在数据库或网络信息检索中，相关性反馈一般由系统自动执行，如PubMed、CNKI、谷歌学术、Web of Science等数据库中，都提供相似文献的链接。利用相关信息反馈检索获得的检索结果，像滚雪球似的越检越多。

（一）相关反馈的处理过程

（1）用户向信息检索系统提交代表着其信息需求的查询表达式，系统进行初始的查询，返回的检索结果集根据文献与查询的相关性排列，然后用户进行相关判断，指出哪些文献是有用的。

（2）系统基于前一次查询检索到的文献的相关判断，进行相关反馈，自动重新构建查询表达式，目前主要采用的方法有两种：①检索词加权，提高在相关文献中出现的检索词的权值，降低在非相关文献中出现的检索词的权值；②查询扩展，将相关文献中新的有用的检索词用于扩展查询。在形成新查询表达式时，可以同时使用检索词加权和检索词选择这两种方法，也可以任选其一。

（3）新的"反馈查询请求"再与文献集进行匹配，从其中检索出更多的相关文献和更少的不相关文献。

（4）该过程可以循环进行，直到用户最终获得较为精确的查询结果，并据此得到较为满意的检索结果。

（二）相关反馈的核心技术

从相关反馈的处理过程可以看出检索词加权和查询扩展中的新检索词的选择是相关反馈中的核心技术。检索词重新加权是根据查询结果文档中相关文档和无关文档的分布，重新计算查询和文档的特征权重，在相关文档中的查询特征在后来的检索中相应地增加权重，在无关文档中的特征相应减少权重。查询扩展中新检索词的选择依赖于用户的相关性判断，在原始查询的基础上，构造一个新的查询。

九、智能检索

（一）智能检索的含义

北京大学信息管理系的学者傅欣认为，智能检索可以从两个层面进行理解。一是搜索引擎检索技术的智能化。智能检索将信息检索从目前基于关键词层面提高到基于知识（概念）层面，对知识有一定的理解与处理能力，能够运用分词技术、同义词技术、概念搜索、短语识别及机器翻译等技术。智能搜索引擎具有信息服务的智能化、人性化特征，允许检索者采用自然语言进行检索，为他们提供更方便、更确切的搜索服务。二是指搜索引擎面向检索者的智能化，能根据检索者的兴趣需求来定制检索结果。

目前的智能检索就是利用分词词典、同义词典，同音词典等来改善用户的输入，从而达到比较理想的检索效果。例如，用户查询"计算机"，则通过联想，可以认为与"计算机"相关的"电脑"信息也可能满足用户的需求，应该出现在最后的检索结果中；更高级的做法还可在知识层面或者说概念层面上辅助查询，通过主题词典、上下文词典、相关同级词典，形成一个知识体系或概念网络，给予用户智能知识提示，最终帮助用户获得最佳的检索效果，比如可以将上述的用户例子进一步缩小查询范围至"微机""服务器"或扩大查询范围至"信息技术"甚至是扩展到相关的"电子技术""软件""计算机应用"等范畴。另外，智能检索还包括歧义信息的检索处理，将通过歧义知识描述库、全文索引、用户检索上下文分析，以及用户相关性反馈等技术结合处理，从而将信息高效、准确地反馈给用户。

（二）智能检索的三个阶段

智能检索可以分为三个阶段：初级阶段（利用同义词、反义词、等同词、替代词、缩略词等的扩检、缩检）、中级阶段（采用文本挖掘、内容管理、知识挖掘、知识管理等技术）和理想阶段。理想阶段的智能检索系统应具备的功能有七种：①大规模实例描述的汉语分词排歧知识库；②主题词典、广义同义词检索、拼音检索、同音检索等功能；③基于内容的相似性检索功能；④自动分类（自动聚类）和自动摘要功能；⑤知识压缩和去重功能；⑥文本挖掘功能，如对数字的理解、新词学习等；⑦智能代理、自动和自助式检索等功能。

智能检索可以模拟人脑的思维方式，分析用户以自然语言表达的检索请求，自动形成检索策略进行智能、快速、高效的信息检索。智能检索技术主要体现在语义理解、知识管理和知识检索三个方面。它利用语义分析模块自动智能分词，进行用户请求和知识库“数据”的语义理解，最终把知识库中匹配的信息筛选、整序后提供给用户。与传统信息检索相比，智能信息检索的最大特点就是在检索过程中引入了资源对象的语义处理。智能检索能自动实现检索词、检索词同义词、检索词对应的主题词及该主题词所含下位词的同步检索，如 CBM 输入“艾滋病”，勾选“智能主题”点击“检索”，系统可自动检索出中文标题、摘要、关键词、主题词等字段中含“艾滋病”、“AIDS”和“获得性免疫缺陷综合征”的所有文献。有很多功能强大的核心检索系统支持自动词语匹配检索、智能检索，如 PubMed、EMbase 等。

十、现代信息检索技术的发展

当前信息技术的迅猛发展和用户对检索需求的变化使得现代信息检索技术在理念、人性化、智能化等方面发生了全面突破。

（一）多媒体信息检索技术

随着多媒体信息资源的不断增多，查找和利用图形、图像、音频、视频等多媒体文档的需求也不断上升。由于传统的信息检索技术不适用于多媒体信息的检索，所以多媒体信息检索技术便应运而生。多媒体数据库的检索包含两个层面。一是基于元数据信息的文本检索，即对多媒体资源的名称、责任者、内容摘要、类型、体裁等信息的检索。文本检索非常简单，只涉及简单的检索词或检索条件组配。二是基于多媒体资源，即图形、图像、音频和视频的内容检索。内容检索是多媒体数据库检索的难题。基于内容的检索系统一般由两个子系统构成，即数据库生成子系统和检索子系统。每个子系统由相应的功能模块和部件组成，数据库生成子系统包括媒体数据、目标标识、特征提取等部件，检索子系统包括用户、检索接口、检索引擎等部件，每个子系统通过知识辅助及媒体库、特征库、知识库连接起来。目前有一些多媒体数据库能支持内容检索，如 CNKI 学术图片库、谷歌图像搜索等支持图像检索。内容检索的主要方法和特征如下。

1. 图形检索

不同格式的多媒体文件采用不同的处理技术。图形文件的检索主要是基于空间的约束关系进行的。图形检索有以下六种方法。①点检索，检索某坐标处的目标。②线检索，检索线状目标两侧的目标，如检索公路两侧的建筑。③区域检索，检索某区域内的图形目标。④关联检索，利用两个或多个图形对象之间的空间和拓扑关系来检索。空间约束关系可以为方向、邻接、包含等。⑤形状检索，形状是图形的唯一重要特征，以用户提供的形状作为输入，匹配形状的特征有面积、周长、离心率、主轴方向，以及由对象导出的其他特征。⑥轮廓检索，匹配图形中的主要边、线等。

2. 图像检索

对图像文件的检索处理需针对图像的具体特征进行匹配检索。目前主要运用的手段和方法有两种。①特征描述法：通过自然语言描述法和图像解释法为图像附上一组特征数据，用这种特征数据来表达多媒体数据的信息内容，供检索时采用。②基于内容的检索：它是目前多媒体技术研究中的热点课题，是指根据媒体对象的语义、特征进行检索，如图像中的颜色、纹理、形状，视频中的镜头、场景、镜头的运动，声音中的音调、响度、音色等。因此它又可以细分为基于颜色特征的检索、基于纹理特征的检索、基于形状特征的检索等。

3. 音频检索

音频信息的检索方法分为以下三种：语音检索——以语音为中心的检索，采用语音识别等处理技术，如电台节目、电话交谈、会议录音等；音乐检索——以音乐为中心的检索，利用音乐的音符和旋律等音乐特性来检索，如检索乐器、声乐作品等；音频检索——以波形声音为对象的检索，这里的音频可以是汽车发动机声、雨声、鸟叫等各种声音，也可以是语音和音乐等，这些音频都统一用声学特征来检索。

基于内容的音频检索首先是把音频归结到一些常见的类型（比如语言、音乐和噪声等），然后根据不同的音频类型分别用不同的方法处理和索引，查询输入的音频片段也进行类似的分类、处理和索引，最后比较查询索引和数据库中的音频索引，返回最为相似的音频片段。

4. 视频检索

对于视频信息的检索，主要有视频分割、关键帧提取、场景变换探测及故事情节重构等问题。视频是一组图像按时间有序连续的表示，它与图像序列、时间关系有关。视频数据可用幕景、场景、镜头、帧等描述。其检索方法主要有基于关键帧的检索，用户可以用目标特征说明的直接查询、可视实例的查询和指定的特征集查询等多种方法，在数据库中直接检索；基于运动的检索，即基于镜头和视频对象的时间特征进行检索。

基于图像内容的方法有两种实现模式：一是将视频分割为一系列的帧或者图像，然后采用图像内容检索技术进行索引和检索；二是将视频序列分割成由相似的帧组成的镜头，然后在各镜头的代表帧上进行索引和检索。

（二）可视化信息检索

可视化信息检索是将信息资源、用户提问、信息检索模型、检索过程及检索结果中各种不可见的内部语义关系转换成图形，显示在一个二维、三维或多维的可视化空间中，帮助用户理解检索结果、把握检索方向，以提高信息检索的效率与性能。它是可视化技术在信息检索领域的应用。

信息检索可视化的基础是计算机图形学和认知心理学，认知心理学揭示了人类感知和认识世界的方式，为信息检索提供可视化理论指导，计算机图形学提供了可视化实现工具。可视化技术不仅在揭示信息资源的广度与深度上有很大的优势，而且它能够将隐藏在信息资源内部的、复杂的、抽象的语义以直观的图形方式呈现给读者。可视化检索认为，用户的需求并非一开始就是明确、清晰的，检索的过程中用户有可能获得新的知识、非预期的检索方向，并随时调整自己的检索需求与策略，经过反复检索最终获得所需的文献。可视化信息检索包含两个方面：一个是检索过程的可视化；另一个是检索结果的可视化。

1. 检索过程的可视化

检索过程的可视化是指用户在检索过程中，各检索对象之间的关系以可视化的形式展现在用户面前，用户顺着可视化的检索画面一步一步地发现检索结果。斯坦福大学高线出版社（HighWire Press）推出的主题地图（topic map）就是一种可视化检索环境，它总共包括 5 万多个主题，按学科分类，并按学科之间的关系构成主题树，用户可以可视化地看到学科与学科之间的关系，以及每一个学科下子学科的数目，用户通过拖动鼠标来选择自己感兴趣的主题，最后显示每一等级主题下的论文数目。

2. 检索结果的可视化

检索结果的可视化是指用户通过提交检索词后获得的检索结果，不仅仅是现在主要信息检索工具提供的列表这样的一维形式，而是基于检索结果分析后形成了二维或三维的形式来展示检索结果之间的语义关系。中国科学院国家科学数字图书馆的智能学科搜索引擎利用 Autonomy 技术可以对检索结果进行可视化展现。用户可以选择查看检索结果的信息地图，信息地图利用聚类技术对检索结果进行聚类，并在地图上用不同的颜色来标示，用户鼠标停留在某个颜色区域，则会显示该区域的聚类名称及在该类下检索到的文献数目。用户如果选择查看三维地图，则检索结果将以三维图形来显示相互之间的关系。而选择时间趋势图则可以向用户显示该检索词在一段时间内各个时间点检索到的文献数目并完整地展示这段时间内这个主题的文献数量的变化。

（三）数据挖掘技术

数据挖掘（data minging，DM）也被称为“知识发现”。随着信息技术的发展，在人类生产生活的各个领域产生了大量数据，由此催生了具备强大存储查询功能的数据库技术。但是人们并不满足于对这些数据单纯的查询功能，希望能利用数据提取有益信息，形成知识为决策服务。这一要求单凭数据库很难完成。于是，数据挖掘技术应运而生。它沿用了 Robot、全文检索等搜索引擎的优秀成果，同时综合运用归纳学习、机器学习、统计分析等方法，以及人工智能、模式识别、神经网络领域的各种技术。数据挖掘系统与搜索引擎的最大不同在于它能够根据用户定义的要求，根据目标特征信息在网络上或者数据库中进行有目的的信息检索。

数据挖掘是从大量的、不完全的、有噪声的、模糊的、随机的数据中集中识别出有效的、新颖的、潜在有用的及最终可理解模式的非平凡过程。数据挖掘源自人工智能的机器学习领域，是在一个已知状态的数据集上，通过设定一定的学习算法，从数据集中获取所需的知识。这些知识能够用于信息管理、智能查询、决策支持、过程控制及其他方面。数据挖掘的最初对象是一些大型的商业数据库，它通过描述数据、计算统计变量（比如平均值、均方差等），并将这些变量用图表直观地表示出来，进而找出数据变量之间的相关性，即发现知识，以提供解决问题的依据。随着数据挖掘技术在商业数据库中的成功应用，它又被迅速移植到电信、医疗保险等领域，Internet 的出现为它提供了一个更为广阔的空间。借用数据挖掘的原理来实现网络数据的深层挖掘，发现并组织网络知识，是将网络信息检索技术推向智能化高度的有效手段。

1. 数据挖掘的过程

数据挖掘的过程包括四个方面：①资源发现，即检索所需的信息资源。②信息选择和预处理，即从检索到的网络资源中自动挑选和预先处理得到专门的信息。③概括化，即从单个的 Web 站点以及多个站点之间发现普遍的模式。④分析，对挖掘出的模式进行确认或者解释。将挖掘来的信息与挖掘目标的特征进行匹配。

2. 数据挖掘的类型

数据挖掘的类型主要有三种：①内容挖掘，即从网络的内容/数据、文档中发现有用信息的过程。②结构挖掘，即挖掘 Web 潜在的链接结构模式，它有助于用户找到相关主题的权威站点，并且可以概观指向众多权威站点的相关主题的站点。③用法挖掘，可以了解用户的网络行为数据所具有的意义。

综上所述，国内外对信息检索技术的研究是在不断发展的，目前很多重要的信息检索技术和信息检索系统都还处在探索之中，未来的信息检索技术将在理念、技术、人性化、个性化、智能化等方面继续发展，使人们能够快速、便捷、全面、准确地获得自己所需的信息。

第二节 检索策略构建与优化

一、信息检索策略定义

在 20 世纪 60 年代末期，即计算机信息检索系统开发应用之初，检索策略对检索效果的重要意义就引起了人们的重视。1968 年，在由兰卡斯特主持的著名的 MEDLARS 系统评价试验研究中，通过对 300 多个检索提问的检索失误分析，发现由检索策略不当所造成的查全失误和查准失误比例分别占到了 35%和 32%。此后，越来越多的试验研究和检索服务实践，使人们更加意识到检索策略对检索成败的重要影响，并认识到只有正确把握检索策略和检索效果的特性，并对两者进行有效控制与调节，才能真正提高检索服务的质量。

有关检索策略的定义国内学者广泛认同的是北京大学信息管理系赖茂生教授提出的定义：检索策略是为实现检索目标而制订的全盘计划和方案，是对整个检索过程的谋划和指导。基于这样的理解，对于一个具体的检索课题来说，要实现什么目标、要求什么范围、选择什么检索系统、通过什么检索途径、选择什么检索标识和逻辑组配方法，以及需要哪些反馈调整措施等一系列问题的考虑和具体查询步骤的安排，都应属于检索策略的研究范围。

因此，检索策略就是在分析文献需求本质的基础上，确定检索词和检索途径，明确各检索词之间的逻辑关系，科学安排检索步骤，为实现检索目标而制订的全面计划或方案。从狭义的角度上讲，检索策略就是检索提问式。从广义上讲，检索策略包括分析检索课题、选择检索工具、决定检索手段、表达检索标识、优化检索程序等步骤。

二、信息检索策略常用类型

检索的过程中，根据课题的复杂性、作者对检索结果准确性和完整性的要求不同，可以选用不同类型的检索策略，以获得较为理想的检索结果。计算机检索策略的类型有多种划分方式，影响最大的是美国人鲍纳（Charles Bourne）提出的五种联机检索策略。

（一）最专指面优先

“最专指面优先”（most specific facet first）是指用户检索时，首先选择从课题中最专指的概念面入手，浏览结果后再依据用户需求，决定是否加入其他概念面。若发现检索到的文献相当少，那么通常不需要把其他概念面再加到检索式中去。这些其他概念面是供选择用的，只在检索要求高查准率时才需输入。各概念面在检索式中的关系是逻辑“与”的关系。这种检索策略比较灵活，通过对初步检索结果的不断调整，逐渐达到最终检索结果，由于从最专指的概念面入手，所以检索用时也相对较少。

（二）最低登录量的面优先

所谓登录量，是指一个索引词在标引中的使用次数。它一般记录在数据库词表中，也可以显示在检索终端设备上。用户检索时可以在索引词表界面中直接流览到每个索引词的标引数量或对应的文献数量。登录量数据在检索中很有价值，它可以帮助检索者根据特定的检索策略估算出他的检索中有多少命中文献，或者反映出他可能查出的最大文献量是多少。“最低登录量的面优先”（lowest posting facet first）就是先根据词的登录量值，找出登录量最少的那个概念面，然后以此为检索入口开始检索。如果命中文献数相当少，就不必再继续检索其他的面。例如，检索题目为“扎那米韦治疗流感及流感样患者的疗效和安全性”，很显然，“扎那米韦”的登录量比“流感”“疗效”的登录量要低，检索时应首先从“扎那米韦”这一概念面着手进行。这种检索策略与最专指面优先策略极为相似，而且大多数情况下最专指面往往登录数也最小。之所以把最低登录量的面优先作为一种独立的策略，是因为在计算机信息检索中，常常很容易明确哪个概念组面的登录量最小。

（三）积木型

“积木型”（build-block）检索策略的含义是：把检索课题剖析成若干个概念面，先分别对这几个概念面进行检索，在每个概念面中尽可能全和多地列举相关词、同义词、近义词，并用布尔算符“OR”连接成子检索式，然后再用布尔算符“AND”把所有概念面的子检索式连接起来，构成一个总检索式。例如，“肺癌与吸烟”可以分成两个概念面，即肺癌、吸烟。这两个概念面的各种形式的检索词有

Cancer	smoker(s)
Carcinoma	smoking
Lung(s)cancer	cigar
	Cigarette
	……

子检索式 1：S1=(cancer OR carcinoma)AND(1ung OR lungs)

子检索式 2：S2=smoker OR smokers OR smoking OR cigar OR cigarette OR…

总检索式：S=S1 AND S2

“积木型”策略的优点是能提供较明确的检索逻辑过程，以后容易检索和理解（或部分或全部作保留检索）。它的不足之处是比前面两种方法（单一面法）耗用更多的计算机存储和联机时间，人机交互性也较低。因此，为节约操作时间，可以考虑整个检索式成批（一次）输入。

（四）引文珠型增长

“引文珠型增长”（citation pearl-growing）策略以直接检索课题中最专指的概念面开始，以便至少检出一篇命中文献。然后审阅这批文献，从中选出一些新的相关检索词，补充到检索式中去。这些词加入检索式之后，就能重新查找出更多的命中文献。连续重复进行上述过程，直到找不到其他适合包含于检索式的附加词为止。这种检索策略最具有交互性。能较好地发挥人机对话的优势，选择的检索词更具针对性，增减检索词更为合理，它的特点是检索式以极生动的和经验的方式发展。与这种方法关联的思考时间也许会需要更长的联机时间，但是对命中文献的联机检查，在判断增减检索词方面极有帮助。

（五）逐次分馏

“逐次分馏”（successive fractions）策略的含义是：先用较宽泛的检索式，确定一个相当大的、范围较广的命中文献初始集，然后利用各种检索限制或限定条件，提高检索式的专指度，得到一个较小的命中文献集，继续提高检索式的专指度，逐渐缩小命中文献集，直到得到数量适宜、用户满意的命中文献集合。这种检索策略有利于平衡检索的全面性和准确性，如能较好地掌握检索限制和限定的尺度，可取得相当好的检索效果。

在检索中，应根据课题的内容特征、对领域知识优劣状态及对各种策略的使用熟悉程度来选择检索策略：若所需的资料量较少，无特别的要求，最专指面优先策略和逐次分馏策略比较常用；但若所需文献量多，需深入全面了解，引文珠型增长策略就相对比较好用；积木型策略则适合概念复杂的课题，并且需要检索者对此课题有一定理解并列举出各种类的关键词。几种策略并非一定要分开使用，可根据情况相互结合应用，能得到更好的检索结果满意度。

三、信息检索步骤

信息检索步骤就是根据检索课题的目的和内容要求，把需要的文献或文献线索挑选出来所遵循的一般程序，包括准备阶段和实施阶段。准备阶段涉及检索课题分析、检索工具选择、检索方法运用、检索途径确定等环节；实施阶段涉及实际检索操作、检索结果整理、文献原文索取、检索结果分析等环节。检索课题遵循以下检索步骤：分析课题需求→选择数据库→选择检索途径→拟定检索词→构筑检索式并实施检索→浏览检索结果→（调整检索策略→重新检索操作）→输出检索结果→（获取原始文献）。信息检索的流程如图 3-2 所示。

（一）分析检索课题，明确检索要求

首先，要分析检索课题的主题内容、所属学科范围、所需信息内容和本次检索的目的。若对课题背景不够熟悉，可先利用专著、教科书、综述、百科全书、词典等，尽可能多地了解课题的基本知识、目前的研究进展、常用的名词术语、著名的专家学者。要明确课题包含的主要概念，各概念的子概念及相互关系。明确对应的检索词（含同义词、缩写等及其对应英文）。其次，要明确所需文献信息的类型、语种、检索年限、期望得到的文献数量，以及对查新、查准、查全的指标要求等。

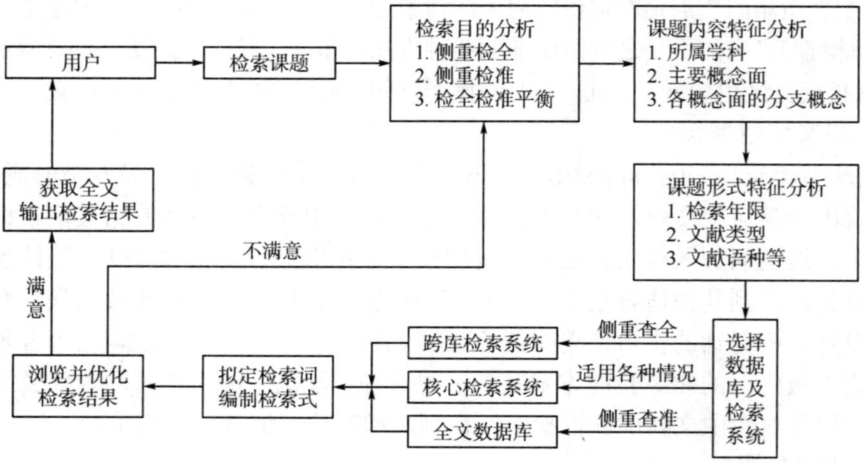

图 3-2　信息检索的流程

一般来说，检索目的大致可以分为以下三种。

第一种是查找关于某一课题的系统详尽的信息，包括掌握其历史、现状和发展，如撰写毕业论文，申请研究课题，进行科技成果查新等。这类需求要求检索全面、彻底，检索的资源类型多，覆盖的时间年限长，所以要求较高的“查全率”。

第二种是查找一些片断信息，解决一些具体问题。例如，用户在科学研究或生产过程中遇到了技术难题，需要参考国内外同行的经验和研究成果；或撰写论文时，针对某个问题查找一些相关参考资料等。这类需求不需要查找大量资源，但必须针对性很强，结果必须准确，速度要快，所以要求较高的“查准率”。

第三种是查找关于某个课题的最新信息。这类需求的用户通常一直对某个课题进行跟踪研究，或从事管理决策，新技术、新项目的研发等工作，需要密切跟踪最新的研究成果，掌握最新科研动态，关注同行的研究进展，这就要求检索的资源必须是最新的，而且更新速度较快。这类需求对查准率和查全率没有很高的要求，属于要求查新类的课题。

（二）选择数据库及检索系统

在全面分析课题的基础上，根据用户要求得到的信息类型、时间范围、课题检索经费支持等因素进行综合考虑后，选择相应的检索系统和数据库。正确选择数据库，是保证检索成功的基础。熟悉各种数据库的收录学科范围是正确选择数据库的前提。例如，欲检索国内生物医学文献，首选的数据库是 CBM，还可选中国学术期刊网络出版总库、万方数字资源、中文科技期刊数据库等；若要比较完整地检索国际上的生物医学文献，首选 PubMed，同时可考虑用 EMBase、OVID Medline；若要快速查询到英文医学文献的全文，可选 OVID 全文期刊库、Springer 数据库、ProQuest Health & Medical Complete、ScienceDirect 数据库等；查询与药学有关的文献，可选 EMBase 等；若要进行引文检索，可查 Web of Science、中国引文数据库。从总体而言，搜索引擎适合检索大众化的主题，而各种专门的数据库则适合查找学术信息。

在确定检索工具的类型后，对于如何选择某一个数据库，有的学者提出了数据库选择的 4C 原则，即 content（数据库的内容）、coverage（数据库收录资源的范围）、currency（数据库内容的新颖性、更新的频率）和 cost（数据库的费用）。还有一个十分重要的因素就是数据库的检索功能，如是否提供初级检索、高级检索和专家检索不同的检索选择，支持哪些检索技术、帮助功能、容错功能、检索过程中的建议等。

（三）选择检索途径

常用的检索途径是自由词检索、主题词检索、分类检索和篇名检索。对有规范主题词检索途径的数据库，尽可能选规范主题词检索，因为主题词检索具有诸多优点，如紧扣文章中心、能够网罗同义词、可用副主题词限定、可进行下位词扩检。对没有规范主题词的数据库，其主题检索途径包括篇名、关键词、摘要（如 WOS、CNKI），特别适合多个检索词情况下的检索；篇名字段检索比较适合查找密切相关文献；自由词（关键词）检索特别适合对有些比较新的概念尚未被主题词表收录的情况；用分类检索可以满足族性检索的要求，但通常情况下是用分类检索和自由词检索两者结合检索；著者检索简明快捷、方便准确，可作为主题词检索途径的补充。

在进行引文检索时不要与著者检索相混淆，前者是查某一著者的文献被人引用的情况，后者是查某一著者撰写发表的文献。要注意检索途径与检索词的正确匹配。例如，要查询钟南山院士发表的文章，就应用“作者”途径；如果要查钟南山指导的研究生的论文，就应用“导师”途径；如果要检索关于“钟南山”的研究报道信息，则应选择“篇名”或者“关键词”途径。

（四）确定检索词

检索词是表达信息需求的基本元素，也是计算机检索系统中进行匹配的基本单元。检索词选择正确与否，直接影响着检索结果。确定检索词是整个检索过程中较难把握且容易出错的环节。拟定的检索词必须与记录中的标识一致才能检索命中。

要确定反映主题实质内容的主要概念，去掉无检索意义或比较泛指的次要概念，如展望、发展趋势、现状、应用、研究、作用、影响等；使用数据库词表中的主题词检索，可以获得最佳的检索效果。用主题词检索时，要多利用主题词表，要考虑主题词有没有倒置形式，要注意副主题词的适用范围，要考虑是否用下位主题词扩展检索；除明确的主题概念外，用户也需要注意课题隐含的概念，如“为乳腺癌服务的工作组织”隐含着“癌监护组织”，“知识产权”隐含着“专利权”“版权”“著作权”“商标权”等概念；用自由词检索时，要注意著者可能采用不同的术语表达同一概念，还要考虑词与词之间的邻近位置。在不同的检索系统中查同一主题的文献，所用检索词可能会有所不同，如“激光治疗近视隐患”方面的知识检索，在搜索引擎中“激光*近视*隐患”检索式可以检索到很多内容，但在数据库中就可能检索不到，因为“隐患”一词不是医学领域标准用语，而应用“并发症”更合适。

检索词的确定要注意以下四个问题：①优先选用主题词；②选用数据库规定的代码；③尽量选用通用的专业术语；④注意选用同义词、相关词、缩写词进行检索，以提高查全率。

（五）构筑检索提问式并执行检索

构筑检索提问式就是用逻辑算符或位置算符将检索词连接起来，形成既可为计算机识别又能体现检索要求的提问表达式。检索式由检索字段、检索词和逻辑符三个要素构成。

检索式是检索策略的具体体现，它控制着检索过程。检索式是否合理关系到能否检索到最相关的信息。大部分数据库的高级检索、专业检索方式中，检索式可一步设计完成。而在基本检索（或称快速检索）方式中，当检索过于复杂时，应该采用分步检索或二次检索。在检索过程中根据需要，可按文献年份、文献类型、语种、研究对象等进行限制检索。

构造检索式时，要充分利用搜索工具支持的检索运算、允许使用的检索标识、各种限定。对于检索问题中的每一个概念，尽可能全面地列举表达该概念的同义词、近义词、相关词甚至上位词、下位词，并在它们之间用布尔逻辑运算符 or 连接起来，形成一个子检索式。再用适当的布尔逻辑运算符把所有子检索式连接起来，构成一个总检索式。

特别要区分课题与论文标题的区别，不能做字面的解析，字面是“与”的关系，检索时可能要用“或”的关系；反过来，有的课题则应该用“与”的关系。例如，课题“急性脑梗死和血脂的关系”，检索式应为“急性脑梗死 and 血脂”；课题“血清胆红素和尿酸水平与冠心病的关系”，检索式应为“（血清胆红素水平 or 血清尿酸水平）and 冠心病”。

【案例 3-2】检索式编写举例

检索式又称检索提问式（query），是信息用户向数据库表达检索意图的句式。检索提问式分简单提问式和复合提问式。简单提问式只含一个检索词，只表达一个简单的检索概念。复合提问式含有两个或两个以上的检索词，用布尔算符或位置算符相连接。

【例 1】 acute near3 pancreatitis and（mice or mouse）（急性胰腺炎的小鼠实验）。

“胰腺炎”之间用位置算符 near3 是因为其间有可能出现以下词汇：necrotizing（坏死型）、biliary（胆汁型）、gallstone（结石型）、severe（严重型），and chronic（及慢性）等词汇。mice 是 mouse（小鼠）的复数。

【例 2】（renal calculi or kidney calculi or kidney stone*）and（surgery or operation）（肾结石的手术治疗）。

kidney stone 后用截词符表示同时需要检索含有 kidney stones 的文献记录。为了使文献查全，本检索式中列出了“肾结石”的三个同义词和“手术治疗”的两个同义词。在无主题词的数据库中，若不做模糊匹配，提问式中的检索词只检索命中与著者用词完全一致的文献记录，因此要尽量列全同义词，用逻辑“或”连接。对于有主题词字段的数据库，不必如此。例如，在 PubMed 中检索提问式可写成：kidney calculi/surgery。其中，kidney calculi 是 PubMed 的主题词，surgery 是副主题词。用主题词可以检索命中含有同义词的文献记录。副主题词须紧跟在主题词后面，不能用 and 连接，否则会查到虚假组配的文献。

【例 3】 asthma/chemically induced AND aspirin/adverse effects（阿司匹林诱发哮喘）。

本例是检索 PubMed 数据库的检索式。其中，asthma（哮喘）和 aspirin（阿司匹林）是主题词，chemically induced（化学诱导）和 adverse effects（不良反应）是副主题词。

主题词和副主题词在不同的数据库中未必相同。例如，在数据库 EMBase 中，“阿司匹林”的主题词是 acetylsalicylic acid，药物“不良反应”的副主题词是 adverse drug reaction（用于药物主题词后面）和 side effect（用于疾病主题词后面）。

【例 4】 检索“小儿心脏瓣膜疾病诊断”方面的文献。

有的数据库检索中，需要通过多个检索操作步骤来体现检索式的编写，而不像以上 3 例可以直接输入一个完整的检索式。示例如下：

心脏瓣膜疾病属于某一类疾病，具体的疾病名有主动脉瓣关闭不全、主动脉瓣狭窄、二尖瓣关闭不全、二尖瓣狭窄等至少20种。该检索课题拟定的检索式应为（心脏瓣膜疾病 or 主动脉瓣关闭不全 or 主动脉瓣狭窄……）and 诊断 and（小儿 or 儿童）。本检索课题因检索词复杂，检索应当分成几步进行。

若在CBM中检索，先通过“主题词检索”进行“心脏瓣膜疾病”的下位词扩检，副主题词选“诊断”（系统默认用“诊断”及其下位副主题词“病理学”“放射摄影术”“放射性核素显像”“超声检查”进行检索），在检索返回页面的“快速检索”状态下输入儿童，然后勾选“二次检索”，点击“检索”完成该课题的检索。

在中国学术期刊网络出版总库中检索该课题，操作有所不同。进入高级检索→在“文献分类目录”下先点击“清除”→点击“医药卫生科技”前的“+”→点击“儿科学”前的“+”→点击“小儿内科学”前的“+”→勾选“小儿心脏、血管疾病”→点击检索提问框前的“+”→在上下两行检索提问框内分别输入诊断和瓣，两者之间的运算符选“并且”，检索项可选默认的“主题”（对题名、关键词、文摘字段检索），点击检索按钮，完成检索。中国学术期刊网络出版总库因没有主题词表，所以无法进行下位主题词扩检，但可利用分类中的“小儿心脏、血管疾病”类目加上检索词“瓣”等来检索。

（六）评价检索结果，调整检索策略

对检出的文献进行综合分析与评价。如果符合检索要求，可直接输出检索结果；如果检索结果与检索期望存在差距时，就要分析出现误检或漏检的原因，并进行检索策略的调整。检索策略调整包括调整数据库、调整检索途径、调整检索词，甚至调整逻辑算符和位置算符，直至得到满意的结果。检索策略的调整有查全和查准两个不同方向，详见“五、检索策略的优化”。

（七）输出检索结果

检索结果的输出形式有打印、下载、发E-mail和输出到文献管理软件。在检索输出的操作过程中，通常要选择输出的字段。标题、著者、文献来源和文摘字段是输出常选的字段。题录数据库或文摘数据库的输出过程中若有记录排序选择，建议按文献来源排序，这便于获取原文时对期刊名称的核对查找。全文的输出只限于逐篇下载或逐章节下载，原因之一是为避免批量非法下载。下载后的全文若打不开，要检查计算机内是否已装有与所下载全文格式一致的全文阅读器。

（八）获取原始文献

检出文献的题录或摘要后大多数可见到全文链接。有全文链接的大致有以下三种情况：①原文是OA期刊，供免费使用；②某文摘数据库与某全文数据库合作，同时订购两者的机构用户可直接获得全文，如CBM的大多数记录可直接链接到“中文科技期刊数据库”的全文；③文摘后出现某一全文数据库图标，订购机构用户在其授权的IP地址范围内可直接获取全文。如果以上途径还不能满足全文获取。可通过以下途径获取：①到本单位本地区图书馆复印或阅读印刷型文献，通过参考咨询向图书馆求助申请文献传递服务；②网上搜寻免费电子期刊，到电子全文数据库中检索，利用“电子期刊导航系统”或学术资源门户等进行全文查询；③通过E-mail向作者索取原文，或向论坛求助，如学术科研BBS、学者的博客、专业性 QQ 群等。

目前部分数据库提供“定题跟踪服务”。用户可以注册登录数据库，保存检索历史，选择 Send Me E-mail Alerts 之类的功能，选择文献自动发送的时间间隔。创建文献跟踪服务后，用户的电子邮箱将定期获得某一数据库中指定专题的最新文献。

【难点释疑】主题查找常用技巧

（1）主题词的选择：选择实词、不遗漏同义词、注意不同词的组配。

（2）如果检索结果太多，通过二次检索、限定字段、时间、学科或修改检索式缩小范围。

（3）如果检索结果太少，修改检索策略，如字段限定到摘要甚至全文，通过检索到的相关文献的引文扩大检索范围。

（4）找重点文献：被引多的、本领域著名专家的、最新的、有研究团队的、最先研究的等。

四、检索效率评价

检索效率是评价检索系统性能和检索质量的各种比率，包括查全率、查准率、检索速度、新颖率、检索方便性、检索成本效益比等指标。其中，最主要的是查全率和查准率。查全率是指检索系统检出相关文献的能力，查准率是指检索系统拒绝不相关文献的能力。决定检索效率的因素主要有检索语言质量、标引的优劣程度、检索质量及其他方面因素。检索效率评价直接反映了检索系统的性能和用户检索策略的有效性，也表示了对检索效果的满意程度。

（一）信息检索中的查全率和查准率

为了清楚起见，用表格来显示检索结果（表 3-1）。

表 3-1 文献检索结果情况

系统	用户		
	相关文献	非相关文献	合计
已检出文献	a（命中）	b（误检）	$a+b$
未检出文献	c（遗漏）	d（应拒）	$c+d$
总计	$a+c$	$b+d$	$a+b+c+d$

查全率（recall ratio），用 R 来表示。当用户要全面检索某一信息库时，检出的成功度可用检出的所有相关信息在信息库所有相关信息中所占的比例来表示。这种对信息库检索全面性的测量指标即为查全率。可用公式表示为

$$\text{查全率}(R)=\frac{\text{检出相关文献数量}}{\text{系统中全部相关文献数量}}\times 100\%=\frac{a}{a+c}\times 100\%$$

【案例 3-3】要利用某个检索系统查某课题。假设在该系统数据库中共有相关文献为 30 篇，而检索出来了 20 篇，则查全率为 67%。

查准率（precision ratio），用 P 来表示。当用户要对检索到的结果进行分析时，检出的相关信息数在所有检出信息中所占的比例往往成了较重要的评判指标。这种对检索结果中

的相关信息的测量指标即为查准率。可用公式表示为

$$查准率(P)=\frac{检出相关文献数量}{检出文献总量}\times100\%=\frac{a}{a+b}\times100\%$$

【案例 3-4】要利用某个检索系统查某课题。假设在该系统数据库中查出文献为 30 篇，经过审阅其中与课题相关的文献有 15 篇，则查准率为 50%。

查全率和查准率是评价检索效果好坏的指标，而漏检率和误检率则是测量检索误差的指标。

误检率（fall-out ratio），可用 F 来表示，为检出的结果中不相关信息占检出信息的比例，可用公式表示为

$$误检率(F)=\frac{检出的非相关信息数}{检出的信息总数}\times100\%=\frac{b}{a+b}\times100\%$$

漏检率（omission ratio），可用 O 来表示，为系统未检索出的相关信息占库中相关信息总数的比例，可用公式表示为

$$漏检率(O)=\frac{未检出的非相关信息数}{信息库中相关信息总数}\times100\%=\frac{c}{a+c}\times100\%$$

其实，查全率和漏检率是互补的，而查准率和误检率也是互补关系，即

查全率+漏检率=1；查准率+误检率=1

由于许多因素的影响，在实际检索中，查全率和查准率是不可能达到 100%的，二者存在着一种互逆关系，即在同一检索系统中查全率和查准率达到某一程度后，查全率提高，查准率则会降低；反之，查准率提高，查全率则会下降。一般认为查准率为 60%～70%、查全率为 40%～60%是较理想的。不同的用户，根据从事工作的性质不同，以及研究阶段的不同，对查全率和查准率将有所侧重。在一般情况下，不必过分地求全求准，以免顾此失彼，如一个正在从事某项研究的用户，可能需要较高查全率，允许较低的查准率，以保证不遗漏任何重要的信息。而对于查新人员来说，为了找到与查新项目查新点内容一致的信息，他可以要求高查准率。

（二）影响查全率与查准率的因素

查全率和查准率与文献的存储和信息检索两个方面是直接相关的，也就是说，与系统的收录范围、索引语言、标引工作和检索工作等都有着非常密切的关系，因此影响查全率和查准率的因素既有检索系统性能的原因，也有用户检索策略上的问题。

1. 检索系统性能因素

词表结构不完善，词间关系模糊或不准确，索引词缺乏控制和专指性；标引深度不够，标引缺乏词汇控制，标引词使用过少或过量标引；检索系统没有位置算符，不具备截词功能或逻辑“非”功能，没有检索结果优化功能等。

2. 检索策略因素

检索策略过于简单，选词不当，检索用词专指度不够，检索面过宽；检索式中使用逻辑运算不当；截词部位不准确；位置算符限制过严或过宽；未使用控制词表检索，检索词使用不规范或不准确，或未选用上、下位词；使用检索字段限制过严或过宽，未使用其他形式特征检索或使用但限制过多等。

五、检索策略的优化

检索策略的基本目的是提高检索结果与用户需求的一致度，如果检索结果不理想，就需要针对影响查全查准的因素研究改善措施，并根据命中文献量的多少、命中文献的切题情况等来调整检索策略，以提高查全率或查准率。

（一）提高检索效率的措施

（1）提高检索系统及数据库的性能和质量。增强检索系统功能，提高文献库的编辑质量，使其收录范围更全面，著录的内容更详细准确，更切合相应学科或专业的需要。

（2）提高索引语言的专指性和词表标引质量。加强对索引词汇的控制，完善词表的结构及其参照关系，使索引语言既有利于族性检索，又有利于特性检索。词表标引尽量做到不错标、不漏标、不滥标。

（3）检索前选择适合课题学科范围的、优质的检索工具。综合考虑并选择收录全面、著录清晰、标引准确的检索系统及数据库。

（4）准确使用检索语言。检索语言应能准确地表达信息需求。如果检索系统使用的是主题词语言，应从主题词表中选准检索词；如果是体系分类语言，则应从分类表选准分类号。对没有规范化的主题词概念，首先要使用上级概念对应的规范词检索，再结合自由词检索。对没有词表的数据库，应调整检索字段和运算符。

（5）制定最优的检索策略。在正确做出主题分析，选择恰当的检索词表达查找的主题内容的基础上，正确运用各种检索技术进行组配运算，准确表达检索要求，并灵活运用各种方法调整检索策略。

（二）优化检索策略的技巧

不同的检索课题对文献信息的需求不同，用户应根据实际需要，适当调整查全率和查准率方案，优化检索策略，以达到最佳检索效果。

1. 提高查全率的技巧

当检出文献量小于期望值时，可用以下方法来扩大检索范围。

（1）删除某个用 and 连接的不重要的检索词；

（2）增加检索词的上位词、同义词、近义词或同族相关词，并用逻辑“or”连接起来；

（3）去除某些限制，放宽检索范围和条件，如文献类型、出版年、语种等；

（4）检索入口选择较大范围的字段，如文摘、全文检索、任意字段、全部字段等；

（5）使用分类号进行族性检索，如利用分类号 R47 检索所有与“护理学”有关的文献；

（6）利用某些检索工具提供的“自动扩检”功能进行相关检索；

（7）降低检索词的专指度，如使用较普遍的词代替不常用的词，或者改用上位词；

（8）检索词后用截词符。使用截词检索以检索出某词的单复数形式、英美单词拼写差异、同根词或含有某几个字母组合的所有单词；

（9）多用几个副主题词甚至选用所有副主题词进行检索；

（10）将在某个分类类目中输词检索改为在所有分类类目中输词检索；

（11）调整位置算符，使得检索词之间的位置由严变松；

（12）使用多个检索工具，多查几个数据库，利用信息资源的整合平台进行跨库检索。

2. 提高查准率的技巧

当检出文献过多，且其中一部分文献并非真正需要时，可用以下方法缩小检索范围。

（1）增加用 and 连接的检索词或进行“二次检索”；

（2）增加用 not 连接的检索词，排除无关概念；

（3）用字段限定检索，如题名、关键词检索；

（4）进行文献类型、语种、重要期刊、核心期刊、年份等的检索限定；

（5）用主题词表选择更专指的主题词及副主题词；

（6）调整位置算符，使得检索词之间的位置由松变严；

（7）进入更专指的分类类目中输词检索；

（8）模糊检索改为精确检索；

（9）使用加权检索。

不同的课题，适用的调整方法各不相同。在使用以上这些技巧时，应根据课题初步检索的情况，选取一种或几种方法结合，灵活使用，并不断根据新检出文献情况继续调整，直到获得比较理想的效果。

总之，检索策略的制定要从用户的具体需求出发，既需要丰富的学科专业知识，又要了解各种数据库的收录情况和检索功能，熟练运用各种检索技术，并经过适当调整检索策略才能达到理想的效果。在掌握检索技术的基础上，通过在课题实例检索中不断地操练，才能逐步提高检索技能。

（三）文献检索策略构建案例分析

【案例 3-5】查找“子宫内膜异位症诱导因素的研究进展”文献

1. 检索目的分析

该课题为检索最新进展研究，因此要对最近几年该领域的文献作普查性的检索，侧重查全。

2. 课题内容特征分析

该课题属于妇科疾病研究，主要概念为“子宫内膜异位症”，是规范化主题词的形式。概念的子概念有腹膜子宫内膜异位症、卵巢子宫内膜异位症、直肠阴道子宫内膜异位症。“诱导因素”为本检索项目的具体研究方向，可选取与“诱导因素”对应的副主题词——遗传因素、化学诱导、病因学，同义词——诱发因素、诱因。“研究进展”太泛指的词，一般不应用作检索词。

3. 课题的形式特征分析

检索年限可限最近五年，文献类型选择期刊和会议文献，由于该课题各国都有研究，因此文献语种包括中外文语种。

4. 选择数据库及检索系统

由于侧重查全，课题涉及检索词较多，检索式相对较复杂，所以选择收录文献量大、检索功能强大的核心检索系统检索。根据学科专业，可选择 CBM、CNKI 期刊（会议）全文数据库、OVID-Medline。

5. 拟定检索词和检索式

（1）CBM 数据库：该数据库有规范化主题词表，应当首选规范化主题词检索途径。用主题词表匹配到“子宫内膜异位症”规范词，选择副主题词“遗传因素、化学诱导、病因学”，获得初步检索结果，然后再限定检索年限为2010～2014年，即可获得相关结果。这样可以在基本查全相关文章的同时也保证了一定的查准度。

（2）CNKI 期刊（会议）全文数据库：使用自由词检索。由于课题中两个概念面有同义词、近义词，所以可使用“积木型”检索策略。概念“子宫内膜异位症”与“诱导因素”间逻辑关系为“与”。子概念：腹膜子宫内膜异位症、卵巢子宫内膜异位症、直肠阴道子宫内膜异位症由于表达形式中都含有“子宫内膜异位症”，所以不必一一输入，只需输入相同部分“子宫内膜异位症”作为检索词即可。子概念：诱导因素、诱发因素、遗传因素、化学诱导、病因学之间逻辑关系为“或”。执行检索步骤： 篇名=子宫内膜异位症，检索年限为2010～2014年，命中4046篇。勾选全部命中文献，然后在结果中输入以下检索要素执行检索：主题=（病因 或含 遗传）或者 主题=（诱导 或含 诱发），命中220篇。

如果在CNKI的高级检索界面中同时使用多个逻辑运算符，完成整个复合的检索，则要注意：CNKI 是从上到下的顺序优先执行检索的，因此应先在窗口栏输入逻辑或关系的几个检索词：主题=（病因 或含 遗传）或者 主题=（诱导 或含 诱发），再输入逻辑与“并且”的检索词：篇名=子宫内膜异位症，检索年限为2010～2014年，可获得同上的结果。

（3）OVID-Medline 数据库：该数据库有规范化主题词表，应当首选规范化主题词检索途径，检索方法与CBM类似。主题词为“endometriosis”，副主题词为“etiology，chemically induced，genetics”，并限定检索年限为2010～2014年，即可获得相关的检索结果。

【案例3-6】查找“国内外乳腺癌手术治疗新进展”的综述文献

1. 检索目的分析

该课题为查找最新进展研究的综述，因此要对最近几年该领域的文献作普查性的检索，侧重查全。

2. 课题内容特征分析

该课题属于妇科疾病中乳腺肿瘤这一学科，包含“乳腺肿瘤”和“手术治疗”两个概念面。“新进展”一词比较泛指，不作为检索词，以免造成大量漏检，可以用论文发表的年份来限定。

3. 课题的形式特征分析

由于乳腺癌是常见病、高发病，对这类课题研究的文献会比较多，因此检索年限定为近三年，文献类型选择期刊文献和会议论文，文献语种包括中外文语种。

4. 选择数据库及检索系统

由于侧重查全，所以选择收录文献量大、检索功能强大的核心检索系统检索。根据学科专业，可选择CBM、万方学术期刊（会议）全文数据库、OVID-Medline。

5. 拟定检索词和检索式

（1）CBM 数据库：该数据库有规范化主题词表，应当首选规范化主题词检索途径。用主题词表匹配到“乳腺肿瘤”的规范化主题词，用主题词“乳腺肿瘤”，选择副主题词“外科学”，获得初步的检索结果，然后再在基本检索状态下输入自由词“乳腺癌”进行二次检索，然后再限定检索年限为2012～2014年，限定文献类型为“综述”检索，即可获得相关结果。

（2）万方学术期刊全文数据库：使用自由词检索。该课题中有两个概念面密切相关，即乳腺肿瘤和乳腺癌，因此，编制检索式为题名或关键词：((乳腺癌 or 乳腺肿瘤）*（手术 or 外科))。由于外科和手术都是治疗方法，所以“治疗”一词可以不作为检索词。检索年限为 2012～2014 年，试检后发现命中 1748 条记录，结果数太多，应调整检索策略，浏览后发现直接用“乳腺癌”和“手术”为检索词更恰当，并去除“手术前后护理”的文献，调整检索式为：题名或关键词：((乳腺癌*手术）-护理)。命中期刊论文 1008 篇。再限定文献为综述，执行检索式：题名或关键词：((乳腺癌*手术）-护理）*综述，命中文献为 21 篇。这种通过各种限定逐步缩小命中文献数的检索策略就是“逐次分馏”。

（3）OVID-Medline 数据库：该数据库有规范化主题词表，应当首选规范化主题词检索途径，检索方法与 CBM 类似。用主题词“Breast Neoplasms”，选择副主题词“surgery”，获得初步的检索结果，输入自由词“Breast cancer”，然后将乳腺肿瘤手术治疗的检索结果与乳腺癌的检索结果进行 and 运算，并限定检索年限为 2012～2014 年，限定文献类型为“综述”检索，即可获得相关结果。

【案例 3-7】查找近几年国内外有关“青蒿素合成”的文献

案例背景：青蒿素是应用广泛的一线抗疟药。现在市售的青蒿素主要是从植物中提取出来的，含量稀少和需求广泛导致青蒿素供应不稳定。建立一种环境友好、廉价的生产青蒿素的方法将是未来解决青蒿素来源问题的有效方法。通过合成生物学技术来制备青蒿素，利用细胞工厂将是未来青蒿素生产的主要方式。

1. 检索目的分析

该课题为查阅最新进展，应侧重在查新的前提下不漏检相关文献，实际是要追求查准与查新的平衡，并注重获取全文。

2. 课题内容特征分析

该课题学科属于药物研究，包含“青蒿素”和“合成”两个概念面。

3. 课题形式特征分析

由于该课题是对最近研究情况的查询，要找到最新相关文献，检索年限定为近五年。文献类型选择期刊和会议文献。由于该课题要了解国内外是否有相关研究，所以文献语种为中文和外文语种。

4. 选择数据库及检索系统

该课题属于药学研究领域，侧重查准查新，因此选择收录文献量大的数据库 EMBASE、CBM 和 cnki 期刊（会议）全文数据库。

5. 拟定检索词和检索式

（1）OVID-Embase 数据库：目的是找到 artemisinine 最新相关文献，侧重查准查新，因此可以使用标题字段限定，根据 EMBASE 数据库的功能特点，可不必使用规范词表检索。时间限定 2010～2014 年，直接在检索框中输入检索式：(artemisinine and synthesis).ti，即可获得相关文献。

（2）CNKI 期刊全文数据库：由于该数据库没有规范化主题词表，所以可以通过把不同的概念限定在不同字段中检索。由于课题中“青蒿素”是研究对象，所以是该课题的核心概念，限定在“题名”检索项中，以保证检出文献都是重点论述“青蒿素”的。可以使用“最专指面优先”策略，显然在课题中，“青蒿素”是最专指的概念面。在篇名项输入检索词“青蒿素”，限定2010～2014年，可检出命中文献为406篇。根据命中文献数量，在结果中可再在篇名项输入“合成”检索，命中21篇，还可限定为核心期刊发表的文献，结果数为16篇。也可用“高级检索”方式，篇名=青蒿素，并且，篇名=合成，限定2010～2014年，检出相关文献。

【案例3-8】寻求心脑联合卒中行溶栓治疗有效依据的相关资料

案例：某医院接到一女性患者，82岁，因突然摔倒后昏迷2小时送至院急诊室，头部CT显示左侧大面积脑梗死，心电图示急性下壁心肌梗死，“心脑联合卒中”诊断成立，患者病情危重应立即溶栓治疗，但患者高龄，心脑联合梗死时溶栓的风险较大，时间紧迫，如在发病后6小时溶栓已无意义。为求得同行的经验以确定最佳的治疗方法，立即登录中国医院知识仓库检索。

1. 检索目的分析

该课题为解决实际问题，因此侧重查准查全的平衡。

2. 课题内容特征分析

该课题学科属于老年危重疾病研究，包含“心肌梗死”、“脑梗死”和“溶栓”等概念面。

3. 课题形式特征分析

由于要解决实际问题，尽量找全找准相关文献，且此课题涉及病情复杂，所以检索年限不作限制，以保证查全。文献类型选择期刊文献。由于时间紧急，决定以了解国内相关研究为主，所以文献语种为中文语种。

4. 选择数据库及检索系统

该课题属于老年重症疾病研究领域，因此选择收录文献量大的数据库CNKI（医院知识仓库）。

5. 拟定检索词和检索式

由于病人混合症状较多，为保查准查全，需要分多步检索。

第一步，全文检索=昏迷。

第二步，在第一步的检索结果中检索：主题词=心肌梗死；浏览后发现与心肌梗死有关的昏迷现象主要有糖尿病急症、脑出血、脑梗死。

第三步，由于本患者心肌梗死的特点为无痛性心肌梗死，故在第二步中的检索结果中将检索项改为全文检索=无痛性；结果中包括无痛性心肌梗死、非典型心肌梗死、心脑卒中等，均包括了心脑联合梗死的内容，已基本满足了需要，但仍偏多，有关治疗方面的内容不突出。

第四步，在上述结果中检索：全文检索=溶栓；检索结果13篇已非常满意。

由于有“知网节”功能，也可如下检索：在第三步的其中一篇文章“急性脑血管意外与无痛性急性心肌梗死关系的探讨”的文献分类导航中选择“急性脑血管意外（中风）”。在上述结果中按“并且”：篇名&关键词&摘要=心肌梗死；在上述结果中按“并且”：篇名&关键词&摘要=脑梗死；在上述结果中按“并且”：全文=溶栓。

本例采用全文检索和主题词检索，将自然语言（关键词）与控制语言（主题词）相结合。采用逐次分馏策略达到了检索目的。利用“知网节”功能的相似文献检索或文献分类导航检索能够保证查全，并进行文献浏览，选择更有针对性的文献。

本章小结

信息检索技术指从现有的信息资源中提取相关信息的技术方法。本章第一部分内容详细介绍了信息检索技术的相关知识，重点学习了布尔逻辑检索、截词检索、限定检索、邻近检索和精确检索的技术及应用。

国内外对信息检索技术的研究一直在不断发展，目前很多重要的信息检索技术和信息检索系统正处在探索之中，未来的信息检索技术将在理念、技术、人性化、个性化、智能化等方面继续寻求新的突破；

检索策略是为实现检索目标而制订的全盘计划和方案，是对整个检索过程的谋划和指导。检索策略对检索成败具有重要影响。本章第二部分内容详细介绍了信息检索策略的含义、类型，信息检索的步骤、检索效率评价及检索策略优化等知识和方法。

检索策略的制定要从用户的具体需求出发，了解各种数据库的收录情况和检索功能，熟练运用各种检索技术，并经过适当调整检索策略才能达到理想的效果。本章通过大量案例分析讨论了信息检索策略构建与优化技巧，从中习得应用信息检索技术和检索策略解决信息查找问题的知识和技能，提高了用户在信息海洋中快速、便捷、全面、准确地获得自己所需信息的能力，为下一步信息资源检索实践打下了坚实的基础。

学习检测

一、选择题

（一）单项选择题

1. 计算机信息检索技术实质上是（　　）

A. 逻辑运算　B. 匹配运算　C. 位置运算　D. 精确运算

2. （　　）是一种自动扩展查询方法。

A. 加权检索　B. 短语检索　C. 相关性反馈　D. 邻近检索

3. 布尔逻辑检索中检索符号“OR”的主要作用在于（　　）。

A. 提高查准率　B. 提高查全率　C. 排除不必要信息　D. 减少文献输出量

4. 布尔逻辑表达式：肝炎 NOT（甲肝 OR 丙肝）的检索结果是（　　）

A. 除甲肝、丙肝以外的肝炎　B. 包括甲肝、丙肝在内的肝炎

C. 肝炎　D. 以上都不是

5. （　　）是未检出的相关信息量与系统库中实际与课题相关的信息总量的比率。

A. 查全率　B. 查准率　C. 误检率　D. 漏检率

（二）多项选择题

1. 布尔逻辑运算符有（　　）。

A. AND　B. WITH　C. NOT

D. NEAR　E. OR

2. 缩小检索范围，提高查准率的技术包括（　　）

A. 逻辑与运算　B. 逻辑或运算　C. 逻辑非运算

D．加权技术　　E．限制检索

3．截词检索是（　　）的一种常用检索技术。

A．扩大检索范围　　B．预防漏检　　C．提高查准率

D．提高查全率　　E．缩小检索范围

4．检索策略包括（　　）等步骤。

A．分析检索课题　　B．选择检索工具　　C．决定检索手段

D．表达检索标识　　E．优化检索程序

5．评价检索效率包括（　　）等指标。

A．查全率　　B．查准率　　C．检索速度

D．新颖率　　E．检索方便性

二、判断题

1．逻辑“或”的作用是增加限制条件。（　　）

2．截词检索起到简化检索程序、节省检索时间的作用。（　　）

3．在许多系统中精确检索用括号（ ）来表示。（　　）

4．在检索式中优先运算可用双引号（“”）。（　　）

5．在检索词的末尾加上通配符星号（*）表示检索词的派生检索或完全词检索。（　　）

三、思考题

1．计算机信息检索中常用的检索技术有哪些?

2．简述逻辑运算符、截词运算符的种类和作用。

3．用逻辑运算符编写以下检索式：帕金森病的护理。

4．关注现代信息检索技术的发展。

5．何谓检索策略?常用计算机信息检索策略有哪些类型?

6．简述信息检索的步骤。

7．何谓检索式?何谓检索词?

8．请写出“肺栓塞的治疗新进展”检索表达式（提示：限定“综述”检索）。

9．什么是查全率、查准率？如何提高检索效果?

10．当检出文献量过少或过多时，如何调整检索策略?

（曾小莹）

第四章 网络免费医学学术信息检索

学习目标

1. 了解网络信息资源类型和特点；
2. 了解搜索引擎原理、分类，掌握搜索引擎的使用方法和技巧；
3. 了解国内外常用医学专业搜索引擎，能应用国内外常用医学信息网站进行专业资源检索。

第一节 网络免费信息资源概述

互联网上免费医学信息资源丰富，包含医学发展的最新动态、国际医学协作和学术交流信息等。医学工作者通过利用搜索引擎、医学专业信息网站、网络医学数据库和开放获取资源可以快速高效地获取专业学术信息。

一、网络信息资源及其特点

网络信息资源又称为电子信息资源、数字信息资源、虚拟信息资源，是指通过计算机网络可以利用的各种信息资源的总和。它是以数字化形式记录的，以多种媒体形式表达的、分布式存储在网络计算机磁介质、光介质及各类通信介质上的，并通过计算机网络通信方式进行传递的信息资源的集合。

网络信息资源是一种新型数字化资源，与传统文献相比有较大的差别，了解网络信息资源的特点，有助于对网络信息资源进行开发、建设与利用。

（一）数量庞大，增长迅速

中国互联网信息中心发布的《第 35 次中国互联网发展状况调查统计报告》显示，截至 2014 年 12 月，域名总数增至 2060 万个，CN 下注册的域名数量达到 1109 万个，网站数量达到了 335 万个。网络上的信息资源呈指数级增长，人们信息需求的日益多样化、个性化，通过网络我们可以得到海量的学术资源，网络已成为人们获取信息的重要渠道。

（二）内容丰富，形式多样

网络信息包括不同学科、不同领域、不同地区、不同语种。内容丰富、海量化的网络信息资源在形式上包括文本、音频、视频、图像、软件、数据库等，其形式可以是图书、期刊、学位论文、专利等多种形式，呈现多媒体、多类型等特点。

（三）质量参差，内容交叉重复

由于网络信息发布的自由性和随意性，任何用户都可以通过网络发布信息。由于没有严格的发布审查程序，信息没有经过严格编辑和整理，良莠不齐；同一内容信息在多个网站或数据库中重复，形成了一个复杂的信息世界，给用户利用网络信息带来了障碍。

（四）时效性强，传播方式动态

计算机和互联网的普及改变了传统的信息加工处理方式，网络信息加工、整理用时短，信息发布、更新、传播速度快，时效性强。与此同时，信息所在的网站、网页都在不断地变化，网站资源可以在短时间内建立、更新、更换地址、消失。

（五）访问便捷，简单易用

用户通过网络即可获取和存储信息，不受时间和空间的限制，访问便捷。

（六）信息共享，交互性强

Internet 服务的内容进一步朝交互式信息共享、协同工作等方向发展，如视频共享和社交网络等，所以网络信息资源具有很强的交互性和共享性。

（七）免费使用与有偿使用相结合

网络信息资源按照访问方式分为收费资源和免费资源。丰富的免费学术信息资源极大地方便了网络用户，降低了科研成本，节约了时间，免费学术信息资源的意义和价值凸显。

二、网络免费学术信息资源类型

网络免费学术信息资源通常指除了机构订购的商业电子资源外，在互联网上可以免费检索、阅读、下载、利用的，具有学术研究价值的社会科学或自然科学领域的电子资源。

网络免费学术资源的分类方式并不是单一的，从不同的角度划分，可以将网络免费学术资源划分成不同的类型。

（一）按数据类型划分

1. 电子出版物资源

网络环境下，信息采用数字形式出版，因此网络信息的出版类型与传统文献的出版类型相似，主要有以下几种。

（1）电子图书。图书因其内容成熟、系统，是各学科知识内容最重要的资料。电子图书数据库分为两类，一类是由纸质图书数字化后形成；另一类是依托网络出版发行和销售的纯电子版图书。医学图书多数属于第一类。常用的图书数据库包括 InTech Books、Free Medical Books 等。

（2）电子期刊。期刊数据库专门收录期刊论文。电子期刊也分为被数字化的纸质期刊和纯电子版期刊两种。值得一提的是纯电子版期刊，如开放获取期刊，信息量大且质量高，中国科技期刊开放获取平台、High Wire Press、BioMed 等。

（3）电子报纸。电子报纸是指传统纸质报纸的电子版，如今电子报纸已经演变成了信息量更大、服务更充分的网络新闻媒体。电子报纸必须具备两个条件：一是要有固定的出版周期和栏目版块；二是依靠网络发行，借助计算机或移动智能设备阅读。

（4）电子学位论文。学位论文具有较高的学术研究价值和实用价值，是科研人员了解最新学术动态、掌握科技信息、研究学科前沿的有效途径，但学位论文多数不公开出版发行造成用户获取困难，因此越来越多的数据库收集学位论文。学位论文数据库一般作为子数据库被集成在其他数据库中，如香港八校知识库整合系统、万方学位论文数据库、CNKI学位论文数据库等。

（5）会议信息数据库。会议信息分为会议预告信息和会议文献。会议预告信息可以通过会议网站、学术团体的机构网站获取，如中国学术会议在线、丁香会议等。

（6）专利文献数据库。专利文献数据库指专利局公布或归档的与专利有关的文献，包括专利说明书、专利公报、专利分类资料、专利检索工具等。多数专利文献可以在网上免费获取，如国家知识产权局官方网站，汤森路透 WOS 平台上的德温特专利数据库。

（7）多媒体资源。网络多媒体资源类型丰富，包括网络公开课、精品课、网络在线课程、科研图片、学术、视频类资源等。

（8）政府出版物。政府出版物指各级政府及其所属机构出版的文献资料。政府出版物内容广泛，可分为行政文件和科技文献。行政文件包括政府法令、规章制度、方针政策、指示决议和调查统计等。科技文献包括科技报告、技术改革、调查报告、科技资料和科学技术政策等，具有很高的参考价值。

2. 网站信息

（1）大型学科综合网站。大型学科综合网站内容丰富、栏目众多，很多医学综合性网站既为医务人员提供专业的学术资源，又向大众提供科普性医疗保健知识和信息。

（2）学科专业网站。各学科专业网站主要面向的用户是医学工作者，为他们提供各种专业的医学学术资源。这类网站所提供的内容技术含量高，更具有权威性，而且可以提供最新的科技信息。

（3）政府机构网站。政府机构通过其官方网站提供的免费资源包括基金项目指南、统计报告、法律法规及政策性文献、行业信息和动态等，政府机构官方网站提供的信息权威、可靠、安全性高。

（4）研究机构网站。研究机构主要指各种专业学会、协会等学术团体机构，以及科研院所。这类机构网站提供的免费资源包括学术会议信息、学科最新动态、期刊或指南等出版物、科技报告、多媒体资源等。

（5）教育机构网站。许多教育机构都建立本机构的知识仓储，将教师、科研人员发表的期刊、会议论文、专著、科研数据、研究成果和学生的学位论文等数字化保存，提供免费服务。此外，教育机构网站还提供高校的历史沿革、学术交流、专家信息、科研、教育等信息。

3. 学科专业论坛

论坛作为一个网络交流的公开场所，可以自由地发表自己的观点，专业论坛是专业人士交流的平台，人们通过发帖、上传文件等方式交流经验、分享心得、共同探讨行业技术难题，通过论坛可以在他人的帮助下获得学术资源。医学论坛是网络医学信息的重要载体之一，其信息数量大、涉及范围广，便于不同层次、不同需求的用户自由交流，同时因其信息质量良莠不齐，利用时应仔细甄别。

4. 专家个人、学术机构博客/微博

学术博客是获得开放存取资源的重要渠道之一。医药行业专业人士、医学期刊等都开通了博客，将个人的研究成果、科研心得、经验教训、教学课件、教学视频、收集的某一主题领域的资料放在博客中（参见 10.3.1 学术博客相关内容）。

5. 手机 APP

手机 APP 的应用价值日趋显现，越来越多的企业、学术团体开发专有的 APP，围绕市场、社交媒体、搜索引擎、门户网站、移动广告平台进行应用，已成为重要的网络信息资源发布、利用平台，深受用户喜爱（详见 4.3 移动互联网信息检索）。

（二）按照网络信息审核程度区分

1. 正式出版物

正式出版物学术价值相对较高，它们或标有 ISBN 和 ISSN 号，或是权威学术机构的出版物，如网络发行的图书、期刊、报告、会议录、标准、专利等。

2. 半正式出版物

半正式出版物包括从政府机构、国际组织、学术团体、教育机构、企业部门等网站上获得的政府工作报告、机构工作进展报告、统计数据、教学大纲、产品说明、样品报道、会议通报等。

3. 非正式出版物

非正式出版物具有明显的个人行为性质，学术价值变化较大。例如，个人主页、电子信函上表述个人观点和见解的论文、讨论组文章和公告版上的文章、学术论坛上的文章等。

三、网络信息检索基本方法与技巧

1. 直接访问网站/网页

在日常生活中，我们经常去一些自己熟悉的网站查找自己想要的信息，如到新浪网看新闻，到淘宝网购物，到土豆网查找视频等，这种知道信息所在网页的网址或网络实名，可快捷检索到结果的方法被称为“直接访问网页”。

2. 使用搜索引擎

当我们无法预知所要查找的信息在网络中的确切位置时，我们可以利用分类目录或关键词，在特定搜索引擎中查找所需信息，如利用百度查找网络信息资源检索的相关资料。使用搜索引擎检索是我们最常用的一种网络信息检索方法。

3. 查询在线数据库

目前越来越多的数据库都开始提供网上检索，如网上银行，国家数字图书馆。此外，一些数字出版商也建立了数字图书馆，通过网络提供信息服务。

4. 应用 BBS 论坛

论坛是网络信息的重要载体之一，所包含信息数量大、涉及范围广，便于不同层次、不同需求的网友自由交流。当我们直接浏览网页或利用搜索引擎都无法找到答案时，可以在相关 BBS 发布提问，向网友寻求答案。

同时需要注意的是，论坛的信息质量良莠不齐，在利用时应该仔细甄别。大多数论坛需要注册才能获取更多权限，如回复和下载等。高级权限往往需要付出一定分值币才能使用。

第二节 网络搜索引擎

互联网上的资源浩如烟海，要快速地找到自己所需的信息资源，就必须用到网检工具搜索引擎。

一、搜索引擎及其工作原理

（一）搜索引擎的定义

搜索引擎（search engine）是指根据一定的策略、运用特定的计算机程序搜集互联网上的信息，在对信息进行组织和处理后，将信息显示给用户，为用户提供检索服务的系统。它具有信息检索服务的开放性、超文本的多链接性和操作简单的特点。随着人工智能、数据挖掘等技术的发展，搜索引擎朝着更加智能化的方向发展。

（二）工作原理

搜索引擎的工作原理简单来说可以分为三步——数据采集、建立索引数据库、在索引数据库中搜索排序。

1. 数据采集

搜索引擎的自动信息搜集功能分两种：一种是定期搜索，即每隔一段时间搜索引擎主动派出“蜘蛛”程序，对一定 IP 地址范围内的互联网站进行检索，一旦发现新的网站，它会自动提取网站的信息和网址加入自己的数据库；另一种是提交网站搜索，即网站拥有者主动向搜索引擎提交网址。

2. 数据标引

搜索引擎对采集而来的信息资源进行标引、编制摘要以形成规范的页面索引，并通过数据库管理系统建立相应的索引数据库。数据库中的每一条记录基本上对应一个网页，包括关键词、网页摘要、URL 等信息。

3. 数据检索

根据用户提出的查询要求，在索引数据库中检索符合条件的网页记录，将检索结果按相关度进行排序，相关度越高排名越靠前。运行后将查询结果返还给用户。相关度包括检索词在网页中出现的次数、位置及网页被链接的次数。

二、搜索引擎常见类型

我们可以根据搜索功能、搜索内容和搜索范围的不同将搜索引擎分为以下几类。

（一）根据搜索功能分

1. 全文搜索引擎（关键词搜索引擎）

全文搜索引擎是指能够对网站的每个网页或网页中的每个单词进行查询的搜索引擎，它从互联网中提取各个网站的信息（以网页文字为主），建立起数据库。当用户在搜索框中输入关键词时，系统就会自动地在索引数据库中检索与用户查询条件相匹配的相关记录，按一定的排列顺序返回结果。搜全率比较高，代表性的有百度、Google 等。

2. 目录式搜索引擎

目录式搜索引擎是最早出现的网络搜索引擎。目录式搜索引擎将收集并整理好的网站信息以分类目录的形式链接好，供用户检索。用户在查询信息时，可按分类目录逐层查找，检索的准确率比较高。当检索一个范围较广的题目，并希望浏览一下与该题目相关的推荐网站时，目录式搜索引擎是非常有用的。代表性的有 Yahoo、新浪、搜狐等。目前，全文搜索引擎与目录式搜索引擎有相互渗透融合的趋势，如百度用户登录后首页提供导航索引。

3. 垂直搜索引擎

垂直搜索引擎是 2006 年后逐步兴起的一类搜索引擎。不同于通用的网页搜索引擎，垂直搜索专注于特定的搜索领域和搜索需求，如购物、旅游、物流、服务、企业、汽车、找工作、房产、交友等。在其特定的搜索领域有更好的用户体验，能更好地满足用户的特定需求。其优势是功能强大、内容全面、查准率高、相关性强。

（二）根据搜索内容分

1. 综合性搜索引擎

综合性搜索引擎的搜索对象主要为网页和新闻组，信息资源采集和标引时不限类型和主体范围，信息覆盖面广，适用用户广泛。常用的有 Google、Yahoo、百度等。

2. 专业性搜索引擎

专业性搜索引擎专门采集某一学科或主题范围的信息资源，所采集的信息一般经过人工筛选和评价标引，针对性较强，适用于特定用户群。高质量的专业搜索引擎是学科专业领域人士获取网上信息的重要工具。例如，医学常用专业性搜索引擎有 Medscape（医景）、Medical Matrix（医源）等。

（三）根据搜索范围分

1. 检索型搜索引擎

检索型搜索引擎也称独立搜索引擎，其特点是自身拥有一个数据库，并将数据库和超媒体相组合，用户通过关键词及其组配查询就可以找到所需要的信息线索，返回结果一般可按相关性进行排序。检索型搜索引擎对于信息处理更加规范化，但要求用户掌握一定的检索技巧。代表性的有百度、Google 等。

2. 元搜索引擎

元搜索引擎又称多搜索引擎，通过一个统一的用户界面帮助用户在多个搜索引擎中选择和利用合适的（甚至是同时利用若干个）搜索引擎来实现检索操作，是对分布于网络的多种检索工具的全局控制机制。其在查询、检索相关的信息或全文信息方面的功能是独立搜索引擎的升华与提升。元搜索引擎没有自己的数据库，而是以自己设置的统一检索界面，通过链接多个独立搜索引擎，接收、分析与处理用户的信息需求与检索提问。具有信息资源覆盖面大、搜索结果可靠性强、信息服务多样化和易维护等优势；缺点是不支持多语种、检索语法转换的能力有限，不能自主选择和调用源搜索引擎。代表性的有 360 综合搜索、InfoSpace、Dogpile 等

三、各类搜索引擎比较

各类搜索引擎比较见表 4-1。

全文搜索引擎适用于具体信息的查找，如要查找具体的信息、数据、文献、新闻等，首选全文搜索引擎。当用户查找目标明确、主题概念狭窄时，全文搜索引擎可快速返回较精确的信息。

目录式搜索引擎适用于查找某主题的专业网站和重要学术站点，如果查找目标模糊、宽泛，首选目录式搜索引擎，通过分类目录的层层细分明确查询目标。

表 4-1　各类搜索引擎优缺点对比

搜索引擎	优点	缺点
全文搜索引擎	信息量大，更新及时	返回信息过多； 无关信息干扰
目录式搜索引擎	信息准确，导航质量高	信息量小； 信息更新不及时
元搜索引擎	返回结果信息量更大、更全	不能充分使用所用搜索引擎的功能； 用户需要更多的筛选

四、搜索引擎检索途径

（一）分类浏览

搜索引擎的目录分类标准主要有主题分类和学科分类两种。主题分类是以一些热点事物为主题目录，并将与主题目录相关的内容全部集中在一起。这种分类法以事物为纲，适用交叉主题的内容。学科分类是以学科作为分类的标准，从大学科到小学科，逐级展开，最后进入站点的 URL。专业搜索引擎目录一般采用学科分类，如 Medical Matrix 等医学专业搜索引擎的网络分类目录。网络分类目录对于有目的地查找网络信息有重要的指引作用。用户只需点击鼠标逐级打开分类目录便能浏览到相关信息或进入相应网站。

（二）关键词检索

全文搜索引擎又称关键词搜索引擎，是通过从互联网上提取信息（以网页文字为主）建立数据库，为用户提供以关键词方式进行全文检索的引擎。其优点是：信息量大、更新及时、无须人工干预。但返回结果较多、查准率较低，所以关键词的选定在检索技巧中位于核心地位。目前的搜索引擎并不能很好地处理自然语言，因此，在提交搜索请求时，找到的信息内容主题关联的关键词是保证查准的基本条件。通常需要在检索目标中筛选出表示主要概念的词，避免使用含义广泛、模糊的词和作用很小的词，如疑问词、叹词、助词

等。尽量用简短的关键词和特征关键词。

当单一关键词的搜索效果不太令人满意时，采用多个关键词的搜索往往会得到比较好的检索结果。在使用多个查询词组合搜索时，不同关键词之间用一个空格隔开，可以找到更精确的结果。

【案例 4-1】查找“盆景野生杜鹃”方面的文献

通过分析，该课题实质上是要查找一种将野生杜鹃盆景驯化的技术。将检索课题修改为“驯化野生杜鹃”，从而获得较满意的检索结果。

必须准确充分地表达检索课题所需的实质性内容，如果表示的概念过大，必然造成大量误检，而表达的概念过小，则会发生大量漏检。

五、搜索引擎检索技术应用

多数搜索引擎都提供基本检索和高级检索两种检索模式。简单检索只有一个检索框，高级检索提供多个检索框，用户可以同时进行多种检索限制。常用的检索功能有以下几种。

1. 精确检索

利用双引号查询完全符合关键字串的网站，以避免搜索引擎对输入的内容进行拆分。在查找名言警句或专用名词时显得格外有用。

2. 利用布尔逻辑符组合关键词

搜索引擎基本上都支持逻辑运算查询，布尔逻辑检索在不同的数据库和搜索引擎中，所使用的逻辑符号可能有所不同，中文数据库一般使用“*”“+”“–”，外文数据库和搜索引擎一般使用“AND”“OR”“NOT”，中文搜索引擎一般使用“ ”（空格）、“|”“+”“–”。具体使用要参见使用说明进行选择。

3. 字段限制检索

1）intitle，把搜索范围限定在网页标题中

网页标题通常是对网页内容提纲引领式的归纳，因此把查询内容范围限定在网页标题中，有时能获得良好的效果。使用方式是“intitle:”后紧跟关键词，不要有空格，如“intitle:肿瘤检测技术”。

2）inurl，把搜索范围限定在 url 链接中

网页 url 中的某些信息常常具有重要的含义，因此对搜索结果的 url 作某种限定可以获得良好的效果。使用方式是“inurl:”后跟需要在 url 中出现的关键词，不要有空格，如“讲座 inurl:lib”，这一检索式可在图书馆网站上查找到讲座信息。

3）site，把搜索范围限定在特定站点中

利用搜索引擎在某个站点中查找需要的内容，可以把搜索范围限定在这个站点中，提高查询效率。使用的方式是在查询内容后面加上“site：站点域名”。注意“site：”后面跟的站点域名，不要带“http://”，site：和站点名之间不要带空格，如查阅搜狐网的新闻，检索框中输入“news site：sohu.com”。

4）filetype，把搜索范围限定在特定文档类型中

把搜索范围限定在指定文档类型的网页，如“求职书 filetype：doc”。常见的文档类型有 ppt、xls、doc、pdf、rtf、swf、avi、kmz、kml、ps、def 等。

4. 二次检索

二次检索，又称为在结果中检索，是在当前检索结果内进行的检索，当检索结果太多，想从中精选出一部分时，可使用二次检索，以缩小检索范围，提高查准率。

5. 截词符检索

“?”代替 0 或 1 个字符，“*”代替 0 或 n 个字符。截词方式按截断的位置分为前截断、中截断和后截断三种类型。

六、综合性搜索引擎举例

（一）百度

1. 概述

百度，1999 年由李彦宏和徐勇共同创建，是全球最大的中文搜索引擎，包含新闻、网页、贴吧、知道、音乐、图片、视频、地图、文库、百科等多个功能性搜索，以及以贴吧为主的社区搜索。其网址为 http://www.baidu.com/。

此外，百度还提供快照、相关搜索、拼音提示、错别字提示、英汉互译词典、计算器和度量衡转换、专业文档搜索、股票、列车时刻表和飞机航班查询、高级搜索语法、高级搜索和个性设置、天气查询、货币换算、搜索框等网页搜索特色功能。

百度首页于 2011 年 9 月 1 日改版。百度新首页旨在实现“门户化、导航化、定制化、应用化”，页面增加了网址导航、实时热点、应用、新鲜事和推荐等界面，百度用户登录后即可看到新首页。百度开通了一号直达功能，只要从百度首页登录后，可直接到达其他很多网站无须再重复登录。百度基于框计算技术概念为第三方开发者提供了开放平台（图 4-1，图 4-2）。

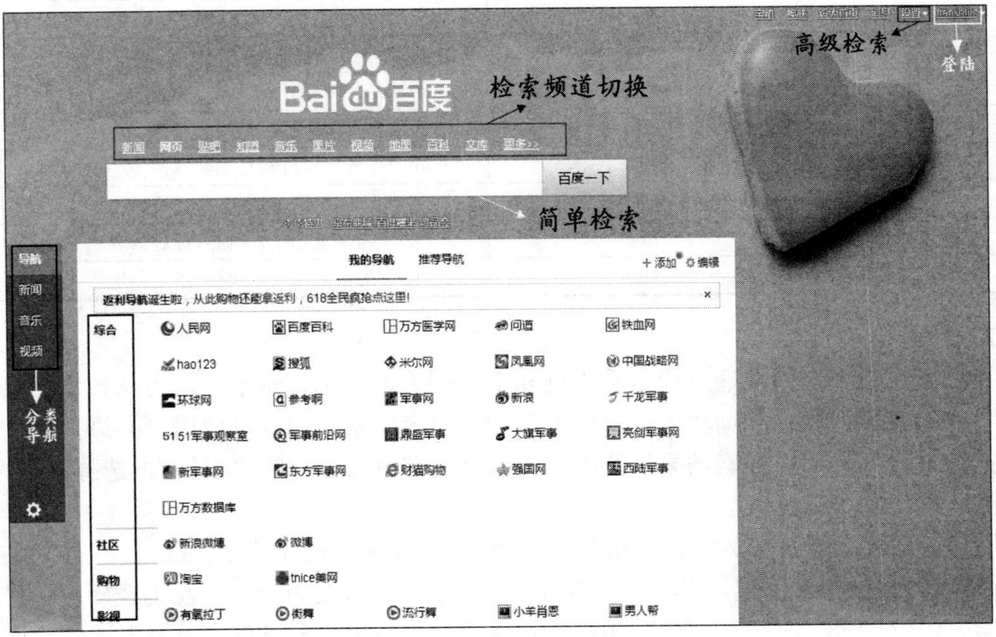

图 4-1　百度登录后界面

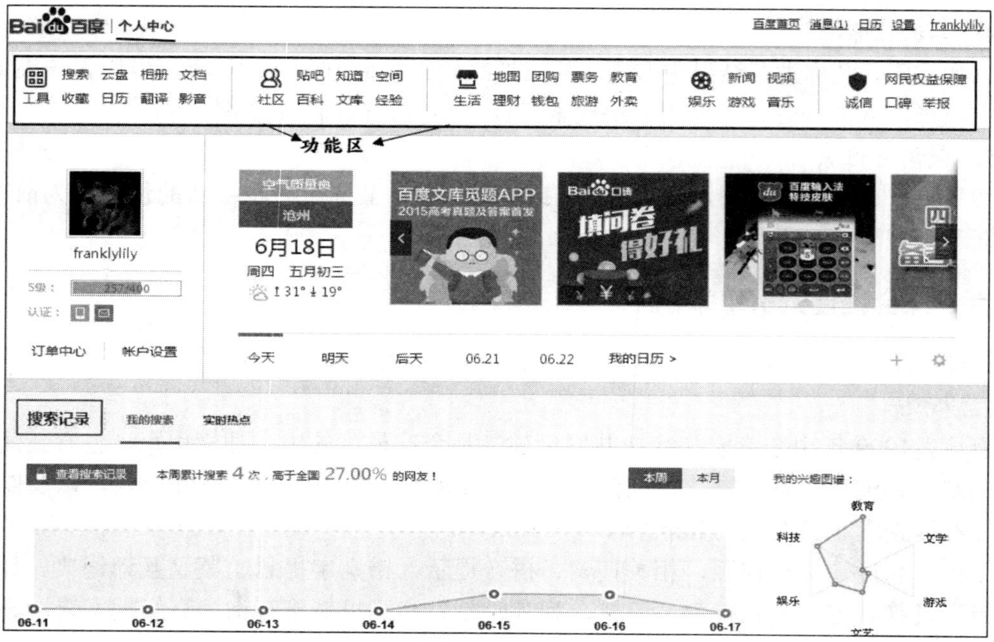

图 4-2 百度个人中心界面

2. 检索方法

1）基本检索

百度基本检索规则如表 4-2 所示。

表 4-2 百度基本检索规则

检索规则	符号	说明
逻辑“与”	空格	不支持“AND”和“+”
逻辑“或”	|	语法是“A | B”
逻辑“非”	–	“–”之前必须留空格
完整关键词	“ ”	除“”外，百度特有支持《》
文件类型限定	filetype:	支持 pdf，doc，xls.ppt，rtf 格式
网页标题限定	title:（）	“()”为半角，“()”输入标题内容
站内搜索	site:（）	“()”为半角，“()”输入指定网址

2）高级检索

在高级搜索中，用户通过检索文本框和下拉列表来确定检索条件，可从搜索结果、语言、文件格式、日期、字词位置、网域等多方面限定检索范围，可使用“高级搜索”页缩小复杂搜索查询的网页搜索结果的范围。点击百度首页右上方的“设置”，选择高级搜索，即可进入高级搜索界面。

百度高级搜索可划分为“搜索结果”区域和“检索控制条件”区域。

（1）“搜索结果”区域，提供 4 个输入框，代表 4 种匹配方式，依次为逻辑 “与”、精确检索、逻辑 “或”、逻辑“非”。用户在该区域输入内容检索条件，用来表达检索内容的主题概念。需要注意的是“搜索结果”区域需要至少填写一个输入框，而且只能输入检索词，不能输入检索式，否则百度将无法检索。

例如：检索“除蛋白酶以外的其他酶制剂”，我们在“全部关键词”框输入“酶”，同时在“不包含以下关键词”框输入“蛋白酶”，然后点击“高级搜索”按钮即可。

（2）“检索控制条件”区域，包含时间、文档格式、关键词位置、站内搜索，用于缩小检索结果范围。

3）其他功能

（1）百度百科。百度百科旨在创造一个涵盖所有领域知识、服务所有互联网用户的中文知识性网络百科全书。百度百科本着平等、协作、分享、自由的互联网精神，所有人共同协作编写百科全书，让知识在一定的技术规则和文化脉络下得以不断组合和拓展。

（2）百度知道。百度知道是全球最大的中文互动平台，是知识搜索的杰出代表。其最大的特点是与搜索引擎相结合，通过构建一个问答平台把用户的隐性知识变成显性知识，并对答案进行沉淀，组织形成了新的信息库。新的信息库反过来又被用户检索利用。通过百度知道网友之间互帮互助，分享自己的知识。用户既是百度知道的使用者，也是百度知道的创建者。

（3）百度文库。百度文库是百度为网友提供的信息存储空间，是供网友在线分享文档的开放平台。用户可以在线阅读和下载课件、习题、论文报告、专业资料、各类公文模板、法律文件、文学小说等多个领域的资料。平台上所累积的文档，均来自热心用户的积极上传。百度自身不编辑或修改用户上传的文档内容。用户通过上传文档，可以获得平台的积分奖励，用于下载自己需要的文档。

4）百度搜索实例

【案例 4-2】利用百度高级搜索查找我国 2013 年肺结核发病率

步骤 1：打开百度主页→点击页面右上角“设置”→点击“高级搜索”。

步骤 2：在“包含以下全部的关键词”框中输入“2013 年肺结核发病率”→在“站内搜索”框中输入“nhfpc.gov.cn”→点击“高级搜索”（图 4-3）。

步骤 3：检索结果第一条“2013 年度全国法定传染病疫情情况”。该报告中含有 2013 年度全国法定传染病报告发病、死亡统计表。

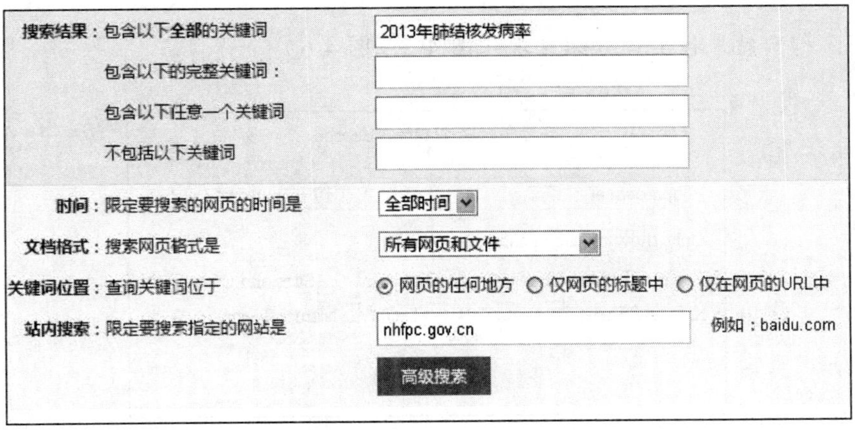

图 4-3　百度高级搜索界面

（二）其他中文综合搜索引擎

1. 好搜

好搜是 360 旗下的独立搜索品牌，以其相关度排序准确度高、无广告链接等优势获得用户的认可，问世两年多，用户超过 3 亿人。好搜在关键词搜索的基础上增加了好搜热榜导航，是一个包含新闻、网页、良医、问答、视频、图片、音乐、地图、百科、购物等多个搜索专区的综合性搜索引擎。其网址为 http://www.haosou.com/。

2. 知乎问答

知乎问答是一个不同于传统问答网站的问答网站，其特色是：基于社会化的问答，以知识为中心，加以社会化的关系为来源，知乎问答是研讨会模式，具有延展性与更多的互动，问与答的过程会带来更多的启发和思考。其网址为 http://zhihu.com/。

此外，常用的中文综合性搜索引擎如下。

谷粉搜搜，http://www.gfsoso.net/。

搜狗，http://www.sogou.com/。

中搜，http://www.zhongsou.com/。

有道，http://www.youdao.com/。

搜网全能搜，http://www.sowang.com/等。

（三）外文综合搜索引擎

1. DMOZ

DMOZ 网站是一个著名的开放式分类目录（open directory project），它是由来自世界各地的志愿者共同维护与建设的全球最大的目录社区。DOMZ 支持多国语言，分为艺术、商业、计算机、新闻、儿童青少年等板块。提供关键词和目录导航两种搜索方式。其网址为 http://www.dmoz.org/。

【案例 4-3】利用 DMOZ 的高级搜索功能查找肺癌相关网站

步骤 1：DMOZ 主页→点击“Adavanced Search”→输入框内输入“lung cancer”。

步骤 2：“Only show results in category”一栏选择“Health”→“Search”一项选择“Sites and Categories”→“Kids and Teens Sites”一项不设置→点击“Advanced Search”（图 4-4）。

步骤 3：检索结果按类目分组呈现（图 4-5，图 4-6）。

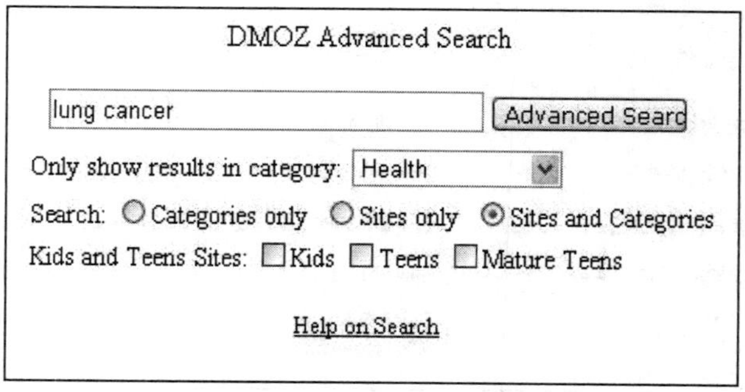

图 4-4 DMOZ 高级搜索

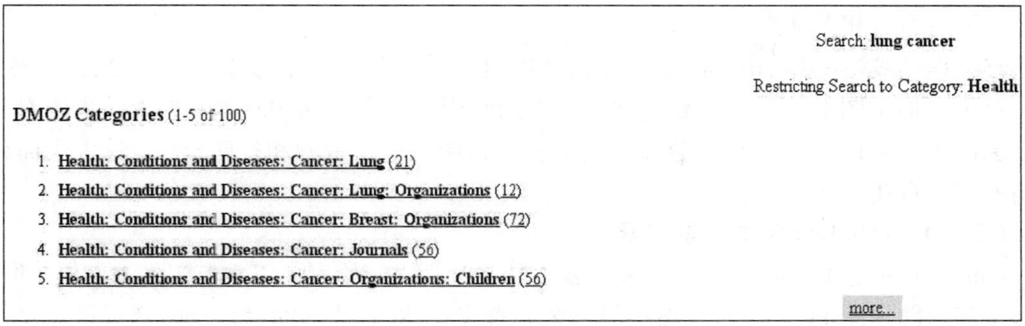

图 4-5 DMOZ 搜索结果分组 1

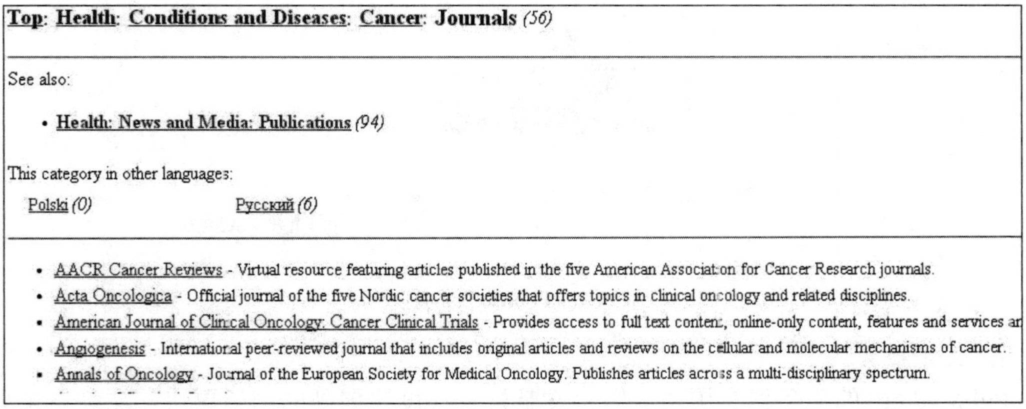

图 4-6 DMOZ 搜索结果分组 2

2. AOL

AOL 搜索引擎提供的新闻、体育、娱乐、视频、生活和经济等搜索选项，可提供实时建议的搜索框，搜索结果一目了然。其网址为 http://www.aol.com/。

七、学术搜索引擎

（一）谷歌学术搜索

Google Scholar 是 Google 于 2004 年推出的免费学术搜索工具。2006 年 1 月，面向中文信息的 Google 学术搜索正式上线。用户可以通过 Google 学术搜索查找来自学术著作出版商、专业性社团、预印本、各大学及其他学术组织的经同行评论的文章、论文、图书、摘要。其网址为 http://scholar.google.com/。

Google 学术搜索按相关性对搜索结果进行排序，最有价值的参考信息会显示在页面顶部。Google 排名技术会考虑到每篇文章的完整文本、作者、刊登文章的出版物及文章被其他学术文献引用的频率。搜索结果的输出具有以下特点。

（1）输出格式规范，检索结果包含标题、作者、刊名或书名、出版年/期、出处、摘要等描述信息。

（2）提供某文献被引情况，点击“被引频次”能查看引用该文献的全部文献。

（3）搜索显示非在线文献：被引频次较高的未在线发布文献信息也会被 Google 提供。

（4）可查看相关文献。

（5）提供被检文献的所有版本，包括预印本、数据库收录的版本、会议论文等形式。

对于参加了图书馆链接计划的学院，校园网用户将在 Google 学术搜索结果中看到一些附加链接，在 IP 限定范围内直接访问其图书馆中的电子资源和打印资源，这大大简化了在图书馆中查找学术文献的过程。

（二）PubMed.cn 学术搜索引擎

PubMed.cn 是丁香园旗下的学术搜索工具，包含文献检索、丁香英汉词典、SCI 期刊、全文文献求助、NSFC（国家自然科学基金）查询及 SCI 选刊助手几个搜索频道。建议用户注册丁香园的账户登录。其网址为 PubMed.cn/（图 4-7）。

图 4-7 PubMed.cn 首页

1. 文献检索

PubMed.cn 的服务器在国内，因此文献检索速度比国外的网站更快。文献检索分为简单检索和高级检索，用户可以根据影响因子分值筛选检索结果。其高级检索提供包括 MeSH 主题词、副主题词在内的 33 个检索字段，并提供研究对象、语种、文献类型等限定（图 4-8）。

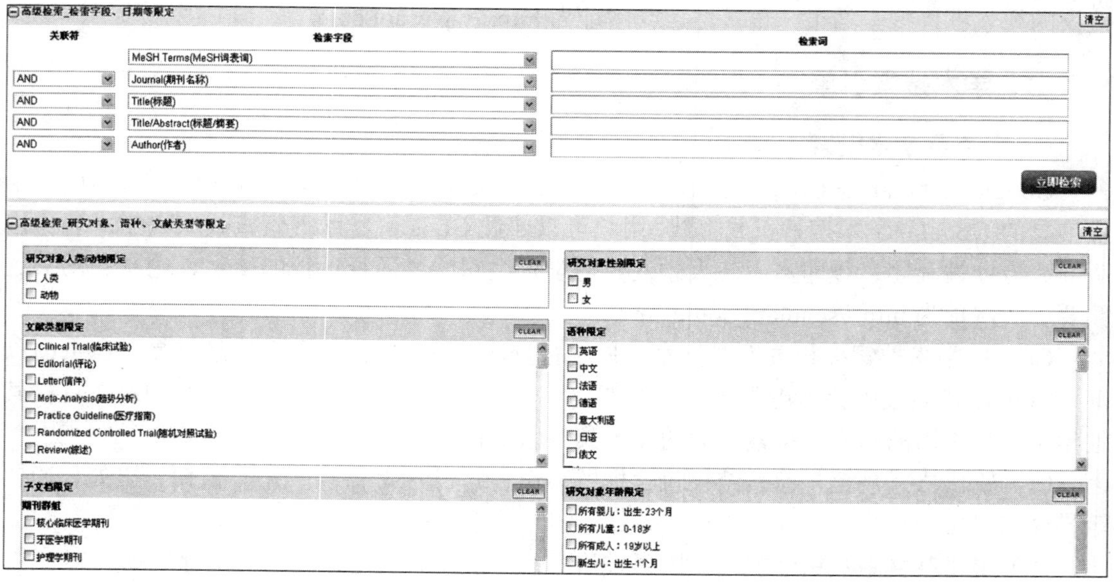

图 4-8 PubMed.cn 文献高级检索界面

2. 丁香英汉词典

丁香英汉词典更专注于医学专业术语的英汉互译，还会提供论文例句。利用 Chrome 浏览器使用丁香英汉词典，支持划词翻译、悬停取词、单词发音、英美音标等扩展功能。

3. SCI 期刊

SCI 期刊目前收录的全部为外文医学期刊，提供关键词检索功能和分类导航。关键词检索提供简单检索和高级检索，高级检索提供 MeSH Major Topic（研究领域）、缩写、出版国家等 13 项检索字段。分类导航包含科室导航和分类导航。

用户可以通过 MeSH Major Topic、语言、收录数据库、影响因子等条件对检索结果进行筛选。每条检索结果都提供出版地、出版周期、学科领域、官方网址、投稿须知、影响因子变化趋势、中国人历年发表趋势、投稿经验。

4. 全文文献求助

目前，丁香园文献求助支持多个数据库，如 Highwire、ScienceDirect、Biomed Central、Science、Nature、Lancet、维普、万方、CNKI 等。用户只需输入文献的网址、DOI 或 PMID，系统可自动帮您补全标题、作者、杂志、全文链接等信息。

5. SCI 选刊助手

通过文章的摘要信息，系统自动给您推荐相关的杂志、文献等信息。

（三）CNKI 学术搜索

CNKI 学术搜索旨在为国内外学者提供一个跨语种、跨文献类型、权威的内容发布平台，包括各类学术文献，如期刊、学位论文、会议论文、报纸、专利、标准、图书等。利用智能标引和深度知识挖掘技术，实现了文献和知识链接，是在全球范围打造的基于知识发布的统一学术资源搜索引擎。其网址为 http://scholar.cnki.net/。

国内外出版社和数据库厂商通过加盟，将其学术资源快速发布到 CNKI 学术搜索平台，提高加盟商数据库在中国的知名度、使用量和学术影响力。目前，CNKI 与 Elsevier、ProQuest、Springer 近百家国际著名的出版社、数据库厂商和学会进行了版权合作。通过版权合作，将它们的学术期刊、学位论文、图书、世界专利、标准、百科全书等产品整合到 CNKI 平台上，面向中国读者开放，向中国读者提供国际题录资源的免费检索，并引导大量的中国读者访问国际出版社的网站。

八、医药专业搜索引擎举例

与通用搜索引擎检索不同的是，专业搜索引擎所搜集的信息资源专业性强，更具智能性、时效性，更新及时、信息“查准率”高，能更好地满足大众某些比较特殊的专业检索需求。随着人们对信息资源及信息处理要求的逐渐提高，专业搜索引擎成为搜索引擎发展的重要方向。下面介绍几种常用的医学专业搜索引擎。

（一）HON Health On the Net Foundation

1. 概况

HON Health On the Net Foundation（HON，健康在线基金会）是网上非营利性、最受尊敬的提供医学信息的门户网站，是联合国经济与理事会的特别顾问，为普通用户和医学专业人员提供可靠的在线健康护理信息。HON 的与众不同之处在于

HONcode（HON 行为准则），以及 MedHunt 和 HONselect 两个医学搜索引擎，其网址为 http://www.hon.ch/。

点击 http://www.hon.ch/ 语言选择栏中的“CN”即可切换至中文界面。用户可以选择以“普通病人”或“医护人员”身份进入相应界面，两者功能方面有一些差异。“普通病人”界面设有 HONcode 网站、HONselec、医学网站（Medhunt 搜索引擎）、新闻、医学图像 5 个搜索频道。“医护人员”界面设有 HONcode 网站、HONselect、新闻、医学会议、Medline、Trials（Clinical Trials.gov 数据库）、Acronyms（首字母缩写词的含义）7 个搜索频道（如图 4-9）。HONcode 是被医学健康网站的发布者普遍采用的一套非官方准则，让网站开发者在发布信息时遵循一个基本的道德标准，同时让读者确信自己随时能知道所阅读信息的来源和用途。目前，有 102 个国家的 7300 多个认证合格的网站使用 HONcode，HONcode 成员网站上显示有效认证标志。

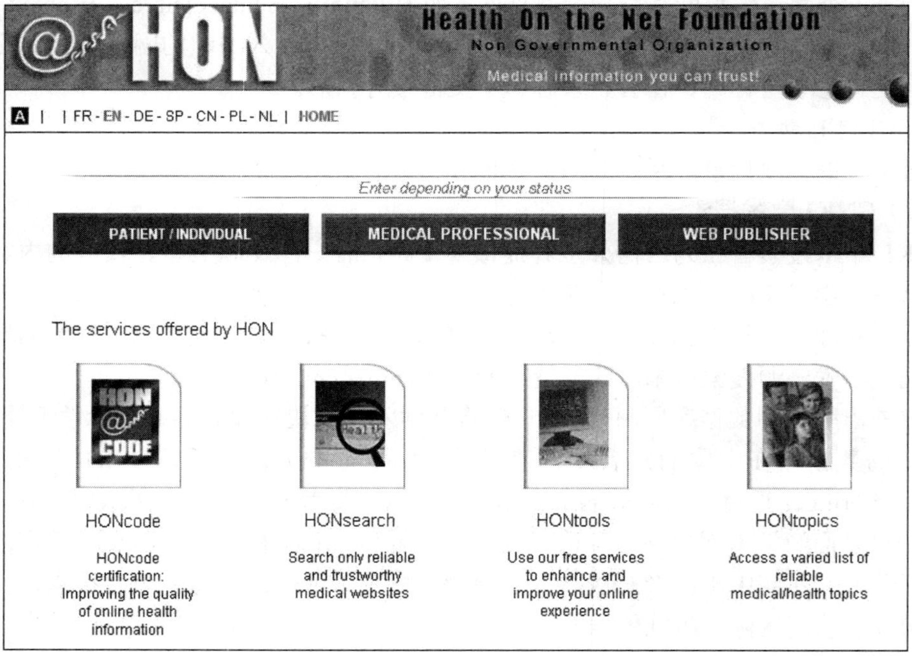

图 4-9 MedHunt 首页

2. *检索方法*

1）Medhunt

MedHunt 是一个搜索所有医学网站的专业智能搜索引擎，具有英语、法语、西班牙语和汉语四种语言界面。

Medhunt 搜索引擎出现在“普通病人”界面，侧重医学站点、医院信息等。Medhunt 搜索引擎界面简洁，支持的检索词之间逻辑关系有 AND、OR、NEAR，同时还提供了如限定文献信息来源等多个优化选项。

【案例 4-4】利用 MedHunt 搜索关于亚洲地区乳腺癌（breast cancer）方面的网站

步骤 1：在搜索框输入“breast cancer”，地区选择“Asia”，点击 Submit（图 4-10）。

步骤 2：检索结果有 57 条。检索结果被分为 3 类，分别是“符合 HONcode 的网站”3 个，“被 HON 访问和记录的网站”3 个，“被 MARVIIN 自动检索到的站点和网页”51 个。每条检索结果都提供标题、网址、副标题、Meta 描述、物理位置、关键词、查询符合度和认证（图 4-11～图 4-13）。

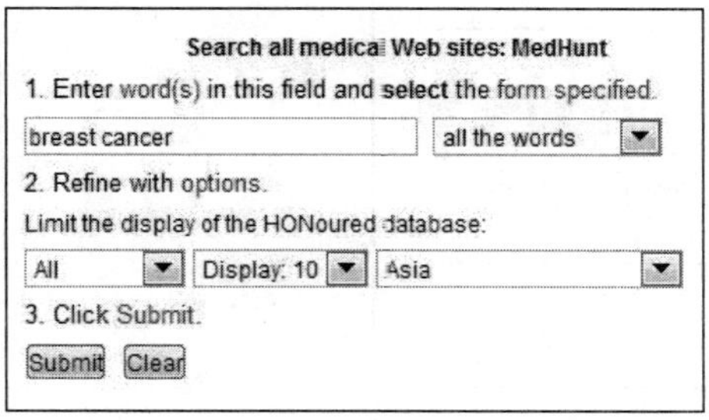

图 4-10　MedHunt 搜索界面

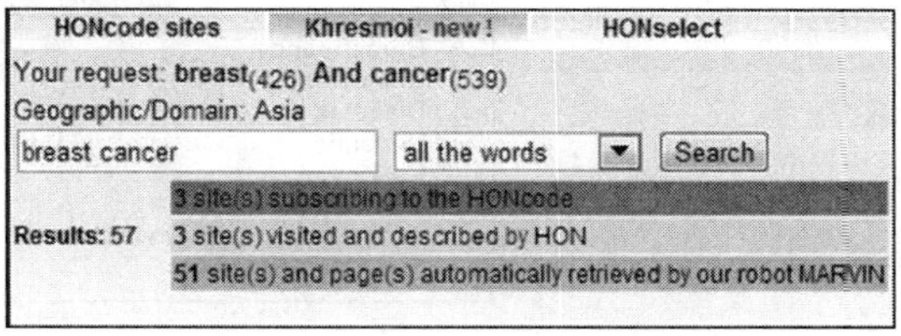

图 4-11　MedHunt 搜索结果分类 1

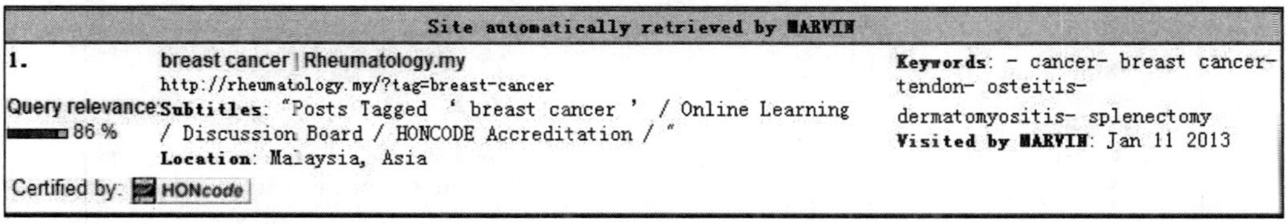

图 4-12　MedHunt 搜索结果分类 2

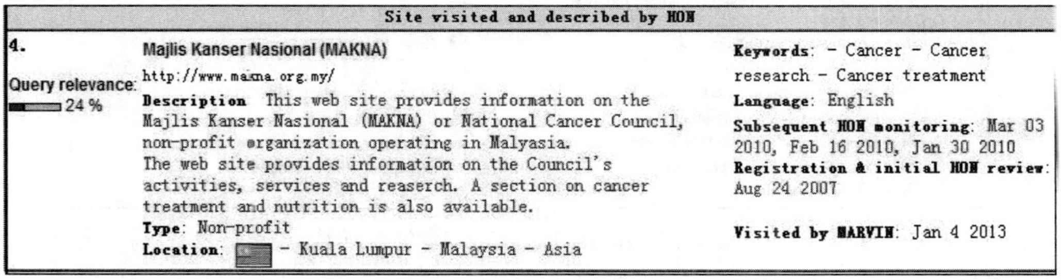

图 4-13　MedHunt 搜索结果分类 3

2）HONselect

HONselect 侧重医学主题、期刊、多媒体等信息。HONselect 检索结果包括 5 种类型的信息，分别是 Medline 数据库文献、权威科学文献、保健新闻、网站、多媒体资源。HONselect 提供分类目录和关键词两种检索方法。

【案例 4-5】利用 HONselect 搜索关于骨癌（Bone Neoplasms）方面的资源

步骤 1：在 HONselect 界面“Diseases”下拉菜单中选择“All other topics”（图 4-14）。

步骤 2：疾病主题词中点击“Neoplasms”，进入到主题词界面（图 4-15）。

步骤 3：点击“Neoplasms by Site”按癌症发病部位细分类。单击“Bone Neoplasms”（图 4-16、图 4-17）。

步骤 4：检索结果按 MEDLINE 数据库、临床试验、医学会议、保健新闻、网站、多媒体资源等类型分组（图 4-18、图 4-19）。

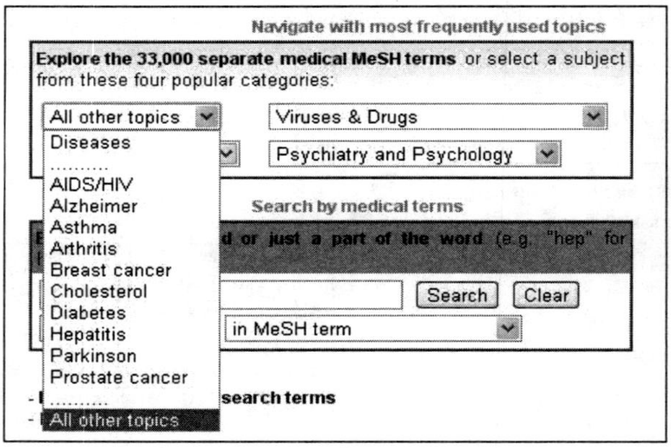

图 4-14 HONselect

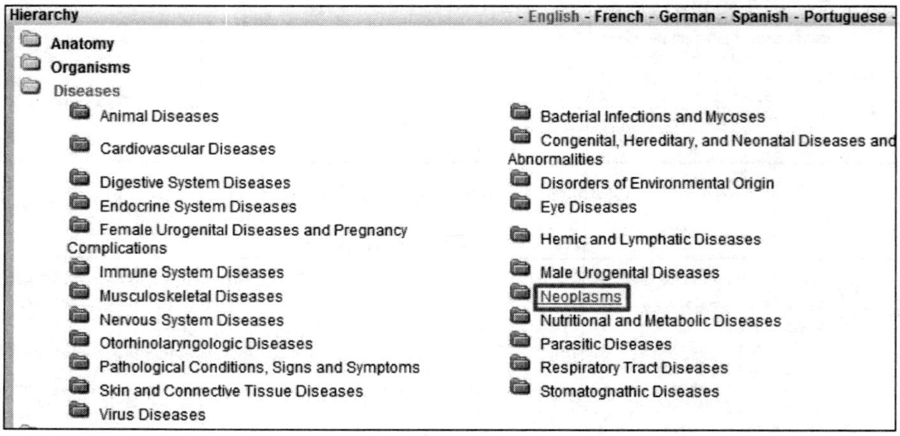

图 4-15 HONselect 主题词详细界面 1

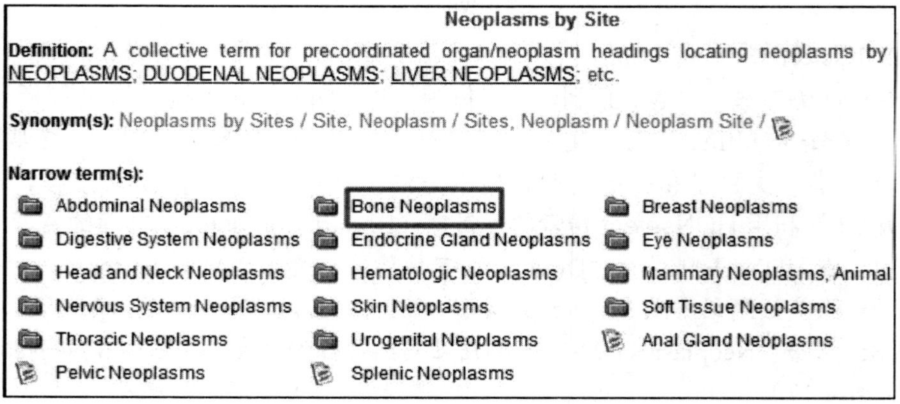

图 4-16 HONselect 主题词详细界面 2

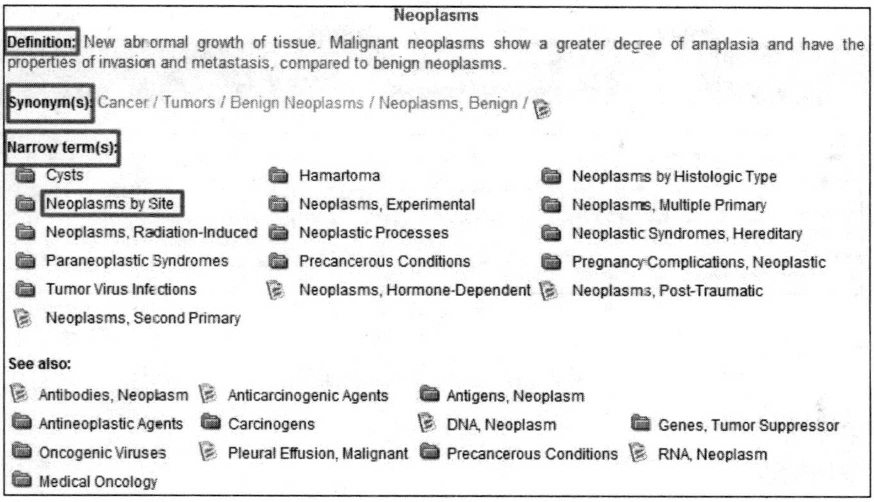

图 4-17　HONselect 主题词详细界面 3

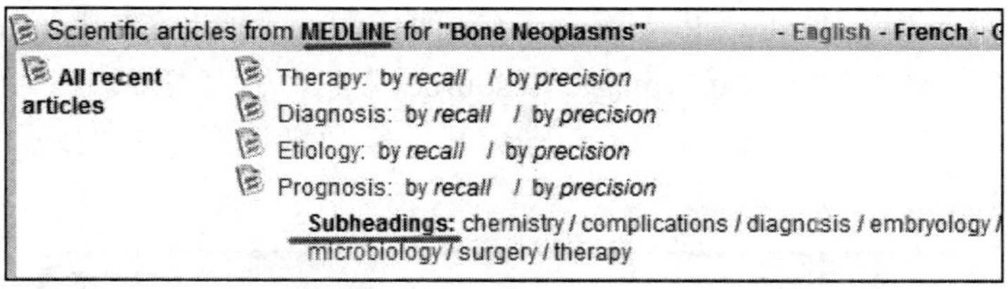

图 4-18　HONselect 检索结果 1

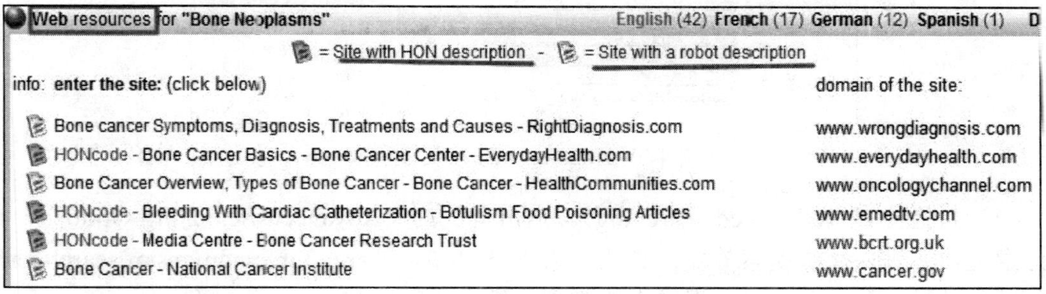

图 4-19　HONselect 检索结果 2

（二）Medical Matrix

1．概况

Medical Matrix（医源）由美国医学信息学会主办，是首选的临床医师专业搜索引擎。Medical Matrix 既是一个临床医学信息资源指南系统，也是一个 Internet 临床医学数据库，主要提供关键词检索功能和临床医学资源分类导航。Medical Matrix 收录 6000 多个医学网址，分为八个大类——专业、疾病、临床实践、文献、教育、健康和职业、医学计算机和网络技术、市场。Medical Matrix 对每条数据都有评论，并且对链接的网址按 1～5 颗星进行分级，星越多质量越高。其网址为 http://medmatrix.org/（图 4-20）。

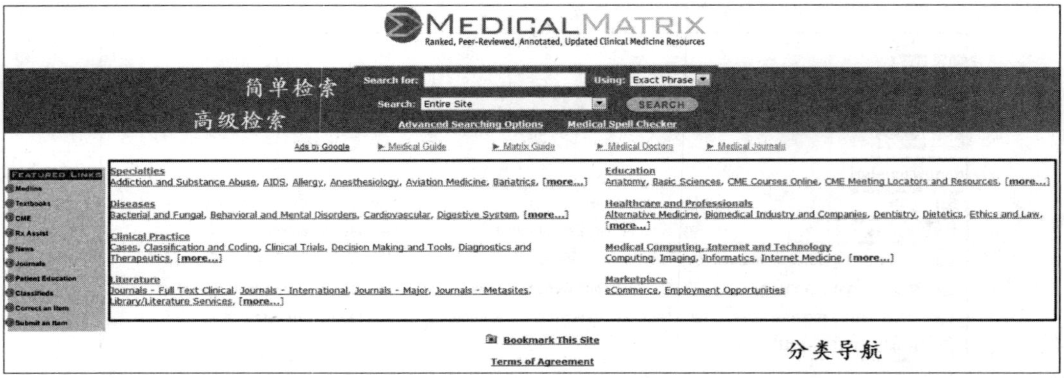

图 4-20 Medical Matrix 首页

2. 检索方法

1）关键词检索

（1）简单检索。简单检索支持“Exact Phrase”（精确检索）、“All Words”（全部关键词）、“Any Words”（任意关键词）三种匹配方式。还可通过下拉菜单选择检索结果类型，包括“Entire Site”（全部类型）、“News Resources”（新闻资源）、“Path./Clinical Image Resources”（病例或临床影像资源）、“X-Ray Image Resources”（X 光片资源）、“Patient Education Resources”（病人教育资源）、“CME Resources”（继续教育资源）和“Drug Categories”（药物类目）（图 4-21）。

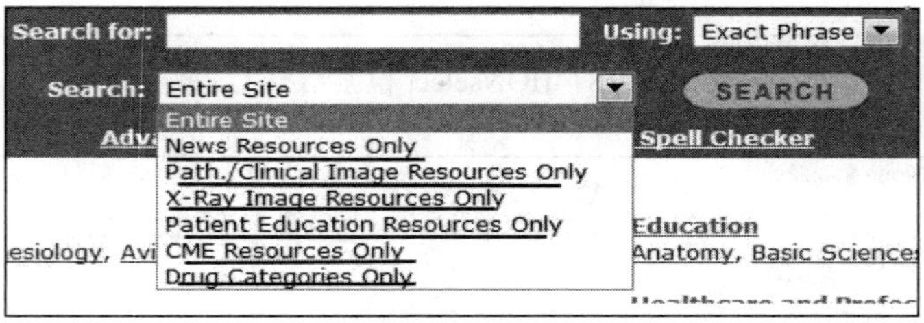

图 4-21 Medical Matrix 简单检索

（2）高级检索（advanced searching）。点击首页的“Advanced Searching Options”（高级检索选项）进入高级检索界面。高级检索支持“Also search for synonyms of search term”（同义词扩展检索），并丰富了资源限定类型，增加了如“Abstracts”（摘要）、“Cases”（病例）等，用户可以通过单选或多选资源类型从而限定检索结果（图 4-22）。

2）分类导航

Medical Matrix 分类导航分为八个基本大类，分别是“Specialties”（专业）、“Diseases”（疾病）、“Clinical Practice”（临床试验）、“Literature”（文献）、“Education”（教育）、“Healthcare and Professionals”（健康和职业）、“Medical Computing，Internet and Technology”（医学和计算机）、“Marketplace”（市场）。每个基本大类又分成若干子类目。

【案例 4-6】利用 Medical Matrix 分类导航搜索肺癌（Lung Cancers）相关信息

步骤 1：在 Medical Matrix 首页“Diseases”一栏点击“more”，在“Diseases”子类目中选择“Respiratory Tract”（呼吸道）（图 4-23）。

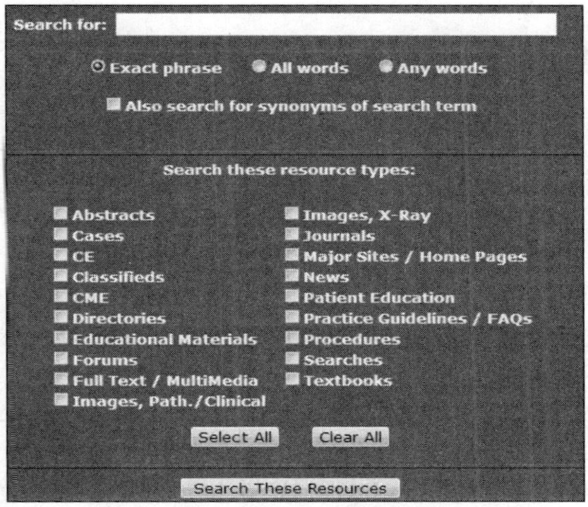

图 4-22　Medical Matrix 高级检索

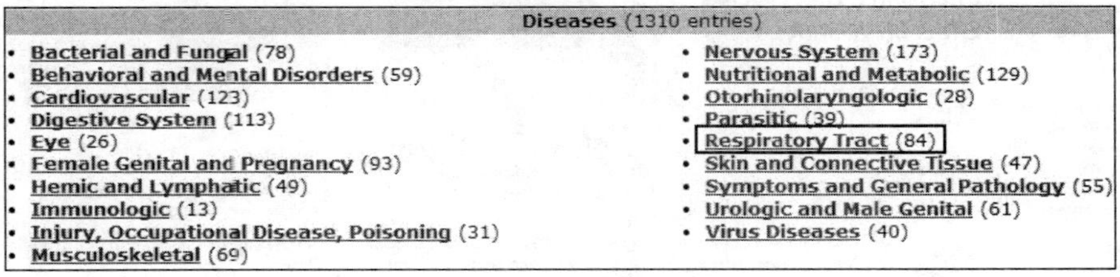

图 4-23　Medical Matrix 分类导航 1

步骤 2：在“Respiratory Tract”（呼吸道）子类目中选择“Lung Cancers”（肺癌）。检索结果分类加星显示（图 4-24、图 4-25）。

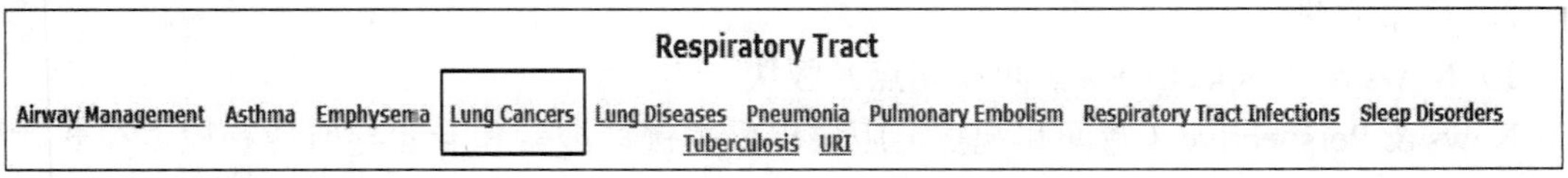

图 4-24　Medical Matrix 分类导航 2

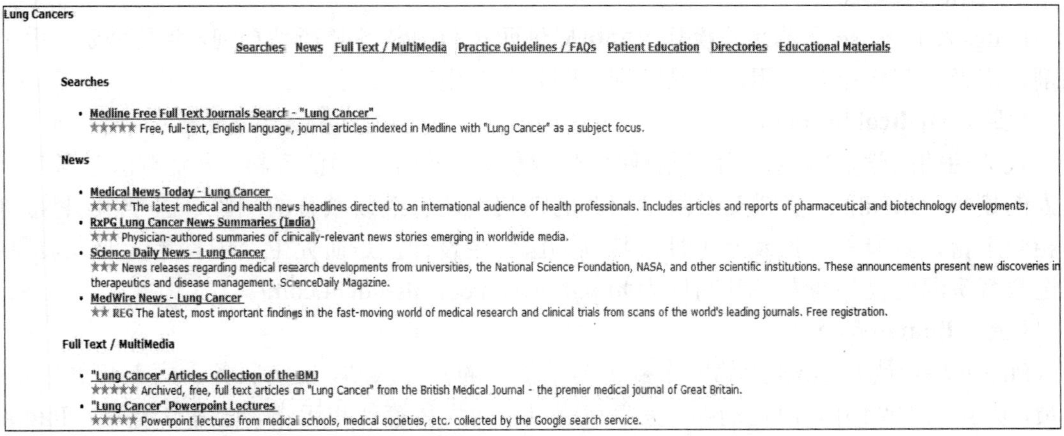

图 4-25　Medical Matrix 搜素结果分类并加星显示界面

（三）Medscape

1. 概况

Medscape（医景）是最早的优秀医学专业门户之一，由通用搜索引擎 AltaVista 支持，可检索图像、声频、视频资料，主要为临床医生和医务工作者提供高质量的专业医学信息。新用户可以免费注册，也可以按专业进入一个对应的 Medscape 主页，网站涵盖临床与预防医学共 37 个学科与主题，设 News & Perspective（新闻和观点）、Drugs & Diseases（药品与疾病）、CME & Education（医学继续教育）三大板块，Medscape 的内容更新快，内容极为丰富，用户可以根据需要定制个人独特的 Medscape 的界面，还可要求 Medscape 按时段将最新时讯发送至个人邮箱。其网址为 http://www.medscape.com/（图 4-26）。

图 4-26 Medscape 首页

2. 检索方法

1）News & Perspective（新闻和观点）版块

News & Perspective（新闻和观点）版块提供关键词搜索和专业导航两种检索模式。主页左侧“Specialties”显示 36 个临床类目。

2）Drugs & Diseases（药品与疾病）版块

Drugs & Diseases（药品与疾病）版块提供西药和中药各类药品查询，疾病病症，手术，解剖，影像，药物相互作用，药品识别，医院、医生查询等服务。

（四）Medical Student

权威性的医学资料库，面向所有医学生提供有关医学方面的资料，分别有医学参考书、病人的模拟、Medline 资料库及医学相关的期刊，还有继续教育的测验、医学组织等，内容相当丰富，具有教育性及参考性。特别为医学生设计，是研究生、中青年专业人员导航精选教育资源的良师益友。其网址为 http://www.medicalstudent.com/。

（五）PharmWeb

PharmWeb 是 Internet 上第一个提供药学信息的专业网站，旨在服务于病人和卫生专业人员，成立于 1994 年，由药剂师、医学和通讯专业人员管理和运作。它基本涵盖了 Internet 上的各种药学信息资源，包括与药学相关的讨论组、再教育、会议、杂志、虚拟图书馆、医药词典、制药工业、生药学、药动学、药学与Internet、镜像站点、零售药店信息、社会药学、药学史、医院药学等，提供了大量与药学相关的网站的链接，为药学工作者获取本专业的最新资讯提供了极大的方便。其网址为http://www.pharmweb.net。

（六）Doctors'Guide

Doctors'Guide（医生指南）为临床各学科或专题提供最近期刊论文或其他医学新闻信息，它所提供的病例讨论常引导医生深入学习。此外，它提供各学科国际会议消息比较全面，综合医学、综述论文多。其网址为http://www.docguide.com/。

其他外文医学专业搜索引擎如下

myoptumhealth http://www.myoptumhealth.com。

Medical World Search http://www.mwsearch.com。

MedHelp http://www.medhelp.org/index.htm。

（七）国内常用医学专业搜索引擎

1. 用药安全网

用药安全网是以数字化信息和医药健康为核心的医药专业搜索引擎，拥有最全的国内疾病、药品资料数据库。该网站药物数据库中的药品信息都是来自国家审批的药物信息，以及中国药典等权威和专业机构。其网址为http://www.yongyao.net/。

2. 医药在线

医药在线网站是由中国市场学会主管、中国健康产业市场发展委员会主办，美国IBM公司参与战略合作的大型专业网站，是一个面向医药单位和消费者（患者）的公共信息平台。其网址为http://www.cnm21.com/。

3. 中国医学生物信息网

中国医学生物信息网（CMBI）是由北京大学心血管研究所、北京大学人类疾病基因研究中心和北京大学医学部信息中心协作开发的综合性、非商业性医学生物信息网。其网址为http://cmbi.bjmu.edu.cn/。

（八）医学学术资源导航

网络学术资源导航（Internet resources by subject）一般由大学图书馆、重点院校学院或其他学术资源单位承担，针对网上可免费获取并有重大学术参考价值的资源，按照学科、主题等体系进行搜集、整理、分类，并制成导航网站，提供相关学科专业、学术领域的读者参照使用。

常用的医学学术资源导航简介如下。

1. 医学导航

医学导航内容分为五大主题，包括了“组织机构”、“资源分类”、“求职求学”、“学科分类”和“疾病大全”。根据医务工作者对医学信息的需求，每一个主题下又设置了若干小类，网站的类目达300余个。每个类目下精心编排众多专业的、实用的医学网址，并及时地对网址链接进行添加和更新。其网址为http://www.meddir.cn/。

2. 丁香导航

丁香导航是丁香园旗下的搜索引擎，提供关键词搜索和主题分类导航。其中关键词搜索包括论坛、试剂、实验方法、职位四个搜索频道。主题分类导航按主题不同分为实用工具、学科、站友常用、资源、机构等多种分类。其网址为 http:/go.dxy.cn/。

3. CALIS 重点学科网络资源导航门户

CALIS 重点学科网络资源导航门户是“211 工程”立项高校图书馆公建项目。其网址为 http://navigation.calis.edu.cn/cm/。

4. 其他常用医学导航

医学新干线，http://www.yxxgx.com。

医学帮医学导航，http://www.yixuebang.com。

第三节　移动互联网信息检索

移动通信网络的不断更新换代，以及智能终端设备的普及，极大地促进了移动互联网信息检索应用的发展，形成了与传统网络信息检索方式并驾齐驱的局面。本节主要对移动信息检索的概念与特点、移动搜索引擎及医疗类智能手机应用进行介绍。

一、移动互联网信息检索概述

（一）移动信息检索的概念与特点

1. 什么是移动信息检索

移动信息检索以移动网络为数据传输方式，如 Wi-Fi 和移动互联网络，以手机、平板电脑及其他具有无线上网功能的移动终端为信息读取设备，将分布在传统互联网和移动互联网上的数据信息，进行搜集整理供用户查询。它进一步打破了地域网络设备的局限，满足了用户随时随地检索信息的需求。

根据中国互联网络信息中心（CNNIC）2015 年 1 月发布的《中国互联网络发展状况统计报告》，截至 2014 年 12 月，中国网民规模达 6.49 亿人，中国手机网民规模达 5.57 亿人，手机上网使用率为 85.8%，平板电脑上网使用率达到 34.8%。随着手机、平板电脑等移动终端设备硬件的不断更新换代，这些移动设备的功能更加强大，大有取代传统电脑的趋势，加之移动网络速度的提升，信息检索速度有了更大的提高，极大地方便了用户对信息的获取。

2. 移动信息检索的特点

1）可以不受地点的限制

相对于使用传统的电脑进行信息检索，移动检索无须电脑，只需一部手机或是可以连入移动网络的平板电脑等移动终端设备就可以满足用户任何地点的数据检索需要，甚至在行进的路上就可以完成，并且在任何产生检索需要的同时，立即完成检索过程。检索的即时性、快捷性正是移动检索相对于传统桌面检索方式最大的优势。

2）移动检索的技术多样化与个性化

通过移动智能终端设备所拥有的功能，移动检索除提供传统的桌面所采用的关键字检索，还增加了语音检索、图片检索、手势检索、视觉检索及基于地理位置的检索方式。目前使用较多的就是苹果系统中的 siri 语音识别系统，以及谷歌、百度、搜狗等公司推出的语音搜索引擎和应用。如今通过智能终端设备的 GPS 定位功能，可以获得用户的位置信息，移动检索可以针对用户的地理位置提供个性化的内容。因为移动终端设备基本上都是属于个人使用，通过用户使用的偏好和情景信息，移动检索可以更好地了解用户的意图，为用户提供更加精准及个性化的信息。

3）检索方式客户端软件化

随着智能手机和 iPad 等移动终端设备的普及，人们正逐渐习惯于使用 APP 客户端上网的方式。这些 APP 支持更丰富的交互设计、更好的用户体验，可以获得用户位置，使用摄像头等，而且产品和用户有更好的互动，如主动推送通知、后台任务等。学术信息的出版机构也加入 APP 开发与应用的大潮，这就使得学术信息的检索出现客户端软件化的趋势。

（二）移动信息源 APP

APP 是 Application 的简称，多指智能手机的第三方应用程序，是基于各种移动智能终端系统，集平台、资源、社交于一体的移动应用程序。移动网络中各类信息多以各类 APP 为载体。按信息发布机构不同，移动信息源分为以下两类。

1. 移动图书馆 APP

信息源既包括信息机构也包括信息载体，图书馆是最重要的学术信息来源，让读者在任何时间任何地点享受到图书馆的服务，一直都是图书馆服务追求的最高目标。在手机等移动终端上使用图书馆服务是图书馆服务发展的一种趋势。图书馆为适应移动信息检索时代的到来，利用移动互联网为用户提供服务，包括图书馆移动版网站、图书馆 app，以及其他通过移动社交软件提供的服务，如微信、微博等。

2. 数据库 APP

随着智能移动设备的普及和移动互联网的迅速发展，数据库出版商纷纷借助移动网络开展自己的移动服务。例如，中国知网、EBSCO 等国内外知名数据库商都提供移动服务。另外丁香园等医学门户网站，以及杏树林等研发移动互联网医疗应用软件的公司也推出了相应数据库 APP。与此同时学术出版社为了拓展纸质资源在移动互联网用户中的影响，陆续开发相应 APP，如 Science、Nature、Cell、Elsevier 等。

二、移动搜索引擎

移动搜索引擎是指在移动终端上使用的个人门户 APP，多为综合性搜索引擎并且有显著的个性化特色。

（一）手机百度

手机百度是百度公司开发的搜索引擎 APP，包括新闻、小说、视频、网址、生活、地图、图片等多个垂直搜索频道。提供语音搜索、题目搜索、药品搜索、图片文字翻译、查找相似图片等图片相关智能搜索。结合收集定位提供餐饮、娱乐等“附近”相关服务（图 4-27）。

（二）中搜搜悦

中搜搜悦是由北京中搜网络技术股份有限公司开发的移动个人门户 APP，其主要功能包括搜索、阅读、网址导航、应用商店、购物、线下商户评价、社区等，并且这些功能都带有显著的个性化特色，如阅读的个性化订阅、线下商户的电子会员卡包、网址导航的个性化设置等（图 4-28）。

图 4-27　手机百度

图 4-28　中搜搜悦

三、移动即时通信软件

（一）微信

微信（WeChat）是腾讯公司推出的一个为智能终端提供即时通信服务的免费应用程序，微信支持跨通信运营商、跨操作系统平台，通过网络快速发送语音短信、视频、图片和文字。与此同时，微信提供公众平台、朋友圈、消息推送等功能，用户可以通过“摇一摇”、“搜索号码”、“附近的人”、“扫二维码”方式添加好友和关注公众平台，同时微信还可以将内容分享给好友及将用户看到的精彩内容分享到微信朋友圈。越来越多的图书馆和学术机构开通了官方微信和微信公众平台，旨在通过微信公众平台提供一对多的优质服务（详情参见移动图书馆相关章节）。

（二）易信

易信是由网易和中国电信联合开发的一款能够免费聊天的即时通信软件，提供免费电话、高清聊天语音、免费海量贴图表情、免费短信及电话留言等功能。

易信支持跨通信运营商、跨手机操作系统平台，可以通过手机通讯录向联系人免费拨打电话及发送免费短信，向手机或固定电话发送电话留言，同时，也可以向好友发送语音、视频、图片、表情和文字。此外，还可以通过“朋友圈”拍照记录生活，上传文字、图片与好友们分享自己的近况。

四、医疗类智能手机应用

伴随着中国移动互联网技术的高速发展，基于移动终端涌现出了种类繁多的移动医疗APP，提供了便捷及时的医疗资讯和诊疗服务。按功能大致可以分为医学文献资讯类、医学工具类、医学教育类和医学科普类。

（一）医学文献、资讯类

为医药行业工作者和科研人员提供医学期刊、书籍等文献。

1. 杏树林医学文献

杏树林医学文献荟萃了全球近 70 个专科的 300 多本医学杂志的中外文论文文献，包括 NEJM、Lancet、JAMA、Nature、Cell、Science、中华医学会系列杂志等。文献每日更新，并提供个性化推荐服务。用户可浏览文摘信息，部分文献还提供 PDF 格式全文下载。

2. 丁香园医学时间

医学时间是丁香园资讯频道移动客户端，致力于为临床医生和科研工作者提供专业的前沿医药信息，发布临床医学最新进展、指南、书籍、病例讨论、会议报道及产品资讯等信息。书籍提供免费试读，注册用户可以付费阅读全文或通过扫码免费求助文献全文。

3. 睿医文献

睿医文献是一款同时提供免费中英文医学文献服务的应用，旨在为中国广大专业医师提供专业、便捷、精准检索和全文下载的一站式医学文献服务。睿医文献 APP 已收录中文文献 900 万篇，英文文献 2000 多万篇，包含 PubMed 全部外文文献及 3000 多本中文期刊文献，将向专业医师免费开放文献检索和全文下载。服务内容为在线检索医药文献，部分文献中包含病例、诊疗指南等。睿医文献支持布尔逻辑运算。

4. 文献宝贝系列

文献宝贝系列包括糖尿病、心血管、糖尿病、高血压、神经、泌尿生殖、肾科、消化科、医学会议等系列专科应用 APP，内容包括文献摘要、会议动态、临床话题、视频等。

其他常用的医学文献、资讯类 APP 还有 Medscape、手机知网、PubMed Mobile 等。

（二）医学工具类

1. 杏树林医口袋

杏树林医口袋内容包括 2000 余本临床指南，17 000 余种西药和中成药说明书，3000 余条临床常用检验项目，600 余个临床常用计算工具，300 余本图书、药典，以及检验手册。所有内容来自于最新临床证据，经国内权威医院医生审阅。

2. 杏树林病历夹

杏树林病历夹是一个为医生定制的病例记录云服务工具，旨在为医生建立一个安全存储病历资料的云空间。病历夹提供拍照、录音、图片等功能，帮助医生在紧张的临床工作中，用智能手机快速方便地记录、管理和查找病历资料。

3. 丁香园用药助手

丁香园用药助手收录来自生产厂家的最新药品说明书，可通过商品名、通用名、疾病名称、形状等迅速找到药品说明书内容。数据来自于药品生产厂家的说明书。通过药品中文名称、首字母简拼、商品名、通用名方便找到目标药品；同时提供适应证、药理分类等多种药品查询方式，并可随时收藏个人常用药；汇集常见药品的相互作用数据，并有参考文献来源，方便医生临床用药时参考；通过药品颜色、形状、剂型，可准确定位到不知名的药品；及时更新新药信息、药物使用警示信息。

其他医学工具类 APP 还有医药学大词典、用药助手、检验助手、First Consult、临床指南等。

（三）医学教育类

1. 丁香园执考助手

丁香园执考助手是一款为参加执业医师资格考试的考生定制的一款题库软件，包括真题、模拟综合笔试，并根据用户的答题情况，量身定制做题计划，帮助考生更全面高效地准备考试。

2. 丁香园医学深造视频

丁香园医学深造视频是一款关于医学学习视频手机 APP，包括执考综合笔试课程考点专家讲解视频，实践技能考试课程解析，临床进修系列视频等，用户需付费购买相应课程。

3. Visible Body 系列 APP

Visible Body 系列 APP 由 Argosy Publishing，Inc.研发销售，包括解剖与功能学，脑、神经系统，呼吸系统，生殖系统，消化系统，心脏及血液循环系统等主题 APP，内容包括互动 3D 人体透视图、动画、插图、3D 模型等，用户需要付费购买。

其他医学学习类 APP 还有 Infant Endotracheal Intubation，VCath，Case Files，欧陆词典等。

（四）医学科普类

丁香医生面向的用户群体是大众用户，主要由科普文章、疾病问答、就医推荐查询、健康小组等核心板块组成。网站也出品同名医疗健康 App，成为一款面向大众用户的药品信息查询及日常安全用药辅助工具。

第四节　开放获取资源

开放获取（open access，OA）是由国际科技界、学术界、出版界、信息传播界发起的新的出版模式，旨在利用网络自由传播和推动科研成果。通过自归文档和开放获取期刊两种途径实现开放期刊、图书、课件和学习对象仓储等内容的知识共享。OA 兴起于 2001 年年底的“布达佩斯开放存取倡议”。根据倡议，OA 可以理解为：某文献在 Internet 公共领域里可以被免费获取，允许任何用户阅读、下载、拷贝、传递、打印、检索、超链接该文献，用户在使用该文献时不受财力、法律、技术的限制，只需在存取时保持文献的完整性。对其复制和传递的唯一限制应是使作者有权控制其作品的完整性，作品被正确理解和应用。

互联网上免费信息资源类型丰富，大致可分为书目信息、工具书、网络数据库、开放获取文献等。本节我们主要介绍开放获取文献。

一、开放获取期刊

（一）国内开放获取期刊

不少开放获取期刊通过同行评价保证收录文献质量，部分医学开放获取文献的影响因子在学科中名列前茅。

1. 中国科技期刊开放获取平台

中国科技期刊开放获取平台（China Open Access Journals，COAJ）由中国科学院主管，中国科技出版传媒股份有限公司主办，北京中科期刊出版有限公司承办。COAJ 的前身中国科学院科技期刊开放获取平台（CAS-OAJ），是一个开放获取、学术性、非营利的科技文献资源门户，于 2010 年 10 月上线运行。在 CAS-OAJ 的基础上，COAJ 作为新闻出版改革发展项目库入库项目，目标是建设成为一站式的中国科技期刊 OA 集成平台和门户，强化科技期刊的学术交流功能，提升中国科技期刊的学术影响力，引领中国科技信息的开放获取。其网址为 http://www.oaj.cas.cn/introduction/index.jhtml。

COAJ 期刊采用分级认证标注，从 A 到 F 分为 6 个等级。

（1）A——本站全文-即时开放。本站本地化展示期刊信息、论文摘要信息和全文。期刊论文在网络公共领域里可以被免费获取，允许任何用户阅读、下载、打印、检索、超级链接该文献，用作软件的输入数据或其他任何合法用途。用户在使用该论文时不受财力、法律或技术的限制，对其复制和传递的限制只是在于存取时保持文献的完整性、作品被准确引用、引用时署作者名及论文的出处。

（2）B——本站全文-延迟开放。本站本地化展示期刊信息、论文摘要信息，但需推迟一定时间（如一个月、一年）本地化展示论文全文。其余同“本站全文-即时开放”。

（3）C——本站摘要-链接全文。

（4）D——本站展示期刊信息和论文摘要信息，链接至期刊网站浏览或下载全文。

（5）E——本站期刊基本信息-链接期刊网站。

（6）F——本站展示期刊基本信息，有关论文的信息和全文，需链接至期刊网站进行查询。

2. 中国科技论文在线

中国科技论文在线经教育部批准，由教育部科技发展中心主办。该网站打破传统出版物的概念，免去传统的评审、修改、编辑、印刷等程序，给科研人员提供一个方便、快捷的交流平台，提供及时发表成果和新观点的有效渠道，从而使新成果得到及时推广，科研创新思想得到及时交流。根据文责自负的原则，只要作者所投论文遵守国家相关法律，为学术范围内的讨论，有一定学术水平且符合中国科技论文在线的基本投稿要求，可在一周内发表。专业领域按自然科学国家标准学科分类与代码分为 39 类。中国科技论文在线可为在该网站发表论文的作者提供该论文发表时间的证明，并允许作者同时向其他专业学术刊物投稿，以使科研人员新颖的学术观点、创新思想和技术成果能够尽快对外发布，并保护原创作者的知识产权。其网址为 http://www.paper.edu.cn。

3. 国家自然科学基金委员基础研究知识库

国家自然科学基金基础研究知识库作为我国学术研究的基础设施，收集并保存国家自然科学基金资助项目成果的研究论文的元数据与全文，向社会公众提供开放获取，目前回溯国家自然科学基金资助项目成果研究论文 135 100 篇，包含 20 多万个作者，涉及 9700 多种期刊。科学基金全部或部分资助的科研项目投稿并在学术期刊上发表研究论文，作者应在论文发表时，将同行评议后录用的终审定稿不晚于发表后 12 个月内存储到机构知识库，其网址为 http://or.nsfc.gov.cn/。

4. 国内其他开放获取资源

国家科技图书文献中心，http://www.nstl.gov.cn/NSTL/nstl/facade/exweb/ele3.jsp。

厦门大学学术典藏库，http://dspace.xmu.edu.cn/dspace。

（二）国外开放获取期刊介绍

1. BioMed Central

BioMed Central（BMC）是全球领先的开放获取出版社，是一家独立出版社，致力于提供经过同行评审的生化研究的公开取阅途径，在 BioMed Central 发表的所有原创研究文章在发表之后立即可以在网上永久性免费访问。BioMed Central 目前包括 272 种刊，内容涉及自然科学、技术及医学等方面，很多刊都是学科内重点期刊，如 Genome Biology，其影响因子为 10.288。BioMed Central 中国站致力于提供由中国科研人员撰写或共同撰写的最新优秀论文，介绍来自中国的重要作者和编委，并发布 BioMed Central 在中国的最新动态和活动。BMC 提供快速检索、高级检索功能。期刊导航页面提供刊名字顺和主题分类两种导航模式。文献导航界面可以按发表日期、热点、增刊等方式排序。用户需要先免费注册，其网址为 http://www.biomedcentral.com/。

2. Directory of Open Access Journals

Directory of Open Access Journals（DOAJ）是由瑞典兰德大学图书馆整理的一份开放期刊目录。该项服务涵盖了免费的、可获取全文的、高质量的科学和学术期刊。目前一共有 135 个国家的 10 048 种期刊被收录到了该目录中，其中的 5921 种可以进行全文检索。DOAJ 通过同行评价保证文章质量，并通过 DOAJ 标识对文章进行分级。用户无须登录，可以通过主题分类和关键词检索两种途径查找期刊或文献，其网址为 http://www.doaj.org/。

3. High Wire Press

High Wire Press 是全球最大的提供免费全文的学术文献出版商，于 1995 年由美国斯坦福大学图书馆创立。目前已收录电子期刊 1700 多种，其中超过 2 147 716 篇文章可免费获得全文；这些数据仍在不断增加。通过该界面还可以检索 Medline 收录的 2000 多万篇文章，可看到文摘题录，部分还有免费全文。其收录的期刊覆盖以下学科：生命科学、医学、物理学、社会科学，如 *Science*（《科学》），*the New England Journal of Medicine*（《新英格兰医学期刊》）等都是 High Wrie 旗下出版物。网站提供分类浏览和关键词检索。用户可按题目、出版社、主题等分类浏览，或者通过高级检索界面进行检索限定，其网址为 http://www.highwire.org/lists/freeart.dtl。

4. PubMed Central

PubMed Central（PMC，生物医学中心开放存取期刊）是由美国国家医学图书馆（NLM）的国家生物技术信息中心（NCBI）建立的生命科学期刊全文数据库。目前 BMC 已经拥有 244 种开放存取期刊，收录的期刊范围涵盖了生物学和医学的主要领域，包括麻醉学、生物化学等 57 个分支学科。部分被 Medline 收录。PMC 采取自愿加入的原则，加入的期刊必须承诺出版后一定时期内将其全文提交给 PMC，由 PMC 提供免费全文检索和访问。PMC 提供了期刊浏览和检索两种功能，也提供快速检索和高级检索方式，其网址为 http://www.biomedcentral.com/browse/journals/。

5. APS 出版 18 种期刊

The American Physiological Society（APS，美国生理学会）出版发行刊物包括 AJP（美

国生理学期刊）的 7 个分册和 APS 另外八种期刊。普通用户可以阅读出版后一年的全文资源，另外部分新资源可以在线阅读全文。

1）AJP

The American Journal of Physiology（《美国生理学杂志》）现分为 7 个分册。

（1）*Cell Physiology*（《细胞生理学分册》），http://ajpcell.physiology.org。

（2）*Endocrinology and Metabolism*（《内分泌与代谢分册》），http://ajpendo.physiology.org。

（3）*Gastrointestinal and Liver Physiology*（《胃肠与肝生理学分册》），http://ajpgi.physiology.org。

（4）*Heart and Circulatory Physiology*（《心脏与循环生理学分册》），http://ajpheart.physiology.org。

（5）*Lung Cellular and Molecular Physiology*（《肺部细胞与分子生理学分册》），http://ajplung.physiology.org。

（6）*Regulatory，Integrative and Comparative Physiology*（《调节、综合与比较生理学分册》），http://ajpregu.physiology.org。

（7）*Renal Physiology*（《肾脏生理学分册》），http://ajprenal.physiology.org。

2）APS 其他刊物

（1）*Pysiological Genomics*（《胜利基因组学》），http://physiolgenomics.physiology.org。

（2）*Journal of Applied Physiology*（《应用生理学杂志》），http://jap.physiology.org/front。

（3）*Journal of Neurophysiology*（《神经生理学杂志》），http://jn.physiology.org。

（4）*Physiological Reviews*（《生理学评论》），http://physrev.physiology.org。

（5）*Physiology*（《生理学》），http://physiologyonline.physiology.org。

（6）*Advances in Physiology Education*（《生理学教育进展》），http://advan.physiology.org。

（7）*The Physiologist*（《生理学者》）。
http://www.the-aps.org/mm/Publications/Journals/Physiologist。

（8）*APS Legacy Content*（《APS 回溯内容》），http://ajplegacy.physiology.org。

6. Annals of Internal Medicine

Annals of Internal Medicine（《内科药物年鉴》）是由美国医师学会（ACP）于 1927 年创办的期刊，主要刊登原始论文、综述、评论等，旨在指导临床医师、研究人员的临床实践，促进内科及其密切相关学科的临床实践。其网址为 http://annals.org/。

页面分为 Current Issues、All Issues、Online First、In the Clinic 几个版块，提供 1994 年至今的文献。用户可以免费阅读出版六个月后的全文文献和出版不足六个月的论文文摘。

7. American Society for Biochemistry and Molecular Biology

American Society for Biochemistry and Molecular Biology（ASBMB，美国生物化学与分子生物学会）出版发行的 7 种刊物可在 ASBMB 主页点击“ASBMB Journals”进入查看，多可免费阅读全文或试用。其网址为 https://www.asbmb.org/。

7 种刊物如下。

（1）*Journal of Biological Chemistry*（《生物化学杂志》）。

（2）*Molecular and Cellular Proteomics*（《分子与细胞蛋白质组学》）。

（3）*Journal of Lipid Research*（《影响因子》）。

（4）*Biochemistry & Applied Biochemistry*（《生化与应用生物化学》）。

（5）*Annual Review of Biochemistry*（《生物化学综合年刊》）。

（6）*Trends in Biochemical Sciences*（《生化科学发展趋势》）。

（7）*Biochemistry and Molecular Biology Education*（《生物化学与分子生物学教育》）。

ASBMB Today《今日美国生物化学和分子生物学学会》。

8. *Free Medical Journals*

Free Medical Journals 目前提供了 523 余种免费医学期刊，按不同语种分类，分为 90 多个专业，期刊一般出版一年后免费，部分刊物出版 3～6 个月后免费。其网址为 http://www.freemedicaljournals.com/。

9. 其他重要免费期刊网站

（1）*Archives of Pathology and Laboratory Medicine*（《病例与实验室医学杂志》），http://www.archivesofpathology.org。

（2）*Oxford journal*（《牛津期刊》），http://www.oxfordjournals.org/en。

（3）*Open J-Gate*（《开放获取期刊门户》），http://openj-gate.org。

（4）*InTech journals*（《科技期刊》），http://www.intechopen.com/ journals。

（5）Lancet Global Health（《柳叶刀全球卫生》），http://www.lancet.com/journals/langlo/latestcontent。

（6）Precision Medicine（《精准医学》），http://www.smartscitech.com/index.php/pm/index。

知识链接

OA 期刊与传统期刊的区别

OA 期刊基本是电子化的、在线的、免费的，并不受多数版权、许可权限制。它与传统期刊有以下区别。

1. 版权方面

与传统学术期刊要求把部分权利转让给出版商的方式不一样，OA 期刊版权由作者而不是出版单位来保留，作者对自己公开发表的学术信息始终拥有原始的版权，即 OA 期刊可以让作者保留基本权利，比如保护作品完整权和署名权等。

2. 使用权方面

传统学术期刊对用户的不利影响在于出版商取得作者的版权并将其作品出版后卖给用户的只有期刊的使用权。而 OA 期刊则是当作者同意其作品以开放存取方式出版时，事实上已经用“创作共用（creative commons）”等许可协议将绝大部分的版权赋予了用户，用户可以无限制地阅读、下载、复制、分享、保存、打印、检索、链接，而作者保留的是精神权利（如署名权、保护作品完整权等）和阻止恶意传播的复制权利。

3. 出版模式

传统学术期刊的出版模式为作者投稿（一般不支付审稿费）→学术刊物审稿、组织同行评审→排版、印刷、销售发行→读者或图书馆订阅。

OA 期刊的出版模式为作者投稿（一般需支付审稿费）→OA 期刊刊物审稿、组织同行评审→网络传播→读者或图书馆免费使用。

传统学术期刊的出版模式通常采用读者付费的方式，即出版物以商品形式有偿地提供给订户；OA 期刊出版模式则大都采用作者付费的方式。为了提供基本的运行费用，OA 期刊利用包括广告、赞助和为用户提供增值服务等在内的各种途径来争取出版经费，但最主要的仍是作者付费。对于发展中国家的作者或没有课题经费的作者，出版费用可以适当降低甚至免除，只有质量才是决定是否出版的唯一评判标准。

4. 传播方式与速度

OA 期刊强调开放传播，同一文献可以通过多种途径检索和阅览，交流范围覆盖整个互联网；重视提高信息来源，以及信息使用的直接性和交互性，重视提高学术交流的时效性。OA 期刊快捷的访问方式可以大大提高论文的被引频次。

二、开放获取图书

（一）InTech Books

InTech 是世界领先的开放获取电子图书出版商，主要出版科技医学类图书。自 2004 年起，InTech 出版了 2468 种开放获取电子图书和 6 种开放获取电子期刊。其网址为 http://www.intechopen.com/books/

（二）The National Academies Press

The National Academies Press（NAP）是美国国家科学院下属的学术出版机构，主要出版美国国家科学院、美国国家工程院、医学研究所和国家研究委员会的报告。目前网站提供 3000 余种电子书 PDF 格式全文，内容覆盖环境科学、生物学、医学、计算机科学等领域。其网址为 http://www.nap.edu/topic/?browse=1。

（三）Free Medical Books

Free Medical Books 提供涉及放射科、基础医学、眼科、手术书、妇产科与 PE、内科医学等大类 90 多个专业范围的图书资源。目前提供了 364 种免费医学图书，其教科书一般出版一年后在线免费获取全文。其网址为 http://medical.dentalebooks.com/。

其他开放获取电子书有 NCBI Bookshelf，EBOOKEE，NCBI Bookshelf 等。

第五节 预印本系统

一、概述

预印本（preprint）是指科研工作者在正式出版物上发表研究成果之前，出于与同行交流的目的自愿以非正式形式印制论文单行本，先在学术会议上或通过互联网发布。电子预印本是通过网络方式传播的预印本，包括科研论文、科技报告等文献类型。与刊物发表的论文相比，预印本具有交流速度快、利于学术争鸣的特点。一般电子预印本比印刷版论文发表早，这对前沿科学的研究人员有一定参考性。

二、常用预印本系统简介

1. 中国科技论文在线

中国科技论文在线是由教育部科技发展中心建立的电子印本系统，旨在“阐述学术观点、交流创新思想、保护知识产权、快捷论文共享”，每日更新，可为在该网站发表论文的作者提供该论文发表时间的证明，并允许作者同时向其他专业学术刊物投稿，以使科研人员新颖的学术观点、创新思想和技术成果能够尽快对外发布，并保护原创作者的知识产权。系统依托35位中国科学院和中国工程院院士组成的顾问委员会为网站提供学术指导，在快速发表科研人员最新研究成果的同时，致力于建立一个自然科学各学科的大容量精品论文库，其网址为 http://www.paper.edu.cn/。

中国科技论文在线采用“先发布、后评审”的方式，作者自愿投稿的文章，经基本学术、规范格式初审，并确认无政治错误问题、涉密问题、署名问题，并未在任何媒介发表，达到本站发布要求后，一般在7个工作日内发布出来，发布后作者可自愿选择请同行专家对论文学术水平进行评审，进一步完善课题研究，与同行学者展开讨论，为广大科学工作者提供一个快速发表和共享最新科技成果的平台。目前已收录43个一级学科近4万篇科技论文预印本。

2. 中国预印本服务系统

中国预印本服务系统是由中国科学技术信息研究所与国家科技图书文献中心联合建设的以提供预印本文献资源服务为主要目的的实时学术交流系统。主要收藏国内科技工作者自由提交的预印本学术性科技文章，收录范围按学科分为自然科学，农业科学，医药科学，工程与技术科学，图书馆、情报与文献学等五大类。注册用户可直接提交自己的文章电子稿，并可进行追加、修改，系统将严格记录作者提交文章和修改文章的时间，便于作者在第一时间公布自己的创新成果。系统提供二次文献检索、浏览全文、发表评论等功能。其网址为 http://www.nstl.gov.cn/。

3. arXiv

arXiv 是世界最大的电子预印本数据库，在全世界有17个镜像站点，我国在中科院理论物理研究所设有镜像站点。arXiv 收录了物理、数学、计算机科学、非线性科学、定量物理学、金融学、统计学等专业的100余万篇预印本文献。与以上几个预印本数据库相同，arXiv 亦不提供审核，作者文责自负，其网址为 http://cn.arxiv.org/。

4. E-print Network

E-print Network 目前提供3万余个电子预印本站点的一站式检索和500万余篇电子印本的检索，还可检索52个主要数据库近2000万个全文页面，提供2900个专业科技学会的网站链接，其网址为 www.osti.gov/eprints/。

第六节 常用医学网站简介

随着互联网技术的兴起与快速发展，各种类型的医学网站如同雨后春笋般大量涌现，海量医药相关的专业网站也为广大用户快速检索免费学术信息提供了便捷的途径。

医学类网站从服务对象进行划分可分为两大类：一类是针对企业或组织的服务；另一类是针对个人的服务。本节将常用的医学综合性网站、各学科专业网站机构与组织类医学网站、医学教育、学习资源类网站进行专题介绍，从中了解网络医学网站的分布状况，同时需深入理解网络资源评价的必要性，能更好地对资源进行查找、分析评价与应用。

一、医学综合性网站

互联网中有许多综合性卫生网站，这些网站内容丰富、栏目众多，既能给医学从业者提供专业的医学学术资源，也能给普通大众提供科普性的医疗保健知识和信息。

（一）各学科综合性网站

1. 基础医学科学数据中心

国家人口与健康科学数据共享平台是国家科技基础条件平台科学数据共享工程的重大项目。基础医学科学数据中心是该共享网已启动的五个中心之一。中心以健康和疾病为主题，进行基础医学研究数据的收集、加工和汇交；挖掘和整合与人类健康、亚健康、疾病动态发展过程相关的基础数据和发病机制研究等数据；围绕国家医学科技发展规划和用户需求，重点遴选和整合质量好、与研究重大疾病相关的和使用率高的精品数据库，向国内外科研人员提供中国科学家获得的原始创新性基础医学和生命科学领域相关研究数据，推动有影响和重要的国家科技成果的有效利用；开发和实现了跨库和跨中心的关联查询和搜索功能，实现全方位的多级别、分权限的共享服务功能。目前已完成四大类二十五个数据库的整合和四个工具软件的整合，实现了平台站内搜索、整合数据库的数据检索和元数据检索等三大检索功能，其网址为 http://bmicc.cn/web/share/home。

2. 基础医学教学资源网

基础医学教学资源网是一个基于 Web2.0 的校际协作基础医学教学资源共享平台，其宗旨是实现校际合作、共建共享、互动交流，为从事基础医学各课程教学的教师和学习者提供一个教学和学习平台。注册用户可以上传教学大纲、微视频、PPT 课件等资源，并按学科分类，开设课堂教学视频、教师博客、教学研究、新书推荐等版块，其网址为 http://basicmed.com/Bindex.aspx。

3. 美国实验生物学联合会

美国实验生物学联合会（Federation of American Societies for Experimental Biology ）（FASEB）成立于 1912 年，目前包含美国生理学会（APS）、美国生物化学和分子生物学会（ASBMB）、美国药理学与实验治疗学会（ASPET）、美国研究病理学会（ASIP）、美国营养科学生理物理学会（ASNS）、美国免疫学家协会（ASI）、美国解剖学家协会（AAA）等 27 个科学团体和全世界 125 000 名生物医学研究人员，是美国最大的生物医学联合会。FASEB 召开许多科学会议，并出版发行《FASEB 杂志》，其网址为 http://www.faseb.org/。

4. MDLinx

MDLinx 为卫生保健人员和病人提供最新的医药研究文献，内容包含内科学、肿瘤学、心脏病学、皮肤病学、麻醉学、牙科、耳鼻喉科等 38 个专业的文章、会议信息、临床实验、最新医药新闻资讯等，其网址为 http://www.mdlinx.com/。

5. 临床医学教学资源网

临床医学教学资源网是一个基于 Web2.0 的校际协作临床医学教学资源共享平台，其宗旨是实现校际合作、共建共享、互动交流，为从事临床医学各课程教学的教师和学习者提供一个教学和学习平台。注册用户可以上传教学大纲、微视频、PPT 课件等资源。资源网按学科分类，开设课堂教学视频、教师博客、教学研究、新书推荐等版块，其网址为

http://basicmed.com/Cindex.aspx。

（二）门户网站

所谓门户网站，是指通向某类综合性互联网信息资源并提供有关信息服务的应用系统。门户网站一般栏目众多，信息量大。医学类门户网站能提供专业的医学知识收集整理和分享。

常用的医学门户网站简介如下。

1. 丁香园

丁香园生物医药科技网（DXY.CN）成立于2000年7月23日，自创办以来一直致力于为广大医药生命科学专业人士提供专业交流平台，面向专业医生、药剂师等医学专业人士，是国内规模最大、最受专业人士喜爱的医药行业网络传媒平台之一。至2011年10月，网站会聚了超过255万名医学、药学和生命科学的专业工作者，其网址为http://www.dxy.cn。

丁香园旗下网站如下。

（1）丁香园论坛：含100多个医药生物专业栏目，采取互动式交流，提供实验技术讨论、专业知识交流、文献检索服务、科研课题申报、考硕考博信息等服务，其网址为http://www.dxy.cn/bbs/index.html。

（2）丁香人才：专业医药生物人才招聘平台，提供医药行业人才招聘、职场快讯、求职指导、猎头服务等，其网址为http://www.jobmd.cn。

（3）丁香通：专业生物医药商业信息平台，其网址为http://www.biomart.cn。

（4）药学频道：打造药学领域崭新平台，其网址为http://pharma.dxy.cn。

（5）丁香会议：医学、药学、生命科学会议会展，其网址为http://meeting.dxy.cn。

（6）丁香博客：http://www.dxyer.cn。

2. 中国医药网

中国医药网开设栏目有中医药、健康家园 、百姓 OTC、国际动态、医药人才、医药展会、医药论文、医药论坛等。重点介绍中医药和医药论文两个栏目。其中中医药栏目由医药网与上海市中医文献馆联合推出，旨在收录和发布中医药资讯、中药材行情，以及保健养生和药膳食疗等方面的信息与知识，同时介绍当代名中医并收录难病诊治与针灸方面的资料及其他中医文献。医药论文栏目用于发布有关医药的调查研究、学术论文，以及相关的外文翻译，旨在为从事医药行业的人员提供发布调研成果和学术思想的平台，从而增进行业内的学术交流，其网址为http://www.pharmnet.com.cn/。

3. 生物谷

生物谷创建于2001年，一直深耕于生物医药和医疗健康领域，旗下生物谷网站在注重科学性、实用性和权威性的前提下，及时、全面、快速发布生物医药有关的新闻和信息，资讯内容包括医药产业、制药、转化医学、生物产业、生物研究、医疗健康、医疗器械等热门主题，并针对当前热点领域细分主题站，其网址为http://www.bioon.com/。

4. 其他常用门户网站

（1）爱唯医学网，http://www.elseviermed.cn。

（2）好医生，http://www.haoyisheng.com。

（3）医家园，http://www.med999.net。

（4）A+医学百科，http://www.a-hospital.com。

（5）中国化工网，http://www.chemnet.com.cn。

（6）中国化工信息网，http://www.cheminfo.gov.cn。

（7）中国医药信息网，http://www.cpi.ac.cn。

（8）中国兽药信息网，http://www.ivdc.gov.cn。

（9）美国化工网（中文版），http:// www.chemindustry.com/zh_index.asp。

（三）健康信息网站

健康类医学网站主要针对大众健康资讯普及教育和查询，旨在帮助大众改善健康相关行为，养成有利于健康的生活方式，帮助实现疾病预防、治疗、康复，提高大众健康水平。

1. 39 健康网

39 健康网以其强大的搜索引擎、及时的专业领域动态信息、交互性的社区论坛等特点，成为国内规模最大、最权威的健康网站之一。该网站内容丰富，包含疾病中心、大众健康、时尚健康、数据中心、互动中心、新闻中心几个板块。39 健康网研发的健康搜索引擎“39 健康搜”为网友提供快速、全面的健康内容搜索服务，涵盖资讯、论坛、咨询、博客、健康知识库和健康产品库等几十种专业健康内容搜索。39 健康网还开通了合作健康频道：搜狐健康频道、新浪网健康新闻中心等，其网址为 http://www.39.net。

【案例 4-7】使用 39 健康网查询感冒的诊断及治疗常识。

步骤 1: 在 39 健康网首页上方的搜索框中输入关键词“感冒”，下拉框中选择“疾病”，点击“搜索”按钮。

步骤 2: 浏览查询结果。在疾病百科中包含感冒及相关词条。

步骤 3: 点击“感冒”词条，即可看到感冒的病因、症状体征、检查化验、鉴别诊断、预防保健、治疗用药等。

2. 其他常用的健康类医学网站

（1）公众健康网，http://www.healthoo.net。

（2）飞华健康网，http://www.fh21.com.cn。

二、各学科专业网站

各学科专业网站主要面向的用户是医学工作者，为他们提供各种专业的医学学术资源。这类网站所提供的内容技术含量高，更具有权威性，而且可以提供最新的科技信息。

（一）基础医学各学科网络资源

1. 解剖

1）美国解剖家学会

美国解剖家学会（The American Association Anatomists，AAA）创建于 1888 年，成员来自世界多个国家相关专业，包括医学基础教育、医学图像工作、细胞生物学、遗传学、分子发育学、内分泌学、组织学、神经学等，其网址为 http://www.anatomy.org/。

2）其他解剖学网络资源

（1）中国解剖网，http://www.china-anatomy.com/index.asp。

（2）人体解剖网络教程，http://edu.china-anatomy.com。

（3）杜克大学的交互性解剖课程，http://edu.china-anatomy.com。

（4）中国解剖学会，http://www.csas.org.cn。

2. 病理学

1）美国病理医师学会

美国病理医师学会（College of American Pathologists，CAP）包括世界各国 15 000 余个病理医师会员及实验室。该学会旨在改进和标准化临床实验室步骤。用户通过学会网站可以免费浏览旗下出版的电子刊物“*Archives of Pathology and Laboratory Medicine*”所刊登的论文全文，其网址为 https：//www.cap.org.uk/。

2）其他病理学网络资源

（1）病理之家，http://www.pathology-home.com。

（2）中国病理学网，http://www.pathology.cn。

（3）病理在线，http://www.poledu.cn。

（4）病理学原地，http://www.binglixue.com。

（5）华夏病理学论坛，http://www.ipathology.cn/forum。

（6）中华病理技术网，http://www.dingw.com。

（7）国际病理科学与临床杂志，http://www.gjbl.net。

（8）国际华人病理学会，http://www.iacp.us。

3. 生理学

1）美国生理学会

美国生理学会（The American Physiological Society，APS）成立于 1887 年，是 FASEB 成员之一，网站除提供该学会出版发行的 15 种期刊信息外，还提供系列图书链接，如《生理学手册》、生理学方法系列、临床生理学系列等。网站还提供会议信息和相关网站链接等，其网址为 http://www.the-aps.org/。

2）其他生理学网络资源

（1）中国生理学会，http://www.caps-china.org。

（2）《生理学报》，http://www.actaps.com.cn。

（3）American Academy of Family Physicians，http://www.aafp.org。

（4）生理学精品教学网，http://219.141.36.145：8080/jcb/slx。

（二）临床医学各学科网络资源

1. 内科

1）ACP-ASIM

American College of Physicians-American Society of Internal Medicine（ACP-ASIM3，美国医师学会-美国内科学会）是美国最大的医学协会，其网站内容包括胃肠病学、心血管病学、肺病学、内分泌学、风湿病学、肿瘤学、神经学等学科。网站包括临床信息、教育认证、患者与家庭等版块，其网址为 http://www.acponline.org/。

2）其他内科学网络资源

（1）默克诊疗手册，http://www.merckmanuals.com。

（2）美国心脏病学会，http://www.acc.org。

（3）世界胃肠病学组织，http://www.worldgastroenterology.org。

（4）英国胃肠病学协会，http://www.bsg.org.uk。

（5）美国胃肠病学协会，http://www.gastro.org。

（6）加拿大胃肠病学协会，http://www.cag-acg.org。

（7）欧洲胃肠病学联合会，http://www.ueg.eu。

（8）中华医学会呼吸病学分会，http://www.csrd.org.cn。

（9）中华医学会感染病学分会，http://www.infectcma.org.cn。

（10）中华医学会内分泌学分会，http://www.china-endo.org。

（11）中华医学会肝病学分会，http://www.heporg.com。

（12）中华医学会心血管病学分会，http://www.cscnet.org.cn。

2. 外科

1）心胸外科网

心胸外科网（The Cardiothoraticic Surgery Network，CTSNet）由胸外科医师学会、美国胸外科协会和欧洲心胸外科协会主办，共包含30多个心胸外科组织。该网站旨在加强全球心胸外科学术组织之间的合作，并为心胸外科医务人员提供继续教育的平台。网站包含病例影像资料、出版期刊、心胸外科技术等临床医学资源，其网址为http://www.ctsnet.org/。

2）其他外科学网络资源

（1）胸外科医师学会，http://www.sts.org。

（2）美国胸外科协会，http://www.aats.org。

（3）国际骨科与创伤学会，http://www.sicot.org。

（4）中华普通外科网，http://www.puwaichn.com。

（5）中华骨科网，http://www.orthochina.com。

（6）中华医学会胸血管外科学分会，http://www.cstcvs.com。

（7）中华医学会骨科学分会，http://www.orthonline.com.cn。

（8）中华泌尿外科学会网，http://www.cuan.cn/cnspro。

（9）中华医学会小儿外科学分会，http://www.bch.com.cn。

3. 护理

1）国际护士协会

国际护士协会（ICN）成立于1899年，是世界护士学会联盟，旨在全世界范围内促进护理知识的进步，保证护理质量。网站内容包括学会信息、出版物及会议信息等，其网址为http://www.icn.ch/。

2）国际护理知识网

国际护理知识网是The Honor Society of Nursing（国际高等护理荣誉学会）下属的非营利性网站，旨在提供基于证据的知识解决方案，提高护士实践教学和科研水平，其网址为https://www.nursingknowledge.org/。

3）其他护理网络资源

（1）国际护理图书馆，https://www.nursinglibrary.org/vhl。

（2）中国护理在线，http://www.ccmb.com.cn。

（3）医学护理网，http://www.huliw.com。

（4）急救护士协会，http://www.ena.org。

（5）中国护理图书网，http://www.hulibook.com。

（6）台湾肾脏护理协会，http://www.tnna.org.tw。

（7）ICU 重症监护网，http://www.zjicu.com。

（8）中国口腔护理网，http://www.hhcare.cn/。

（9）中国护理教育网，http://www.nurse91.com/。

4. 急诊

1）中华急诊网。中华医学会急诊医学分会创办，依托《中华急诊医学杂志》的资源，为急诊医师提供专业动态、临床指南、急救自救知识、会议消息等内容，其网址为 http://www.cem.org.cn/。

2）急诊医学学术协会，其网址为 https://www.saem.org/。

5. 妇产科

1）国际妇产科联盟

国际妇产科联盟（http://www.figo.org）是一个世界妇产科学术组织，旨在促进全世界妇女儿童健康，网站内容主要有教育资源及出版物、专业动态和会议信息等。

2）其他妇产科网络资源

中国妇产科在线，http://www.cogonline.com。

中国妇产科网，http://www.china-obgyn.net。

6. 儿科

1）美国儿科学会

美国儿科学会（https://www.aap.org）是由初级保健儿科医生、儿科医学专家和儿外科专家组成的会员组织，专注于婴幼儿、青少年和年轻人的健康。网站内容包括专业资源、专业教育等。

2）其他儿科网络资源

（1）国际儿科肾病学会，http://www.ipna-online.org。

（2）中西医儿科专业网，http://www.tcmchild.com。

（3）临床儿科杂志，http://www.jcp-sh.org.cn。

（4）国际儿科移植协会，http://www.tts.org/ipta/home。

7. 肿瘤

1）美国国立癌症研究中心

美国国立癌症研究中心（National Cancer Institute，NCI）是 National Institutes of Health（NIH）下属机构。网站提供最新的肿瘤学会议信息及报告、临床试验和统计数据等，其网址为 http://www.cancer.gov。

2）其他肿瘤学网络资源

（1）中国肿瘤医学网，http://china.tumor.cn。

（2）中国肿瘤防治数据库，http://cancernet.cicams.ac.cn。

8. 眼科

1）美国眼科学会

美国眼科学会（American Academy of Ophthalmology）是美国最大的眼科协会，旨在为眼科医生、临床医生及整形医生提供终身学习的平台。网站内容包括年会信息、临床教育、临床实验、会员服务等，其网址为 http://www.aao.org/。

2）其他眼科网络资源

（1）中国眼科网，http://www.eyenet.com.cn/columns/index。

（2）国际眼科协会，https://www.icoph.org。

（3）中华医学会眼科学分会，http://www.cmao.org.cn。

9. 影像学

（1）中华医学会影像学分会，http://www.cmasit.org。

（2）中国东部儿科影像学协作组，http://www.52imaging.com。

（3）医影在线，http://www.radinet.com.cn。

（三）药学网络资源

1. 中国医药信息网

中国医药信息网是由国家食品药品监督管理总局信息中心建设的医药行业信息服务网站，始建于 1996 年。中国医药信息网共建有 20 余个医药专业数据库，主要内容包括政策法规、产品动态、市场分析、企事业动态、国外信息、药市行情等。该网专注于为医药监管部门、医药行业及会员单位提供信息咨询、调研及企业宣传等服务，包括 VIP 会员服务和网络数据库会员服务两种模式，其网址为 http://www.cpi.gov.cn/publish/default/。

2. 其他药学网络信息

（1）临床药师，http://www.yao85.com。

（2）中国临床药学网，http://www.phr.com.cn。

（3）药学保健园，http://www.yxbj.com。

（4）药学网，http://www.yaoxue.net。

（5）合理用药网，http://www.hlyyao.com.cn。

（6）Medline Plus，http://www.nlm.nih.gov/medlineplus/druginformation.html。

（7）美国常用药物索引库（RxList），http://www.rxlist.com。

（8）有机合成手册数据库，http://www.orgsyn.org。

3. 医药电子商务网站

医药电子商务网站主要提供医药行业类商务资源和市场行情等相关服务。互联网药品经营在中国一直被严格管制。根据国家食品药品监督管理总局规定，网上售药须具备《互联网药品交易服务资格证》和《互联网药品信息服务资格证》。

我国《互联网药品信息服务管理办法》于 2004 年 5 月 28 日经国家食品药品监督管理总局局务会议审议通过。该办法指出，提供互联网药品信息服务的网站发布的药品（含医疗器械）广告，必须经过（食品）药品监督管理部门审查批准，要注明广告审查批准文号。互联网药品信息服务分为经营性和非经营性两类。提供互联网药品信息服务的网站，应当在其网站主页显著位置标注《互联网药品信息服务资格证书》的证书编号。所登载的药品信息必须科学、准确，必须符合国家法律、法规和国家有关药品、医疗器械管理的相关规定。不得发布麻醉药品、精神药品、医疗用毒性药品、放射性药品、戒毒药品和医疗机构制剂的产品信息。

互联网药品交易服务资格证书分为 A、B、C 三种：A 证为第三方平台，为国家局审批，其特点为交易服务平台，服务范围广，产品线丰富；B 证为 B2B 交易，由地方局审批，属于企业间的批发交易证书；C 证为 B2C 交易，由地方局审批，其服务方式是向个人消费者提供药品，只能销售自营非处方药品。截至 2015 年 3 月，国家食品药品监督管理总局共发放 390 张《互联网药品交易服务资格证》，其中第三方交易服务平台牌照 16 张；第二方批发交易类 B2B 证书 86 张，网上零售类 B2C 证书 288 张。所有未经食品药品监督管理部门批准的网站售药都是违法的，相关信息可以在国家食品药品监督管理总局网站上查到。

国家食品药品监督管理总局 2014 年发布《互联网食品药品经营监督管理办法（征求意见稿）》，据媒体 2015 年 8 月报道《互联网食品药品经营监督管理办法》目前已经制定完毕。在国家力推“互联网+”战略东风吹拂下，该政策有望加速落地，医药电商步入黄金时代。目前主流医药电商健客网、壹药网、健一网、康爱多、七乐康、金象网等均推出了自己的移动端。其中壹药网的移动端“1 号药店”已经长期位列 AppleStore 医疗类别下载排名中的三甲。

常见的医药电子商务网站如下：

（1）药房网，http://www.yaofang.cn。

（2）金象网上药店，http://www.jxdyf.com。

（3）中国金药网，http://www.gm.net.cn/。

（4）中国药网，http://www.chinapharm.com.cn/。

（5）医药通，http://www.yiyaotong.cn/。

（6）华源医药网，http://www.hyey.com/。

（7）健一网，http://www.j1.com/。

（8）好药师网上药店，http://www.ehaoyao.com/。

（9）七乐康网上药房，http://www.7lk.com/。

（10）康爱多，http://www.360kad.com/。

（11）一号药店，http://www.111.com.cn/。

（四）预防医学网络资源

（1）中华医学会公共卫生分会，http://www.chinesepha.com。

（2）中国公共卫生杂志，http://211.154.163.73:81。

（3）中国公共卫生网，http://www.cphn.org.cn。

（4）中国公共卫生建设网，http://www.cphc.org.cn。

（五）医学心理学

（1）中国心理治疗师，http://www.easemind.com。

（2）中国医学心理学网，http://cmpsycho.bjmu.edu.cn。

三、机构与组织类医学网站

在医疗卫生方面，具有政府背景的网站以发布医疗卫生宏观政策、提供医疗卫生信息查询服务为主要宗旨，其信息权威性、准确度高。

（一）政府机构网站

1. 中华人民共和国国家卫生和计划生育委员会

中华人民共和国国家卫生和计划生育委员会是主管卫生工作的部门。主办的网站主页分为信息公开、政务大厅、在线服务、互动交流四个频道。每个频道又下设有若干子频道，提供机构职能、政策法规、规划计划、行政许可、卫生标准、卫生统计、公告通告、工作动态等信息，其网址为 http://www.nhfpc.gov.cn/（图 4-29）。

图 4-29　中华人民共和国卫生和计划生育委员会首页

2. 国家食品药品监督管理总局

国家食品药品监督管理总局是国务院综合监督食品、保健品、化妆品安全管理和主管药品监管的直属机构，负责对药品的研究、生产、流通、使用进行行政监督和技术监督；负责食品、保健品、化妆品安全管理的综合监督、组织协调和依法组织开展对重大事故查处，负责保健品的审批。其网站提供新闻、动态、法规文件及解读、公告通告、人事信息、药监统计、数据查询等信息，其网址为 http://www.sda.gov.cn。

3. 世界卫生组织

世界卫生组织（Word Health Organization，WHO）隶属于联合国，是指导协调国际卫生工作的权威机构。WHO 主页上的专栏有国家、卫生专题、出版物、研究工具、世界卫生组织网上资源等，其网址为 http://www.who.int/zh/。

4. 美国国立卫生研究院

美国国立卫生研究院（National Institutes of Health，NIH）隶属于美国卫生与人类服务部，是世界一流的医学研究中心，其下属的研究所和中心包括著名的国立癌症研究所、国立人类基因组研究所、国立医学图书馆等。美国国立卫生研究院的网站主要栏目有卫生信息（health information）、临床试验（clinical trails）、研究聚焦（research highlights）、结构基因组学（structural genomics）等，是医学科研人员常用的综合性医学网站之一，其网址为 http://www.nih.gov/。

5. 美国国立医学图书馆

美国国立医学图书馆（National Library of Medical，NLM）隶属于美国国立卫生研究院，是世界上最大的医学图书馆。美国国立医学图书馆网上医学资源丰富多样，包括PubMed在内的几十种数据库供网上用户免费使用。NLM网站首页主要栏目有数据库（Databases）；在NLM进行的各项研究（Research at NLM），其中包括人类基因组资源、生物医学研究和生物医学信息学等；NLM相关介绍和使用指南（Explore NLM）；新闻和事件（News and Events）等，其网址为http://www.nlm.nih.gov/。

6. 其他政府机构网站

（1）美国食品药品管理局，http://www.fda.gov。

（2）中国国家中医药管理局，http://www.satcm.gov.cn。

（3）中国药品生物制品检定所，http://www.nicpbp.org.cn。

（4）中国疾病预防控制中心，http://www.chinacdc.cn。

（5）美国疾病控制与防御中心（CDC），http://www.cdc.gov。

（6）英国国家卫生电子图书馆（NHS），http://www.nelh.nhs.uk。

（7）美国国立癌症研究所（NCI），http://www.nci.nih.gov。

（二）学术团体

1. 中华医学会

中华医学会（Chinese Medical Association）成立于1915年，是中国医学科学技术工作者自愿组成并依法登记成立的学术性、公益性、非营利性法人社团，现有83个专科分会，主要业务包括：①开展医学学术交流；②编辑出版123种医学、科普等各类期刊及100余种音像出版物；③开展继续医学教育；④开展国际学术交流；⑤开展医学科技项目的评价、评审和医学科学技术决策论证；⑥评选和奖励优秀医学科技成果（包括学术论文和科普作品等）；⑦开展专科医师的培训和考核等。网站设有业务中心、学术活动、继续教育、系列杂志、科技评定、社区、论坛、博客等栏目，其网址为http://www.cma.org.cn/。

2. 美国药剂师协会

美国药剂师协会（The American Pharmacist Association，APhA）成立于1852年，现有药剂师、药物学家、药学学生等成员5万多人。网站设有新闻、教育、APhA基金、药学治疗等栏目，其网址为http://www.pharmacist.com/。

3. 其他学术团体

（1）中国药学会，http://www.cpa.org.cn。

（2）中华医师网，http://www.cmda.org.cn。

（3）中华预防医学会，http://www.cpma.org.cn。

（4）中国医药质量管理协会，http://www.cqap.cn。

（5）中国循证医学中心，http://ebm.org.cn。

（6）中国红十字会，http://www.redcross.org.cn。

（7）中国健康促进与教育协会，http://www.cahep.com。

（8）世界医学会，http://www.wma.net。

（9）美国医学院协会，http://www.aamc.orc。

四、医学教育、学习资源

网络中还有许多网站为在校医学生及医学从业人员提供各种医学教育和考试资料，以及其他相关学习资源。常见的有交互学习、在线课程、多媒体课件等多种形式的资源。

（一）交互学习资源

交互学习是指利用多媒体计算机技术和网络技术，借助多媒体课件或网上资源，由学习者自主进行的一种双向交流式学习方法。交互学习资源包括论坛、博客、互动百科等。

1. 丁香园论坛

丁香园论坛：含 100 多个医药生物专业栏目，采取互动式交流，提供实验技术讨论、专业知识交流、文献检索服务、科研课题申报、考硕考博信息等服务。论坛分为信息发布区、临床医学讨论区、基础医学讨论区、药学讨论区、生命科学讨论区、实验技术讨论区、预防医学与卫生学讨论区、科研与学习交流区、考试交流区、丁香会员作品区、检索知识与求助区等。检索知识与求助区下设检索知识交流区、新会员友情检索求助区、SOS 求助区、馆藏文献互助区等板块，旨在协助网友通过互助的形式，为学习和科研的全面需求提供帮助。检索知识交流区主要提供文献检索经验和技巧、网络资源介绍、常用数据库使用讲座等。新会员友情检索求助区旨在方便没有积分的新会员求助文献。馆藏文献互助区用于会员求助馆藏印本，其网址为 http://www.dxy.cn/bbs/。

2. 小木虫论坛

中国生命科学论坛设立小木虫论坛的目的在于普及生物科学知识，解决生物科学问题，促进生物科学发展。论坛提供有生物学、医学、分子生物学、生物信息学、生命科学、生物技术、医学统计、医学信息、电子书、文献检索、医学图库等类资源，其网址为 http://emuch.net/bbs/。

3. 好医生论坛

好医生网站是卫生部、国家食品药品监督管理总局和教育部批准的非学历专业医学教育机构。好医生医学论坛设有专业区、全科与社区医疗区、中医药区、学习与考试交流区、好医生服务区等板块，其网址为 http://www.haoyisheng.com/。

4. 其他常用的医学论坛

（1）医学教育论坛，http://bbs.med66.com/。

（2）药学园地，http://www.r0209.com/bbs/。

（3）爱爱医论坛，http://www.iiyi.com/bbs/。

（4）医生圈论坛，http://www.yishengquan.cn/bbs/。

（5）西部药学论坛，http://www.westyx.com/bbs/。

（二）教育资源

1. 公开课资源

1）“爱课程”网

“爱课程”网是教育部、财政部“十二五”期间启动实施的“高等学校本科教学质量与教学改革工程”支持建设的高等教育课程资源共享平台。网站集中展示“中国大学视频公开课”和“中国大学资源共享课”，面向高校师生和社会大众，提供优质教育资源共享和个性化教学资源服务，具有资源浏览、搜索、重组、评价，课程包的导入导出、发布、互动参与和“教”“学”兼备等功能，并对课程资源进行运行、更新、维护和管理。设有中国大学 MOOC、视频公开课、资源共享课三个主要频道，其网址为 http://www.icourses.cn/home/。

2）网易公开课

网易公开课是网易于 2010 年 11 月推出的公益项目，致力于为网友提供优质的课程资源，为学习者提供十余种门类的课程，并提供丰富的学习管理和支持功能，用户可以根据自身的学习程度，自主安排学习进度。网易公开课以哈佛大学、耶鲁大学、清华大学、北京大学、港台知名大学、Coursera、可汗学院、TED、BBC、IEEE 等学校和机构的课程与讲座为内容，将课程翻译或制作后免费提供给用户观看，目前已涵盖 20 000 余集课程。网易云课堂 2015 年推出以就业为导向的定制式职业体系化培养方案“微专业”资源，其网址为 http://open.163.com。

3）大学公开课

中国教育在线开放资源平台推出大学公开课，包括哈佛大学、耶鲁大学、斯坦福大学、麻省理工学院、复旦大学、浙江大学、香港公开大学等国际知名院校开放课程，其网址为 http://www.oer.edu.cn/。

4）国家精品课程资源网

国家精品课程资源网是由国家教育部主导推动的国家级精品课程集中展示平台，内容包括资讯中心、视频专区、课程中心、资源中心和教材中心，其网址为 http:// www.jingpinke.com/。

5）MOOC 课程

MOOC（massive open online courses）即大型开放式网络课程。由课程提供商与著名高校合作，整合多种社交网络工具和多种形式的数字化资源，形成多元化的学习工具和丰富的课程资源。依托互联网，世界各地的学习者在家即可学到国内外著名高校课程。

国外 MOOC 网站主要有如下几个：

（1）Coursera，www.coursera.org/。

（2）Udacity，https://www.udacity.com/。

（3）EdX，https://www.edx.org/。

（4）可汗学院（Khan Academy）https://www.khanacademy.org/。

中文 MOOC 网站如下：

（1）MOOC 中国，http://www.mooc.cn/。

（2）中国大学 MOOC，www.icourse163.org。

（3）果壳网旗下的 MOOC 学院，http://mooc.guokr.com/。

（4）顶你学堂，http://www.topu.com/。

（5）华文慕课，http://www.chinesemooc.org/。

6）其他精品课、开放课网络资源

（1）台湾开放式课程计划（OOPS 计划），http://www2.myoops.org/main.php。

（2）台湾清华大学开放式课程平台，http://ocw.nthu.edu.tw/ocw。

（3）台湾师范大学开放式课程，http://ocw.lib.ntnu.edu.tw。

（4）央视网中国公开课，http://opencla.cntv.cn。
（5）麻省理工学院开放课程计划，http://ocw.mit.edu/index.htm。

2. 考试类网站

1）医学教育考试

（1）中国教育在线，http://www.eol.cn/。
（2）国家医学考试网，http://www.nmec.org.cn。
（3）执业医师考试病理学园地，http://www.binglixue.com/zhikao。
（4）考研网，http://www.kaoyan.com。
（5）医源习题集，http://www.39kf.com/cooperate/Exercise/index.shtml。
（6）考试宝典，http://www.ksbao.com。
（7）中大网校医药卫生考试网，http://www.yixuewang.com。
Scitable，http://www.nature.com/scitable（自然出版集团出品）。

2）公务员考试

（1）国家公务员局，http://www.scs.gov.cn。
（2）国家公务员考试网，http://www.chinagwy.org。
（3）中公教育，http://www.offcn.com。
（4）新浪公务员考试，http://edu.sina.com.cn/official。

3）英语考试

（1）中国四、六级考试网，http://www.china-cet.com。
（2）全国大学四、六级考试，http://www.cet.edu.cn。
（3）新浪教育——四、六级，http://edu.sina.com.cn。
（4）托福官方网站，http://www.ets.org/toefl。
（5）中国雅思网，http://www.cnielts.com。
（6）新东方英语，http://www.neworiental.org。
（7）新译通医学翻译，http://www.qytfy.com/medicine.html。

五、求职类网站导航

（一）医学招聘

（1）中国医药招聘网，http://www.eyjob.cn。
（2）丁香人才，http://www.jobmd.cn。
（3）医学人才网，http://www.medhr.cn。
（4）福瑞医生人才网，http://www.free-doctor.com。
（5）中国医疗人才网，http://www.doctorjob.com.cn。
（6）中国卫生人才网，http://www.21wecan.com.cn。
（7）医疗人才网，http://www.120job.cn。
（8）中国医疗器械人才招聘网，http://www.cn1671.com。

（二）人才招聘

（1）智联招聘，http://www.zhaopin.com。

（2）中国高校就业联盟网，http://www.job9151.com。

（3）528 招聘网，http://www.528.com.cn。

（三）威客兼职

（1）猪八戒网，http://www.zhubajie.com/。

（2）任务中国，http://www.taskcn.com。

（3）时间财富威客网，http://www.vikecn.com。

（4）一品威客网，http://www.epweike.com/。

六、免费翻译网站

（1）Google 翻译，http://translate.google.cn/。

（2）有道翻译，http://fanyi.youdao.com/。

（3）爱词霸翻译，http://www.iciba.com/。

（4）青云翻译，http://zaixian-fanyi.com/。

本章小结

本章简要介绍了网络信息资源的类型、特点、获取途径及检索方法。以百度为例详细介绍了通用搜索引擎的使用方法；以 HON 为例介绍了医学专业搜索引擎的使用方法。列举了国内外开放获取资源、医学信息网站和依托移动网络的各种手机 APP。

网络已经发展成为信息环境的重要组成部分，是我们交流信息、获取信息的重要渠道，是学术资源的免费乐土。但网络共享性与开放性呈现出信息资源的复杂性，质量良莠不齐，在海量的网络资源中，掌握网络检索技术的应用技巧，了解专业资源的类型及分布，学会对资源进行评价选择，能有效地提高检索效率。利用搜索引擎和网上免费资源，是获取学术信息资源的重要途径。

开放存取资源模式推动了科研成果利用网络的自由传播，促进了科学信息的广泛传播、促进了学术信息的交流与出版。开放存取把同行评议过的科学论文或学术文献放到互联网上，使用户可以免费获得，而不需考虑版权或注册的限制，从而打破了学术研究的人为壁垒。

医药相关的专业网站为用户快速检索免费学术信息提供便捷的途径。按专题/专业了解行业优秀的信息资源分布，有助于获取高质量的专业资源信息。

总之，根据实际信息需求利用合适的网络信息源快速准确地获取有效的网络信息是我们本章学习要实现的目标。

实习一　网络免费学术资源检索实践

实习目的

1. 掌握计算机信息检索技术，提高获取和利用文献信息的能力，为不断地吸收新知识、增强创新能力能力打下基础。
2. 掌握搜索引擎的一般查询规则，如布尔逻辑检索；空格、逗号、双引号的作用；通配符；检索词位置限定符的运用。

3. 熟练使用综合搜索引擎获取特定格式的文件。
4. 熟练使用医学专业搜索引擎查找医学信息。
5. 熟练使用医学网络资源获取相关信息。
6. 掌握开放获取资源的检索范围和方法。

实习参考项目

1. 综合搜索引擎检索

（1）利用搜索引擎查找卫生部最新发布的排名前三位的中国人城市主要疾病死亡原因构成，写出搜索引擎名称、检索式、检索结果、来源网址。

（2）利用搜索引擎查找关于“肾结石的诊断”“老年痴呆的预防”项目的相关文献。并注明所用搜索引擎的名称、检索表达式、检索结果总篇数，并列举5篇最相关文献。

（3）利用搜索引擎检索你正在学习的某个专业课程的PPT课件及教学视频资源。

（4）利用新浪分类目录，查找能够提供考研题库的网站，要求写出检索路径。

（5）利用搜索引擎查找你所学专业本年度本地区相关大学专升本的招考信息。

2. 医学专业搜索引擎检索

（1）利用 HONselect 检索有关胃癌的网络资源，搜索结果包括哪些资源类型。请写出检索步骤。

（2）利用 MedHunt 检索北美癌症相关医院中有多少 HONcode 成员网站。

（3）查看 Medscape 上有关心血管病的信息资源，写出检索步骤。Medscape 哪个版块提供心血管病免费全文。

3. 开放获取的应用

（1）登录利用中国预印本系统，检索出你所学某个专业课题的相关文献，并下载全文。

（2）在中国预印本服务系统上，尝试上传自己的一篇论文。

4. 常用医学网站检索

（1）访问世界卫生组织网站，查看有何出版物？写出3个出版物的中英文名称。

（2）访问美国实验生物学联合会（FASEB）网站，查看其 27 个学术团体的网址及各自的主要出版物有哪些。

（3）请你推荐有关英语4级考试学习方面的主要网站 3 个，并对其一网站作出简明介绍。要求写出所用检索系统、检索操作过程与步骤和结果。

（4）通过网络视频公开课选择一个学习课程进行学习。

学 习 检 测

一、选择题

（一）单项选择题

1．下列哪种属于医学专业搜索引擎？（　　）

A．Medscape　　B．Google　　C．百度　　D．DMOZ

2．专门查询机票信息的检索系统是（　　）

A．目录型检索工具　　B．垂直搜索引擎　　C．网址导航　　D．全文搜索引擎

3．通过搜索引擎在中国教育网内检索信息检索的幻灯片文件，检索表达式是（　　）。

A．信息检索 课件 教育网　　B．信息检索 幻灯片 教育网

C．信息检索 filetype：ppt 教育网　　D．信息检索 filetype：ppt site：edu.cn

4．（　　）是世界最大的电子预印本数据库。

A．中国科技论文在线　　B．中国预印本服务系统

C．arXiv　　D．E-print Network

5．美国实验生物学联合会的简称是（　　）。

A．FASEB　　B．NIH　　C．AAA　　D．CAP

（二）多项选择题

1．百度高级搜索的功能包括（　　）

A．把检索范围限定在网页标题中　　B．把检索范围限定在指定的网站

C．限定搜索网页的时间　　D．限定搜索网页的文档格式

E．限定搜索网页的语言

2．下列关于开放获取资源的阐述哪些是正确的（　　）

A．开放获取资源是任何人都可以免费获取的

B．开放获取资源的版权归网站所有

C．开放获取资源包括 OA 期刊、电子预印本系统和 OA 仓储

D．发表在 OA 期刊上的文章不允许同时向其他学术期刊投稿

E．开放获取资源能够反映最新的研究成果与动态

3．搜索引擎，如百度的检索结果页面一般会有（　　）。

A．检索结果标题　　B．网页快照　　C．检索结果摘要

D．检索结果 URL　　E．二次检索结果

4．下列哪些是检索网络信息的基本方法（　　）。

A．直接访问网站/网页　　B．使用搜索引擎　　C．查询在线数据库

D．使用 BBS 论坛　　E．手机访问微信朋友圈

5．根据网络导航的特点，从用户的角度看，可以把网络导航分为以下几类（　　）。

A．综合型网络导航　　B．专业型网络导航　　C．相关链接

D．搜索引擎导航　　E．网址导航

二、判断题

1．搜索引擎索引器的主要功能是建立索引。（　　）

2．百度检索结果标题左边的【DOC】标志表示该结果不是网页，而是一个 WORD 文档。（　　）

3．主流搜索引擎的 filetype 语法，所支持的文件类型有 DOC、XLS、TXT 等。（　　）

4．在百度搜索框中输入两个检索词，中间用空格连接，体现的是布尔逻辑或关系。（　　）

5．在搜索引擎中的高级检索语法中，双引号体现了精确匹配。（　　）

三、思考题

1．简述网络信息资源的基本特点。

2．比较各类搜索引擎的优缺点。

3．列举网络免费学术信息资源类型。

4．列举常用医学学术资源导航。

5．举例说明学科信息门户与普通搜索引擎的区别是什么。

6．简述开放获取资源类型。谈谈你对开放获取资源的理解。

（郑　伟）

第五章 图书馆及其利用

学习目标

1. 掌握图书馆图书的排检，联合目录检索系统的使用。
2. 了解图书馆所能提供的服务，能够利用图书馆提供的信息获取相关服务。
3. 熟悉图书馆网站的使用，会运用数字图书馆获取相关文献。
4. 了解移动图书馆，应用移动图书馆获取图书馆相关文献。

第一节　图书馆概述

图书馆作为信息文献资料中心，是获取所需文献的主要途径。如果想要快速、准确地在图书馆中找到所需要的资料，就必须要了解图书馆，利用图书馆。

图书馆是搜集、整理、收藏图书资料以供人阅览、参考的机构，同时也提供各种各样的服务，现代的图书馆同时也提供海量的资源，因此图书馆也是学习研究、思想交流、知识传播、知识创造、信息享受的最佳场所。通过本章的学习会更深入了解图书馆，提高对图书馆的认识和利用的能力。

一、图书馆定义与职能

（一）图书馆的定义

最早提出图书馆定义的是德国人施莱廷格，1808 年，他曾在《试用图书馆学教科书大全》中给图书馆下了一个比较严密的定义："图书馆，是将收集的相当数量的图书加以整理，根据求知者的各种要求不费时间地提供他们利用。"武汉大学黄宗忠教授针对图书馆的个性及新发展、新变化结合当今网络环境提出了一个广义的图书馆定义："图书馆是通过人工或计算机、网络对实体或虚拟的信息、知识进行收集、积聚、组织、整理、存储、选择、控制、转化、传播并建立检索点，供读者检索、利用的信息空间或物理场所或虚实结合的复合体。"

（二）图书馆的职能

图书馆是一个专门收集、整理、保存、传播文献并提供利用的科学、文化、教育和科研机构。1975 年，国际图联在法国的里昂召开的图书馆职能科学讨论会上，一致认为图书馆的社会职能主要是保存人类文化遗产，开展社会教育，传递科学情报，开发智力资源。

1. 保存文化遗产的职能

图书馆以文献信息为基础开展业务活动。与以往不同的是，现代图书馆不仅保存手写和印刷型的文献，还保存其他载体形式的资源，并且保存的目的是更好地使用。进入信息社会以后，“馆藏图书”的概念已有了变化，从而赋予了这项职能新的内涵，形成多载体全方位保存的格局。

2. 传递文献信息的职能

在信息社会中，人们对信息的依赖程度越来越大，图书馆本身收藏有大量的文献信息资源，图书馆传递文献信息的职能变得十分突出和重要，成为现代图书馆的首要职能。图书馆通过书刊借阅、馆际互借、参考咨询、讲座、宣传报道等途径，使读者迅速、准确地获得所需的文献信息。借助计算机网络，文献信息的传递速度更快，范围更广。

3. 开发智力资源，开展社会教育

图书馆智力资源的开发包括开发馆藏文献资源、开发网上信息资源、启发用户的智力，培养用户进行科学思维的能力。开发信息资源的职能是图书馆承担各种职能的基础。随着文献数量的不断增长和种类的不断增加，信息量激增，从而使得人们高效地利用信息资源存在很大的困难。图书馆通过对信息资源进行整理、分析、综合、标引，形成有秩序、有规律、源源不断的信息流，为读者最大限度地利用资源提供了技术保障，能有效地促进信息资源的广泛交流与传递。在启发读者的智力上，图书馆可开展各种信息素养教育，包括书目知识教育、文献检索知识方法教育、网络信息检索方法教育、阅读方法教育和学习方法教育等，提高读者的信息素养综合能力，充分发挥图书馆参与社会教育的职能。

二、图书馆的发展历史

图书馆的历史可远溯到公元前3000年以前，世界上最早的图书馆是美索不达米亚的亚述巴尼拔图书馆，这是现今已发掘的古文明遗址中保存最完整、规模最宏大、书籍最齐全的图书馆。要比埃及著名的亚历山大图书馆早400年，而且由于泥版图书的特殊性，没有像亚历山大图书馆一样毁于战火，大部分都保存了下来。建于公元前3世纪古希腊时期的亚历山大图书馆是人类早期历史上最伟大的图书馆，初建时唯一目的就是“收集全世界的书”。中世纪欧洲图书馆的发展受到宗教势力的束缚，逐渐衰落，印刷术的推广和文艺复兴推动了西方图书馆事业的发展。18～19世纪，西方的国家图书馆开始出现并获得了较大发展，19世纪中叶出现了由政府举办的向社会开放的公共图书馆。

中国的图书馆历史悠久，我国早在商周时期就已具备了相当规模的图书馆。两汉至明清，各类藏书机构蔚为壮观，有关文献收藏、组织和整理的理论和方法均达到了很高的水平。中国古代的各种藏书处所，主要为官府所设，宋代以后私家藏书楼迅速发展，寺观和书院藏书也很普遍，被称为“府”“阁”“观”“台”“殿”“院”“堂”“斋”“楼”等，如西周的盟府，两汉的石渠阁、东观和兰台，隋朝的观文殿，宋朝的崇文院，明代的澹生堂，清朝的四库全书七阁等，被统称为藏书楼。

在我国，最早出现“图书馆”一词的文献是1894年《教育世界》第62期中所刊出的一篇《拟设简便图书馆说》。直到20世纪初，中国才出现近代意义的公共图书馆。

20世纪，图书馆类型和数量不断增多，向社会开放的范围不断扩大，提供的服务更趋多样化。现代科学文献的巨量增长，使图书馆馆藏规模和结构都发生了很大变化，文献整理和加工更加深入细致，各类图书馆特别是专门图书馆大量开展情报服务。随着现代科学技术在图书馆的广泛应用，图书馆管理已逐步走向自动化，在 21 世纪初还出现了数字电子图书馆。

三、图书馆的类型

1974 年，国际标准化组织颁布了《国际图书馆统计标准》[ISO2789-1974（E）]，将图书馆划分为国家图书馆、高等院校图书馆、其他主要的非专门图书馆、学校图书馆、专门图书馆和公共图书馆六大类。

在我国，通常使用的划分图书馆类型的标准主要有如下几种：按图书馆的管理体制（隶属关系）划分，如文化系统图书馆、教育系统图书馆、科学研究系统图书馆、工会系统图书馆、共青团系统图书馆、军事系统图书馆等；按馆藏文献范围划分，如综合性图书馆、专业性图书馆等；按用户群划分，如儿童图书馆、盲人图书馆、少数民族图书馆等；按图书载体划分，如传统图书馆、数字图书馆、移动图书馆、真人图书馆等。我国图书馆的类型主要有国家图书馆、公共图书馆、学校图书馆、科学图书馆、专业图书馆、技术图书馆、工会图书馆、军事图书馆、儿童图书馆、盲人图书馆、少数民族图书馆等。下面介绍一下几个主要类型的图书馆。

1. 国家图书馆

国家图书馆是由国家所办的面向全国的服务文化机构，担负着国家总书库职能。国家图书馆是国家的藏书中心、书目中心、图书馆研究中心、馆际互借中心和国际书刊交换中心，它代表了一个国家图书馆事业的发展水平，它对本国图书馆事业的发展起了重要的作用。

国家图书馆主要有 4 种类型：公共性的中央图书馆，具有公共图书馆的性质，但侧重于为科学研究服务，如中国国家图书馆等；国会图书馆兼作国家图书馆，如美国国会图书馆、日本国立国会图书馆等，都设有相应的研究机构专门为国会提供服务，但同时也履行国家图书馆的职能；大学图书馆兼作国家图书馆，如 1482 年建立的丹麦哥本哈根大学图书馆；科学图书馆兼作国家图书馆，如罗马尼亚科学院图书馆、美国国立医学图书馆等。

2. 公共图书馆

公共图书馆是面向社会公众开放的图书馆，担负着为大众服务和为科学研究服务的双重任务，其藏书范围非常广泛，藏书内容涉及各个学科，通俗性与学术性兼顾。除满足一般读者的需求外，公共图书馆一般都拥有地方文献专藏，如首都图书馆的地方志文献特藏。我国的公共图书馆是依照行政区划建立，包括省、市、自治区图书馆，地、市图书馆和县（区）图书馆，如重庆图书馆、深圳图书馆、北京市海淀区图书馆等。

3. 大学图书馆

大学图书馆又称为高等院校图书馆，是学校的文献信息中心，是为教学和科学研究服务的学术性机构，是学校信息化和社会信息化的重要基地。大学图书馆的工作是学校教学和科学研究工作的重要组成部分。大学图书馆的建设和发展应与学校的建设和发展相适应，其水平是学校总体水平的重要标志（教育部《普通高等学校图书馆规程》），其主要任务包括：建设包括馆藏实体资源和网络虚拟资源在内的文献信息资源，对资源进行科学加工整序和管理维护；做好流通阅览、资源传送和参考咨询工作，积极开发文献信息资源，开展文献信息服务；开展信息素质教育，培养读者的信息意识和获取、利用文献信息的能力；组织和协调全校的文献信息工作，实现文献信息资源的优化配置；积极参与文献保障体系建设，实行资源共建、共知、共享，促进事业的整体化发展。

4. 科学和专业图书馆

科学和专业图书馆的服务对象主要是各种专业人员，主要任务是为科学研究和生产技术开发服务。其藏书的学科专业性强，一般按所属单位的科研、生产任务建立藏书体系，收藏重点是能够支持本单位科学研究的专著、学术会议录、学术期刊、参考工具书及专业性数据库资源；除日常业务工作外，还根据各单位的研究课题，开展有针对性的情报服务，如中国科学院、中国社会科学研究院所属的各级文献情报机构，以及其他一些学术性专业协会等所属的图书情报单位，还包括我国各部委、各系统所属的专业性图书馆等。

划分图书馆类型，有助于把握不同类型图书馆的不同特点，科学制定各类型图书馆的方针任务、发展策略。有利于对图书馆事业进行全面规划和统筹安排。对图书馆类型的划分不能只采用单一的标准，必须把各种标准结合起来使用，才具有完全的意义。在上述各类型图书馆中，通常认为公共图书馆、科学图书馆、高等院校图书馆是我国整个图书馆事业的三大支柱。

四、大学图书馆的主要服务

大学图书馆（university library）与学院图书馆（college library）同属于学术图书馆（academic library）。其主要功能是服务于学校的教学与研究活动。大学图书馆开展的主要服务有如下几种。

1. 借阅服务

借阅服务是大学图书馆最基本、最普遍的读者服务方式。凡是大学里正式注册的学生、教职员工及短期访问的研究人员都可以在所属大学的图书馆办理借书证。很多学校也将读者延伸到毕业的校友及社会读者，在图书馆提供外借的文献里，选取所需的文献借出，以便随时利用。外借方式主要有个人外借、集体外借、预约借书和馆际互借四种。为了保证外借服务的正常有序进行，各图书馆都制定相应的外借规则，对馆藏文献的出借范围、读者外借数量和借期、续借手续和借期、催还、过期罚款、失书与损坏的赔偿办法等方面都做出十分详细的规定。但并非图书馆收藏的所有文献都外借，像古籍珍本善本书、工具书、学位论文、现期期刊都是不外借的，这些在图书馆的外借规则和馆藏目录中都会有所说明。

2. 阅览服务

阅览服务是图书馆建立阅览室组织相应的藏书、为读者提供阅览场地和设施的一种服务方式。图书馆往往根据文献的类型、语种设立不同的阅览室或阅览区，如教学参考资料阅览室、期刊阅览室、特藏阅览室等。除古籍外，大多数印刷型图书、期刊和工具书实行开架阅览。

3. 参考咨询服务

参考咨询是图书馆员对读者在利用文献和寻求知识、情报提供帮助的活动。它以协助检索、解答咨询和专题文献报道等方式向读者提供事实、数据和文献线索。参考咨询的服务形式多样：从简单的FAQ、实时问答咨询、学科专家咨询、电子邮件咨询、BBS、留言板到实时虚拟咨询服务、利用交谈软件、视频会议、呼叫中心及通过IC提供一站式信息服务、信息素养教育、合作研究与学习等服务内容。随着网络技术和信息科学的飞速发展，参考咨询的形式和内容都发生了根本性的改变，在线咨询、实时咨询、互动咨询、可视咨询等各种方式纷纷涌现，利用网络技术，为读者提供实时、动态、便捷、高效的信息服务。

4. 读者教育

英国图书馆学者缪斯（Mews）在她的《读者教育》一书中把读者教育定义为“一种帮助读者最佳地使用图书馆的教育”。图书馆开展的读者教育多涉及两个方面：一是向读者宣传和介绍图书馆的资源和服务，使其掌握利用图书馆及其馆藏资源的基本知识和技能；二是进行相关资源应用及检索技术培训，目的是要提高读者的信息素养能力，特别是网络信息素养能力。

5. 科技信息检索与查新服务

科技查新工作是针对某一特定课题，收集国内外相关文献资料，结合必要的调查研究，对有价值的文献资料进行综合分析，并与课题特点对比，以审查其新颖性。在此基础上，写出有根据、有分析、有对比、有建议的报告。查新有较严格的年限、范围和程序规定，有查全、查准的严格要求，应给出明确的结论，需对项目的新颖性做出结论，它有别于一般的文献检索，也有别于专家评审，是文献检索和情报调研相结合的情报研究工作。

6. 开展馆际互借与文献传递服务

信息资源在以海量级增长，任何一个图书馆都无法百分之百地满足读者对文献信息资源的需求。图书馆的馆际互借是帮助会员读者从其他图书馆或文献收藏机构，获得本馆未收藏的文献资料；同时，本着互惠的原则，也为其他图书馆的读者提供文献资料，是资源共享的一种重要方式。在开展馆际互借的图书馆或其他文献收藏机构之间，往往签订有互惠协议和互借规则，通常服务有以下几种方式：在同一地区内，互发通用借书证，由读者自己到有互借关系的任何一个图书馆或其他文献收藏机构利用文献；图书馆员帮助读者获取文献；针对读者直接进行文献传递的服务方式，如读者进入本馆所购的超星的“读秀”“百链”学术平台，就可方便进行文献传递请求来获取所需文献。

五、图书馆联盟

（一）图书馆联盟概述

图书馆联盟是为了实现资源共享、利益互惠的目标而组织起来的，受共同认可的协议和合同制约的图书馆联合体，它既可以理解为馆际合作，也可以理解为传统图书馆与数字和虚拟图书馆，纸型资源与电子资源的互补共存。构建图书馆联盟的目的是资源共享，以求共同发展，避免信息重复建设。

国外具有联盟性质的图书馆团体其实早在19世纪后期就已出现。1996年以后，美国图书馆学界开始关注“图书馆联盟”现象，并加大对它的研究和实践的力度，而且这种现象波及世界不少国家和地区。在20世纪末期，随着网络信息技术的快速发展，国外图书馆的联合体由传统图书馆网迅猛地发展为新型图书馆联盟。

我国图书馆联盟建设始于 20 世纪 90 年代中期，2002 年以来发展迅速。我国建立的图书馆联盟主要有全国性的专业图书馆联盟、全国性的综合性图书馆联盟、地区性的专业图书馆联盟和行业性的联盟，多源于高校、公共及科研等全国性的行业系统内文献共建共享项目的建设。

从联盟的合作模式角度划分为共建共享式、会员制及联合办馆式；从联盟的组织模式角度划分为系统或行业主管部门组织的全国性图书馆联盟、由地方政府主管部门推动形成的地方性联盟、由地理位置相邻的图书馆组成的区域性联盟等。因各种联盟组建的目的不尽相同，实现的功能也不完全一样，但其主要功能主要包括文献资源建设协调、联合目录和联合编目、馆际互借与文献传递、电子资源建设及资源合作储存、参考咨询服务协作、计算机资源共享，人员培训与业务辅导等七个方面。目前，实体资源共享已经与数字化资源共享结合为一体，图书馆联盟朝数字图书馆的方向发展。

（二）国外图书馆联盟简介

1. 国际图书馆协会联合会

国际图书馆协会联合会（简称“国际图联”，IFLA）成立于 1927 年，世界图书馆界最具权威、最有影响的非政府的专业性国际组织，也是联合国教科文组织“A 级”顾问机构，主要目标是促进国际图书馆界、信息界的相互了解、合作、交流、研究和发展，其网址为 http://www.ifla.org/。

2. 国际图书馆联合会

国际图书馆联合会（The International Coalition of Library Consortia，ICOLC）由美国耶鲁大学发起，成立于 1997 年，目前全球共有 150 余个图书馆联盟会员，其目标是“以现有的数字化项目为基础，构建一个人类知识的虚拟馆藏，通过网络为公众取用”，其网址为 http://icolc.net/。

3. 英国的国家中央馆藏中心——大英图书馆文献供应中心

英国的国家中央馆藏中心——大英图书馆文献供应中心（BLDSC）以其举世无双的海量馆藏（尤其是期刊）占领了英国馆际互借的舞台。收藏 7000 种常用的连续出版物和 26 000 多种图书。它每年受理文献传递申请超过 380 万件，其中有 100 多万件来自国外。接受的申请中 3/4 以电子方式提出，申请的资料大部分能在 8～24 小时内寄到读者手中，其网址为 http://www.bl.uk/on-demand。

4. 美国俄亥俄图书馆与信息网络

美国俄亥俄图书馆与信息网络（Ohio LINK）是由美国俄亥俄州的大学和学院图书馆与俄亥俄州图书馆组建的图书馆联盟，有 79 个参与机构，在机构协议采购、联机编目、网上图书流通、馆际互借、共同开发馆藏资源和利用网上电子文献资源等方面进行联盟合作，是美国一个颇具规模和较有影响的大型图书馆联盟，其网址为 http://library.osu.edu/about/partners/ohiolink/。

（三）国内图书馆联盟简介

1. 中国高等教育文献保障系统

中国高等教育文献保障系统（CALIS）是经国务院批准的我国高等教育“211 工程”，“九五”计划、“十五”规划中三个公共服务体系之一。CALIS 的宗旨是，在教育部的领导下，把国家的投资、现代图书馆理念、先进的技术手段、高校丰富的文献资源和人力资源整合起来，建设以中国高等教育数字图书馆为核心的教育文献联合保障体系，实现信息资源共建、共知、共享，以发挥最大的社会效益和经济效益，为中国的高等教育服务。CALIS 管理中心设在北京大学，下设了文理、工程、农学、医学四个全国文献信息服务中心，华东北、华东南、华中、华南、西北、西南、东北七个地区文献信息服务中心和一个东北地区国防文献信息服务中心。从 1998 年开始建设以来，CALIS 管理中心引进和共建了一系列国内外文献数据库，包括大量的二次文献库和全文数据库；采用独立开发与引用消化相结合的道路，主持开发了联机合作编目系统、文献传递与馆际互借系统、统一检索平台、资源注册与调度系统，形成了较为完整的 CALIS 文献信息服务网络。迄今参加 CALIS 项目建设和获取 CALIS 服务的成员馆已超过 500 家，其网址为 http://www.cadla.edu.cn/。

2. 大学数字图书馆国际合作计划

大学数字图书馆国际合作计划（CADAL）前身为高等学校中英文图书数字化国际合作计划。2002 年 9 月列入"十五"期间"211 工程"公共服务体系建设。CADAL 与 CALIS 一起，共同构成中国高等教育数字化图书馆的框架。目前已形成一套成熟的支持 TB 量级数字对象制作、管理与服务的技术平台，为数字图书馆建设与服务的可持续发展奠定了资源和技术基础。CADAL 项目建设的数字图书馆，提供一站式的个性化知识服务，将包含理、工、农、医、人文、社科等多种学科的科学技术与文化艺术，包括书画、建筑工程、篆刻、戏剧、工艺品等在内的多种类型媒体资源进行数字化整合，通过因特网向参与建设的高等院校、学术机构提供教学科研支撑，并与世界人民共享中国学术资源，宣传中国的文明与历史，具有重大的实用意义、研究价值和发展前景，其网址为 http://www.cadal.zju.edu.cn/。

3. 中国高校人文社会科学文献中心

中国高校人文社会科学文献中心（CASHL）是在教育部的统一领导下，本着"共建、共知、共享"的原则、"整体建设、分布服务"的方针，为高校哲学社会科学教学和研究建设的文献保障服务体系，是全国性的唯一的人文社会科学文献收藏和服务中心，其最终目标是成为"国家哲学社会科学资源平台"。中国高校人文社会科学文献中心由项目管理中心和 2 个全国中心、5 个区域中心及 10 个学科中心组成。其职责为系统收藏资源、有效提供服务，采用集中式门户平台和分布式服务结合的方式，借助现代化的网络服务体系，提供数据库检索和浏览、书刊馆际互借与原文传递、相关咨询服务等。任何一所高校，只要与 CASHL 签订协议，即可享受服务和相关补贴。CASHL 期刊目次数据库包含 2300 多种人文社会科学外文期刊，拥有 1500 多种期刊的目次数据 74 万多条，数据回溯至 1984 年。读者可以免费检索目次数据，其网址为 http://www.cashl.edu.cn/。

4. 国家科技图书文献中心

国家科技图书文献中心（NSTL）是科技部、财政部等部委启动跨系统的科技文献共建共享项目，是国家科技图书文献中心建设的重要组成部分。系统根据国家发展需要，收集和开发理、工、农、医等学科领域的科技文献信息资源，提供免费检索，网上订购全文，面向全国进行文献信息服务，其网址为 http://www.nstl.gov.cn/。

5. 全国文化信息资源共享工程

文化部2002年开始实施的“全国文化信息资源共享工程”，充分利用现代高新技术手段，将中华民族几千年来积淀的各种类型的文化信息资源精华及贴近大众生活的现代社会文化信息资源，进行数字化加工处理与整合；建成互联网上的中华文化信息中心和网络中心，并通过覆盖全国所有省、自治区、直辖市和大部分地（市）、县（市），以及部分乡镇、街道（社区）的文化信息资源网络传输系统，实现优秀文化信息在全国范围内的共建共享，构建了一个由国家中心、省级分中心和县、乡、社区基层网点组成的联网服务体系，其网址为 http://www.ndcnc.gov.cn/。

国内目前也有较多的地域性图书馆联盟组织，如上海教育网络图书馆、北京高校网络图书馆、广东省高校电子图书、天津市高校数字化图书馆、河北省高等学校数字图书馆联盟、重庆大学城资源共享联盟等，这些图书馆联合体及协作组织，以灵活的模式协同发展，功能各异，整合了社会信息资源和提供文献保障服务功能的崭新的图书馆体系，在很大程度上改变了本行业、本地区，以至全国的图书馆信息资源共享的面貌。

第二节　图书的排检与书刊目录检索系统

图书馆的书刊排检与书刊目录检索系统，为馆藏丰富文献资源提供有序组织管理，方便馆藏利用。

一、图书和期刊的排检

馆藏图书通常按学科来分类，按索书号的顺序排架。索书号又称排架号，它是每种图书在书库中所处位置的唯一标识，也是图书排架、读者索书和藏书清点的标志和依据。索书号的标签通常贴书脊下方、图书书名页或封底的上方。

（一）索书号的构成

索书号由分类号和书次号两部分构成，通常分类号与书次号用“/”或空格分隔。分类号是根据图书分类法规则确定图书所属的学科类别，图书分类是根据图书的学科内容属性、形式体裁、读者用途等，按学科的分类体系，分门别类地组织起来，使同一学科门类的图书在目录中、在书架上都集中在一起。书次号是对同一学科下分类号相同图书做的进一步的区分。

国内书次号的划分尚无统一标准，但常采用以下三种。

1. 种次号

采用在同一类目下按照图书到馆的先后顺序予以编写的号码。这种方法简单，只按数字的先后顺序排列即可，但其缺点在于常会使同一作者所著的同一类著作分散在不同的位置，如I245.7/35、I245.7/36、I245.7/37。

2. 著者号

按一定方法将作者的姓名转换成编号的形式，作为同类书区分的依据，取号方式有两种，拼号法和按著者号码表排，通常利用《通用著者号码表》将作者姓名的拼音所对应的号码（一般是三位）形成的唯一的一个号码作为书次号，如由作者张琪玉著的《情报检索语言实用教程》，其索书号为G25/Z150。

3. 著者号加年代号

按著者代码和年代号结合来作为书次号，如《论语》B222.2/Z228 2006。

（二）图书的排架

图书馆的图书，都是按照索书号的次序排列在书架上，以方便取阅、归架、管理。在排架的时候先按索书号中的分类号依次排列，即先比较一级类号，一级类号相同时，再比较二级类号，依此类推。例如，R91，…，R911，…，R915，R916，…

分类号如果相同的再按种次号排列，按这样排列的方式可以将相近学科的图书集中在一起，方便读者按学科分类查找图书。

图书上架的次序：按照同一书架从上到下、从左往右的顺序，先按照分类号的字母顺序排列，分类号相同的再按书次号的字母顺序排列。

（三）期刊排架

期刊排架也与图书的排架有类似，但期刊种类数量相比图书较小，因此目前不同的馆也有不同的排列方法，图书馆一般会将期刊分为现刊和过刊，并分别存放。现刊是指当年出版的期刊，有的按分类排架，有的按字顺排架；过刊是出版一年后装订成册的合订本，大多数馆会将学术过刊装订成册，按分类或字顺的方式排架。

知识链接

RFID图书电子标签

RFID是Radio Frequency Identification的简称，中文译为电子标签，又称无线射频识别技术。1995年，新加坡政府设立国家图书管理局，新加坡国家图书馆开始使用RFID图书馆管理系统，并在2002年成为世界上第一个采用RFID技术进行图书馆管理的国家。随后，国内外众多公共图书馆、大学图书馆等纷纷把RFID技术引入图书馆管理中，实现图书在图书馆的自动跟踪、读者自助借还书、图书快速流通等功能，给读者和管理者带来了便利，提高了效率。

采用RFID图书电子标签技术后，图书馆借阅、归还图书的流程更加减便，给读者节约了大量的时间。同时图书管理员可利用RFID手持式阅读器进行无接触读取图书标签的信息，检查库存或者进行各种文献查找，寻找错架图书的工作变得非常简单；在安全管理方面，使用RFID技术之后，电子标签可以防止有人未经过许可就取走图书，避免图书丢失。

二、图书馆馆藏目录检索

图书馆的馆藏资源是指图书馆所能提供的文献资源的总和，用户在使用图书馆时，常常需要了解本馆是否收藏了某本图书或是期刊，解决这类问题的方法就是查馆藏，所用到的检索工具就是馆藏目录检索系统。

（一）联机公共目录查询系统

联机公共目录查询系统（Online Public Access Catalogue，OPAC），又称为”联机公共查询目录”，也称为在线公共查询目录，是利用计算机网络终端来查询图书馆馆藏图书资源的一种现代化检索方式。OPAC 反映了图书馆各种文献的入藏情况，是目前国内外图书馆书目网上查询的通用模式。OPAC 的正确使用是减少书目检索时间的一条重要途径。

OPAC 系统可分为公共图书馆的 OPAC 系统、科技图书馆的 OPAC 系统及高校图书馆的 OPAC 系统。目前几乎每个馆都有自己的公共目录系统，多个馆 OPAC 我们称之为联合目录系统，单独馆的 OPAC 也称之为馆藏目录查询系统。

（二）馆藏目录查询系统

馆藏目录查询系统是图书馆用来提示本馆所收藏的图书、报纸、期刊等文献资料的工具，由于目前馆藏资源是混合馆藏，所以图书馆馆藏目录系统通常由两个子目录系统组成，一个是纸质资料的馆藏资料；另一个是数字化的馆藏资源，如电子书、电子期刊和各种类型的数据库。以纸质资料的馆藏资料目录系统来说它们一般提供图书的书目查询、信息发布、新书通告、读者荐购等多个模块，同时可以进行续借、预约等服务，有些馆还为 OPAC 加入个性化的服务如搜索建议、搜索纠错、馆藏深挖等新举措，从 OPAC 这个平台上提供更多的服务和获取更多的信息从而达到提高自身服务水平的目的。

下面以北京金盘鹏图软件技术有限公司《图书馆集成管理系统》为例，介绍一下馆藏目录查询系统的使用方法。

图书书目查询提供多种查询方法：简单查询、组合查询、分类查询，如图 5-1 所示。简单查询可以设置题名、责任者、出版者、出版日期、索书号、标准编码、主题词等多种检索类型，用户在检索框里输入相应的检索关键词即可检索到相应的结果。

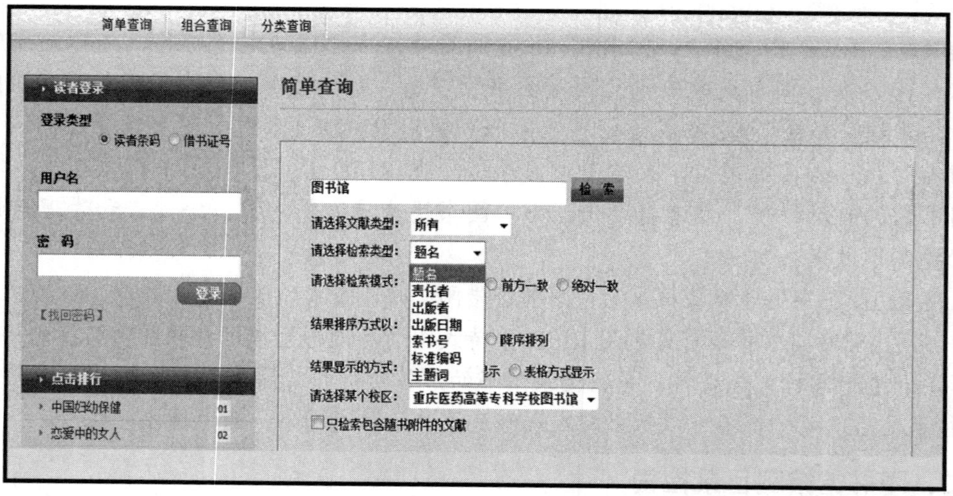

图 5-1 简单检索窗口

组合查询里面可以设置多个查询条件，并设置相应的逻辑关系，如设置题名、责任者、索书号等并设置逻辑与、或、非等关系然后得出相应的检索结果，如图 5-2 所示。

分类检索可以根据文献所属类别，在浏览的方式下检索相应类别的图书，如图 5-3 所示。

设置相应条件检索结果如图 5-4 所示。

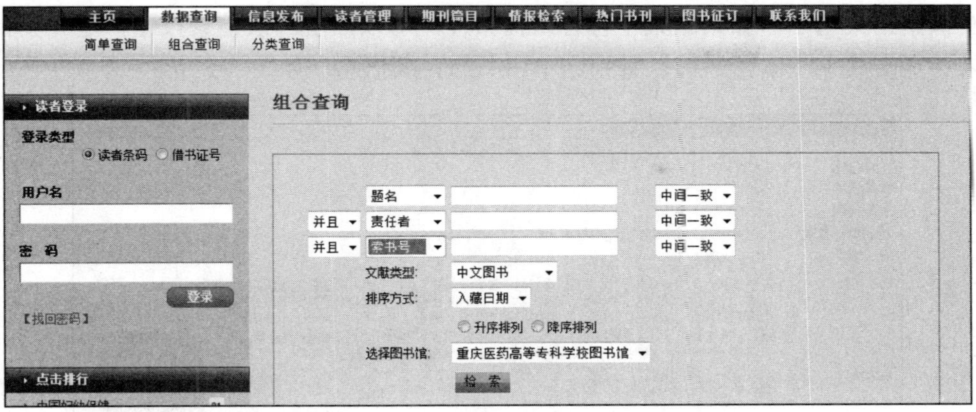

图 5-2　组合检索窗口

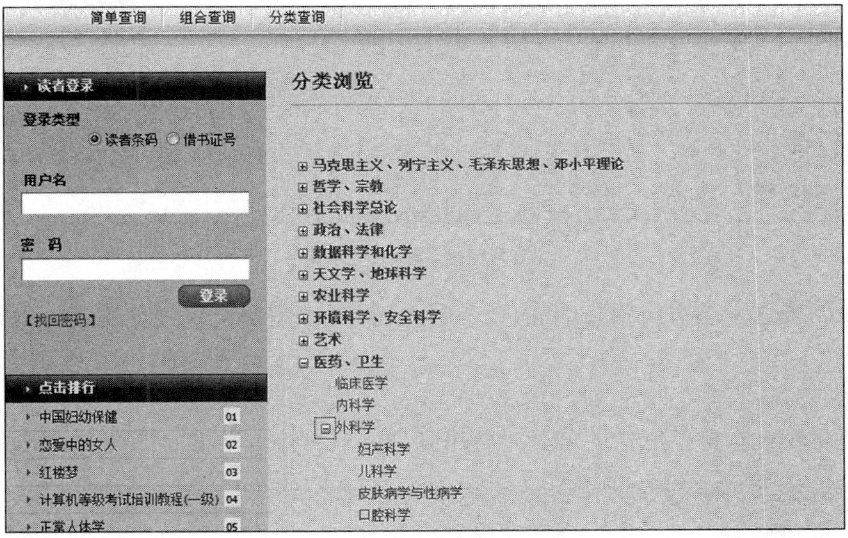

图 5-3　分类检索窗口

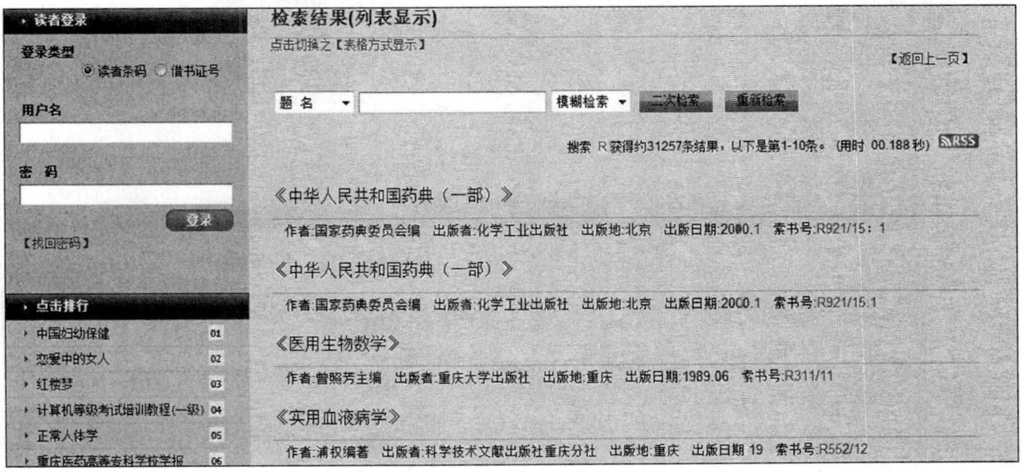

图 5-4　检索结果窗口

在检索结果当中，如果结果不符合所需条件，可以点击二次检索按钮，进一步精确所得结果。点击其中一本图书可以看到这本图书的详细信息，如图 5-5 所示。

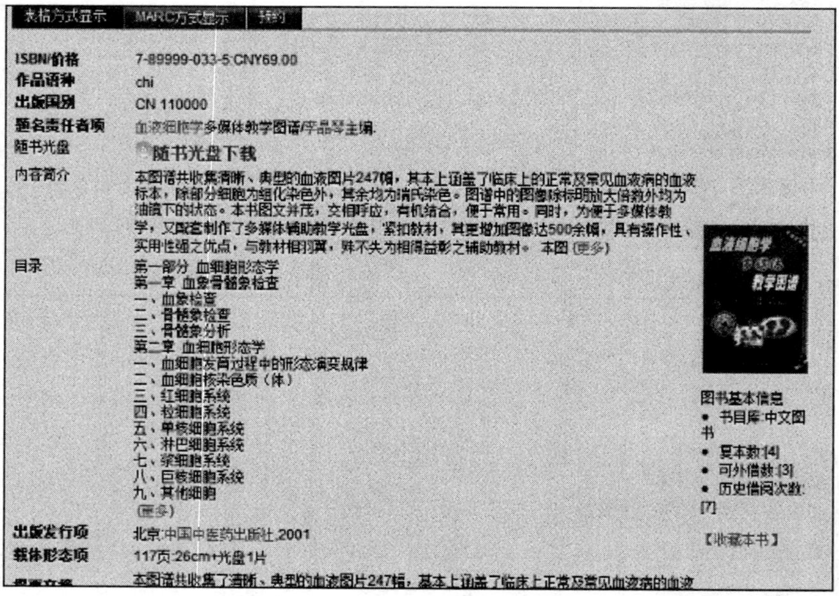

图 5-5 检索结果窗口

同时，如果这本图书有附带的光盘，可以直接提供图书自带光盘的在线下载，供读者使用。

1）外借书目检索

当读者需要查看自己所借的书目时要用到外借书目检索功能，如图 5-6 所示。

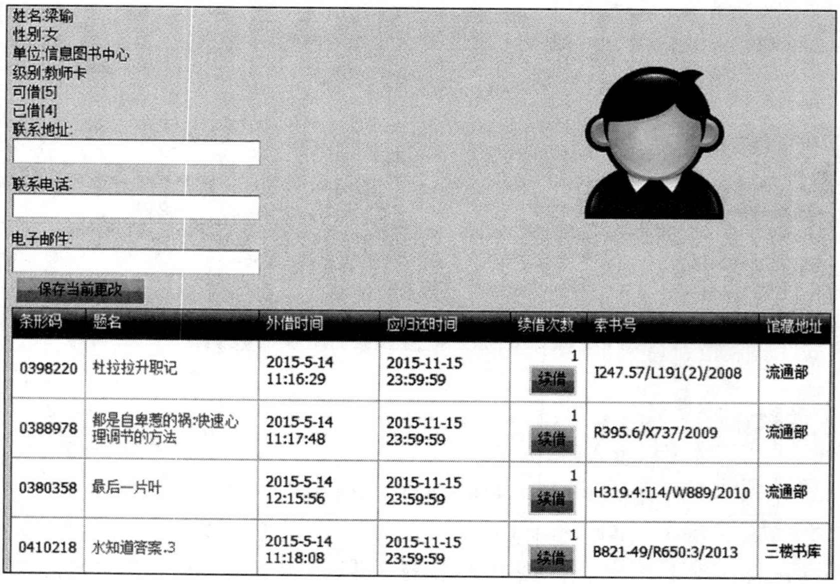

图 5-6 外借书目检索窗口

输入用户名和密码可以检索到用户自己的外借信息，随时关注以免超期。

2）续借手续办理

如图 5-6 所示，如果需要办理续借，可以直接点击续借按钮办理续借手续，由于各馆的借阅规则不同，办理续借的次数也有区别。

三、联合目录

（一）联合目录概述

联合目录是揭示与报道多个文献收藏单位所藏文献的目录。按地域范围可分为国际性的、国家性的和地区性的联合目录，按文献类型可分为图书联合目录、期刊联合目录等，按收录文献的内容范围可分为综合性的、专科性的联合目录。联合目录能扩大读者检索和利用文献的范围，使用者能从单一检索平台检索出多所图书馆的馆藏，提供给读者更丰富的馆藏资讯，同时也便于图书馆藏书协调、馆际互借和实现图书馆资源共享。

目前联合目录通常有两种模式。一是传统的集中式联合目录，将多个图书馆的数据汇集在一个数据库中；二是模拟式虚拟联合目录，指每个书目数据库都是相对独立的，只是在用户检索时将他们视为一个整体，通过一个通用界面同步并行检索书目数据库，然后将检索结果返回。

（二）联合目录数据库举例

1. WorldCat 目录

世界上最大的图书馆联盟 OCLC 的 WorldCat 目录，包含了其收录的全世界范围内 170 个国家的，覆盖了 370 种语言的，收录自 OCLC 成员馆 72 000 家图书馆的 2 亿多条书目数据，且每日更新，并以每年 200 万条记录的速度增长。其目录采用了“OPAC 2.0”的许多功能，包括关键词的检索方式、在搜索结果页的分面浏览、通过提供书目信息和内容提要，对资源信息的更好解释等。

2. CALIS 联合书目数据库

CALIS 联合书目数据库是全国“211 工程”100 所高校图书馆馆藏联合目录数据库，是 CALIS 在“九五”期间重点建设的数据库之一。它的主要任务是建立多语种书刊联合目录数据库和联机合作编目、资源共享系统，为全国高校的教学科研提供书刊文献资源网络公共查询，支持高校图书馆系统的联机合作编目，为成员馆之间实现馆藏资源共享、馆际互借和文献传递奠定基础。检索数据范围包括中、西、日、俄文所有数据，此数据库任何用户可免费检索该数据库，CALIS 联合目录系统提供简单检索、高级检索等多种检索方式，每种检索方式提供多种检索项，如图 5-7 所示的简单检索提供全面检索、题名、责任者、主题、分类号、ISBN 号等，其网址为 http://opac.calis.edu.cn/。

3. 全国外文生物医学期刊馆藏联合目录数据库

该目录数据库简称“联合目录数据库”，是卫生部为发展我国医学文献资源保障体系而设定的重点研究项目。该项目以卫生部全国医学文献资源共享三级网络为依托，由国家医学中心馆、中国医学科学院和协和医科大学图书馆牵头，已建成“1983～2000 年全国外文生物医学期刊馆藏联合目录数据库”、“1999～2014 年预定期刊联合目录”网络版。馆藏数据依据《国际标准著录》（ISBD（S））、《国家标准连续出版物著录规则》、《中国机读目录

图 5-7　CALIS 联合目录公共检索系统

格式手册》（USMARC）格式著录。提供刊名、并列刊名、出版国、出版地、出版商、出版年、ISSN、订购号、主题词、馆代码等 11 种检索途径，能直接点击馆代码查到收藏馆的联系信息，为全国用户提供了一个文献资源共享的可靠工具，如图 5-8 所示，其网址为 http://www.library.imicams.ac.cn/lm/。

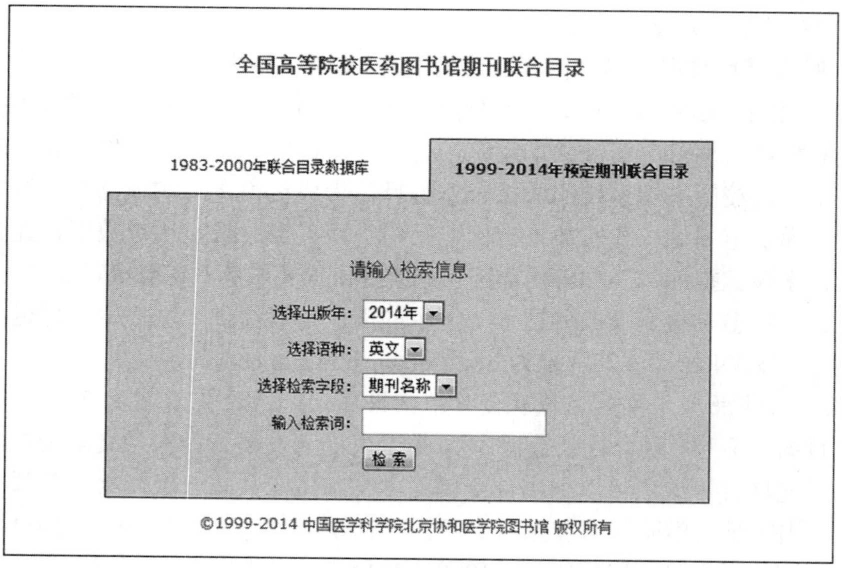

图 5-8　医药图书馆期刊联合目录

其他使用较广泛的联合联合目录检索系统还有国家科技图书文献中心（NSTL）公共书目查询系统（图 5-9）、高校人文社科外文期刊目次数据库、高校人文社科外文图书联合目录、北京大学图书馆“国外人文社会科学核心期刊总览”、全国期刊联合目录（中科院文献情报中心）、西南地区外文生物医学期刊联合目录、华东地区西文生物医药期刊馆藏联目数据库等。

图 5-9　国家科技图书文献中心（NSTL）公共书目查询系统

4. *跨库检索系统*

跨库检索系统集成各类异构网络数据源，建设统一的访问门户，方便用户实现对多个异构数据源的统一搜索、结果整合、分类排序、站点评估和优选。在基于异构系统的跨库检索系统上，用户可以对选中的多个数字资源同时进行检索，可以输入复杂的组合检索条件来提高检索精度，包括组配检索、日期限制、排序限制，以及字段内容的截词和逻辑检索等。用户往往也可按学科、按数据库名称、按文件同时检索多个平台上的多种资源，输入一个检索式，便可以看到多个数据库的查询结果，并可进一步得到详细记录和下载全文。

实际上跨库检索只是一种提高资源整合检索的关键技术，在实际中需要与开放链接、学科导航、个性化服务、用户认证和权限控制等功能结合在一起，才能构成一个实用的数字资源门户。

国内跨库检索系统的开发主要有两种方式：一是由图书情报机构自行开发跨库/整合系统，如中科院文献中心自主开发了“CSDL 跨库集成检索系统”、CALIS 技术中心自主开发了 “CALIS 资源统一检索系统”等；二是由国内软件公司开发的跨库/整合系统，如汇文公司的“一站式文献检索系统”“清华同方异构数据库统一检索平台”等。

第三节　数字图书馆

关于数字图书馆目前尚没有统一的定义，“大英数字图书馆计划”所下的定义是：数字图书馆是通过使用数字化技术获取、存储、保护和提供信息与提供信息查询途径而被广泛认可的虚拟描述。

一、数字图书馆起源与发展

从图书馆的角度，数字图书馆的前身是“电子图书馆”，它的起源可以追溯到20世纪的50年代；20世纪50～70年代末，是电子图书馆思想的积累成型期；到80年代末，在发达国家已经建立起一大批试验型的电子图书馆；进入90年代以后，在全球范围内兴起信息化浪潮——全球信息高速公路建设热潮。电子图书馆是信息资源的重要组成部分，其蓬勃发展使电子信息资源激增。1994年以后，电子图书馆风靡全球。

最早探讨“数字图书馆”（Digital Library）的文献见于1992年由美国国家卫生基金会（NSF）举办的“Workshop on Electronic Libraries”和“Workshop on Digital Libraries”会议。该会议专门研讨了数字图书馆问题。此后，对“数字图书馆”的研究蓬勃发展。

1993年2月，我国第一家数据库专业公司“万方数据公司”正式成立，标志着我国数据库开始走向市场。1997年由北京图书馆、上海图书馆、广东省中山图书馆、深圳图书馆、辽宁省图书馆和南京图书馆联合开发研制“中国试验型数字化图书馆”列入国家重点科研项目，开启国内多馆协作整体研发数字图书馆的先河，是数字图书馆建设开始的标志。1998年4月，文化部与国家图书馆启动了中国国家数字图书馆工程，标志着中国数字图书馆工程进入实质性操作阶段。2000年4月，由文化部等21个部委单位参加的“中国数字图书馆工程”项目的启动对全国数字图书馆的研究和建设发挥统领和带动作用。

目前国内重点高校、大型公共图书馆基本实现了信息化改造，建立了电子图书馆，并出现了一批现代信息服务机构，如万方数据、超星数字图书馆、CNKI 数字图书馆，这些机构不仅拥有数量巨大的数字化信息资源，它们还以信息技术为先导、以传统图书馆业务为基础来拓展自己的业务空间，同时不断提高信息利用率，缩短对用户的响应时间。国家图书馆、地区图书馆及众多高校图书馆也与技术公司合作，开展大规模数字化馆藏资源建设，公共网络上也开始建立资源共享平台，这些均标志着我国数字图书馆正在逐步成熟与发展。

区域合作架构数字化图书馆建设模式的形成，地区性合作图书馆联盟、系统联盟、高等院校图书馆联盟等合作方式已在各自领域发挥巨大作用。数字图书馆联盟突破了不同图书馆在数据库结构、工具平台方面存在的差异，借助各种方式对本馆内外的数字资源和数字化参考咨询服务进行整合建设，实现优势互补。

初步的云图书馆已经投入使用，百链云图书馆的成立是图书馆服务模式发生转变的里程碑，在一定程度上实现了资源共享和图书馆之间的协作，并且其业务范围也不断扩大，在原有的基础上，增加了在线图书查询、阅读、专题定制等服务。

从数字图书馆的演进可以看到，专业化、个性化信息服务是数字图书馆的发展方向。

数字图书馆功能主要有：对各种传统载体文献的数字化，进行数据的存储和管理，实施数字化资料的传送和发布及组织有效的访问和信息查询。

二、数字图书馆特征

数字图书馆就是基于网络环境下共建共享的可扩展的知识网络系统，是超大规模的、分布式的、便于使用的、没有时空限制的、可以实现跨库无缝链接与智能检索的知识中心。在当前的网络环境下呈现如下几个特征。

1. 信息资源数字化

数字化是数字图书馆信息资源的主要内容特征。所谓数字化是指把信息用电磁介质，按二进制编码的方法加以存储和处理，把原先用纸张存储的信息转变为用计算机存储和处理的信息。信息载体的数字化，信息依附于数字而存在，没有数字化的资源，数字图书馆就没有内容。因此数字化图书馆建设的重要内容之一就是要有足够的数字化资源或是将资源数字化，这样建设数字图书馆才有了基石。

2. 信息内容动态化

数字图书馆内的数字化资源内容是动态的。在数字图书馆中，图书、期刊、数据库、多媒体等信息是动态存在并会及时更新。同时，数字图书馆也会有效地组织、利用各种技术手段和平台为用户提供最新的信息和服务。

3. 信息服务网络化

数字图书馆中信息的获取依托网络，同时通过网络进行分布式管理。用户可以不受地域的限制方便快捷地从数字图书馆中获取到所用资源。网络化的方式不受时间限制，能够为用户提供 7×24 小时的服务，为用户提供了方便。

4. 信息利用共享化

数字图书馆的建设依托网络技术，具有资源共建与共享的优势，在一个地点可以通过网络访问到任何一个数字图书馆，享受到任何一个数字图书馆的服务，充分地利用信息使信息共享最大化，使全球信息在数字图书馆实现共享。

三、数字图书馆利用

数字图书馆的核心价值就是为读者提供服务，其服务包括资源获取、信息服务、信息素养教育、技术服务、资源保存服务等。数字图书馆以用户为中心，有更加灵活、多样的服务方式，如个性化的信息推送服务、页面定制服务、学术信息导航服务，能提供形式多样的参考咨询服务。大多数的图书馆都是以资源门户网站来体现其数字图书馆服务的，下面以中国国家图书馆（简称国图）为例来介绍一下数字图书馆的利用，如图 5-10 所示。

国图首页提供了不同资源的检索，如馆藏书目检索、电子图书、期刊、报纸、论文和其他等多类文献的检索，提供以多种方式参与馆内参考咨询服务，用户可以根据自己的需求去访问数字图书馆中所需要的相关资源，操作简单方便，如图 5-11 所示图书资源。点击主页上的图书就可以进入国图数字图书馆的图书资源库，再点击相应的专栏可以进入相应的数据库查找相关的图书。

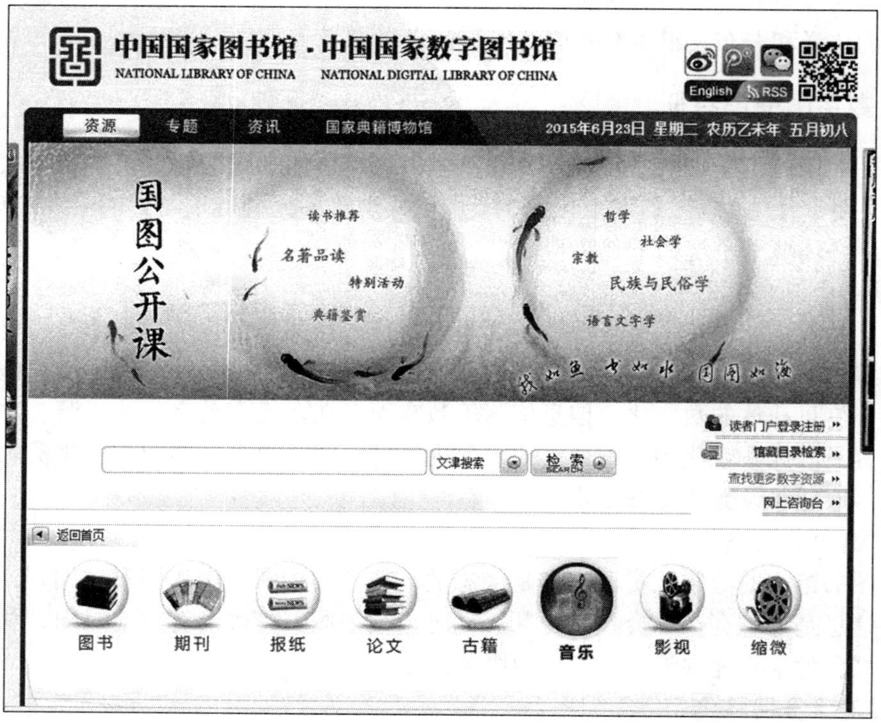

图 5-10 中国国家数字图书馆

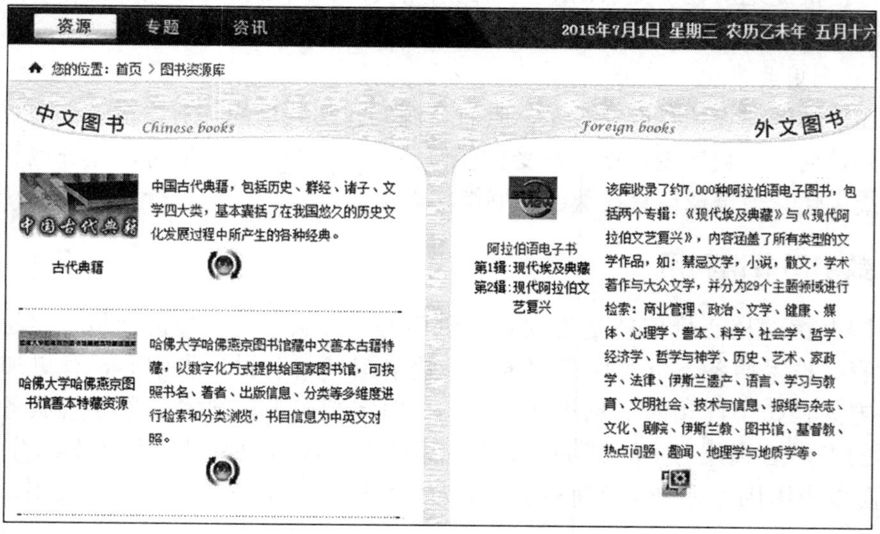

图 5-11 国图数字图书馆图书资源库

国图数字图书馆同时还提供读者指南、科技查新、馆际互借、讲座预告、读者培训、在线讲座、在线展览等多项服务，读者可以根据自己的需要选择，通过数字图书馆方便快捷地满足自己的需求，如图 5-12 所示。

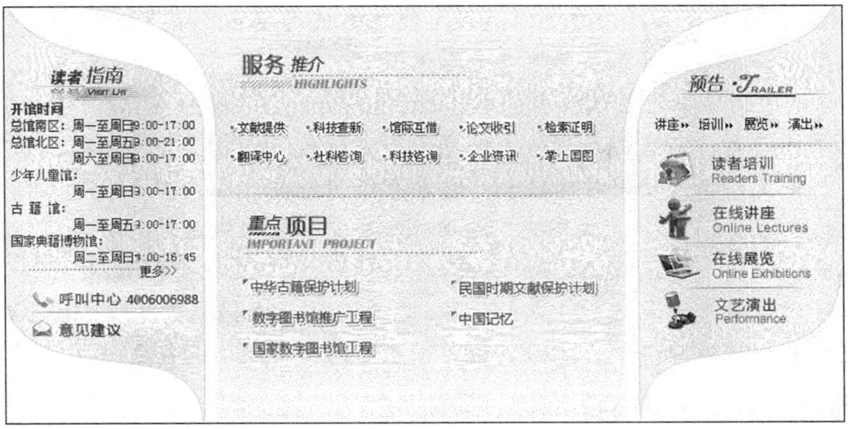

图 5-12 国图数字图书馆提供其他服务

第四节 移动图书馆

在网络技术飞速发展下，图书馆的各项服务也正经历着重大的变革。以无线网络、3G/4G 技术等为代表的移动网络技术的兴起和普及，使图书馆的服务理念得到进一步强化，移动图书馆（也称为手机图书馆）应运而生。移动网络环境下图书馆服务的新发展日益成为业界人士关注的热点。

一、移动图书馆概述

移动图书馆译自 mobile library 一词，最初指的是“汽车图书馆”，是专门用来作为图书馆的比较大型的交通工具，里面设计有放置图书的书架可供读者取阅，空间比较大的车辆里还可容纳读者就座阅读。但在移动设备逐渐普及后，移动图书馆逐渐从实体的流动图书馆发展成为用户将电子书、有声书等数字馆藏资源下载到手机等可持移动设备上进行阅读和使用的一种服务方式。但随着无线网络的发展，利用手机、PDA 等移动终端设备，以无线方式接收图书馆服务的服务模式逐渐成为移动图书馆新的业务服务模式，手机突破了之前仅仅作为资源载体的功能，成为用户和图书馆之间进行信息与资源交互的工具，对移动图书馆的内涵也有了更新更准确的诠释。

移动图书馆是指依托成熟的无线移动网络、互联网及多媒体技术，使人们不受时间、地点和空间的限制，通过各种便携移动设备（手机、PDA、手持阅读器、平板电脑、MP4 等）方便灵活地进行图书馆的信息查询、浏览和获取资源内容的服务，具有移动性、便携性、实时性、资源丰富性、服务主动性的鲜明特征。

知识链接

移动终端设备——kindle

Amazon Kindle 是由 Amazon 设计和销售的电子书阅读器（及软件平台）。第一代 Kindle

于 2007 年 11 月 19 日发布，用户可以通过无线网络使用 Amazon Kindle 购买、下载和阅读电子书、报纸、杂志、博客及其他电子媒体。

kindle 电纸书的屏幕为电子墨水屏（electronic paper，又称为 E-ink）。

作为电子阅读器，它有着与其他阅读器不同的特点：kindle 非常省电，只有在刷屏的时候才耗电，系统待机和使用时间较长；它没有任何亮度，在太阳底下可以非常方便地阅读，而普通的 LCD、LED 屏在太阳光下很难阅读；它的显示效果非常接近纸，待机状态下犹如在屏幕底下压了一张报纸。

同时它可以轻松存储多达 500 本电子书、内置 WiFi、比铅笔更纤薄、比记事本更轻便、高速下载电子书、转瞬即得等，从而成为大家喜爱的移动终端设备之一。

二、移动图书馆服务模式

移动图书馆服务强调在用户随时随地需要帮助时为其提供服务，既能满足用户需求，又能提高馆藏资源利用率，有利于改善图书馆在用户和馆员心中的形象，目前，许多的图书馆已开展了移动数字图书馆服务，其服务内容也在不断拓展，主要有短信息服务、WAP 网站常规服务、APP 移动应用服务。

（一）短信息服务

短信息服务（short message service，SMS）是最早被普遍应用的移动图书馆服务模式。移动图书馆短信服务是指图书馆读者通过手机短信形式获取和查询相关信息，它的特点是速度快、效率高、费用低及操作简便，主要有两种服务形式：①信息推送服务，如新书推介、讲座通知、欠费提醒、逾期催还等；②短信咨询服务，如资料预约、图书续借、借阅查询、参考咨询等。短信服务的开通无疑为读者带来了更多的选择和便利。但同时，由于短信服务开通对象的局限（有的图书馆只针对移动用户开通了请求应答型服务，只有部分图书馆对移动、联通和小灵通用户都开通此项服务），以及短信代码编辑的繁复，短信服务的功能受到了一定程度的影响。

（二）WAP 网站服务

WAP（Wireless Application Protocol）是摩托罗拉、诺基亚、爱立信等与美国的软件公司 Phone.com 最早倡导和开发的无线应用协议，是使移动通信设备接入互联网的开放的国际标准，是一种窄带宽传输数据的通信协议。它是继 SMS 后逐渐兴起和推广的，是对 SMS 的一种拓展和补充，尤其在信息查询和交互功能上优势更加明显，通过 WAP 技术，可以将 Internet 的大量信息及各种各样的业务引入移动终端中。相对于短信服务，图书馆 WAP 服务在信息查询和交互功能上的优势更加明显，这在很大程度上弥补了短信服务的不足。读者通过手机等移动设备登录图书馆 WAP 网站能够像在电脑上登录图书馆网站那样查看图书馆公告、查询书目和借阅记录、预约和续借图书等，而只要能够接入无线网络，这些操作随时随地都可以进行。

（三）APP 移动应用服务

APP（Application，APP）是一种移动增值服务模式。具有功能丰富、可定制、趣味性强等特点，APP 客户端的服务模式正在被广泛采用。APP 通俗地说就是智能手机上的各种智能软件，依托移动互联、大数据等技术的迅猛发展，2013 年诞生的 APP 就超过了几十万个，小小的 APP 正在改变着我们的生活。APP 以其便捷、迅速、可个性化定制推送等特点在信息服务和知识传播领域得到广泛应用。其扩展性强、内容丰富、功能强大等移动客户端应用特点为用户带来了前所未有的网络体验，因此代表了当前移动图书馆技术最为先进、功能最为强大的一种服务模式，同时 APP 已经成为移动图书馆最主要的服务模式。

知识拓展

智慧图书馆

智慧图书馆（smarter library）是以数字化、网络化、智能化的信息技术为基础，以互联、高效、便利为主要特征，以绿色发展和数字惠民为本质追求，是现代图书馆科学发展的理念与实践。

欧美图书馆界是智慧图书馆理念的率先提出者，而智慧图书馆的实践也首先出现在欧美的大学图书馆、公共图书馆和博物馆中。目前，国内外一些图书馆已经进行了智慧图书馆部分功能的尝试，通过物联网技术、无线射频识别（RFID）提供图书馆智慧服务。例如，芬兰奥卢大学图书馆于 2003 年提供的一项被称为“smart library”的新服务；台北市立图书馆于 2010 年采用无线射频识别技术建设了一个无人值守的智慧图书馆，通过感应装置实现用户的身份验证，自助借还机协助用户完成无人值守的借还操作；上海图书馆率先开展了手机图书馆的移动服务等。智慧图书馆融合了感知智慧化和图书馆服务智慧化，图书馆不仅提供资源的服务，而且通过人和知识的融合，为用户营造一个和谐的知识生态环境，提供更高层次的智慧服务。

三、移动图书馆主要服务内容

目前我国移动图书馆服务内容主要包括图书事务管理，如读者信息管理借阅查询、图书（证）挂失、图书预约、到期提醒（催还）等；公共信息管理，如新书通报、讲座通知、馆舍公告、馆舍介绍等；馆藏信息管理，如书目查询、数据库检索等；个性化服务，如二维码、手机电子书、阅读器外借等。通常提供的服务应用有下几个方面。

1. OPAC

和传统图书馆的功能一样，包括图书馆新闻资讯、馆藏查询和借阅管理。读者可以在移动终端 APP 上通过“借阅信息”查看自己的借阅历史，同时可自行办理图书续借。

2. 学术资源

学术资源是图书馆内电子资源的整合，提供一站式检索，分为图书、期刊、学位论文等标签，通过“书架”“我的收藏”等栏目可以实现阅读、下载、收藏和文献传递等功能。

3. 订阅功能

订阅功能包括教学公开课、各地报纸和各学科视频，提供查找、播放和下载等功能。

4. 互动

通过“意见反馈”等相关栏目，读者可以把使用建议发送到技术部门，促进改进。账户绑定，是指读者的腾讯微博、新浪微博或人人网账户与客户端 APP 相绑定，可以对电子资源进行评论和分享。

四、超星移动图书馆

超星公司 2011 年成功推出移动图书馆应用平台，国内高校移动图书馆采用超星平台的用户众多，读者可利用各型号智能手机、平板电脑、PSP 等设备，通过个人读者借阅证号注册后，读者可通过设置个人空间与图书馆 OPAC 系统的对接，实现读者随时随地轻松访问图书馆电子资源，进行馆藏查询、续借、预约、挂失、到期提醒、热门书排行榜、咨询等自助式移动服务。读者还可以自由选择咨询问答、新闻发布、公告（通知）、新书推荐、借书到期提醒、热门书推荐、预约取书通知等信息交流功能。

（一）超星移动图书馆的使用方法

1. 客户端的安装

首先要先在移动设备上下载安装客户端，扫描下面二维码或是在手机上直接下载超星移动图书馆 APP 并安装即可，如图 5-13 所示。

图 5-13　超星移动图书馆客户端

打开扫描的网址并安装或下载 APP 后直接安装，如图 5-14 所示。

根据自己的移动设备，选择相应的版本，会跳入相应的页面，然后选择安装或者下载。

2. 登录超星移动图书馆

首先点击左上角进入个人中心，单击

按钮进入院校选择页面，选择自己的单位（如本校已开通超星移动图书馆，列表中会有显示），如图 5-15 所示。

图 5-14　超星移动图书馆安装界面

图 5-15　超星移动图书馆登录界面

其次，输入借阅证号及密码，点击登录，即可成功进入移动图书馆。

3. 超星移动图书馆基本功能

1）馆藏书目查询

在线一站式检索图书馆书、刊、论文等文献信息，通过手机等设备查找并且获取馆藏图书馆资源，步骤如下。

第一步，点击首页“馆藏查询”，打开馆藏书目查询页面。

第二步，输入想要查询的图书，点击搜索，如图 5-16 所示。

第三步，在检索结果页面选择要查询的图书，如图 5-17 所示。

图 5-16 超星移动图书馆馆藏查询界面

图 5-17 超星移动图书馆馆藏查询结果界面

第四步，查看馆藏书目详细信息，如图 5-18 所示，可以检索到所需书目的题名、出版者、ISBN 号、作者、中图法等详细信息。

馆藏查询这种方式在全文资源获取方面，超星移动图书馆通过代理服务器的方式实现了用户通过手机等移动终端访问、获取到所有图书馆已经购买的资源全文。同时，通过图书馆购买的百链具有的文献传递功能，用户能够通过超星移动图书馆检索到全国 700 多家图书馆的全文资源，在这些资源中本馆没有的就可以通过文献传递的方式获得。读者只需要通过手机发送一条文献传递的请求，填写自己的电子邮箱，申请的全文资源就会被发送到用户的电子邮箱当中。

2）图书预约

用户可登录图书馆 OPAC 系统查询馆藏信息，如要借的书已被借出并不在馆，用户可在 OPAC 系统预约某一特定图书，一旦预约的书到馆即可通过短信或邮件等方式通知读者到馆取书，如图 5-19 所示。

点击图 5-19 中“读者预约”按钮即可完成此本图书的预约。

图 5-18 超星移动图书馆馆藏书目详细信息

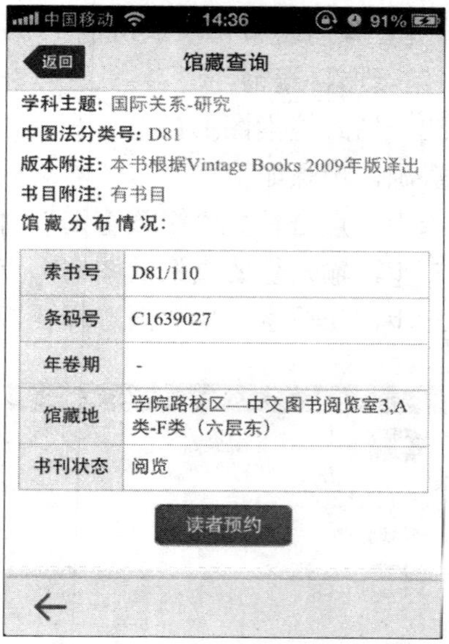

图 5-19 超星移动图书馆预约服务界面

3）馆藏借阅信息

在个人中心中点击借阅信息，即可查看读者本人图书的借阅情况，如图 5-20 所示，可以检索到所借图书人条码号、借出日期、应归还日期、续借次数、索书号、馆藏地址等多项信息。

4）借阅图书续借

读者想要续借的图书，如图 5-20 只需点击续借按钮，即可成功进行续借。用户不必再到图书馆，直接点击完成操作。

5）条码扫描

可以通过条码扫描的方式查询馆藏，点击首页左下角条码小图标开始扫描，对准图书的条码，即可查看图书的馆藏状态，也可手动输入 ISBN 号进行查询，如图 5-21 所示。

图 5-20 我的借阅信息

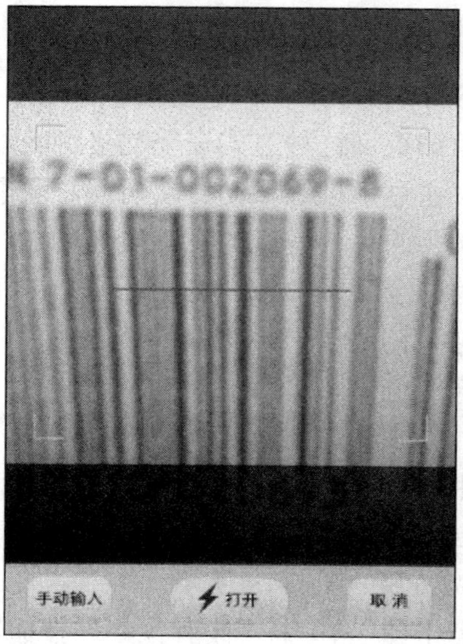

图 5-21 条码扫描

4. 超星移动图书馆其他应用

（1）学术资源查询。

第一步，在首页选择图书频道，如图 5-22 所示。

在学术资源界面中，可以根据需求检索图书、期刊、报纸、视频、论文等多个栏目，点击相应的栏目即可查看相应栏目下的内容。

第二步，输入检索词进行检索，得到检索结果页面，如图 5-23 所示，进入图书界面后可以浏览此栏目下的图书列表。

图 5-22 学术资源界面

图 5-23 学术资源图书界面

第三步，点击图书列表中的图书，即可查看图书详细信息，如图 5-24 所示。

在此界面中可以查看到图书的作者、出版日期、ISBN 号、页数、内容提要等信息。

（2）获取全文方式。

点击“全文阅读”，以图片格式查看图书原貌，如图 5-25 所示，可以看到图书的全文内容。

（3）资源导航。

资源导航模块包括：热门书推荐功能：与 OPAC、网站对接，提供热门书排行榜；图书分类导航功能：提供馆藏图书馆分学科导航；期刊分类导航界面：提供馆藏图书馆分学科导航。

（4）我的中心（空间）模块。

通过移动图书馆平台与图书馆集成管理系统的对接，提供借阅证挂失、馆藏查询、预约借书、个人借阅历史查询、图书续借、咨询、移动图书馆检索历史记录、浏览历史记录等个性化自助服务。

（5）信息发布模块

自主完成移动图书馆提供的新闻发布：图书馆新闻报道稿，图书馆通告发布：闭馆、

图 5-24 图书详细信息界面

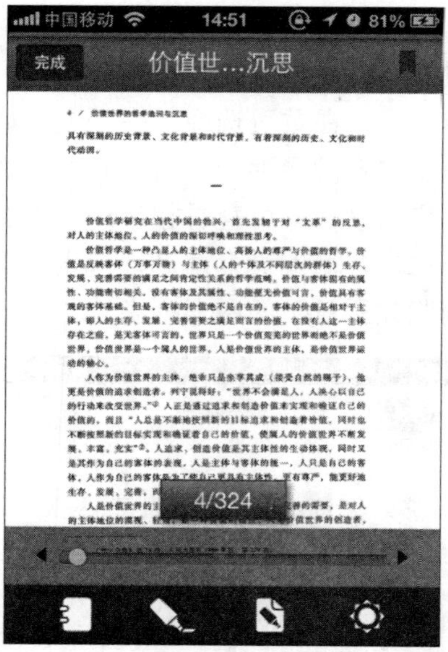

图 5-25 学术资源图书全文界面

开馆、放假、讲座、会议等信息，新书推荐发布——新到图书推荐书目，可按学科定制；借书到期提醒等信息服务订阅与取消操作与 OPAC 对接，每天通过短信向即将到期图书的用户提前发出归还提醒短信。

本章小结

图书馆是人类社会的文献情报中心和知识信息的汇集地，图书馆拥有丰富的资源，有经验丰富的专业技术服务队伍，是学习研究、思想交流、知识传播、知识创造、信息享受的最佳场所。

图书的排检与书刊目录检索系统保证了馆藏资源的有序化管理组织，是读者查找资源的有效途径。OPAC 是利用计算机终端来查询基于图书馆局域网内的馆藏数据资源的一种现代化检索方式，通过联机/联合目录为读者提供馆藏或多个馆藏资源的线索。

数字图书馆是一种拥有多种媒体内容的数字化信息资源，能够为用户提供方便、快捷、高水平的信息化服务机制，是传统图书馆功能的扩展，也是一个不断发展的概念，在互联网时代，创新带来技术的变革，也影响着图书馆建设与读者利用图书馆方式的变革。探讨数字图书馆的特点是为了更好地利用数字图书馆。数字图书馆的服务方式包括网上检索服务、网上阅读服务、网上咨询服务及网上文献传递服务。

移动阅读的蓬勃发展为移动图书馆的建设带来了良好的发展机遇。移动图书馆服务能帮助读者通过各种手持设备实现随时随地对图书馆各类数字资源进行个性化利用，给人们带来了广阔的想象空间。

了解图书馆的历史和发展，体验图书馆的服务与新技术应用，将全面提高你的资源获取与利用能力。图书馆就是一个学习中心、资源中心与文化服务中心。

实习二　图书馆利用实践

实习目的

1. 掌握馆藏图书和馆藏期刊的检索方法。
2. 掌握 OPAC 的使用，会利用 OPAC 进行馆藏目录的检索和相关的操作。
3. 会利用数字图书馆网站，获取图书馆相关服务。

实习参考项目

1. 参观图书馆，了解图书馆的分布、服务及图书馆的功能。
2. 图书馆的排架规则和图书索书号的构成是什么？通过图书馆 OPAC 查找一本专业图书的索书号，并依据排架规则从相应的书架上找到相关图书。
3. 通过 OPAC 查找本馆护理学图书在图书馆的大致位置，并在书架上找到相关的一本书，记录其索书号。
4. 通过 OPAC 组合查询的方式，按年代由近及远检索医学检验专业的图书，并选择一本图书，查看其简介。
5. 通过 OPAC 查询《血液细胞学多媒体教学图谱》一书，查看并下载随书盘中的相关资源。
6. 通过 OPAC 查看自己的借阅情况，利用 OPAC 续借图书。
7. 查找本馆的收藏的期刊有哪些？记录最近的期刊年代、名称、索书号等相关信息。

实习三　移动图书馆应用实践

实习目的

1. 了解移动图书馆的馆藏资源，掌握超星移动图书馆的安装和登录的方法。
2. 利用移动图书馆查询馆藏资源，以及其他各项操作。
3. 体验利用移动图书馆获取相关学术资源，获取图书馆相关服务。

实习参考项目

1. 下载或扫描二维码将超星移动图书馆 APP 安装到自己的手机或其他的移动设备上，安装的时候要注意自己移动设备的类型，选择相应的版本下载安装。
2. 登录到超星移动图书馆，进行馆藏资源的查询。
3. 登录到自己学校超星移动图书馆站点上，浏览其相关的功能。
4. 通过馆藏查询栏目查询相应的馆藏图书，并浏览记录相关的信息。在移动图书馆上查询自己的借阅情况，并完成图书的续借。

5. 通过学术资源栏目查找相应的图书，并练习在移动设备上查看全文，同时练习其他学术资源如期刊、报纸、视频等相关资源的使用。
6. 通过订阅栏目订阅自己喜爱的内容，扩展自己超星移动图书馆的功能。
7. 通过 OPAC 组合查询的方式，按年代由近及远检索医学检验专业的图书，并选择一条书目查看详细介绍。

学习检测

一、选择题

（一）单项选择题

1．图书馆业务工作是以（　　）为工作对象，以传递文献信息为方法，以读者服务为目标的一种过程。

A．信息　B．知识　C．文献　D．书籍

2．联机公共目录查询系统的英文缩写是（　　）。

A．OPAC　B．LIBRAEY　C．OCLC　D．CALIS

3．当读者在图书馆查阅馆藏图书时，目前一般选用（　　）。

A．馆藏目录查询系统　B．目录柜　C．人工查询　D．电子查询

4．国际图联是全世界图书馆界的非政府组织，它的英文缩写是（　　）。

A．ALA　B．ISO　C．IFLA　D．UCLA

5．索书号 I247．57/312 中 312 是（　　）。

A．分类号　B．种次号　C．版本号　D．卷册号

（二）多项选择题

1．图书馆的职能包括（　　）。

A．保存文化遗产的职能　B．传递文献信息的职能
C．开发信息资源的职能　D．参与社会教育的职能
E．提供文化娱乐

2．图书馆提供哪些服务（　　）。

A．借阅和阅览服务　B．参考咨询服务　C．读者教育
D．科技信息检索与查新服务　E．开展馆际互借与文献传递服务

3．图书馆可为读者提供（　　）咨询方式。

A．电话咨询　B．当面咨询　C．网上咨询
D．邮箱咨询　E．学科专家咨询

4．图书馆网站有什么功能（　　）。

A．信息发布功能，包括图书馆介绍、新闻和通知等
B．信息服务功能，通过网站上的应用程序直接向读者提供服务，如书目检索、网上咨询、在线读者教育等
C．资源导航功能，提供本馆网络数据库、光盘数据库及网络公共资源的入口
D．查看自己借阅情况功能，如续借、所借书目归还时间等
E．读者咨询服务功能，如电话、新书推荐等

5．数字图书馆的功能包括（　　）。

A．馆际互借服务功能　B．各种传统载体文献的数字化
C．数据的存储和管理　D．数字化资料的传送和发布
E．组织有效的访问和信息查询

二、思考题

1．馆藏目录和联合目录有什么异同点？
2．索书号是如何构成的，图书馆的排架规则是什么？
3．怎样理解高校图书馆的性质？高校图书馆的任务与特点是什么？
4．简述数字图书馆的特点、功能及其利用？
5．移动图书馆的兴起会使图书馆的发展产生什么样的变革？

（梁 瑜）

第六章 工具书及其利用

学习目标

1. 了解工具书对学习和生活的意义。掌握理解不同工具书的特点及作用。
2. 学会主要类型工具书的利用，具备一定的综合使用工具书的能力，培养规范参考引用和科学、严谨、批判性的思维能力。
3. 熟悉主要医药在线工具书，能应用在线工具书快速准确地查找到解决问题的信息。

第一节 工具书概述

生活中，我们常会遇到一些问题，它们不需要我们通读相关图书来解答，而仅仅是在图书中的某一段、某一篇就能找到问题的答案，比如说，某个名医的生平简介、某种药物情况、某人体器官的解剖彩图、某一年中国高等学校的数量等。这类查找需求就是事实与数据的检索。例如，了解医生的生平简介、某种药物的情况、某个人体器官的图片属于事实检索的范畴，而查找某年中国高等学校的数量属于数据检索的范畴。事实与数据的检索就要利用工具书来解决。

一、工具书的定义、类型和编排

（一）定义

工具书是根据一定的查阅需要，系统汇集有关知识资料或文献信息，按照易于检索的方式编排的信息密集型文献。18 世纪英国学者、词典编纂家赛缪尔·约翰逊（Samuel Johnson）曾说过：知识有两类，一类是我们自己知道的，另一类是我们知道在什么地方可以找到的。这里的另一类知识，大体也就是我们利用工具书可以找到的知识。所以本质上来说，工具书就是汇总了用来解决某一类问题知识的书。

（二）类型

工具书的类型繁多，按照不同的标准，可以划分为不同的工具书类型。一般情况下，印刷型的中文工具书依据其编制特点和用途等总的考察可分为书目、索引，字典、词典，类书、政书，百科全书，年鉴、手册、名录，表谱，图录，丛集、汇要等这样一些类别。1984 年，在教育部《关于在高等学校开设〈文献检索与利用〉课的意见》的通知中，把工具书分为检索工具书和参考工具书两大类型。其中检索工具书包括书目、索引，它们能为人们迅速查检文献信息资料提供线索，属于检索性的工具书；其他均为参考工具书，它们以提供文献信息资料的具体知识内容为主，属于参考性的工具书。这种归类方法，在我国图书情报界流传很广，并且与国外图书情报界相一致。具体分类如图 6-1 所示。

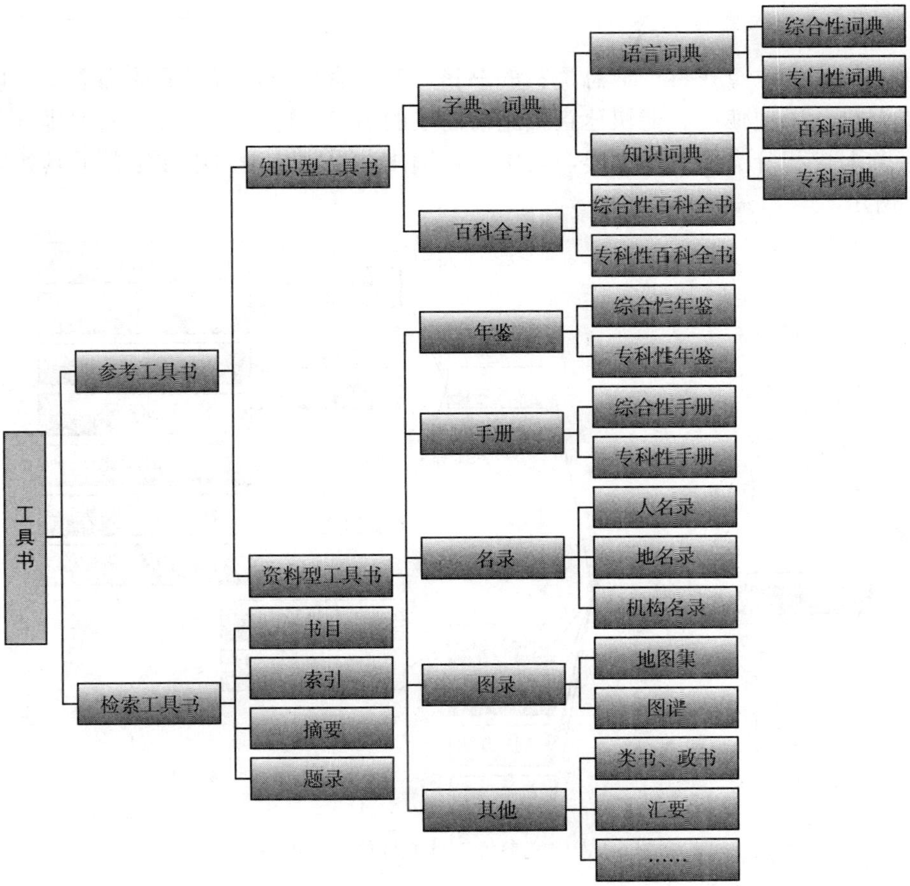

图 6-1　工具书类型图

随着信息技术和网络技术的发展，传统的印刷型的工具书逐步实现内容数字化并以“数据库”的形式加以储存，使用者通过计算机实现检索，这实际就形成了在线工具书。在线工具书是工具书和现代信息技术相结合的产物，它在多方面克服了印刷型工具书的不足，符合大众的要求，实际中变得更为常用。

（三）结构和编排

1. 结构

除普通图书的各要素外，工具书通常由以下六部分构成。

（1）序跋。序跋，即前言和后记。一般说明工具书的编纂目的、读者对象、收录内容、取材范围、编纂经过及对正文的评价等，对了解工具书的宗旨和内容很有帮助。

（2）凡例（或说明）。凡例具体介绍工具书的内容材料、编排体例、使用方法及注意事项等，对掌握和使用工具书大有裨益。

（3）目次（或目录）。目次进一步展现工具书正文的内容、结构和特点。

（4）正文。正文是工具书的主体部分，是提供检索的主要对象。

（5）附录。附录在工具书之后，其功能是扩大工具书的查考信息，包括图表、索引等。

（6）参考文献。

2. 编排

工具书作为专供查找特定信息资料的书籍，其内容广泛，叙述简明扼要，并以易于检索的方式编排，以便使用者能快速查找到所需要的内容。印刷型工具书的编排方式大致可以分为字顺编排和分类编排两大类，其中字顺编排法最常使用。中文工具书具体编排方法如图 6-2 所示。

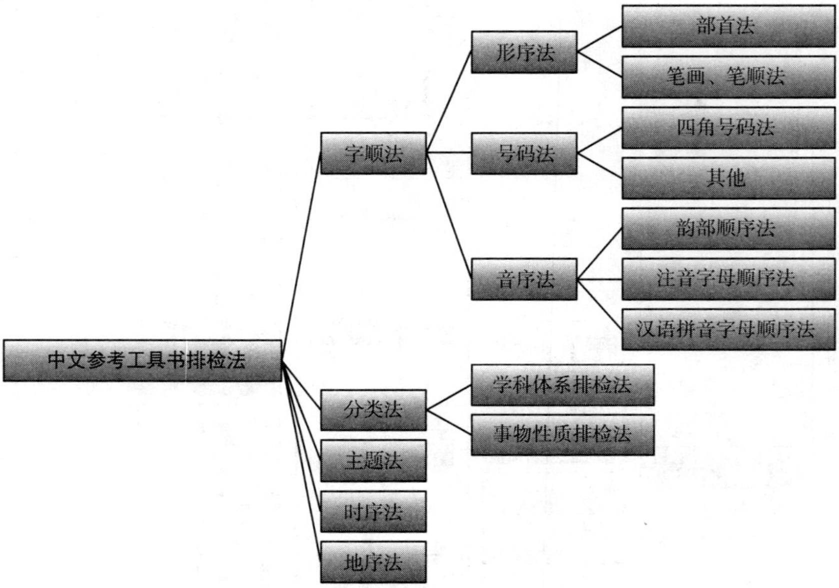

图 6-2 中文参考工具书排检法类型图

二、工具书的作用

工具书以其易检索性、参考性、概括性、知识性和权威性等众多特点成为指示读书门径的帮手，成为学习和研究不可或缺的助手。工具书的主要作用在于帮助人们进行数据检索和事实检索。

1. 查字词

查字是为了了解或核实其字的正确书写方法、读音或确切的释义。查词是为了了解专业术语、学科概念、陌生的词汇或新增的专用名词的意义。

2. 查事项

查事项就是了解某一学科的历史沿革，某一专业的概况与现状，某一领域的成就与进展，某一重大事件的缘由与结果，等等。这类问题查阅百科全书、年鉴、手册、名录等工具书即可找到答案。

3. 查人物

要了解某一科学家、学者或知名人士的简历、传略、代表著作及成就、生卒年月等，可利用人名录、辞典、年谱、百科全书、专科全书、手册、年鉴等。若对检索到的答案仍不满意，则可根据已知的线索在专门传记工具书和科学史类书籍中查找。

4. 查机构名称

查此类问题可利用机构名录、年鉴、手册、缩略语词典等。这种问题覆盖面广，除有学科、行业之分外，还有国际地区、国家、地方之分，最好利用该机构所在国出版的工具书。

5. 查产品

要了解产品的名称、型号、规格、技术指标、主要数据、设计原理、外观形象、产品附件、制造厂商等情况，主要利用产品样本和产品目录，它们将会提供以上数据和资料。

6. 查物名

查物名则使用物名录。一些专科性词典、百科词典、百科全书也具备这种功能。有些专业志书，多数还附有插图，对了解物品的外貌和特性非常有用。

7. 查地名

世界上地名无数，如国家、城市、山川、江河、海洋的名称，都属地名范围。检索此类问题可利用地名词典、地名录、地方志、地理志、地图、地名索引等。有时可直接查大百科全书，其中异地同名的地名及历史地名都有详细的注释和区别。

8. 查图形

解决此类问题主要使用各种图谱。在专业性手册、专科全书中亦有图样和线路图，但较图谱少得多，应以图谱为主。

9. 查年代及日期

在现代社会中，不论干什么事情都离不开时间因素，都会碰到有关年、月、日及其历史年份的查找。查历史年代，则主要利用年表、年鉴、年度大事记、回溯性大事记；查年代换算或年、月、日对照，则应查历表、对照历表等。

10. 查公式、数据

要查找各种公式、参数、常数、长度换算、温度换算、面积和体积换算等，最好利用专业性手册，但在一些词典和百科全书的后面也附有这类资料，可供查找。

从以上工具书的用途可看出，不同类型的参考工具书在应用时有各自的侧重面，有的仅能解决某一方面的问题，如人名录、地名录、年表、历表；有的能解决几个方面的问题，如词典、百科全书、年鉴、手册等。参考工具书在编纂时虽然收集素材广泛，也只是相对而言，它不可能把世界上所有知识点都收集在内，不是万能的；对收入的知识，即使是较复杂深奥的，也只能是点到为止，不可能长篇大论阐述。知识是无限的，工具书是有限的，碰到复杂的问题，必须查专著才有可能求得答案，工具书仅起辅助作用。

三、工具书的选择

工具书不仅种类繁多、数量庞大，而且因为编纂目的、出版动机、市场竞争等因素造成内容质量上存在很大的差别，要选择一种好的工具书，主要靠实践和使用。一般我们要从内容的丰富程度、材料的准确性、资料的新颖性、结构的完备性、体例的实用性几个方面来考察工具书的科学性；从知识性和思想性统一、科学性与政治性统一来注意工具书的客观性和政治倾向性；从印刷质量和价格上把握工具书的经济价值。具体来说，选择一本好的工具书，我们要做到以下七个方面。

1. 外观察看和随手翻阅

通过外观察看和随手翻阅，可以了解工具书的规模和印刷质量。工具书的规模和工具书的信息量有直接关系，工具书的印刷装帧质量也直接影响工具书的经济质量、使用效果和使用寿命。

2. 阅读序跋、凡例、目次和提要

通过阅读序跋、凡例、目次和提要，大体可以把握住一本工具书的基本内容和结构体例。

3. 浏览细目、索引及粗略翻阅全书

细目和索引，是工具书内容的窗口，通过浏览，可以大致了解该书框架设计的合理程度及知识的系统性。粗略翻阅全书可以进一步了解该书的内容结构、编排方法和检索方法的具体情况及其完备程度。

4. 选条试查和定条比较

工具书的正文是工具书的真正价值所在。选条试查，即选择自己熟悉的专业范围的条目进行试查，看看有无收录，叙述详略、深浅程度，有无重大遗漏，观点有无问题，资料是否新颖等。定条比较，就是从本书及其他同类工具书中选择同一条目进行比较。通过选条试查和定条比较，可深入了解工具书的特点。

5. 察看编撰者和出版者

编辑者、撰稿人和出版者的资历和声望，对工具书的质量至关重要。首先要查看编撰者所受的教育、所学的专业、目前所从事的工作及职称是什么，了解他以前是否有著作出版，这些著作与本书内容的相关程度及社会反响如何。其次要查看出版者以往是否出版过同类、同主题的著作，社会反响如何，出版社的业绩和声誉如何。通过察看编撰者和出版者，可以了解工具书的权威性。

6. 考察编著和出版年代

通过编著和出版年代，可判别工具书的取材范围、内容特色及编排方式，也可了解工具书取材是否新颖、及时。通过考察这两个项目，可以弄清工具书的时代性和时效性。此外，考察工具书的编著和出版年代，还要注意成书时间的长短及增补、修订情况。一部高质量的工具书必然是作者贡献毕生精力的产物，或者几代人通力合作的结晶。同样，一部高质量的工具书，还要不断地进行增补和修订，使之完善。

7. 参阅评介资料

一个人的见识是有限的，时间也是有限的，而工具书数量庞大，内容广泛，通过参阅评介资料，可了解工具书的社会影响力，对鉴别和选择工具书有较好的参考作用。

四、几种常见参考工具书

（一）百科全书

1. 百科全书概述

百科全书（encyclopaedia，或 encyclopedia）是系统概述人类各个知识门类或某一知识门类的基本知识，按辞典形式编排的大型工具书。“百科全书”一词源于古希腊文 enkyklopaideia，有“全面教育”或“完整的知识体系”的意思。

百科全书是人类文化科学技术的结晶，号称“工具书之王”，它收集了各个学科领域的知识信息，既反映了过去的历史，又反映了现代的科学文化新成就，包括各学科的重大发现、重大事件、著名人物及原理方法等一般性知识，也被人们称为“没有围墙的大学”或“精简的图书馆”。百科全书一般按收录范围分为综合性百科全书和专科性百科全书。前者如《中国大百科全书》《不列颠百科全书》等，后者如《中国医学百科全书》《科学技术百科全书》等。但由于编撰出版周期长，它又难以反映最新的科学技术成果。表 6-1 至表 6-3 对百科全书与专著、教科书、科普读物的不同点进行了归纳比较，从中可以进一步了解百科全书的特点。

表 6-1 百科全书与专著比较

类型 / 项目	百科全书	专著
读者对象	面向普通读者，语言易懂	面向专业读者，专业术语多
编写目的	供查阅，而非系统阅读	供专业人员系统研读
知识特点	①对已有知识的整理，具有科学性、系统性、成熟性；②百家知识荟萃，不是编撰者个人观点的阐述	①对未知领域知识的探索，具有开拓性、新颖性；②属于一家之言，个人观点阐述

表 6-2 百科全书与教科书比较

类型 / 项目	百科全书	教科书
编写目的	供人解释疑惑	供系统学习
编写方式	以条目的形式介绍已有知识	分章节循序渐进地阐述已有知识
叙述方式	采取浓缩、凝练和概述的方式解说知识	采取推导、论证和详述的方式讲解知识

表 6-3 百科全书与科普读物比较

类型 / 项目	百科全书	科普读物
读者阅读目的	解决问题	增长知识
知识学术性	强调知识的可靠性，可引以为据	强调知识的通俗性，一般不作为证据
叙述风格	用科学语言说明问题，严谨和规范	用生活语言来阐释问题，通俗和有趣

2. 中文百科全书的使用

条目是百科全书的基本查检单元。条目一般由条目标题、释文、图表和参考书目组成。条目排列方式，就我国近年出版的百科全书来看，主要有两类，即按音序和按知识体系分类编排。

中文百科全书的检索系统，通常由目录和各种索引组成。索引有“条目汉字笔画索引”“内容分析索引”等。其中“内容分析索引”是最重要的索引。所谓“内容分析索引”就是通过对条目内容进行分析，摘取其中一切有名可查、有事可考、有数可据的内容作为主题，按字顺或分类编排成表，详注卷数、页码和版面位置区域。通过此索引可检索到释文中所涉及的而该书没有列入条目的内容。正确使用目录和各种索引，是有效地利用百科全书的重要手段。

3. 典型的百科全书

1）《中国大百科全书》

《中国大百科全书》是我国第一部大型综合性的百科全书。1978 年开始筹备编纂，陆续由中国大百科全书出版社出版，1993 年，《中国大百科全书》（第一版）所有学科分卷出齐。它的出版结束了中国没有百科全书的历史，被誉为“中华文化的丰碑”，成为 20 世纪末中国科学文化事业繁荣的一个标志。全书按学科或领域分成 74 卷，共收 7.8 万个条目，包括哲学、社会科学、文学艺术、文化教育、自然科学、工程技术等 66 个学科，共计 1.26 亿字，并附有 5 万余张图片。其中与医药学相关的分卷如下。

《生物学》卷共收条目 3534 个，插图 3527 幅，计 630 万字。内容包括生物物理学、生物化学与分子生物学、细胞生物学、动物学、古生物学和人类学。该卷全面系统地介绍了生物多个层次的种类 、结构 、功能、行为、发育和起源进化，以及生物与周围环境的关系。

《现代医学》卷共收条目 1757 个，插图 953 幅，计 506 万字。内容包括临床医学、基础医学和群体医学。该卷特别重视基础理论与临床、预防实践的结合，力求反映现代医学的发展水平。书中条目以主题标引，以病名、药名立条，便于外行读者检索，也利于内行读者查阅某一主题的综合资料。

《中国传统医学》卷共收条目 1083 个，插图 339 幅，计 180 万字。内容包括汉族医学、藏族医学、蒙古族医学、维吾尔族医学和朝鲜族医学等。该卷对中国传统医学中的方药、针灸、导引和养生等实用技术作了充分翔实的介绍，还有近 40 年来传统医学的新发展。

《环境科学》卷共收条目 672 个，插图 555 幅，计 136 万字。内容包括环境地学、环境生物学、环境化学、环境物理学、环境医学、环境工程学、环境管理学、环境经济学和环境法学等。

《化学》卷共收条目 2549 个，插图 2400 幅，计 355 万字。它是我国化学方面迄今最全、最新的综合性工具书。内容包括化学史、无机化学、有机化学、物理化学、分析化学、高分子化学、核化学、放射化学、凝聚态化学、计算化学、化学家、化学文献、化学机构和中国化学教育等。该卷对化学朝微观、定量、亚稳态方向发展的趋势给予了正确的反映。

《中国大百科全书》（第二版）于 2009 年 3 月正式出版。它是第一版的修订重编版，是面向 21 世纪反映国家科学文化水平的新一代百科全书。全书共 32 卷，5000 万字，80 余个学科，6 万个条目，3 万幅配图。除了内容作了全面更新外，编排方式也由原来的大类分卷改为按条目统一编排。

2）《不列颠百科全书》

《不列颠百科全书》（*Encyclopedia Britannica*，EB），又称《大英百科全书》，被认为是当今世界上最知名也是最权威的百科全书，英语世界俗称的 ABC 百科全书之一，也是世界三大百科全书（美国百科全书、不列颠百科全书、科利尔百科全书）之一。不列颠百科全书由世界各国、各学术领域的著名专家学者（包括众多诺贝尔奖得主）为其撰写条目。该书囊括了对人类知识各重要学科的详尽介绍，以及对历史及当代重要人物、事件的翔实叙述，其学术性和权威性为世人所公认。

1771 年，第 1 版在苏格兰爱丁堡出版，共三卷，以后不断修订出版。1941 年开始版权归美国芝加哥大学所有。现由总部设在美国芝加哥的不列颠百科全书公司出版。1974 年问世的第 15 版，共 30 卷，包括百科类目、百科简编、百科详编 3 部分。1985 年增至 32 卷，分为 4 个部分：《索引》（2 卷）；《百科类目》（1 卷），是全书知识分类目录；《百科简编》（10 卷），有短条目 80000 余条；《百科详编》（19 卷）。2010 年版是其最后一版印刷型百科全书，共 32 卷，重量达 129 磅，包括全球暖化和人类基因图谱等新词条。2012 年 3 月，公司宣布停印纸质版，将全面转向数字版。

1980 年，不列颠百科全书公司开始与中国大百科全书出版社合作，于 1986 年出版了中文版的 10 卷本《简明不列颠百科全书》（*Concise Encyclopedia Britannica*）。1990 年增补了第 11 卷。1999 年 4 月又推出了《不列颠百科全书》国际中文版（Encyclopedia Britannica International Chinese Edition）。这一版本于 2007 年更新之后推出修订版，全书共 20 卷，共收条目 84300 余条，附有图片 15300 余幅，地图 250 余幅，总字数约 4400 万字。

（二）年鉴

1. 年鉴概述

年鉴（yearbook，annuals，almanac）是以全面、系统、准确地记述上年度事物运动、发展状况为主要内容的资料性工具书。汇辑一年内的重要时事、文献和统计资料，按年度连续出版的工具书。它博采众长，集辞典、手册、年表、图录、书目、索引、文摘、表谱、统计资料、指南、便览于一身，具有资料权威、反应及时、连续出版、功能齐全的特点。属信息密集型工具书。年鉴大体可分为综合性年鉴和专业性年鉴两大类，前者如百科年鉴、统计年鉴等；后者如经济年鉴、历史年鉴、文艺年鉴、医学年鉴等。其他还有统计性年鉴、地方性年鉴等。

年鉴编纂的基本框架稳定，一般包含文献（包括文件和法规）、概况、文选和文摘、大事记、论争集要、统计资料、人物志、机构简介、附录等基本栏目。概括起来年鉴所包含的基本内容（通常设置的主要栏目）（表 6-4）。

表 6-4　年鉴的主要设置栏目

栏目名称	说明
大事记	注意编排形象化，以引起读者的兴趣
综述	包括专题报告和特稿，综述是对人们关心的重大事件和发展的概要评述
事实概述	年鉴的主体部分
统计资料	年鉴的基本内容
索引	一般采取主题索引形式，是检索的重要途径

近几年，随着现代信息技术和计算机及网络技术的高速发展，年鉴的表现形式也在发生变化，主要表现在：继续以纸张为载体出版，保持普遍的存在形式；以光盘为载体，它又分电子书的形式（这种年鉴不具备全文检索功能）和全文数据库的形式（此种年鉴偏于数据查询，方便工作和生活，也是年鉴界推荐的一种）；以网络为载体，也就是网络图书馆的形式。

2. 常见的年鉴

《中国统计年鉴》系统收录了全国和各省、自治区、直辖市各年经济、社会各方面的统计数据，以及多个重要历史年份和近年全国主要统计数据，是一部全面反映中华人民共和国经济和社会发展情况的资料性年刊。例如，《中国统计年鉴 2014》正文内容分为 27 个篇章，即综合；人口；国民经济核算；就业和工资；价格；人民生活；财政；资源和环境；能源；固定资产投资；对外经济贸易；农业；工业；建筑业；房地产；批发和零售业；住宿、餐饮业和旅游；运输和邮电；金融业；科学技术；教育；卫生和社会服务；文化和体育；公共管理、社会保障和社会组织；城市、农村和区域发展；香港特别行政区主要社会经济指标；澳门特别行政区主要社会经济指标。同时附录两个篇章：台湾地区主要社会经济指标；国际主要社会经济指标。

在中国国家统计局官网（http://www.stats.gov.cn）“中国统计年鉴”栏目中，可查询 1996 至今的《中国统计年鉴》的电子版，其中从 2004 年开始，有光盘版发行，从 2008 年开始光盘数据具备检索功能。

（三）手册和名录

1. 手册

手册（handbook，manual）是汇集某一学科或某一主题等需要经常查考的资料，供读者随时翻检的工具书。是汇集一般资料或专业知识的参考书，是一种便于浏览、翻检的记事的小册子，是介绍一般性的或某种专业知识的简明摘要书。其作用是：手册中所收的知识偏重于介绍基本情况和提供基本材料，如各种事实、数据、图表等。通常按类进行编排，便于查找。其主要类型包括：数据手册——包括各种数据汇编和数据表；图表手册——专门汇集各种图表，按一定规则排列；条目型手册——这类手册的正文由条目组成，按条目的字顺排列，与词典类似；综合性手册——用文字、图表、表格、公式等相结合的形式对有关领域内的基本知识原理、概念和方法加以简单叙述。

2. 名录

名录（directory）是汇集机构名、人名、地名、物名等名称，并按一定顺序排列起来的参考工具书。其中机构名录有时又称为“一览”“概览”等。名录一般提供有关名称的最新基本信息资料，具有简明、新颖、准确等特点。其内容涉及比较广泛。人们可以从名录中查找关于人物生平、机构组织和某一行政区划沿革等信息。

名录按收集信息的内容的不同，大致有以下几种：①人名录——简要介绍有关人物的生卒年、籍贯、学历、经历、主要成就及论著、通讯地址等；②地名录——一般只提供有关地名的正确名称（或加上译名）和地理位置；③机构名录——又可分为政府机构名录、协会和公共机构名录、职业和专业机构名录、商业贸易名录等。主要介绍机构的基本情况，包括地址、电话、电报挂号、网址大全、人员、组织、业务范围、产品等。另外，除上述这类专门成书的名录性质的工具书外，在许多词典、手册、百科全书、年鉴等书后也会附编一些有关人名、地名、物名、机构或行业的名录。

3. 常见的手册和名录

World Directory of Medical Schools（《世界医学院校名录》），世界卫生组织编写前 7 版，目前《世界医学院校名录》已转移至《阿维森纳医学名录》。《阿维森纳名录》由哥本哈根

大学与世界卫生组织和世界医学教育联合会合作维护，包括2007年版的世界医学院校名录及2007年以后哥本哈根大学收到的所有更新信息。相关数据可以从其官网http://avicenna.ku.dk/database/medicine中查询。另外有《吉尼斯世界纪录大全》、《植物保护手册》、《中国人民解放军将帅名录》等等。

第二节 医学常用参考工具书

一、词典

词典主要是用来解释词语的意义、概念、用法的工具书。广义的词典包括语文词典及各种以词语为收录单位的工具书；狭义词典仅指语文词典。其整体结构一般由前言、凡例、正文、附录、索引等部分组成。正文以词条的形式解释词目，词条实现有序化编排。从不同的标准或特征出发，词典可分多种类型。现代词典从收录内容、解释方法及作用上着眼区分为语文词典、专科词典、百科词典三类。医学类词典属于专科词典。

（一）《中国药学大辞典》

人民卫生出版社，2010年出版发行。《中国药学大辞典》收集词汇近30 000条，涉及药用化学物质、化学药物、药剂学、药物化学、中药学和生药学、微生物药学、生物药学、药物分析、药理学和毒理学、医院药学、临床药学、药学史、药事管理、信息科学、药学相关学科和专业、技术和设备、教育学名词等方面常见的基础词、常用词、重要词和新词。

（二）《中医方剂大辞典》

彭怀仁主编，人民卫生出版社，2005年出版发行，共13卷。《中医方剂大辞典》对我国上自秦、汉，下迄现代（1986年）的所有有方名的方剂进行了一次系统的整理，以求解决相关知识检索困难的问题。以方剂检索而言，它汇集古今有方名的医方，按照辞书形式编纂，既有目录，又有索引，从而解决检方的难题。以方源而言，它参考古今各种中医药文献，对每一首方剂的方源进行认真的考证。它对所有方剂分散在各种文献中的不同主治、方论、验案以及现代实验研究资料分别设项进行整理筛选，汇集于各方之下，为读者全面了解方剂提供了极大的便利。

（三）其他

《道兰图解医学词典》（*Dorland's Illustrated Medical Dictionary*），该辞典自1900年初版问世至今已有近百年历史，近20年中每隔6～7年更新一版，是世界医学语言工具书中最具权威的杰作，非英语国家编辑医学辞典首选蓝本，最新版为31版。其31版（中文版）在2008年由北京大学医学出版社出版，全书有全新真彩色素描图片1500多幅、有大量照片、图、表及附录，囊括最新医学词汇，超过12万种医学前沿专业术语，涵盖辅助医学和替代医学词汇，新增800多条应用广泛的辅助医学和替代医学领域词汇，并在附录的基础上又增加了涉及医用语源学、符号标识、化学元素、精选手术器械、肿瘤发展进程等方面的内容。

《中国医学大辞典》（*Grand Dictionary of Chinese Medicine*），由谢观编纂，成书于1921

年。由上海中医学校师生互相考校，费时六七年，搜罗医书3000余种，编写7万余条目、300 余万字。所搜名词，全部以中国原有医书记载为依据，所辑名词分为病名、药名、方名、身体、医家、医书、医学7大类。通行本为1921年商务印书馆铅印本。中华人民共和国成立后有多种排印本出版。

二、药典

药典属于标准文献，它是一个国家记载药品规格、标准的法典，是由政府颁布的法规文件，具有法律效力。药典的内容反映了该国制药工业、药检技术和药政管理事业的发展水平，规定了比较常用而有一定防治作用的药品和制剂的标准规格及检验方法，是所有药物的制造、检验和药物治疗所必须遵照的标准，也是药品生产、经营、使用和管理的依据。药典供查询特定药品的别名、化学结构、性状、用途、用法与用量、禁忌证与副作用、含量测定、鉴别、炮制、规格、储藏等方面的信息，是药学专业必备的工具书，一般每5年修订1次，其拉丁词是 pharmacopoeia。世界上第一部药典于1564年在德国出版，名为“纽伦堡药典”。

药典内容一般包括两大部分：一部分是各种法定药物的名称、化学名、化学结构、分子式、含量、性质、用途、用法、鉴定、杂质检查、含量测定、规格、制剂、储藏等项目；另一部分是制剂通则、一般的检查、测定方法、试剂等重要项目的附录和附表。

（一）《中国药典》

1. 简况

《中华人民共和国药典》（简称中国药典，其英文名称为 *Chinese Pharmacopoiea*，缩写为 Ch. P）是由国家药典委员会根据《中华人民共和国药品管理法》的规定，负责组织编纂及制定、修订的国家法定的药品标准，每五年修订一次。它是国家监督管理药品质量的法定技术标准，是中国历史上最大的一部药典。中国药典自1953年首次出版以来，已经先后出了10版，现行版本为2010版，最新的2015版将于2015年12月1日起实施。国家药典委员会的官方网站为 http://www.chp.org.cn。

中国药典比较全面地记载了各类药品和制剂的形状、鉴别和检查方法、各类制剂的通则、一般检验法和测定法、试药、试液、指示剂、溶液的规格和配置方法等，并介绍了药品的主要作用和用途、用法与计量、允许使用的最高剂量（极量）、禁忌证和不良反应、药品的储藏和保管的基本要求等。

2. 内容

2010版中国药典分一部、二部和三部，收载品种总计4567种，其中新增1386种。药典一部收载药材和饮片、植物油脂和提取物、成方制剂和单味制剂等，品种共计2165种，其中新增1019种（包括439个饮片标准）、修订634种；药典二部收载化学药品、抗生素、生化药品、放射性药品以及药用辅料等，品种共计2271种，其中新增330种、修订1500种；药典三部收载生物制品，品种共计131种，其中新增37种、修订94种。

2010版中国药典的附录中，一部新增14个、修订47个；二部新增15个、修订69个；三部新增18个、修订39个。一、二、三部共同采用的附录分别在各部中予以收载，并尽可能做到统一协调、求同存异。

3. 编排

2010 版中国药典有凡例、正文、附录和索引等四部分组成。凡例部分记载了有关术语及有关事项的说明。正文按照药品笔画顺序排列，首字相同者，则按第二个字的笔画多少排列，依此类推。正文中的外文名称，一部采用拉丁名，二部采用英文名。附录的编纂采用分类编码。

4. 检索

2010 版中国药典附有索引。

（1）正文品名目次中文索引——按药品笔画顺序排列。

（2）拉丁名索引——按照英文字母顺序排列。

（3）拉丁学名索引——按照英文字母顺序排列。

（4）汉语拼音索引——按照英文字母顺序排列。

（二）《美国药典》

U.S. Pharmacopeia/National Formulary（《美国药典/国家处方集》），USP/NF》是由美国政府所属的美国药典委员会（The United States Pharmacopeia Convention）编辑出版。USP 于 1820 年出第一版，1950 年以后每 5 年出一次修订版，到 2014 年已出至第 38 版。NF1883 年第一版，1980 年 15 版起并入 USP，但仍分两部分，前面为 USP，后面为 NF。美国药典是美国政府对药品质量标准和检定方法做出的技术规定，也是药品生产、使用、管理、检验的法律依据。NF 收载了美国药典（USP）尚未收入的新药和新制剂。

美国药典最新版为 USP 38-NF 33 版，在 2014 年 12 月出版，2015 年 5 月 1 日生效。2015 版《美国药典》包含 4 卷及 2 个增补版。美国药典除了印刷版外，还提供 U 盘版和互联网在线版。

对于在美国制造和销售的药物和相关产品而言，USP-NF 是唯一由美国食品药品监督管理局（FDA）强制执行的法定标准。此外，对于制药和质量控制所必需的规范，例如测试、程序和合格标准，USP-NF 还可以作为明确的逐步操作指导。

三、百科全书

（一）《中国医学百科全书》

《中国医学百科全书》编辑委员会编，自 1978 年开始筹备，1981 年起陆续由上海科学技术出版社出版，收录题目 20 000 多条，主要内容包括祖国医学、基础医学、临床医学、预防医学和特种医学等各个学科和专业，共计 93 个分卷本。全书用条目形式撰写，以疾病防治为主体，全面而精确地概述中西医药科学的中药内容和最新成就。1991 年后又在分卷本基础上编纂出版了包括中医学、军事医学、预防医学、基础医学、临床医学五部综合本，其中《中医学》由中国中医研究院主编；军事医学由中国人民解放军军事医学科学院主编；《预防医学》、《基础医学》和《临床医学》由上海医科大学主编。综合本同样以条目分类编排，以知识体系分类为主，附有字顺索引。

（二）《中华医学百科全书》

《中华医学百科全书》是一部医药卫生领域的专业性百科全书。由吴阶平、巴德年、刘德培、侯云德等四十多位院士发起，被列为国家重点出版工程。由中国医学科学院作为牵头单位，计划编纂包括基础医学（19 卷）、临床医学（52 卷）、公共卫生（16 卷）、军事与特种医学（14 卷）、中医药学（27 卷）和药学（10 卷）6 类，加上索引 6 卷，共计 144 卷，预计词条约 5.7 万，总字数约 1.2 亿。其中，中医药学类还包括了《藏医学》、《蒙（古）医学》和《维（吾尔）医学》3 个分卷；计划 2011 年后陆续由中国协和医科大学出版社出版，包括图书版、电子版和网络版三种出版形态。2013 年 10 月已出版《中华医学百科全书（基础医学 • 病理生理学）》。《中华医学百科全书》网址为 http://www.yixuebaike.cn/。

四、年鉴

（一）《中国卫生和计划生育年鉴》

《中国卫生年鉴》由卫生部主办，多个部委共同编写，是综合反映我国卫生工作各方面情况、进展、成就的资料性工具书。自 1983 年开始编辑出版。2014 年，《中国卫生年鉴》和《中国人口和计划生育年鉴》两本年鉴合编，更名为《中国卫生和计划生育年鉴》，由全国卫生计生系统共同编纂。

《中国人口和计划生育年鉴》由原国家人口和计划生育委员会主管，全国人口计生系统和部分大学人口研究机构共同参与编纂，是全面、系统、准确地总结、记载、宣传中国人口和计划生育事业进展、成就和经验的大型资料性工具书。前身为国家计生委主办、主管的《中国计划生育年鉴》，创刊于 1986 年。2003 年 11 月更名为《中国人口和计划生育年鉴》。正文包括 16 篇（部类、板块、栏目群），80 多个栏目。16 篇包括综述篇、大事记篇、文献篇、重要工作篇、重要会议活动篇、专业工作篇、直属事业单位篇、社会团体篇、地区篇、论述篇、人口研究篇、数据篇、荣誉篇、人物篇、名录篇、附录篇。正文前后的目录、大事记、英文目录、索引，正文每页左上角或右上角的"书眉"、正文中的"参见"等构成了全书完备的信息检索系统。

（二）《中国卫生统计年鉴》

《中国卫生统计年鉴》自 2003 年开始编辑，由中国协和医科大学出版社出版。是一部反映中国卫生事业发展情况和居民健康状况的资料性年刊。本书收录了全国及 31 个省、自治区、直辖市（港澳台地区数据未统计在内）卫生事业发展情况和目前居民健康水平的统计数据，以及历史重要年份的全国统计数据。全书分为 15 个部分，即卫生机构、卫生人员、卫生设施、卫生经费、医疗服务、基层医疗卫生服务、妇幼保健、人民健康水平及营养状况、疾病控制与公共卫生、居民病伤死亡原因、卫生监督、医疗保障制度、人口指标，另附主要社会经济指标、世界各国卫生状况。各篇前设简要说明及主要指标解释，简要说明介绍本篇的主要内容、资料来源、统计范围、统计方法及历史变动情况。目前可以在国家卫生和计划生育委员会网站（http://www.nhfpc.gov.cn）"卫生计生统计" 栏目中，查找到 2003 至 2013 年年鉴全文。

（三）《中国药学年鉴》

《中国药学年鉴》概括、系统、全面地反映了我国药学领域各方面的发展概貌和主要成就，是逐年连续出版的综合性、资料性药学类工具书。自第 1 卷（1980～1982 年）问世至今，《中国药学年鉴》已出版至第 29 卷（2013）。它是由原卫生部（现国家卫生和计划生育委员会），原国家医药管理局（现国家食品药品监督管理总局）组织全国药学专家、教授组成的编委会编纂出版。是我国唯一的一部药学学科年鉴。目前可以在中国药科大学（http://www.cpu.edu.cn）官网“科学研究”栏目中“学术期刊”内找到《中国药学年鉴》历年的资料。

（四）《中国中医药年鉴》

《中国中医药年鉴》是一本综合反映中医药事业和学术进展的资料性工具书。首卷《中医年鉴》于1983年由原卫生部中医司主办、人民卫生出版社出版发行；1991年易名为“中国中医药年鉴”，并改由中国中医药出版社出版；2003年起，《中国中医药年鉴》分拆为行政卷与学术卷，行政卷由中国中医药出版社出版，学术卷由上海中医药大学出版。至2012年，《中国中医药年鉴》已连续编纂了30卷，2012卷《中国中医药年鉴》（学术卷）改由上海辞书出版社出版。行政卷是综合反映中国中医药工作各方面情况、进展、成就的史料性工具书。学术卷是一本反映中医药学术进展的资料性工具书。

（五）《中国食品药品监督管理年鉴》

《中国食品药品监督管理年鉴》由国家食品药品监督管理总局主管、中国医药报社主办，从1999年开始已连续出版，1999～2004年名为“中国药品监督管理年鉴”，2005年开始改为“中国食品药品监督管理年鉴”。是一部综合反映我国食品、药品、医疗器械、保健品和化妆品监督管理情况、进展和成就的大型信息性、资料性工具书。主要内容包括14个部分，分别收载了国家有关食品药品监督管理的重要会议文件和讲话，政策法规，药品、医疗器械注册及审批目录，食品药品安全监督管理，药品检验公告等内容。

（六）其他医学年鉴

《中国内科年鉴》自1983年开始编纂出版，1998年开始由第二军医大学出版社出版。是我国第一本内科领域年鉴，是一本信息密集型的、集学术性与资料性为一体的工具书。它主要是通过收集我国当年公开发行的数百份医学杂志中和内科有关的论文，比较全面地反映了在此期间我国内科各专业的基础和临床研究的进展，也收录了此领域内的新技术、新经验和罕见、少见病例。

《中国外科年鉴》编纂方法与《中国内科年鉴》一致，从1983年开始编纂出版，1998年开始由第二军医大学出版社出版。

《中国口腔医学年鉴》，1984年创刊，由四川科学技术出版社出版。由四川大学华西口腔医学院周学东教授主编，全国50余所口腔医学院校、口腔医院组成的编辑委员会编纂而成，是中国口腔医学发展的一部史记性、综合性、实用性和资料密集型的连续出版物。

五、手册和名录

（一）《默克诊断和治疗手册》

《默克诊断和治疗手册》（*the Merck Manual of Diagnosis and Therapy*，Merck手册），由世界著名制药公司Merck公司首发于1899年，是世界最负盛名的经典医学名著之一，迄今已有100多年的出版历史，致力于提供可靠的、简单易用的医学信息，是世界上应用最广泛的医学手册，并有14种语言的版本。目前在其站点（http://www.merck.com/pubs）上允许用户免费使用。

最新中文版《默克诊断和治疗手册》是第 19 版，2014 年由人民卫生出版社出版。包括上下两册。上册包括营养性疾病、胃肠道疾病、肝胆疾病、肌肉骨骼和结缔组织病、耳鼻喉和齿科疾病、眼科疾病、皮肤病、内分泌和代谢疾病、血液学和肿瘤学、免疫和过敏性疾病、感染性疾病、精神障碍、神经系统疾病等内容；下册包括呼吸系统疾病、心血管疾病、危重病医学、泌尿生殖系统疾病、妇产科学、儿科学、老年病学、 临床药理学、各种损伤与中毒、特殊问题附录、附录 i 快速参考指南、附录 ii 实验室数据正常值、附录 iii 部分常用药物的商品名索引等内容。

（二）《临床诊疗指南》

《临床诊疗指南》共 49 分册，由国家财政部支持、卫生部领导、中华医学会组织编写，2005 年以来陆续由人民卫生出版社出版，主要用于指导和规范临床医务人员的诊疗行为。《临床诊疗指南》全面、系统地介绍了医学科学的最新进展，既有科学可靠的临床诊断标准，又有优化先进的临床治疗方案，充分体现了科学性、先进性、权威性的有机统一，使各级医疗机构的医务人员在日常医疗工作中有章可循、有据可依，有利于提高广大医务工作者的综合素质和医疗工作质量，推进我国医疗卫生工作科学化、规范化、法制化的进程。

（三）《临床用药速查手册》

《临床用药速查手册》由苏冠华，王朝晖主编，前身为华中科技大学同济医学院附属协和医院内部参考资料《协和用药参考手册》。2009 年由中国协和医科大学出版社正式出版，编者结合当前最新的循证医学证据和疾病防治指南，按通用名、常用商品名、英文名、药理作用作用特点、适应症、禁忌症、不良反应、注意事项、剂型规格、用法与用量、临床应用要点分项阐述。2012 年，重新编写了《新编临床用药速查手册》，内容根据最近指南、路径、治疗原则等进行调整，其调整比例近 30%。《新编临床用药速查手册》所包含的内容主要来源于药物使用说明书、指南、专家共识，以及最新国内外临床、基础研究文献。本书所收录的药物范围主要为目前各系统用药的国家基本药物、《中国药典》2010 年版药物及部分国外已上市而国内尚未上市的品种。全书共 9 章，涵盖心血管、呼吸、消化、血液、泌尿、神经、内分泌、风湿免疫等各系统的常用药物，每种药物根据临床实际应用情况。

（四）《国家基本药物目录》

1. 基本情况

《国家基本药物目录》由国家基本药物工作委员会审核，卫生与计划生育委员会（原卫生部）颁布。目前执行的是卫生部令 93 号发布的 2012 年版，全文可以在其官网下载。基本药物是适应基本医疗卫生需求，剂型适宜，价格合理，能够保障供应，公众可公平获得的药品。国家基本药物目录是各级医疗卫生机构配备使用药品的依据。自 1992 年起结合医疗保险制度的改革，我国开展制定国家基本药物的工作。国家基本药物按照《国家基本药物目录管理办法》开展工作。国家基本药物随着药物的发展和防病治病的需要，原则上每三年调整一次。

2. 目录的构成

目录中的药品包括化学药品和生物制品、中成药和中药饮片三部分。目录后附有索引。

化学药品和生物制品为中文笔画索引、中文拼音索引和英文索引；中成药为中文笔画索引、中文拼音索引。

3. 目录的分类

化学药品和生物制品主要依据临床药理学分类，共 317 个品种；中成药主要依据功能分类，共 203 个品种；中药饮片不列具体品种，用文字表述。药品的使用不受目录分类类别的限制，但应遵照有关规定。

4. 目录的编排

化学药品和生物制品、中成药分别按药品品种编号，有“注释”的除外。不同剂型同一主要化学成分或处方组成的编一个号，重复出现时标注“*”号。药品编号的先后次序无特别涵义。“备注”栏内标注“△”号表示药品应在具备相应处方资质的医师或在专科医师指导下使用。

（五）《世界卫生组织基本药物标准清单》

1. 基本情况

《世界卫生组织基本药物标准清单》是由世界卫生组织建立的基本药物目录。在 1977 年首次公布，2007 年公布了第一份《儿童基本药物清单》。目前，最新版为 2015 年 4 月公布的成年人第 19 版和儿童第 5 版。世界卫生组织采用基于证据的透明程序，对《世界卫生组织基本药物标准清单》每两年更新一次。各版本可以在世界卫生组织官网（http://www.who.int）“Health topics”栏目中的“Medicines”或“Essential medicines”中获得。中文版最新版为 2009 年 3 月公布的成人第 16 版和儿童第 2 版，可以在世界卫生组织中文官网中获得。

2. 中文版《世界卫生组织基本药物标准清单》的使用

中文版《世界卫生组织基本药物标准清单》中核心清单是指为基本卫生保健系统所必需的最起码的药物清单，清单中列入对治疗重点疾病最有效、安全和符合成本疗效的药物。重点疾病的选择系根据目前和将来的公共卫生相关问题及药物的潜在安全性和治疗成本疗效确定。

补充清单列出治疗重点疾病的基本药物，这些重点疾病需要专科诊断或监测设施，和/或专家医疗保健，和/或专家培训。在有疑问时，很多情况下也可将价格一直较高或成本疗效不太好的药物列入补充清单。

方框符号（□）主要目的是指出在一类药物中的相似临床作用。清单中的药物应是有最佳证据显示有效性和安全性的该类药物中的范例。在一些情况下，这种药物可能是最初获得销售许可证的药物；在另外一些情况下，后来获得许可证的药物可能更加安全或更加有效。在有效性和安全性数据方面没有差别的情况下，列入清单的药物应是根据国际药物价格信息来源以最低价格能够广泛获得的药物。并非所有方框药物都可供儿童使用——详见第二版儿童基本药物目录。

只有在对有效性和安全性审查的基础上并符合世界卫生组织临床准则的情况下才能指出药物的同等治疗效果。国家药物清单不应使用相似的符号并应在最后的遴选中具有特别性，它们取决于地方的可得性和价格。

a 表示此类药品的使用有年龄限制；紧接补充清单之后的［c］表示这些药物需要专门

的诊断或监测设施，或/和专门的医疗；保障，或/和需要经专门训练的专家在儿童使用。如果［c］置于个别药物或者药物强度之后，表示儿童使用有特殊适应证限制。

某种药列入基本药物清单，并不意味着保证某个药品的药物质量。每一地方或国家管制当局有责任确保每种品牌达到适当的药物质量（包括稳定性），并在适当时，不同的品牌可互换。每一部分的药物与剂型按英文字母顺序排列，并不意味着一种剂型比另一种更好。关于适当剂型的信息，应当参考标准治疗指南。

（六）《中国中医名人榜》

《中国中医名人榜》，吴大真编，2009 年中医古籍出版社出版，全书介绍了新中国成立初期到 21 世纪初期共计 300 位老中青中医代表，包括国家级名中医、各省市名中医代表、中医世家三部分。

六、图录

图录是以图像揭示事物的工具书，主要特点是直观形象和简明清晰。医学图谱品种繁多，主要有医药图谱（包括解剖图谱、诊断图谱、治疗图谱、药物图谱），医学地图集。

（一）《奈特医学图集》

《奈特医学图集》，包括《奈特人体神经解剖彩色图谱》、《奈特病理学彩色图谱》、《奈特人体生理学彩色图谱》、《奈特妇产科彩色图谱》、《奈特骨科疾病彩色图谱》、《奈特简明骨科学彩色图谱》、《奈特简明神经病学》、《奈特人体解剖彩色图谱》、《奈特人体胚胎学彩色图谱》、《奈特神经系统疾病彩色图谱》、《奈特消化系统疾病彩色图谱》、《奈特心脏病学彩色图谱》和《奈特药理学彩色图谱》，共 13 卷，收入了奈特博士创作的 20000 多幅插图中的大部分，是最著名的世界医学巨著之一。中文版《奈特医学图集》，2004 年以来，已由人民卫生出版社陆续出版。

《奈特人体解剖彩色图谱》于 1989 年首次出版，现已译为 11 种语言，成为全世界医学及相关科学学生在学习中首选的解剖学图谱。中文版《奈特人体解剖彩色图谱》（第 3 版），它全部使用 Frank H. Netter 博士的手绘彩图，根据人体系统和结构部位（头颈、背部格脊柱、胸部、腹部、盆部和会阴、上肢、下肢）编排，根据版面的大小和空间进行了改绘，并按照内容的逻辑进行了排序。

（二）《针灸穴位解剖图谱》

山东医学院、山东中医学院编绘，1978 年由山东人民出版社出版。1979 年后山东科学技术出版社又陆续出版成英、日、法语等语种版本。《针灸穴位解剖图谱》从解剖学的角度，着重介绍常用穴位与人体解剖结构的关系，并不涉及生理机能等方面的内容。《针灸穴位解剖图谱》的编绘，是先在成年尸体上按骨度分寸折量法取穴，扎针，然后逐层解剖、记录，重点地解剖了常用穴 231 个，全书共有图 100 幅（彩色图 77 幅、黑白线条图 23 幅），对某些重点穴位加绘了断面图，不同的经穴用不同的颜色标明，并用虚实线来区别解剖结构和穴位名称。《针灸穴位解剖图谱》分三部分内容：第一部分介绍了十四经脉和奇经八脉的循行路线，所属穴位的定位及主治，第二部分是按人体部位，着重介绍了常用穴位与人体解剖结构的关系；第三部分介绍了耳针的穴位和主治。

（三）其他医学图录

《道地药和地方标准药原色图谱》，由黎跃成等编，2001 年四川科学技术出版社出版。全书分总述和分述两大部分。总述主要是概述近代生药研究进展、中药材的性状鉴定、薄层色谱法在中药定性分析中的应用等；分述主要由原色图谱和文字描述组成。

《全国中草药汇编彩色图谱》，由谢宗万主编，1996 年人民卫生出版社出版。是《全国中草药汇编》的配套工具书，收集各类中草药的原植物、动物、矿物共计 1096 幅彩色照片图，其中原植物药图 1020 幅，原动物药图 53 幅，原矿物药图 23 幅，其部分品种的彩图如剑叶龙血树等，在国内外公开发表的刊物中属首次载入。

《针灸穴位层次解剖图谱》，由高华龄编，1999 年外文出版社出版。本书利用图谱的形式，按皮肤、肌肉、血管和神经、骨骼、内脏，分层介绍了人体三百多个穴位的分布、走向和深度，为读者了解人体穴位提供了形象而科学的资料。

《神经系统 MR 诊断图谱》，由王忠诚编，1993 年北京出版社出版。本书总结了神经外科 22 000 例磁共振影像资料，包括各种颅内肿瘤及椎管内肿瘤、脑及脊髓的血管病、感染、寄生虫病、发育畸形、创伤、脊柱病、脊柱畸形、脊髓空洞症等。

《中国人口主要死因地图集》，由同济医科大学公共卫生学院主编，1990 年中国地图出版社出版。

第三节　常用在线医药参考工具

一、在线参考工具概述

（一）在线参考工具的概念

在线工具书从狭义上讲，是指将传统的印刷型工具书数字化后形成的网络版。从广义上看，在线工具书是指一切用来查检和查考的数字型网络资料，如百度百科、爱问知识人、金山词霸等。

（二）在线参考工具的特点

信息技术的发展和计算机的普及使得互联网上出现的各种类型的在线工具书弥补了印刷型工具书体积大、使用时相对困难的劣势，它们具备更多的有点。

1. 内容更加丰富

数字化的存储技术让在线工具书容量更大，可以在印刷版的基础上增加大量新的内容，并且普遍使用多媒体技术展示，具有动态性和即时性特点，如在某些电子百科全书中查询“心脏”这个词条，除了文字内容外还可以看到心脏的血流变化图，并听到心音。

2. 数据更加新颖

常见《中国大百科全书》十几年才能更新一个版本，而在线工具书的更新可以是按周、按月或者按季度更新，有的甚至能按天更新，因此其数据比印刷版占有绝对的优势。

3. 使用更加方便

移动终端和互联网的普及使得读者可以随时随地联网使用在线工具书，并可以实现多用户共享。同时，在线工具书利用新的检索技术融入了许多新的检索功能和检索途径，提高了读者检索效率，瞬间找到所需的信息资源已经成为现实。

（三）在线参考工具的类型

在线工具书本质上是一种网络检索工具，通常网络为门户，具有突出的“工具”性质，是典型的工具书与信息技术结合的产物。在线参考工具书的主要有三种类型。

1. 衍生型在线工具书

它是传统工具书数字化形成的网络版。它们以印刷版工具书为母本，完全不改变传统工具书的内容、体系，只是简单增加了相关条目之间的联系，如中国大百科全书数据库。

2. 集成型在线工具书

它包括多种工具书的集成整合网站，如语文工具书大全（http://ch.eywedu.com/）；以及以某一知名工具书为基础并整合其他资源，既保留了原有工具书的权威性、科学性与内容特色，又集成了其他工具书，同时对网络资源进行筛选与提供，如不列颠在线。

3. 开放型在线工具书

它是指使用维基（Wiki）技术的在线免费参考工具书，也称维基百科。Wiki 是一种超为本系统，这种超文本系统支持面对社群的协作式工作，不但可以在 Web 的基础上对维基文本进行浏览，还可以任意创建和更改。也就是说，每位访问者可以同时扮演读者和作者的双重角色。

二、常用在线医药参考工具

（一）中国大百科全书数据库

1. 资源介绍

本数据库作品的主要内容源自《中国大百科全书》第一版和第二版。其中第一版按学科和知识领域分成 74 卷，共收 7.8 万个条目，5 万幅图片，计 1.26 亿字，第二版按字母顺序分成 32 卷，共收条目约 6 万个，约 6000 万字，插图 3 万幅，地图约 1000 幅。该数据库作品还可以根据用户需求，增加其他专业百科全书、地区百科全书的内容。该作品运用现代传媒技术，将这些内容进行重组再现，并提供方便易用的检索手段。为发挥百科全书历史存鉴作用，本着忠于印刷版作品原貌的原则，作品未对原内容进行更改。

2. 资源网址

正式订购用户可以通过 http://www.cndbk.com 访问，大百科全书出版社网页 http://www.ecph.com.cn“产品中心”栏目中的“数字出版”，也可以访问该数据库。另外，“《中国大百科全书》在线版”访问地址为 http://ecph.cnki.net。如果我们不是正式订购用户，可以先在线实名注册为中国国家图书馆（http://mylib.nlc.gov.cn）的用户，然后可以免费利用“工具书”中的“中国大百科全书数据库”。

3. 简单操作方法

条目浏览——选择“条目分类”，可浏览全部条目内容。条目分为大类，每大类之下有若干条目或分若干小类，小类之下又包含若干条目。点击可以展开树状结构，并可以继续点击展开下一层。显示的是最终的条目。点击可以合上树状结构。

检索——选择“检索”，在输入框中输入要检索的关键词，回车或点击“检索”按钮。检索条件的“同时包含”指有多个关键词时，这些关键词同时存在才符合检索条件。各关键词之间是“与”的关系。如检索“中国 农业”，只有当文章中同时出现“中国”和“农业”两个词时，该文章才被检索出来。 检索条件的“不包含”指有多个关键词时，这些关键词中包含前者而不包含后者的关键词。检索范围的“中文名称”指仅限关键词在条目中文名称中出现。 检索范围的“外文名称”指仅限关键词在条目外文名称中出现。 检索范围的“正文”指仅限关键词在条目正文中出现。 检索范围的“作者”指仅限关键词在条目作者中出现。（仅限《中国大百科全书》第一版）检索条件为单选，检索范围可多选。

大事年表——按“大事年表”按钮，可以查看相应大事年表。

按钮操作——按“首页”按钮，返回首页。按“后退”按钮，返回前一步操作显示的内容。按“前进”按钮，返回后一步操作显示的内容。按“隐藏”按钮，隐藏左侧窗口，再按“隐藏”按钮一次，则显示左侧窗口。按“帮助”按钮，显示使用帮助。

打印——按“打印”按钮，打印当前浏览的条目内容。

复制——按“复制”按钮，复制当前浏览的条目内容。可粘贴到 word、写字板、记事本中。

【案例 6-1】现代医学，简称“西医学”。在中国，与简称为“中医”的中国传统医学各有所长、互为补充。请分别介绍“西医学”和“中医”所包括的主要内容

涉及医学名词和专业概况，可以考虑使用医学词典或百科全书。可先通过你所在学校图书馆的馆藏目录了解图书馆所藏的印刷型医学词典、百科全书等工具书的情况，然后选择合适的纸本工具书检索。本例首选《中国大百科全书》。可先实名注册成为中国国家图书馆用户（http://www.nlc.gov.cn/）并登录，然后在“工具书”栏目中进入“中国大百科全书数据库”。可直接在检索框中分别键入“西医学”“中医”“现代医学”“中国传统医学”检索查询（记得勾选第一版和第二版进行比较）；也可以数据库的分类浏览功能进行检索，第一版可以通过“中国传统医学”和“现代医学”分卷直接进入，第二版是按条目音序法排列，可以进入“X”和“Z”浏览，分类浏览中两个版本都可以进行二次检索，即输入“医学”或直接输入“西医学”“中医”“现代医学”“中国传统医学”做筛选。参考结果如下：

“西医学”，现代医学（modern medicine）的简称。现代医学源于西方医学体系、形成于近代文艺复兴之后的国际通用的主流医学体系，可分为临床医学、群体医学、基础医学。

“中医”，中国传统医学（traditional Chinese medicine）的简称，以区别于西方医学。主要包括汉族医学、藏族医学、蒙古族医学、维吾尔族医学、朝鲜族医学，以及其他少数民族的医学和医药。汉族人口最多、聚居地域最广、文字产生最早、历史文化较长，因此，汉族医学在中国以至世界上影响最大。

（二）EB online

1. 资源简介

大英百科全书公司 1994 年推出了 Britannica Online（Encyclopedia Britannica online，不列颠百科全书网络版），是因特网上的第一部百科全书。世界各地的用户都可通过网络查询不列颠百科全书的全文。大英百科全书公司以其强大的内容编辑实力及数据库检索技术，成为全球工具书领域的领航者。目前，不列颠百科全书网络版已被世界各地的高等院校、中、小学、图书馆及政府机构等普遍应用于教学和研究中，是世界上使用最广泛的电子参考工具之一。

除印刷版的全部内容外，不列颠百科全书网络版还收录了最新的修订和大量印刷版中没有的文字，可检索词条达到 100000 多条，并收录了 24 000 多幅图例、2600 多幅地图、1400 多段多媒体动画音像等丰富内容，还精心挑选了 120 000 个以上的优秀网站链接，从而拓宽了知识获取渠道。表 6-5 可以看到它的主要内容和所在领域，其网址为 http://www.search.eb.com/。

表 6-5 不列颠百科全书网络版内容一览表

领域	主要内容
艺术与文学	主要科目（建筑、舞蹈、装饰艺术、素描、文学、电影、音乐、绘画、摄影、版画、雕塑、戏剧）、区域艺术及文化传统、风格流派、艺术研究
地球与地理	地球分层、各地球物理、生物、化学过程、水貌、地貌、灾害、火山作用与地壳、人文地理、地表特征、相关学科
健康与医药	人体、健康与疾病、人类生命、心理学、医疗保健
哲学与宗教	人文学科、观念、逻辑、哲学、宗教
运动与休闲	运动、业余爱好与游戏、户外体育与休闲娱乐
科学与数学	生物科学、地球科学、数学、物理学、科学、社会科学、科学史与哲学、自然哲学
社会与社会科学	各类话题：武装部队、书刊检查制度、公民资格、规则、通信、犯罪、文化、争端、服装、经济、教育、探索、民间传说、政府、意识形态、国际关系、新闻业、语言、法律、执法、司法制度、休闲、婚姻、政治制度、贫困、财产、公共管理、刑罚、宗教、权利、仪式、奴隶制、社会契约论、社会控制、社会分化、社会互动、社会流动、社会服务、社会结构、恐怖主义、财富；社会进程、分布形态、机构、社会成员体、社会类型
工艺与技术	工业、材料、能量、研发、安全、科学、农业与食品加工、生物与医学、通信、电脑与互联网、建筑与工程、能源、通用技术、工业与制造、仪器、军事、产品、运输
历史与历史学	文明、历史编纂（按大陆或海洋区域、按事件类型）、国内政治、事件、国际政治、法律问题、主要年代、文明与历史区域、政治团体、社会、历史研究、战争与其他暴力事件

2. 简单操作方法

（1）全文检索。在输入框输入任何一个字词，然后按“Go”，即可进行百科词条标题及正文的“全文检索”功能，轻松找到想要的信息。

（2）按大事纪年表浏览。选择欲查询主题，如艺术、科技、建筑等，键入关键年代，然后按“Go”，即可轻松查询相关历史大事记。

（3）按分类浏览。百科全书里的词条目都有各自的知识领域分类，使用者可浏览这些分类来找出相关词条。

（4）世界地图浏览。使用者可从世界地图上，逐层浏览到想看的国家地图及其相关词条。

（5）按字母顺序浏览。在输入框中输入文章首字的数个字母，然后按“Go”，即可浏览查询文章。

【案例 6-2】转化医学是 20 世纪末至 21 世纪初期出现的一个医学新名词，请给出它的英文名，并介绍它的专业定义

因为是新名词，一般的医学词典可能还来不及收录。故先用网络百科检索，如百度百科，了解相关线索。结果得到其相关的定义和英文名可能为“Translational Medicine”。再结合不列颠百科全书网络版的特点，我们可以试着用它来做检索，结果检索到 Francesco Marincola 撰写于 2014 年 8 月 27 日的一个词条。其主要内容是

Translational medicine, also called translational medical science, preclinical research, evidence-based research, or disease-targeted research, area of research that aims to improve human health and longevity by determining the relevance to human disease of novel discoveries in the biological sciences. Translational medicine seeks to coordinate the use of new knowledge in clinical practice and to incorporate clinical observations and questions into scientific hypotheses in the laboratory. Thus, it is a bidirectional concept, encompassing so-called bench-to-bedside factors, which aim to increase the efficiency by which new therapeutic strategies developed through basic research are tested clinically, and bedside-to-bench factors, which provide…

除此之外，我们也可以利用后面将要学习的全文数据库，如 CNKI，检索关于转化医学的综述文章了解其发展和专业定义。

（三）生命大百科全书

网络生命大百科全书（Encyclopedia of Life，EOL）是史无前例的科学研究群体和公众共同合作的网络信息共享平台。其目标是为所有人提供完全免费获取的有关世界生物有机体的知识。任何人都可以通过登记注册成为 EOL 的成员，向其提供生物物种的文本、图片、多媒体、评论或标签等信息。EOL 专门的专家管理系统来保证从各个研究项目、个人所提供数据的质量。EOL 是由 John D. and Catherine T. MacArthur Foundation 基金和 Alfred P. Sloan Foundation 基金及澳大利亚生命图谱、中国科学院、自然历史博物馆、哈佛大学、海洋生物实验室、密苏里植物园、荷兰生物多样性中心、亚历山大图书馆、美国国立博物馆、南非国家生物多样性研究所、生物多样性遗产图书馆等多个研究机构提供支持，目前已经有超过 40 多个研究组织加入了 EOL 系统。其网址为 http://www.eol.org/。

（四）临床医药学知识互动平台

临床医药学知识互动平台（Clinical Medicine Knowledge Database）是一款开放式的临床医药学相关知识的交互交流平台，平台提供智能化的交互功能及科学严谨的临床医药学素材库，整理编撰了跟临床相关的医药学专业知识及动态。

平台建设基于中国疾病知识总库（China Disease Knowledge Total Database），简称疾病库（China Disease Database，CDD），是由解放军医学图书馆研发的一个面向临床医药学专业人士，同时兼顾大众的知识型数据库。产品凝聚了国内权威临床专家和专业医务工作者的临床经验，以企解决疾病从诊断到治疗中的问题，其网址为：http://cmkd.hnadl.cn。

（五）常见多发传染病防治知识库

中华预防医学会利用“常见多发传染病防治技术要点筛选和普及研究”课题，将项目成果延伸，制作了《常见多发传染病防治知识库》网站，便于基层医疗卫生人员和公众随时浏览、学习和下载。知识库中包括《基层医疗卫生人员常见多发传染病防治技术知识库》28 个疾病的培训教材和《公众常见多发传染病防治科普知识库》23 个疾病的防治基础知识，并以目录、要点、全文及图片的形式展示在网站上，其网址为：http://www.cpma.org.cn/cdcfz。

【案例 6-3】了解手足口病及其基本用药，并比较治疗手足口病的基本药物在《国家基本药物目录》和《世界卫生组织基本药物标准清单》的收录情况

首先在“常见多发传染病防治知识库”中找到了“手足口病”，下载资料后了解到手足口病人群普遍易感以 5 岁及以下儿童为主，原国家卫生部发布过《手足口病诊疗指南（2010 年版）》（通过国家卫生与计划生育委员会官网的检索功能可以获取全文），但该知识库并未介绍具体治疗方案，而《指南（2010 年版）》介绍了普通病例（我们以普通病例为例）的一般治疗（注意隔离，避免交叉感染。适当休息，清淡饮食，做好口腔和皮肤护理）和对症治疗（发热等症状采用中西医结合治疗），也并未介绍具体治疗药物。进一步通过“临床医药学知识互动平台”了解到“本病经 1 周后可自愈，一般对症治疗，可应用抗病毒药如阿昔洛韦、利巴韦林等。中药大青叶、夏枯草或导赤散加减”。

通过《国家基本药物目录》（2012 版）查询到抗病毒药阿昔洛韦（Aciclovir）——片剂、胶囊：0.2g；利巴韦林（Ribavirin）——片剂、胶囊：0.1g。

利用《世界卫生组织儿童基本药物标准清单》（第 2 版）查询到抗病毒药阿昔洛韦包括口服液（200 mg/5 ml）、注射用粉剂（250 mg（钠盐）小瓶）、片剂（200 mg）三种剂型；而利巴韦林是仅用于治疗病毒性出血热的其他抗病毒药物。

（六）国家人口与健康科学数据共享平台

国家人口与健康科学数据共享平台（原国家医药卫生科学数据共享网）是 2004 年 4 月正式启动的项目，属于国家科学数据共享工程在医药卫生领域的建设内容，同时也是国家科技基础条件平台的重点建设项目。该项目由四个主管部门联合推荐，六大科研院所联合申报，2003 年在科技部立项。

国家人口健康科学数据共享平台 2009 年通过科技部结题验收，转为长期运行服务。平台设立人口与生殖健康、基础医学、临床医学、公共卫生、中医药学和药学六个科学数据中心，分别依托国家人口计生委科学技术研究所、中国医学科学院基础医学研究所、中国医学科学院北京协和医院和中国人民解放军总医院、中国疾病预防控制中心、中国中医科学院、国家食品药品监督管理总局信息中心和中国医学科学院药物研究所。目前，已建成近 40 个主题数据库，约 300 个子数据库（集），整合数据资源总量超过 2000GB，其网址为 http://www.ncmi.cn/。

（七）中国植物主题数据库

中国植物主题数据库是基础科学数据共享网资助项目，由植物学学科积累深厚和专业数据库资源丰富的中科院植物所和中科院昆明植物所联合建设，包括中国植物综合名录系统、中国植物图片数据库、中国植物文献库、国家重点野生保护植物、药用植物数据库等 10 个数据库。它以 Species2000 中国节点和中国植物志名录为基础，整合植物彩色照片、植物志文献记录、化石植物名录与标本以及药用植物数据库，强调数据标准化和规范化，其网址为 http://www.plant.csdb.cn。

（八）病毒资源数据库

病毒资源数据库，是中国科学数据库的专业子库，由中国普通病毒保藏中心开发。该中心是我国唯一从事普通病毒保藏与分类鉴定与研究的专业机构。该数据库包括病毒保藏数据库、病毒模式标本数据库和病毒遗传资源数据库等子库，其网址为 http://www.virus.csdb.cn/。

（九）香港浸会大学中医药图书馆资料库

（1）中药标本数据库，http://library.hkbu.edu.hk/electronic/libdbs/scm_specimen.html

（2）药用植物图像数据库，http://library.hkbu.edu.hk/electronic/libdbs/mpd/index.html

（3）中药材图像数据库，http://library.hkbu.edu.hk/electronic/libdbs/mmd/index.html

本章小结

信息社会时代，我们学习和工作中可用的信息变得无法计量。医学是一门严谨的科学，我们在解决医学专业学习和临床工作中遇到的问题时，必须以严谨、科学的态度获取专业信息，并合理应用，而利用权威工具书获取医学信息是可靠的途径之一。

利用工具书，要从了解工具书开始。本章介绍了工具书的定义、类型、结构、作用及如何选择工具书，并对各类型常用工具书做了简略的介绍，最后着重介绍了常见印刷型医学参考工具书。同时，根据工具书在信息时代的发展特点，列举了部分医学在线参考工具书。

学习中，我们应该根据自己的医学专业和临床工作特点，培养综合利用各类型工具书分析解决问题的能力，并有意识的搜集、选择适合自己专业和临床工作的印刷型和在线参考工具书，以便学习和工作中快速、准确地检索到需要的信息。

学习检测

一、选择题

（一）单项选择题

1．对工具书的编排体例、使用方法做出说明的部分是（　　）。

A．序跋　　B．目次　　C．凡例　　D．附录

2．印刷型工具书最常用的编排方式是（　　）。

A．分类法　　B．字顺法　　C．主题法　　D．时序法

3．以下属于专业性年鉴的是（　　）。

A．中国统计年鉴　　B．中国百科年鉴　　C．重庆年鉴　　D．中国药学年鉴

4．号称“工具书之王”的是（　　）。

A．词典　　B．百科全书　　C．手册　　D．名录

5．我国现行的《国家基本药物目录》是（　　）。

A．2006 版　　B．2008 版　　C．2010 版　　D．2012 版

（二）多项选择题

1．以下为参考工具书的是（　　）。

A．名录　　B．书目　　C．手册

D．索引　　E．词典

2．印刷型工具书常用的编排方式一般包括（　　）。

A．分类法　　B．主题法　　C．字顺法

D．时序法　　E．地序法

3．要了解我国内科医学的历史及发展状况，可以选用工具书（　　）。

A．百科全书　　B．年鉴　　C．手册

D．名录　　E．图谱

4．药典属于（　　）。
A．工具书　B．标准文献　C．词典　D．法规
E．手册

5．世界三大百科全书是指（　　）。
A．中国大百科全书　B．美国百科全书　C．不列颠百科全书
D．科利尔百科全书　E．德国百科全书

二、思考题

1．简述你曾经使用工具书的经历及工具书的作用。

2．简述如何选择工具书。

3．什么是“安乐死”，它的英文名称是什么？关于它的争议焦点是什么？请利用工具书简单回答以上问题。

4．请下载最新版《国家基本药物目录》和中文版《世界卫生组织基本药物标准清单》（第十六版）并对他们进行比较。

5．请就本校图书馆的馆藏，简单介绍一种自己感兴趣的名录，要求提供书名、索书号、出版者、出版年，并用实例说明该名录的用途及使用方法。

6．请对本校图书馆收藏的医学类手册的情况做一个介绍。请提供检索式及检索结果；请介绍一本自己专业领域的手册，要求提供书名、索书号、出版者、出版年。

7．请利用统计年鉴查找以下数据与事实：

（1）2015年我国医学类高等学校数量。

（2）2015年我国公共图书馆的数量和藏书总量

8．有位医学专业的学生想了解毕业后的工作待遇，希望知道重庆近几年卫生行业的个人收入情况。请用统计年鉴查找重庆市各行业城镇单位在岗职工平均工资情况。

（刘方方）

第七章 中外学术数据库检索

学习目标

1. 了解文献资源数据库，熟悉文献资源数据库及其类型；
2. 掌握文献数据库检索方法，能综合运用多种检索方式。
3. 掌握常用医药数据库检索，会使用数据库查找、浏览和下载文献。

第一节 文献数据库

一、文献资源数据库及其优势

20 世纪 60 年代初，各文摘出版社为克服信息爆炸带来的困难，纷纷引进了先进的计算机技术，将经过整理、加工的文献信息输入计算机中，由计算机进行编辑和排版，输出后排版印刷为文摘刊物和各种索引；同时，保留在计算机中的机器可读的文献信息，作为二次文献编辑出版的副产品，发展成为文献数据库。简单地说，文献数据库就是在计算机存储设备上按一定组织方式储存的文献数据的集合，是检索系统的信息源，也是用户检索的对象。

文献数据库的内容与其传统的文献信息是相对应的。一部著作或一篇文献的内容和形式特征经著录后形成一条记录，记录是构成文献数据库的基本单位。记录由篇名、作者和主题等著录项目组成，著录项目在文献数据库中称为字段；一个字段又可细分为若干个子字段，文献数据库由一系列连续的记录、字段和子字段组成，形成了一个分级树型结构。

文献数据库的优势在于对海量资源数据进行了高度整合，可直接通过计算机进行检索，检索途径多、内容丰富、资源量大、更新及时、易于操作、检索方便、速度快，再就是文献数据库对数据进行了整合，避免了重复劳动，节约人力资源，节省科研开支；同时其海量数据也保证了数据的完整性和准确性，通过文献数据库用户可以进行信息检索、信息咨询、原文传递、科技查新等工作，提高了效率。

二、文献数据库类型

文献数据库经过几十年的发展，已从几十个数据库发展到几千个商用数据库，几乎覆盖了主要国家的所有文献。数据库的规模有小、中、大、超大规模之分，小型文献数据库年增长几百条记录，超大规模数据库年增长 50 万条记录以上。按不同划分方式，文献数据库可划分为不同类型。

按语种划分为中文数据库、外文（区别于中文的其他语种）数据库。按收录文献类型划分为图书数据库、期刊数据库、报纸数据库、学位论文数据库、会议论文数据库、专利数据库、标准数据库、多媒体数据库、工具书数据库等。按所收文献完整程度划分为文摘/索引数据库（参考数据库）、全文数据库、事实数据库。

参考数据库指包含各种数据、信息或知识的原始来源和属性的数据库。数据库中的记录是通过对数据、信息或知识的再加工和过滤如编目、索引、文摘等形成的。一般来说，参考数据库主要目的是指引用户能够快速、全面地鉴别和找到文献相关信息。参考数据库主要包括书目数据库、文摘/索引数据库。

全文数据库是指收录有原始文献全文的数据库，以期刊论文、会议论文、政府出版物、研究报告等为主，如国内的中国期刊全文数据库CNKI、万方全文数据库，国外的ProQuest、Elsevier Science等。

事实数据库是指包含大量数据、事实，直接提供原始资料的数据库，其又下分为数值数据库、事实型数据库。数值型数据库，是以数值为主要内容的数据库；事实型数据库以直接提供可用的事实为目的，事实既可以是既有数字又有文字的统计资料，也可以是纯文字的知识资料或信息资料，也可以是一篇叙述性文献。

三、文献数据库检索方法

为方便用户使用，文献数据库提供多种在线检索方法，通用的检索方法有如下五种。

1. 简单检索

简单检索也称为初级检索或快速检索，即为用户提供一个简单的一站式检索界面，帮助非专业或初入门用户方便快捷地进行检索，由于检索条件少，其检索结果精度低。

2. 高级检索

高级检索支持多个检索入口、多个检索词之间的逻辑组配检索，用户可以根据检索的课题选择多个条件和逻辑关系进行组合检索，构造更细致的检索式，以使检索结果更准确。

3. 专家检索

专家检索又称命令检索或专业检索，具有自由度大的特点，用户可编制复杂的检索式以获得最佳的检索效果，但需要用户了解检索系统的逻辑组配检索、截词检索和字段检索等各种检索技巧以及检索式的标准写法来构建检索式，故此方法一般为专业检索人员使用。使用专家检索时，数据库将严格按用户输入的全部检索式进行检索。

4. 分类导航检索

分类导航是利用系统提供的专辑目录及其展开的树形分类目录，快速获得某一领域文献的方法，通常采用学科逐层下分来进行分类，适用于文献学科分类方向明确的情况。

5. 二次检索

二次检索也称为在结果中检索，是在初次检索所得结果内进一步检索，可使结果更精炼、准确。

四、文献数据库资源的一般检索步骤

（1）分析研究课题，明确查找要求，确定检索词。

（2）选择相应的数据库和检索方法。

（3）确定检索途径，制定检索式（逻辑表达式）。

（4）检索文献，获取原文。

第二节　常用中文医学文献数据库

一、中国生物医学文献服务系统

（一）数据库概述

中国生物医学文献服务系统（SinoMed）由中国医学科学院医学信息研究所图书馆开发研制，涵盖面广，能全面、快速反映国内外生物医学领域研究的新进展，功能强大，是集检索、统计分析、免费获取、全文传递服务于一体的生物医学中外文整合文献服务系统。其网址为 http://www.sinomed.ac.cn/。

SinoMed 涵盖了中国生物医学文献数据库、中国医学科普文献数据库、北京协和医学院博硕学位论文库、西文生物医学文献数据库、英文文集汇编文摘数据库、英文会议文摘数据库、俄文生物医学文献数据库、日文生物医学文献数据库等多个数据库。其中：

中国生物医学文献数据库（CBM）收录 1978 年以来 1800 多种中国生物医学期刊，以及汇编、会议论文的文献题录 800 余万篇，年增文献 50 余万篇，每月更新，全部题录均进行主题标引、分类标引，同时对作者机构、发表期刊、所涉基金等进行规范化加工处理，支持在线引文检索，辅助用户开展引证分析、机构分析等学术分析。

中国医学科普文献数据库收录 2000 年以来近百种国内出版的医学科普期刊，重点突显养生保健、心理健康、生殖健康、运动健身、医学美容、婚姻家庭、食品营养等与医学健康有关的内容。

北京协和医学院博硕学位论文库收录 1981 年以来北京协和医学院培养的博士、硕士研究生学位论文，学科范围涉及医学、药学各专业领域及其他相关专业，内容前沿、丰富，可在线浏览全文，每季更新。

西文生物医学文献数据库（WBM）收录 7200 余种世界各国出版的重要生物医学期刊文献题录 2400 余万篇，其中馆藏期刊 4800 余种，免费期刊 2400 余种；年代跨度大，部分期刊可回溯至创刊年，年增文献 100 余万篇，每月更新。

日文生物医学文献数据库收录 1995 年以来日本出版的日文重要生物医学学术期刊 90 余种，部分期刊有少量回溯。每月更新。

俄文生物医学文献数据库收录 1995 年以来俄国出版的俄文重要生物医学学术期刊 30 余种，部分期刊有少量回溯。每月更新。

英文会议文摘数据库收录 2000 年以来世界各主要学/协会、出版机构出版的 60 余种生物医学学术会议文献，部分文献有少量回溯。

英文文集汇编文摘数据库收录 240 余种（册）馆藏生物医学文集、汇编，以及能够从中析出单篇文献的各种参考工具书等资源。报道内容以最新出版的文献为主，部分文献可回溯至 2000 年。

（二）检索途径与方法

1．初级检索（快速检索）

SinoMed 首页的检索输入框即是跨库检索的快速检索框（图 7-1），为用户提供一站式检索方式，让检索过程更简单。

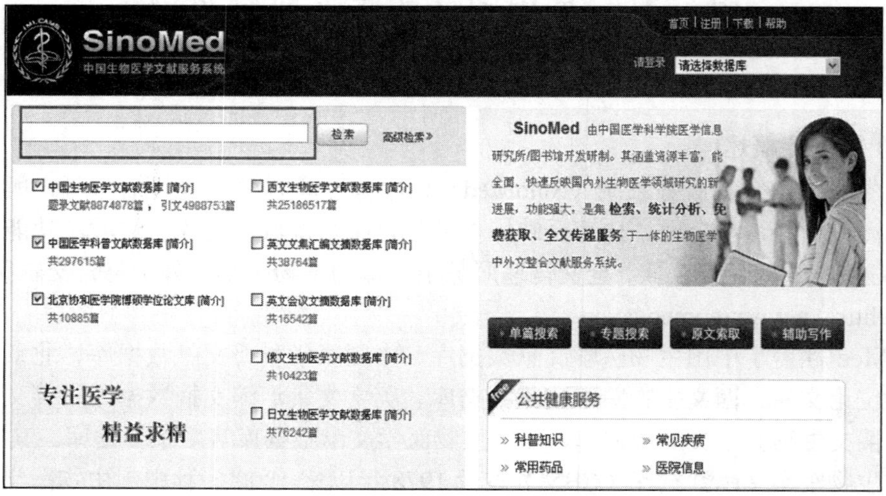

图 7-1　SinoMed 首页截图

快速检索（图 7-2）集成了智能查询功能，用户可以选定数据库，使检索更快捷，检索结果更全面。同时，检索历史功能方便用户查看以往的检索表达式，为用户调整检索策略提供帮助。

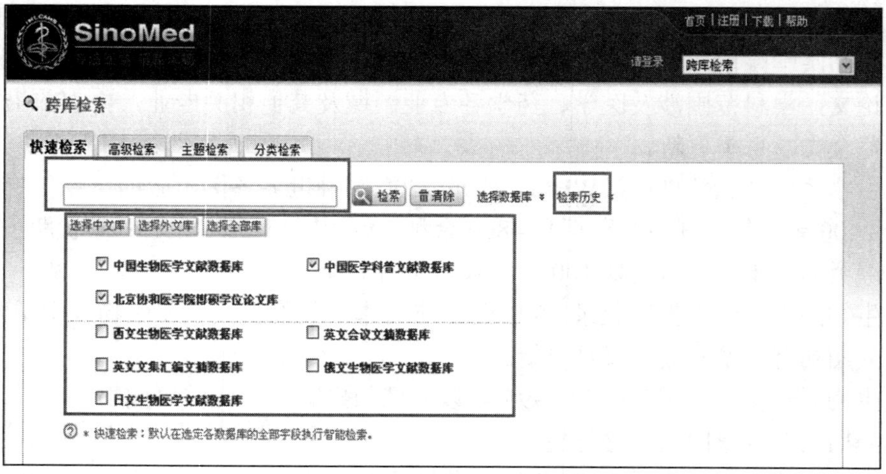

图 7-2　SinoMed 快速检索界面截图

2．高级检索

SinoMed（图 7-3）支持多个检索入口、多个检索词之间的逻辑组配检索，并可对年代等进行限制检索，使检索更准确，高级检索也提供检索历史查看功能，方便用户调整检索策略。

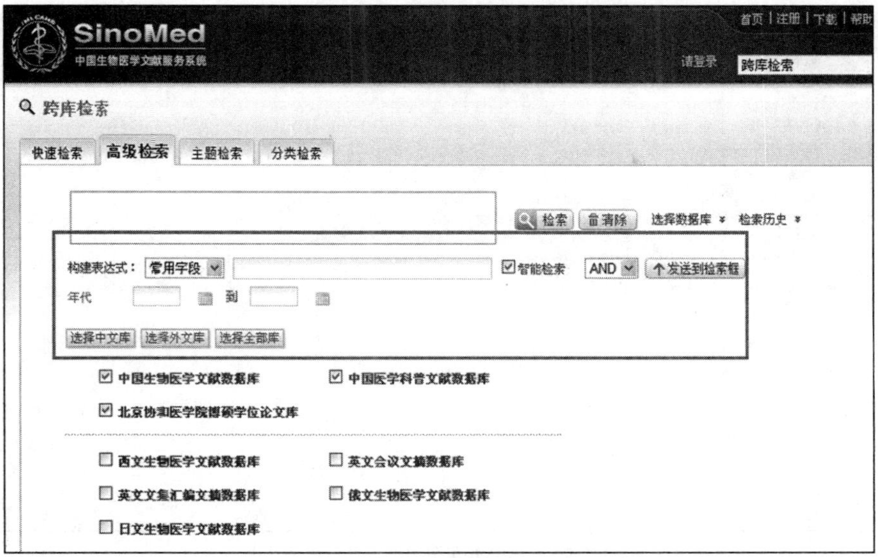

图 7-3　SinoMed 高级检索界面截图

3. 主题检索

SinoMed（图 7-4）支持主题词检索，可进行中文主题词检索或英文主题词检索，并提供主题导航，帮助用户更准确地检索文献。美国国立医学图书馆《医学主题词表》（MeSH）中译本、《中国中医药学主题词表》是 SinoMed 所含数据库 CBM 进行主题标引和主题检索的依据。

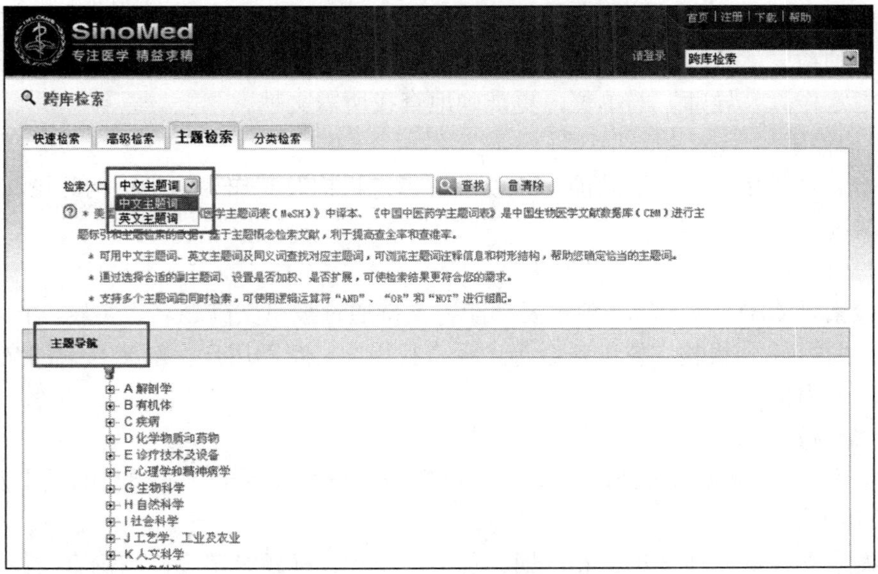

图 7-4　SinoMed 主题检索界面截图

4. 分类检索

SinoMed 使用《中图法》医药、卫生类大类进行了分类标引，支持分类检索，可通过类名或类号进行检索，并提供分类导航（图 7-5）。

图 7-5　SinoMed 分类检索界面截图

5. 其他检索方法

1）期刊检索

在 SinoMed 中，CBM、WBM 和中国医学科普文献数据库均支持期刊检索。期刊检索提供从期刊途径获取文献的方法，并能对期刊的发文情况进行统计与分析。

2）作者检索与导师检索

作者检索和导师检索支持的功能和操作步骤相同，只是支持的数据库有所不同。CBM、WBM 和中国医学科普文献数据库均支持作者检索，而北京协和医学院博硕学位论文数据库则支持导师检索。通过作者检索或导师检索，可以查找该作者（导师）署名发表的文献，并能通过指定作者（导师）的单位，更准确地查找所需文献。

3）机构检索

机构检索是 CBM 新增的功能，可以了解指定机构及其作为第一机构时论文发表情况和被引用情况。

4）引文检索

引文检索是 CBM 新增的一项重要功能。支持通过被引文献题名、主题、作者/第一作者、出处、机构/第一机构、资助基金等途径查找引文，帮助用户了解感兴趣的文献在生物医学领域的引用情况。

5）基金检索

基金检索是 CBM 新增的另一项功能，可帮助用户查找特定基金项目的成果发表情况。

6）单篇搜索

单篇搜索支持从期刊、年、卷、期、首页、作者、标题等字段，精确查找特定文献。

（三）学术分析服务

中国生物医学文献服务系统（SinoMed）为用户提供了包含引证分析、机构分析、基金分析、作者分析、期刊分析在内的多种学术分析服务（图 7-6）。第一作者分析能对某机构作者以第一作者身份发表的论文进行统计与分析。机构（和第一机构）分析能对各个机构的发文情况及被引情况进行统计分析。基金分析能对各项基金的发文情况和资助研究概况进行统计分析。引证分析可对引文检索结果文献集合的被引情况进行统计分析。用户可以点击相应的服务图标进行链接操作，以快速了解文献分布和领域发展现状，洞察学科发展线索。

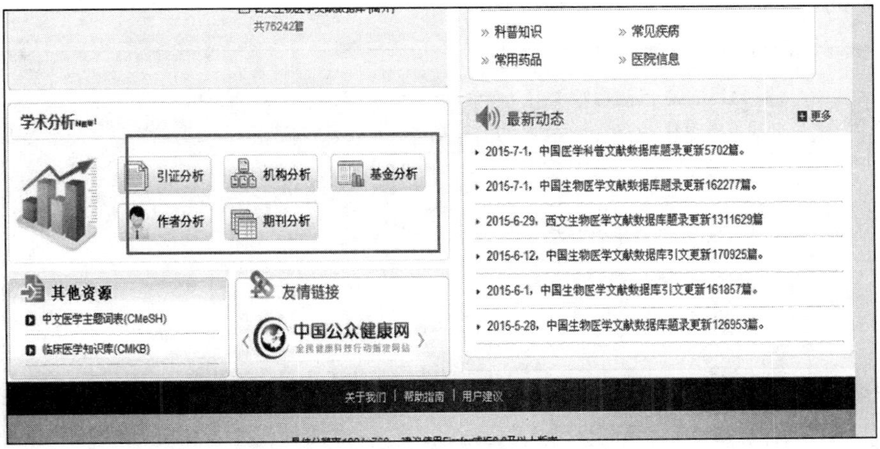

图 7-6　SinoMed 学术分析服务界面截图

二、万方数据库

（一）数据库概述

万方数据库是由万方数据公司开发的，涵盖期刊、会议纪要、论文、学术成果、学术会议论文等在内的大型网络学术数据库。万方期刊集纳了理、工、农、医、人文五大类 70 多个类目共 8500 余种期刊。平台支持一站式检索与跨库检索，提供高级检索、经典检索与专业检索三种高级检索功能，检索功能强大，还提供知识脉络、相似性检测等多元化服务，是国内一流的品质信息资源出版、增值服务平台，其网址为 http://www.wanfangdata.com.cn/，http://g.wanfangdata.com.cn。

知识链接

万方医学网

万方医学网是万方数据竭力打造的专业医学信息门户。2008 年，万方数据分别与中华医学会、中国医师协会等多个医学领域内的权威机构建立了医学期刊全文数据独家战略合作伙伴关系，获得了这些医学期刊全文的独家数据库与网络发行权。医学网整合了中医药知识系统、中华医学会数字化期刊系统、中国医师协会期刊、医学视频数据库等资源，拥有涵盖基础医学、检验医学、临床综合、内科、外科、儿科等领域的各类专业期刊，是医药卫生行业人员获取专业知识的重要途径。其网址为 http://med.wanfangdata.com.cn/。用户也可通过公众号“万方医学网”享受服务，主要服务功能有查阅期刊文献、获取全文内容、支持微信支付、方便获取行业信息、参与微信会议活动、享受更多个性化服务。

（二）检索方法

1. 快速检索

万方数据库（图 7-7）在首页为用户提供了快速检索方式（一站式检索），用户可在首页检索框里直接进行检索。在键入检索词时，系统会根据用户键入的词进行智能推荐，为用户节约时间。

图 7-7 万方数据快速检索首页截图

2. 分类导航检索

在快速检索首页，点击不同的类型则可进入该类型的导航检索页面（图 7-8），如点击期刊则进入期刊分类检索页面（图 7-9），用户可以点击学科分类进入该学科所含期刊进行逐级浏览。

图 7-8 万方数据分类导航首页截图

3. 高级检索

点击快速检索框旁的高级检索（图 7-10）即可进入高级检索页面。在高级检索页面，万方数据提供了 20 多个检索途径供用户选择，支持多途径多逻辑组配检索，如果用户不能确定检索词，也可以提供一段文本，由系统推荐检索词进行检索。用户构建检索式进行检索后，可在检索历史中进行查看回顾。

图 7-9　万方数据期刊导航截图

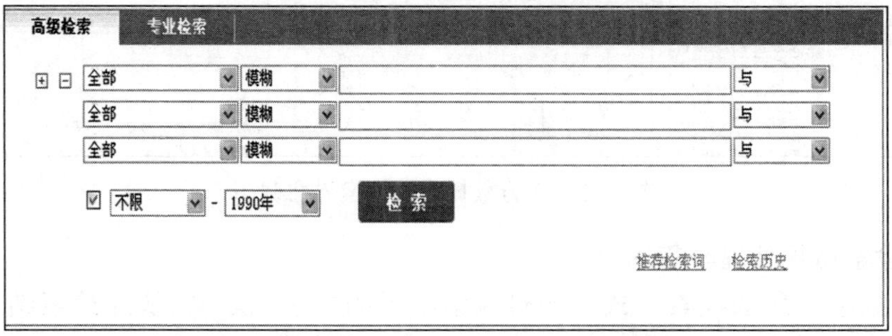

图 7-10　万方数据高级检索界面截图

4. 查新/跨库检索

万方数据将查新/跨库检索与高级检索融合在同一页面，用户可以直接点击快速检索框旁高级检索进入查新/跨库检索页面（图 7-11），在此页面左侧，用户可以选择不同的文献类型进行跨库检索，在选择好文献类型后，可在高级检索构建栏选择不同的检索途径、逻辑运算构建检索式进行组配检索。万方提供检索历史查看服务，用户可以通过检索历史重筑检索式，另在检索结果显示方面，万方也同时保留检索结果历史，用户可直接点击查看之前的检索结果进行对比。

5. 专业检索

进入高级检索页面后，即可看到专业检索选项，用户可点击进入专业检索页面（图 7-12），用户可以在专业检索栏内构建检索式进行检索。为了方便用户使用，在专业检索页面，用户也可以选择文献类型进行跨库检索，同时点击可检索字段，即可得到万方提供的检索字段列表，用户可以直接点击字段名进行添加而不需要自己录入字段名。

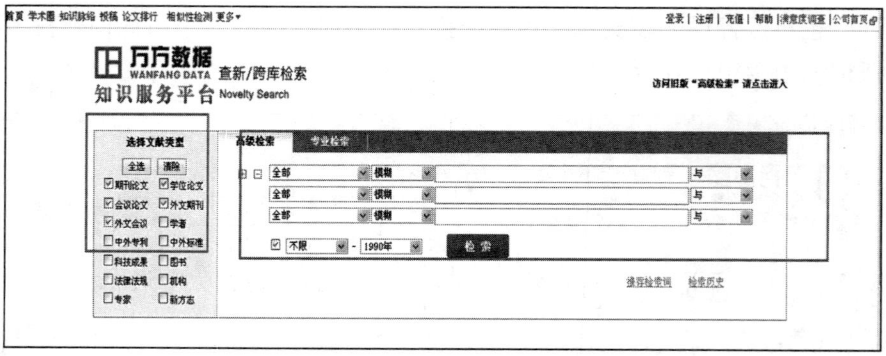

图 7-11　万方数据跨库检索界面截图

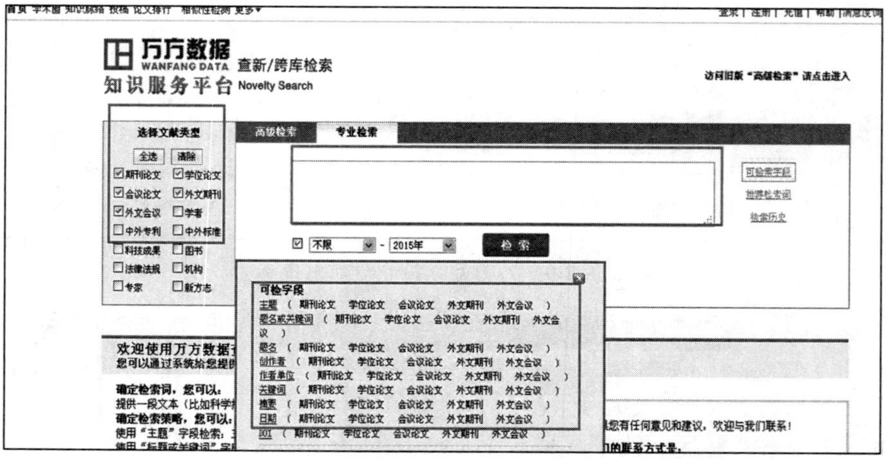

图 7-12　万方数据专业检索界面截图

（三）检索结果处理与筛选

万方数据根据所选检索方式不同对检索结果的显示也不同。快速检索结果（图 7-13）显示内容包括按学科等的聚类、文献题名、被引用次数、文献来源、文献来源收录情

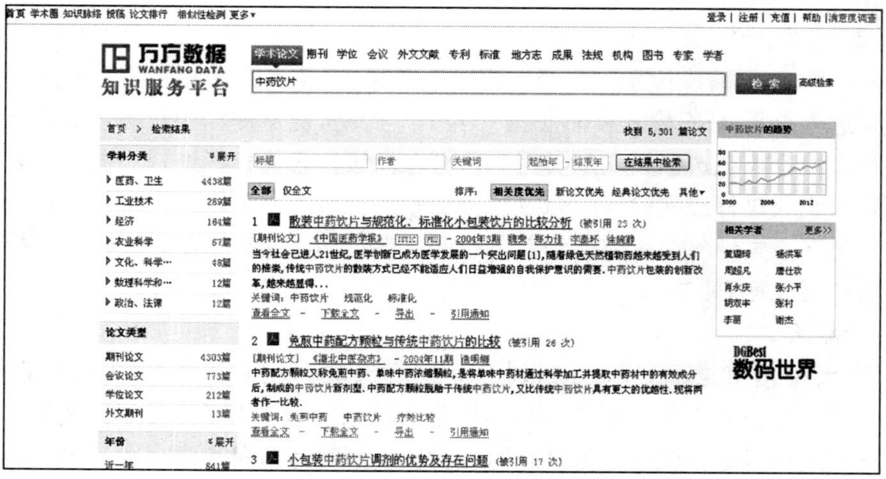

图 7-13　万方数据快速检索结果显示页面截图

况、作者、摘要、关键词，以及查看、下载全文链接等，用户可在检索结果页面进行多种操作。高级检索结果聚类功能少，也没有多种检索结果操作功能（图 7-14）。

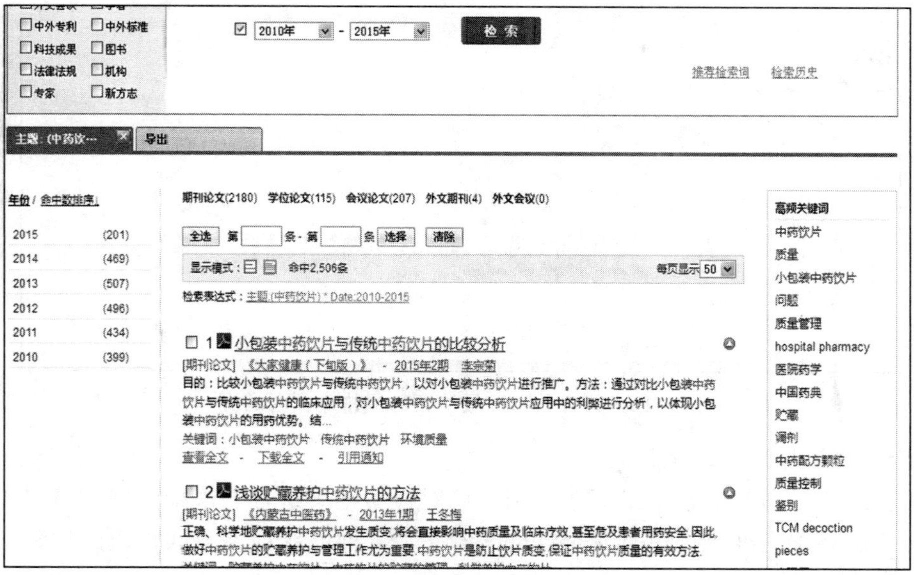

图 7-14　万方数据高级检索结果显示页面截图

1. 检索结果排序

万方数据支持对检索结果进行排序。在快速检索结果页面（图 7-15），用户可按相关度优先、新论文优先排序、经典论文优先等方式对检索结果进行排序，以挑选最相关、最权威、最新的文献。而高级检索方式下的检索结果页面下只提供按年份和命中数的排序（图 7-16）。

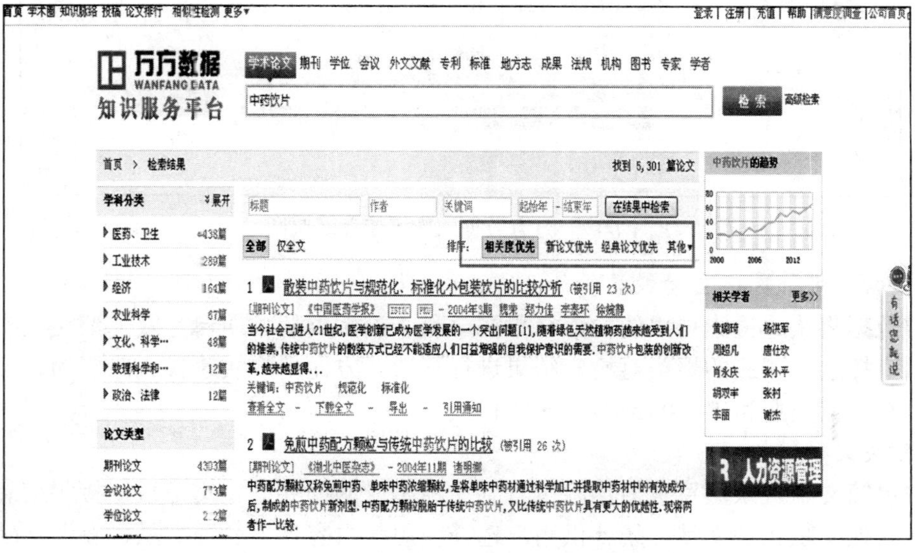

图 7-15　万方数据快速检索结果排序页面截图

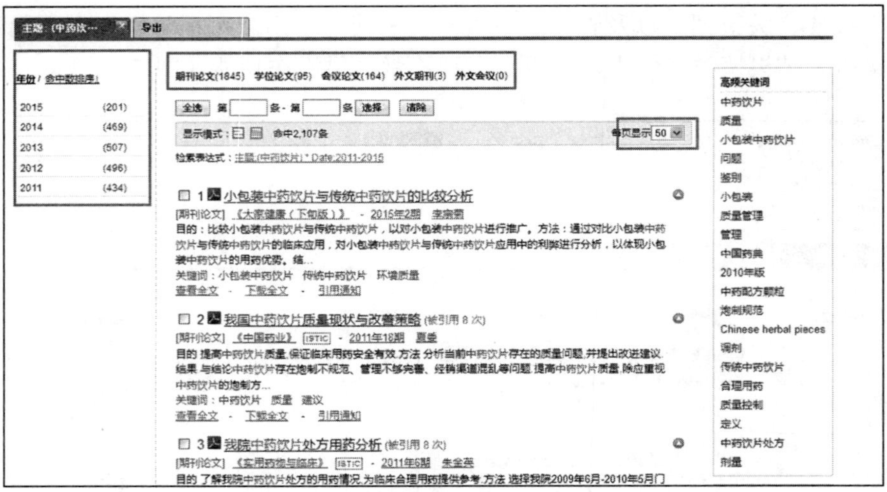

图 7-16　万方数据高级检索结果排序页面截图

2. 检索结果筛选：二次检索

在快速检索得出的检索结果页面，用户可对检索结果进行二次检索（在结果中检索）（图 7-17），以获得更准确、更有专指性的文献资源。而高级检索方式得出的检索结果页面没有二次检索方式。

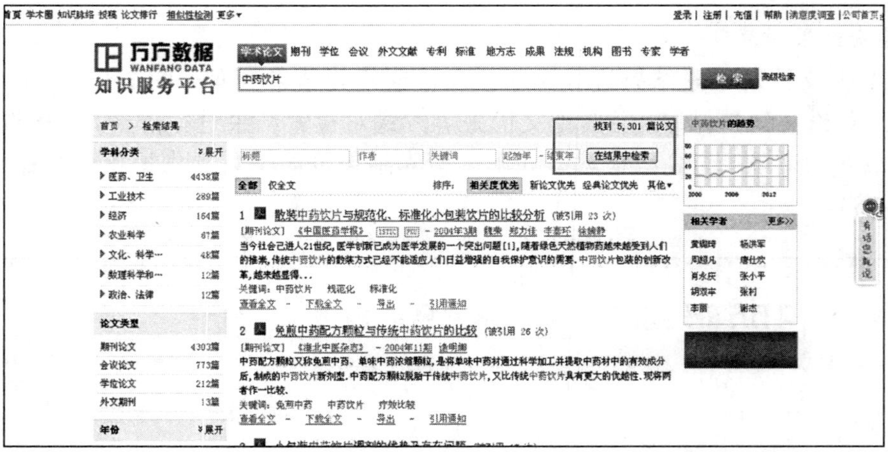

图 7-17　万方数据二次检索页面截图

3. 检索结果筛选：自动聚类

万方数据将快速检索得出的检索结果按学科、论文类型、期刊等做了聚类（图 7-18），用户可以直接选择相应的聚类对检索结果进行筛选，方便用户快速找到想要的论文。高级检索下只有文献类型和年代的聚类（图 7-19）。

4. 相关文献链接

点击单篇文献进入阅览页后，除可看到文献本身的摘要、全文下载链接等信息外，万方还做了其他文献相关文献的统计供用户选择使用，内容包括引证文献、参考文献、相关博文等（图 7-20）。

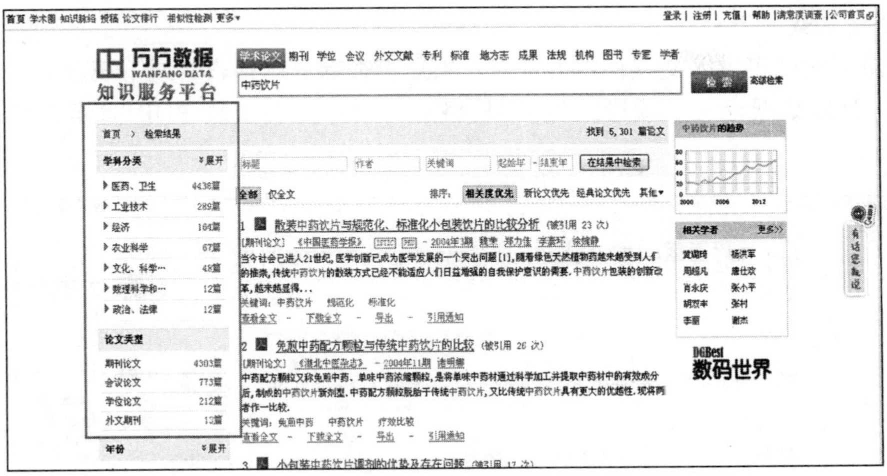

图 7-18　万方数据快速检索结果聚类页面截图

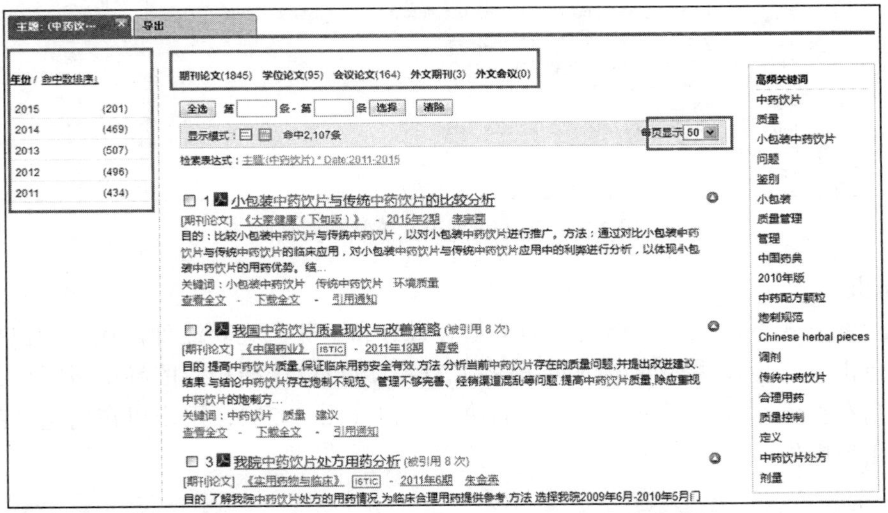

图 7-19　万方数据高级检索结果聚类页面截图

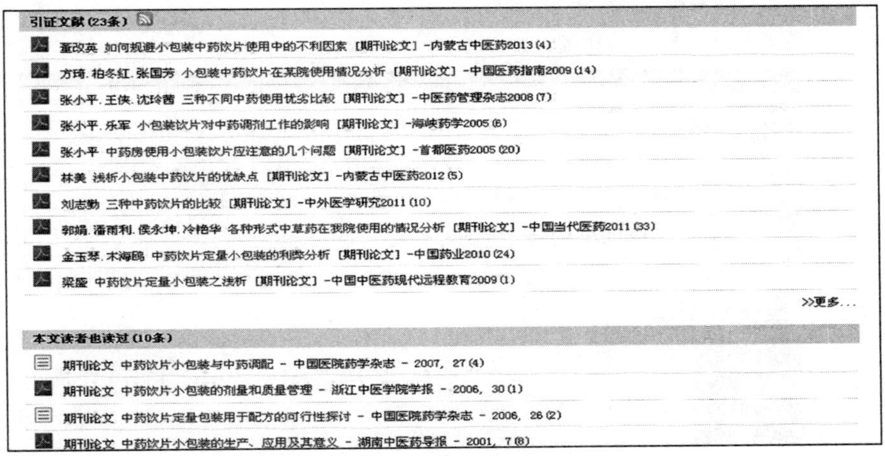

图 7-20　万方数据文献网络页面截图

5. 论文下载

点击单篇文献可进入文献详细阅览页，用户可在这里选择查看或下载全文（如果有全文的话）。万方数据论文下载格式为 PDF 格式，用户需要安装 PDF 阅读软件进行阅读（图 7-21）。

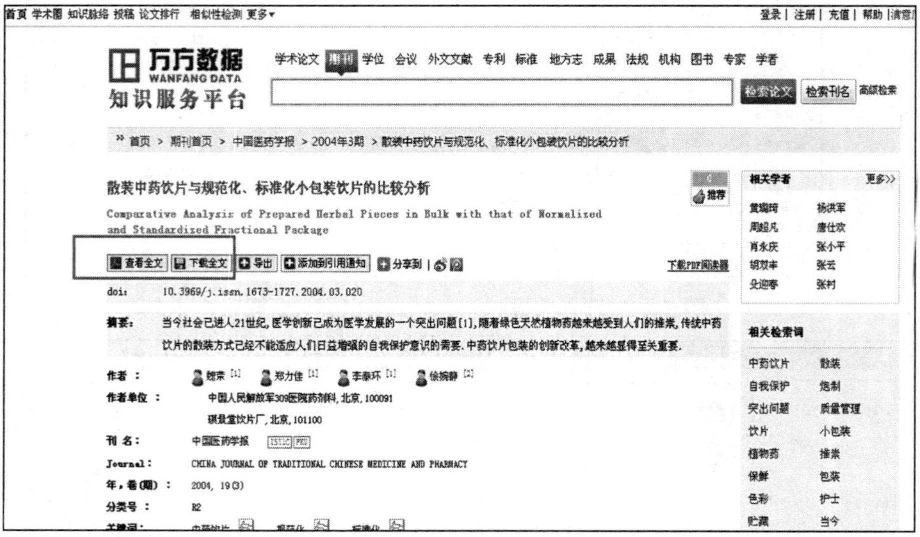

图 7-21 万方数据论文下载页面截图

6. 导出

快速检索方式下，点击单篇文献浏览除有查看和下载全文功能外，还有导出按键供用户使用，点击导出后可进入导出页面（图 7-22），用户可选择相应的导出格式进行操作。高级检索则在检索结果显示页就有导出的快捷入口（图 7-23），用户可在勾选文献后点击导出进行相应操作。

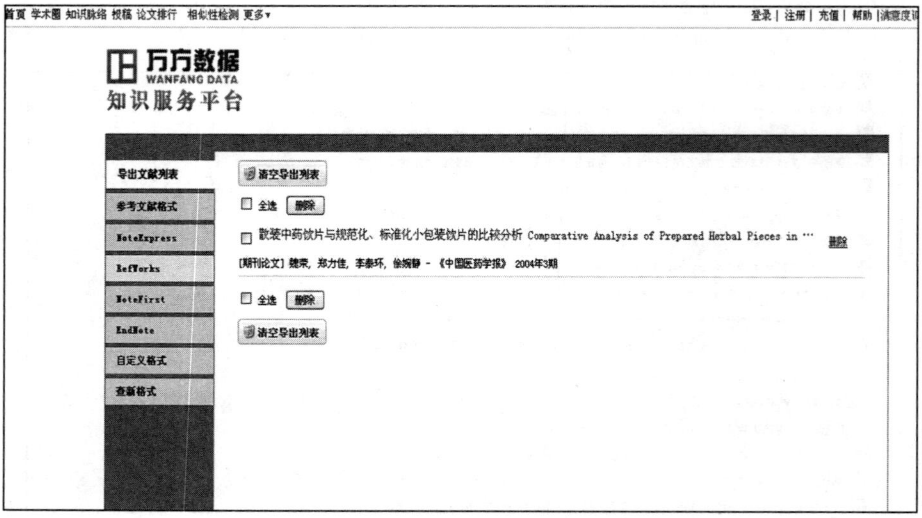

图 7-22 万方数据快速检索导出页面截图

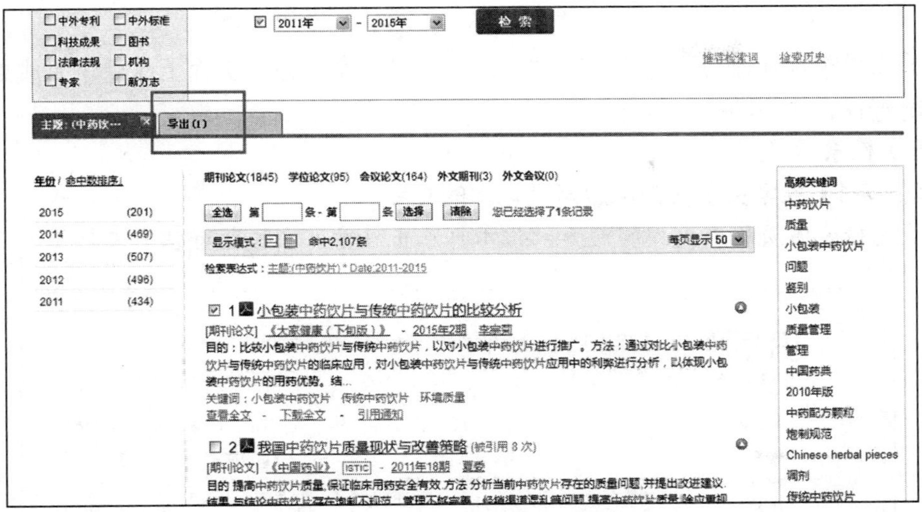

图 7-23　万方数据高级检索导出页面截图

（四）服务平台增值服务

1. 知识脉络分析

万方数据提供基于海量信息资源的知识脉络分析，其以上千万条数据为基础，以主题词为核心，统计分析所发表论文的知识点和知识点的共现关系，并提供多个知识点的对比分析；体现知识点在不同时间的关注度，显示知识点随时间变化的演化关系，发现知识点之间交叉、融合的演变关系及新的研究方向、趋势和热点，并形成可视化的分析比较图表，为用户寻找自身的研究兴趣和研究目标提供支持。

2. 论文相似性检测服务

万方数据提供论文相似性检测服务，包括单篇新论文检测、批量新论文检测、已发表论文检测和大学生论文检测四种模式。

用户可选择相应模式进入检测界面，然后将需检测的论文内容粘贴至检测框即可开始检测。此服务为有偿服务，比对的数据库为中国学术期刊数据库（CSPD）、中国学位论文全文数据库（CDDB）、中国学术会议论文数据库（CCPD）、中国学术网页数据库（CSWD），支持多种格式及上传方式，可生成详尽的检测报告。

3. 万方学术圈

万方学术圈，是万方数据公司专为中国学者量身打造的一个学术网络社交平台，是学者们与知识进行精彩互动的舞台。加入万方学术圈，成为认证学者后可享受如下服务。

（1）展示学术成果。将个人学术成果汇集到独享的个人空间，树立鲜明、独特的个人学术形象。展示学术成果的被引次数、文献类型、发表年份、发表刊物、学科分布等信息。

（2）提升学术影响力。学者在此平台上发表自己的学术观点、创新思想、研究课题，依此引领学术研究方向，提升学术影响力。

（3）增进学术交流。查找并关注感兴趣的学者，获得其合作学者信息及发文统计、共同关注点，发现更多同道中人，在交流中激发创新思想。

（4）享受科研资助。万方学术圈认证学者可享受万方数据知识服务平台提供的科研资助。

（5）享受个性化服务。万方学术圈认证学者可在个人账户页面上享受学术成果管理、被引情况查找、热门动态等个性化服务。

（五）检索示例

【案例 7-1】检索关于白内障超声乳化术的文献

在快速检索首页输入白内障超声乳化术再点击搜索，即可获得相关文献（图 7-24）。

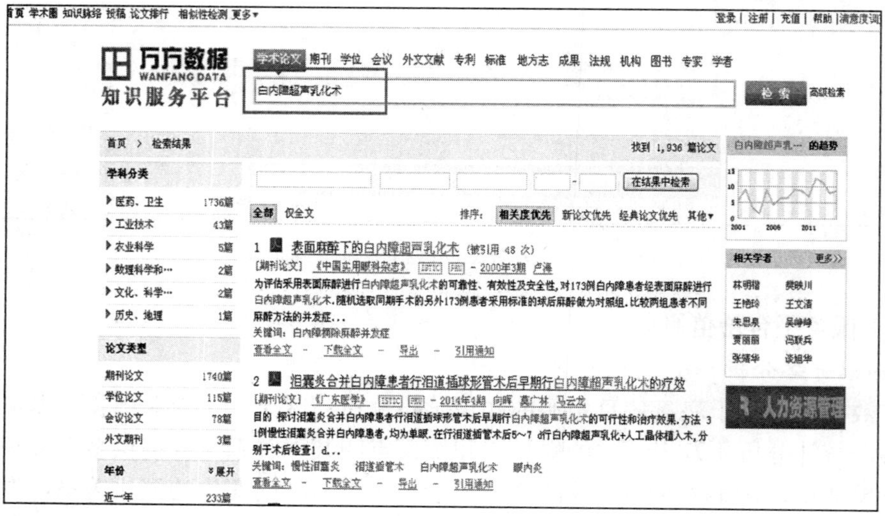

图 7-24 万方数据案例 7-1 截图

【案例 7-2】查找《广西中医药》2015 年 2 期的文献

方法一：在快速检索栏上点击期刊进入期刊检索页面，输入刊名点击检索刊名即可得到相关信息（图 7-25）。

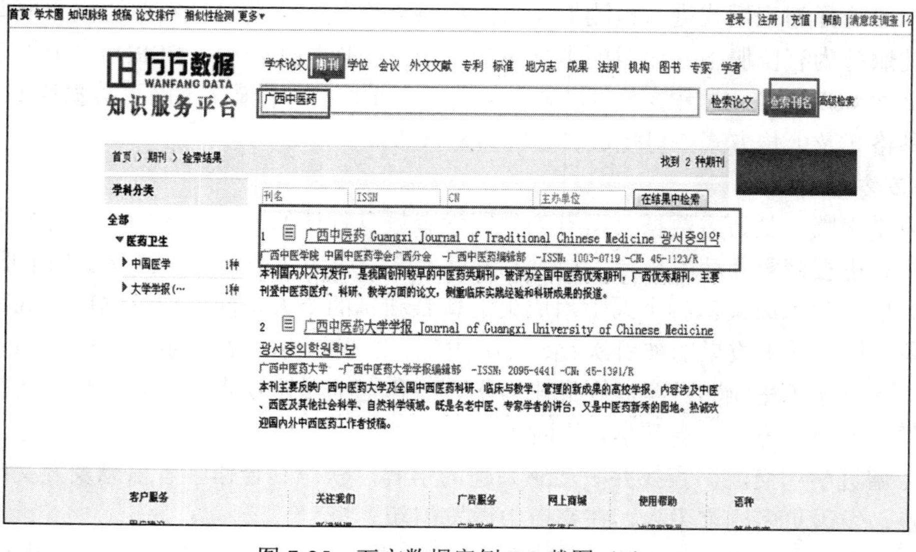

图 7-25 万方数据案例 7-2 截图（1）

方法二：在快速检索栏上点击期刊进入期刊分类导航，在分类导航中医药卫生类内选择中国医学，即进入中国医学分类下的所有期刊名显示页，浏览找到《广西中医药》即可，如图 7-26 和图 7-27 所示。

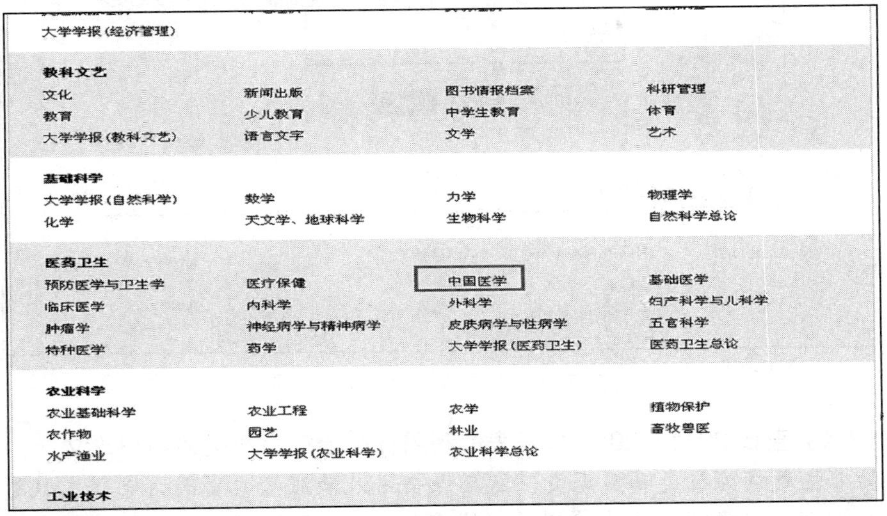

图 7-26　万方数据案例 7-2 截图（2）

图 7-27　万方数据案例 7-2 截图（3）

【案例 7-3】检索第二军医大学附属长征医院骨科贾连顺 2010～2015 年发表的论文

点击快速检索栏旁高级检索进入高级检索页面，勾选文献类型为期刊论文、学位论文、会议论文、外文期刊和外文会议，选择检索途径为“创作者”、“精确”检索（确保人名一致），输入检索词“贾连顺”，选择逻辑关系“与”，“作者单位”为“第二军医大学”（这里选择模糊检索以确保查全，因为作者发表时有可能使用第二军医大学附属长征医院骨科或第二军医大学附属长征医院这两种表达方式），限定时间为 2010～2015 年，点击检索即可得相关文献，如图 7-28 所示。

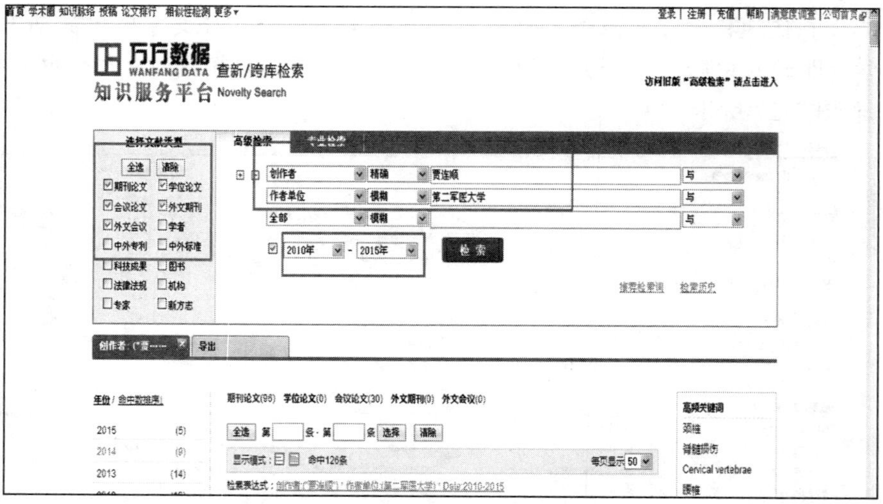

图 7-28　万方数据案例 7-3 截图

【案例 7-4】查找 2011～2015 年发表的利用针灸治疗肩周炎的期刊论文

确定两个主题词为针灸和肩周炎，然后点击进入高级检索页面，选择文献类型为期刊论文和外文期刊，选择检索检索途径为“主题”=“针灸”，逻辑关系为“与”，“主题”=“肩周炎”，限定时间为 2011～2015 年，按检索即得相应文献（图 7-29）。

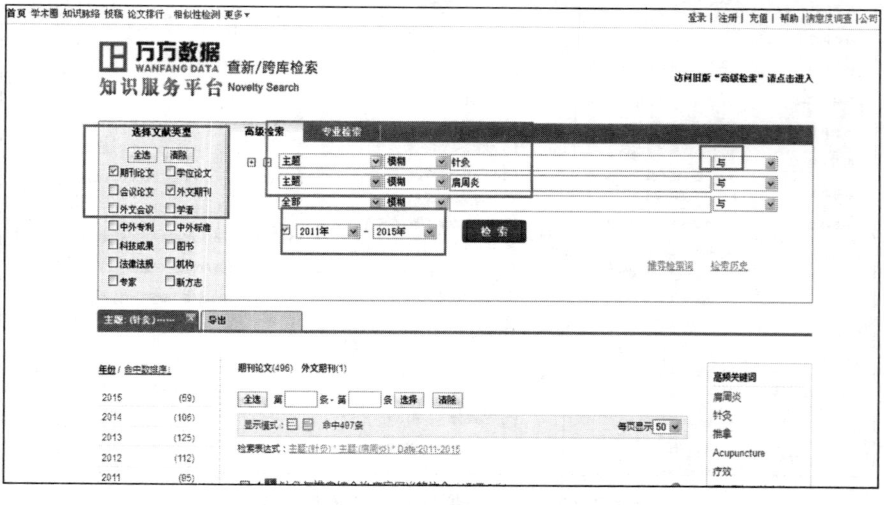

图 7-29　万方数据案例 7-4 截图

三、中国期刊全文数据库

（一）数据库概况

中国期刊全文数据库（CNKI），是以实现全社会知识资源传播共享与增值利用为目标的信息化建设项目，由清华大学、清华同方发起，始建于 1999 年 6 月。CNKI 工程集团经过多年努力，采用自主开发具有国际领先水平的数字图书馆技术，建成了世界上全文信息量规模最大的“CNKI 数字图书馆”，并正式启动建设中国知识资源总库及 CNKI 网络资源共享平台，提供学术期刊、学位论文、会议论文、报纸文献、专利说明书、标准、工具书、年鉴、图书、古籍、成果信息、科研项目、学术机构信息、学者信息等多类型资源，为全社会知识资源高效共享提供最丰富的知识信息资源和最有效的知识传播与数字化学习平台。CNKI 学术期刊收录了 1994 年至今国内 8200 多种综合期刊与专业特色期刊的全文，占中国同期印刷出版期刊的 99%，中文核心期刊收录率达 96%。至 2015 年，CNKI 拥有独家授权期刊 1030 种，唯一授权期刊 1070 种，特刊出版期刊总量 2100 种，约占中国学术期刊出版总量的 30%，其网址为 http://www.cnki.net/。

（二）检索方法

1. 简单检索

CNKI 在检索首页为用户提供了一站式的简单检索方式（图 7-30），用户可以直接在这里选择文献类型及检索途径进行检索。

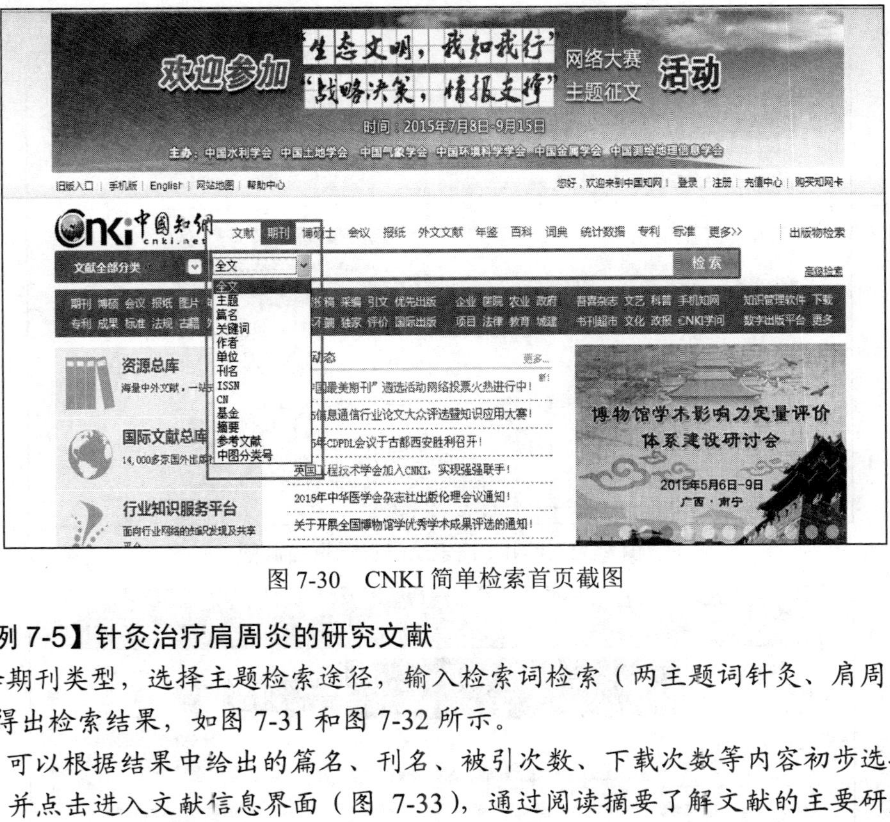

图 7-30 CNKI 简单检索首页截图

【案例 7-5】针灸治疗肩周炎的研究文献

选择期刊类型，选择主题检索途径，输入检索词检索（两主题词针灸、肩周炎用空格格开），得出检索结果，如图 7-31 和图 7-32 所示。

用户可以根据结果中给出的篇名、刊名、被引次数、下载次数等内容初步选择感兴趣的文献，并点击进入文献信息界面（图 7-33），通过阅读摘要了解文献的主要研究内容以确定是否要下载全文进行阅读，CNKI 提供 CAJ、PDF 等下载模式，用户可根据自身情况进行选择。

在文献信息界面，CNKI 还给出了文献的网络图示（图 7-34），这为用户进一步通过引证文献或被引文献等内容来获取文献资源提供了便利的通道。

2. 高级检索

CNKI 支持多个条件的逻辑匹配检索，以帮助用户得到更准确的文献资源。用户可以点击 CNKI 检索首页检索栏旁的高级检索进入高级检索界面。

图 7-31　CNKI 案例 7-5 检索结果页面

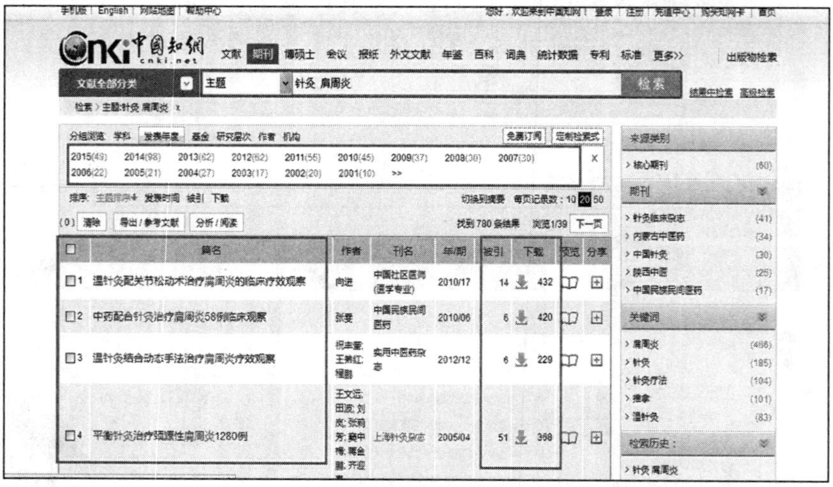

图 7-32　CNKI 检索结果显示页面截图

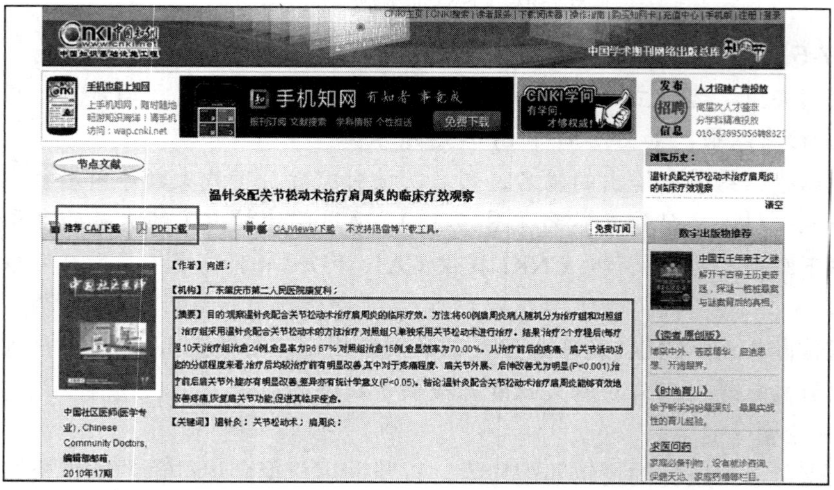

图 7-33　CNKI 单篇文献显示页面截图

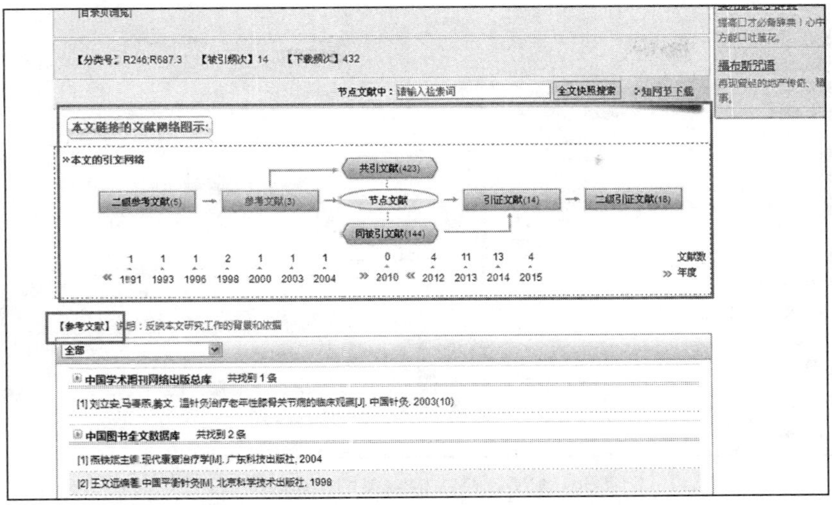

图 7-34　CNKI 文献网络显示页面截图

【案例 7-6】查找最近五年曾益新为第一作者的文献

首先点击检索首页检索栏右边的高级检索进入高级检索界面（图 7-35）。

图 7-35　CNKI 高级检索案例 7-6 截图（1）

将发表时间限定为近五年，检索项选择第一作者，键入检索词曾益新进行检索，即可得检索结果，检索结果按年代进行了划分，用户可以根据需要进行选择，在界面的左边给了学科分类和文献来源分类，用户也可以根据课题情况选择相应的学科或文献来源进行限定（图 7-36）。

【案例 7-7】检索新生儿肺炎治疗的文献

首先分析课题可得三个主题词：新生儿、肺炎、治疗。

然后构建逻辑表达式"新生儿"AND"肺炎"AND"治疗"

再选择 CNKI 高级检索方式进行检索。在高级检索中，CNKI 提供了主题、摘要、篇名、关键词等入口，本章选择主题作为检索项进行检索（图 7-37）。

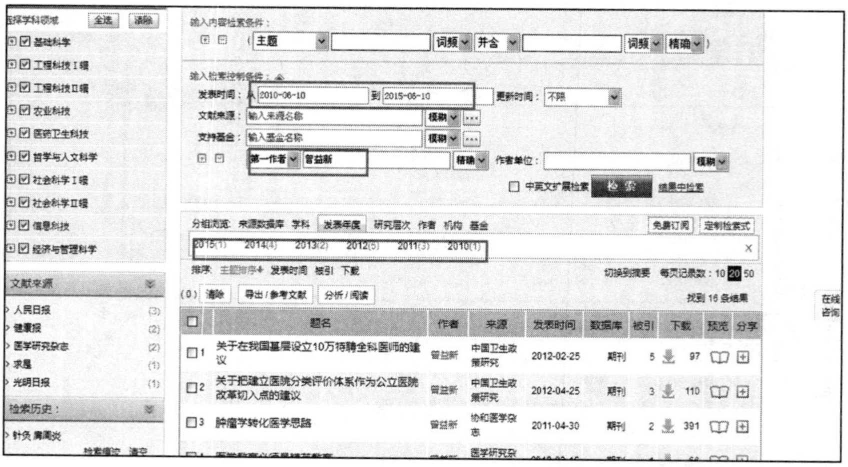

图 7-36　CNKI 高级检索案例 7-6 截图（2）

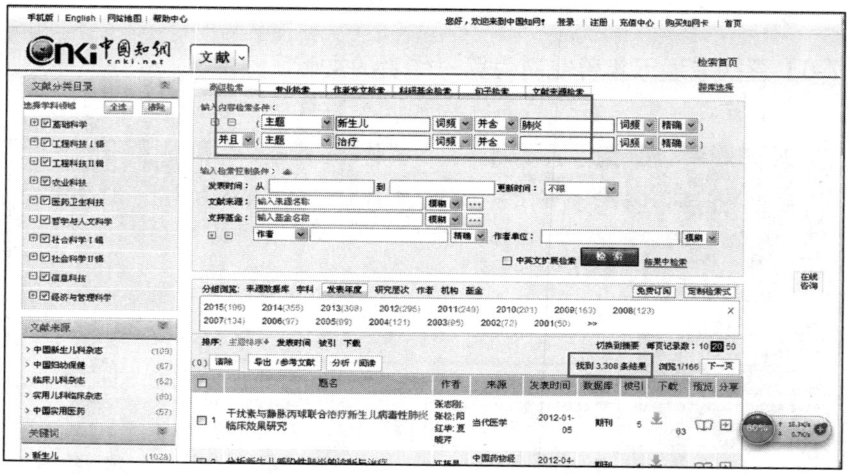

图 7-37　CNKI 高级检索案例 7-7 截图（1）

结果显示有 3000 多条，用户可以选择不同的年代分类、学科导航或文献来源进行选择阅读，也可以选择不同的排序方式，如发表时间、被引、下载次数来得到不同的文献排序，以方便自己获得相关文献。

这里要注意的是如果将新生儿、肺炎合在一起作为一个主题词“新生儿肺炎”来进行精确检索，则检索结果会减少至 1500 多篇，出现漏检的情况（图 7-38）。

最后用户点击感兴趣的文献进入文献详细信息界面，阅读摘要等内容以确定是否需要下载，同时也可以关注文献信息界面上 CNKI 给出的引文网络、参考文献、相似文献等内容，这些内容可帮助用户快速得到相关文献（图 7-39）。

3. 跨库检索

CNKI 支持跨库检索，用户可以点击 CNKI 检索首页检索栏旁的跨库检索（图 7-40、图 7-41）来选择一个或多个数据库，以获取更符合需求的文献资源，跨库检索需与简单检索和高级检索配套使用。通过跨库检索，用户可以把检索内容限定在期刊、特色期刊、博硕士论文等类型，从而使检索结果更符合自身的情况，更贴合自身的研究课题。

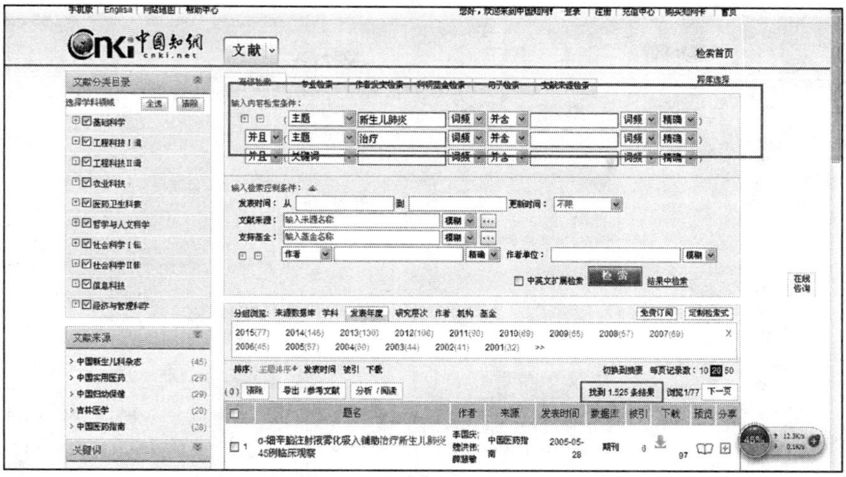

图 7-38　CNKI 高级检索案例 7-7 截图（2）

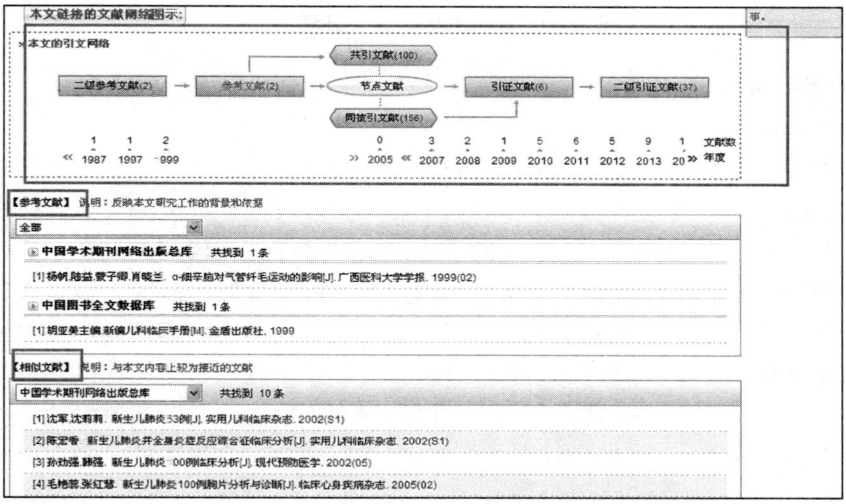

图 7-39　CNKI 高级检索案例 7-7 截图（3）

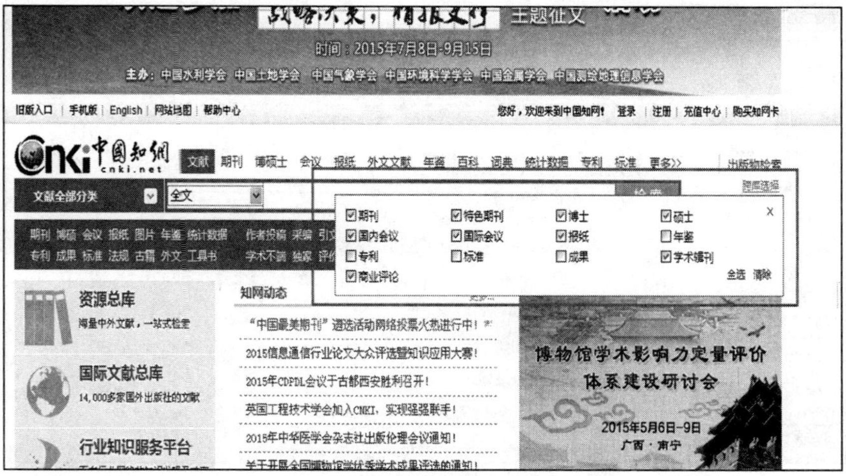

图 7-40　CNKI 跨库检索截图（1）

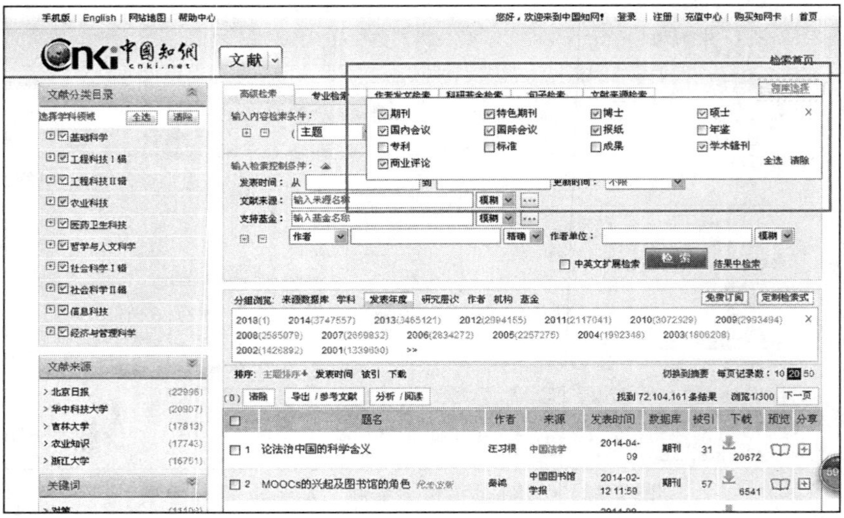

图 7-41　CNKI 跨库检索截图（2）

4. 检索结果处理

1）检索结果显示

CNKI 检索结果默认为列表显示，每页默认为 20 条，用户可以根据自己的需要来选择显示 10 条或 50 条，内容包括题名、作者、来源、发表时间、数据库类型、被引次数、下载次数和预览，被引次数和下载次数有助于用户找到受关注率较高的文献。CNKI 提供检索结果的多种排序方式，默认为主题排序，用户也可以选择发表时间、被引次数或下载次数对检索结果进行排序。在检索结果页，用户可将列表形式切换至摘要形式，则在每个题名下会有相应文献的摘要，用户可以通过这种方式了解文献的主要内容以决定是否需要预览或下载全文。在检索结果页侧栏，用户可以选择文献来源、关键词等对结果进行过滤，也可以在检索结果列表上方对结果进行来源数据库、学科、发表年度、研究层次、作者等的过滤，以获得符合需要的文献（图 7-42）。

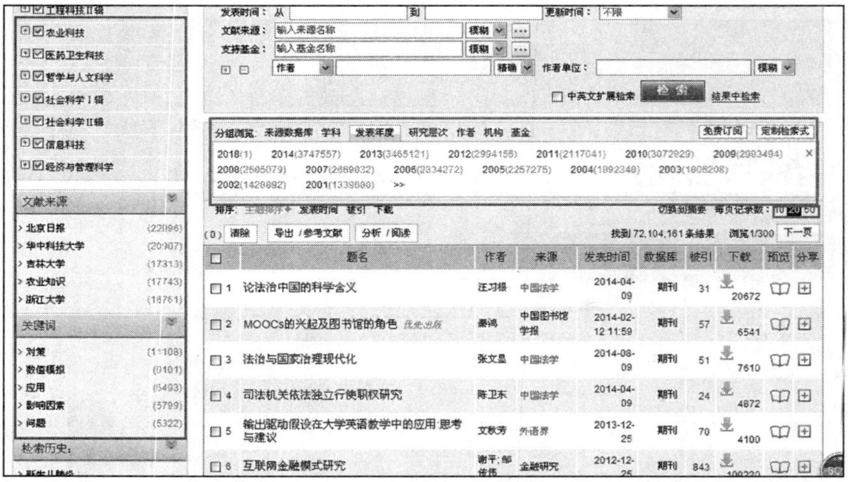

图 7-42　CNKI 检索结果显示截图

在列表中勾选某篇文献，点击导出参考文献，可进入参考文献的导出页面，用户可以选择自己需要的格式进行导出（图 7-43）。

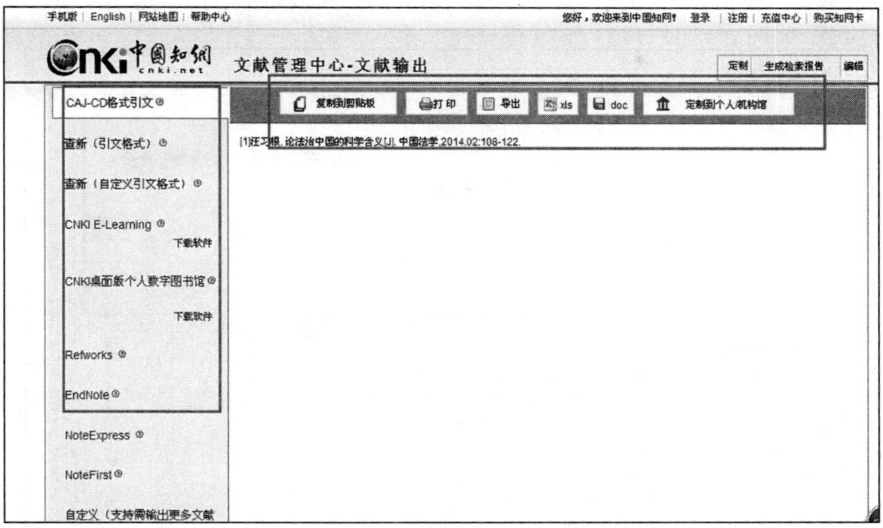

图 7-43　CNKI 检索结果显示截图

2）检索结果输出

直接点击某篇文献标题，可进入阅览页，用户可在此页面了解文献作者、机构、摘要、文献的参考文献、相似文献等内容，同时用户可以在此页面点击下载进行保存，CNKI 提供 CAJ 和 PDF 两种下载模式，用户可以根据需要选择下载类型，若选择 CAJ 模式，则需要安装专门的 CAJ 阅读软件（图 7-44）。

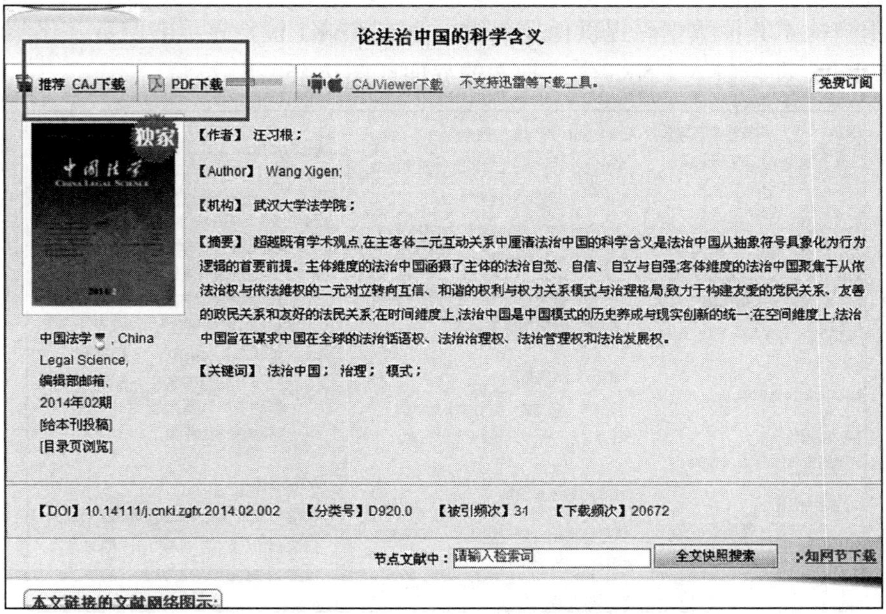

图 7-44　CNKI 检索结果输出截图

3）文献网络

点击单篇文献进入阅览页后，除可看到文献本身的摘要、全文下载链接等信息外，CNKI 还做了该文献的相关文献网络帮助用户获得拓展内容，内容包括引证文献、参考文献等（图 7-45）。

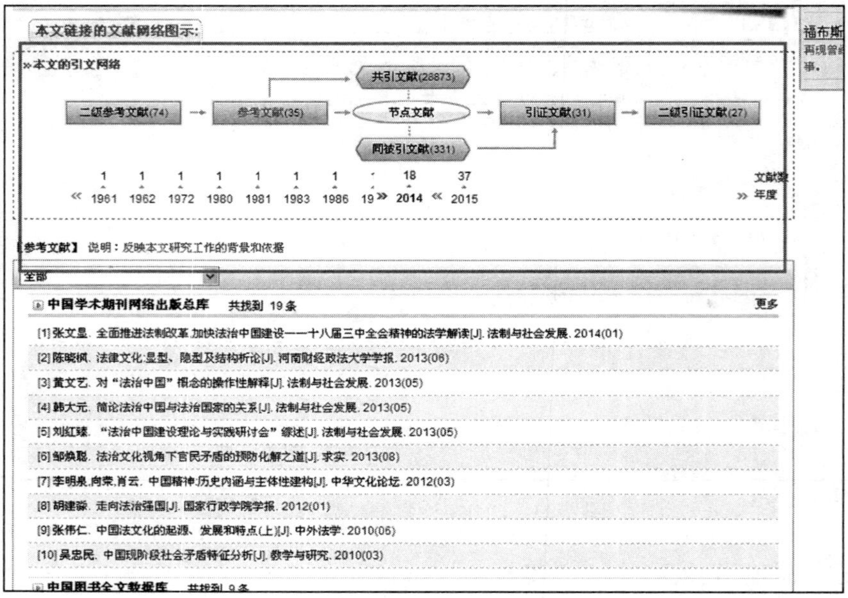

图 7-45　CNKI 检索结果输出截图

（三）其他服务

1. CNKI 学术搜索

CNKI 除了利用自身文献资源为用户提供文献资源服务外，还推出了 CNKI 学术搜索功能，为用户检索其他数据库提供便捷渠道。点击 CNKI 检索首页右侧数字化学习研究中的 CNKI Scholar 即可进入 CNKI 学术搜索的界面（图 7-46）。

图 7-46　CNKI 学术搜索界面截图

CNKI 学术搜索界面为用户提供了多种不同的搜索方式和科研工具。首先是一站式的检索，用户可以选择不同类型的文献进行检索，也可以直接检索全部类型（图 7-47）。另外学术搜索也提供高级检索的模式，在高级检索模式下，用户可以对文献类型、字段、时间、语种等进行限定设置，使检索结果更准确（图 7-48）。

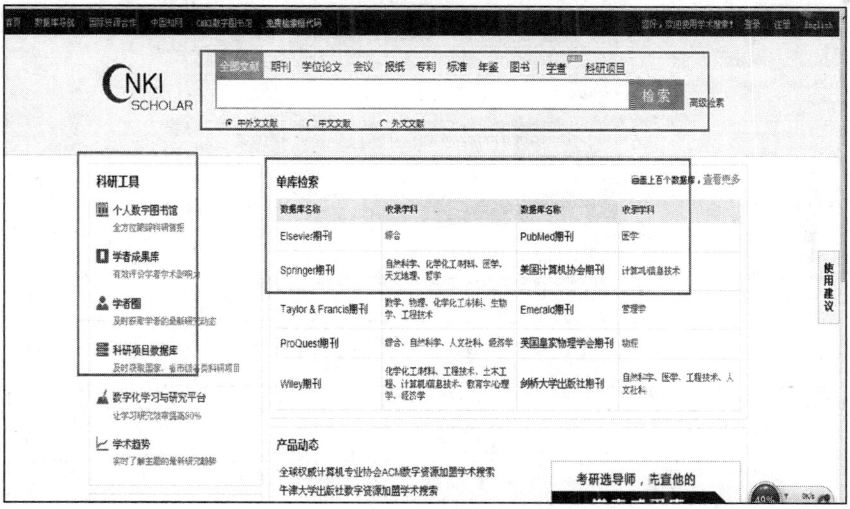

图 7-47　CNKI 学术搜索界面截图

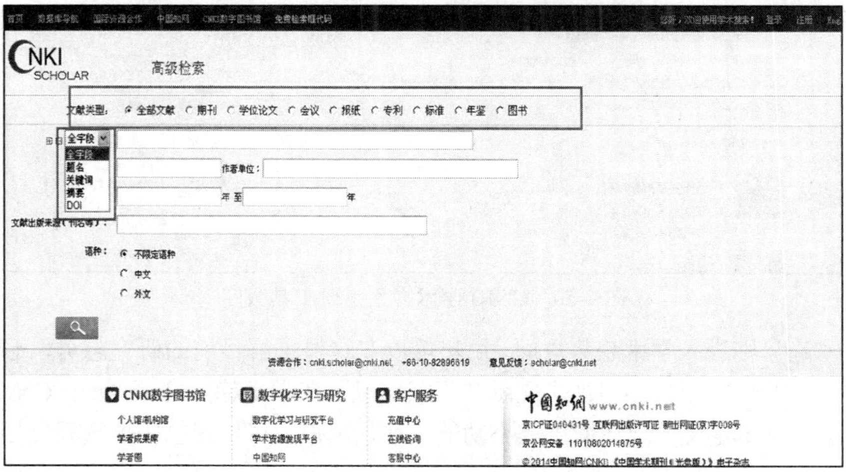

图 7-48　CNKI 学术搜索高级检索界面截图

CNKI 在学术搜索检索栏下还提供了单库检索的功能，用户可以直接点击不同的数据库，如 Elsevier 进入该数据库文献的检索界面，这对于查找数据库独有文献是很有帮助的（图 7-49）。

CNKI 学术搜索为用户提供了许多有用的科研工具，点击 CNKI 学术搜索页面左侧的科研工具下各个小工具名称即可进入相应页面。例如，点击科研项目数据库，用户可在此数据库获得有关项目申报方面的信息，以帮助了解项目情况，为个人申请科研项目提供前期帮助，或是通过“我的项目”这一个性化服务管理个人的项目（图 7-50）。

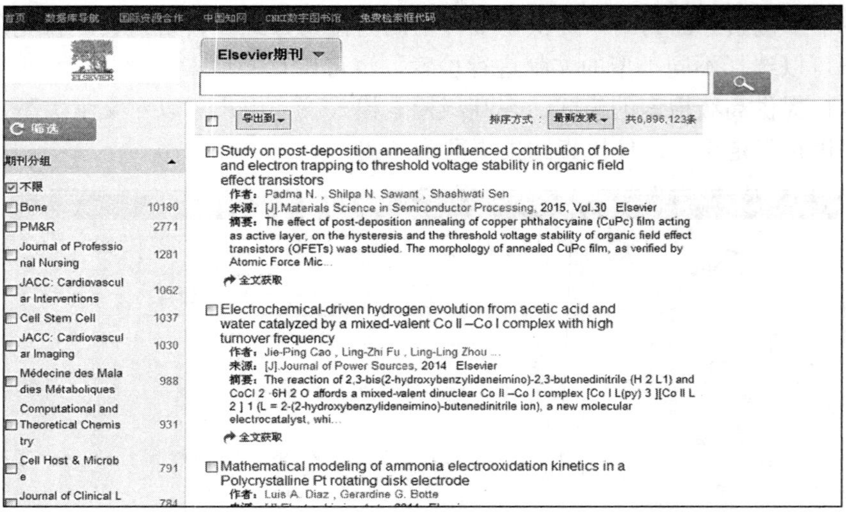

图 7-49　CNKI 单库搜索界面截图

图 7-50　CNKI 学术搜索科研工具截图

点击学术趋势则进入学术趋势页面，用户可以在这里了解目前的研究态势，还可以在这里浏览 CNKI 给出的一些相关热门被引文献和下载文献。在学术趋势这一页面，CNKI 还为用户提供了工具书、学术定义、翻译助手等小功能模块，用户也可以根据需要选择使用（图 7-51、图 7-52）。

2. 行业知识服务平台

在行业知识服务平台，CNKI 针对不同行业整合推出了多个不同的数据平台以满足行业用户专指性的需要（图 7-53）。其中中国医院知识仓库支持 CHKD 期刊、博硕士论文、会议、报纸、国家科技成果、年鉴、专利、标准全文数据库的单库和跨库检索，拥有主题词智能检索系统（MCI）、智能分组和排序、PubMed 等外文库统一检索、库间引文链接、知识网络等功能，为医学及相关专业人员提供资源齐备、功能强大的智能检索平台。人民军医出版社图书数据库分为专业、中医、科普三个子库，收录人民军医出版社出版的内、外、妇、儿等各科图书及教材 5000 种，年更新约 500 种，涉及医学的各个环节，是各级医

图 7-51　CNKI 学术趋势截图（1）

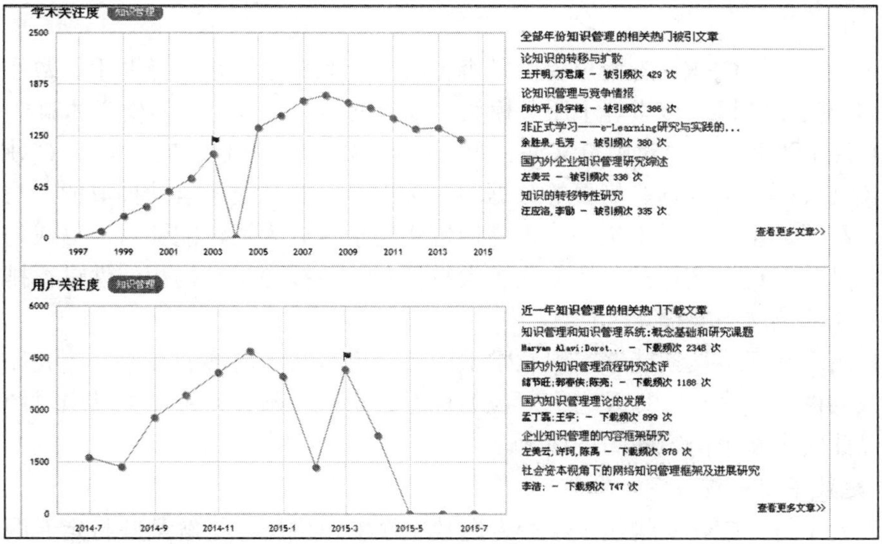

图 7-52　CNKI 学术趋势截图（2）

务工作者、医科院校师生不可或缺的参考资料。中国典型病例大全整合我国专业医学期刊、报纸上数十年来发表的病例类文献，精选老专家、老教授的宝贵临床经验，模拟临床诊疗经过，医生可以根据患者症状、体征、辅助检查等信息在大全中查询相关的典型病例，辅助医生的临床诊断、制订治疗与护理方案，是临床医生辅助临床诊断的有效工具。ProQuest全球博硕士医学学位论文全文数据库则为ProQuest（PQDT）学位论文库的一部分，PQDT学位论文全文库是目前国内唯一提供国外高质量学位论文全文的数据库，主要收录了来自欧美国家2000余所知名大学的优秀博硕士论文，涉及文、理、工、农、医等多个领域，是学术研究中十分重要的信息资源。

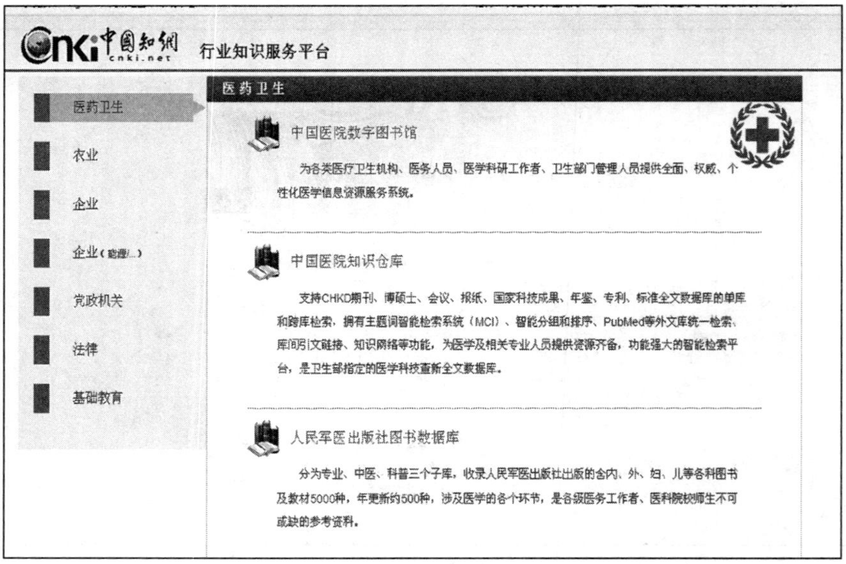

图 7-53　CNKI 行业知识服务平台截图

3．知识元

在知识元模块，CNKI 为用户提供了查工具书、规范术语、翻译助手、数字搜索、表格搜索、图形搜索、概念搜索等小服务模块，以帮助用户得到更好的检索体验。

CNKI 翻译助手能实现对中英文词、短语、句子的辅助互译。它们是从 CNKI 数据库中含有中英文标题、关键词、摘要等数据项中采用多级对齐技术自动抽取的。与一般电子词典相比，翻译助手具有以下优势：一是通过将句子拆分为词，能够对短语或句子进行辅助翻译；二是除了词汇翻译外，还提供了大量例句，并按句子结构相似性进行排序；三是能够翻译术语的英文缩略语。

CNKI 图形和表格搜索能够实现对学术图形、表格基于内容的搜索。图表库为从文献中自动抽取的图形、表格，以及它们对应的标题、所在文献、作者、文献中对图表内容的阐述等，以此实现基于内容的图表搜索。

4．专题数字图书馆

在知识元下方，CNKI 构建了不少专题数字图书馆供用户了解某些特定专题的情况，如中华预防医学会数字出版平台，用户可以在此平台上检索其出版的期刊文献，了解其最新的出版情况及热点文献。

四、其他中文文献数据库简介

（一）中国科技期刊数据库

“中国科技期刊数据库”（VIP）由维普研究开发、制作。维普网，原名“维普资讯网”，是重庆维普资讯有限公司 2000 年建立的网站。重庆维普资讯有限公司的前身为中国科技情报研究所重庆分所数据库研究中心，是中国第一家进行中文期刊数据库研究的机构。迄今为止，数据库收录中文期刊 12 000 余种，其中核心期刊 1957 种，文献总量 3000 余万篇，中心网站每日更新，均采用国际通用的高清晰 PDF 全文数据格式。内容涵盖社会科学、自然科学、工程技术、农业科学、医药卫生、经济管理、教育科学和图书情报等学科，目前数据库设置社会科学、经济管理、教育科学、图书情报、自然科学、农业科学、医药卫生、工程技术 8 个专辑和 28 个专题，其网址为 http://www.cqvip.com/。

“中国科技期刊数据库”可实现对题名、关键词、题名或关键词、文摘、刊名、作者、第一作者、分类号、机构和任意字段等 14 个字段进行检索，并可实现各个字段之间的组配检索。提供作者、基金赞助等多个题录文摘的输出内容；提供快速检索、传统检索、高级检索、期刊导航、检索历史等五种检索方式，支持二次检索、逻辑组配检索、中英文混合检索、繁简体混合检索、精确检索、模糊检索，可限制检索年限、期刊范围等；拥有特色的参考文献检索入口，可实现与引文数据库的无缝链接操作，在全文库中实现对参考文献的检索，可在检索检索结果页面直接查看被引期刊文献等，下载全文只需点击全文下载图标即可，快捷方便。

用户可以通过注册个性化的标识名，使用“我的数据库”功能，包括期刊定制、关键词定制、分类定制、保存检索历史及查询电子书架等功能。

（二）龙源期刊网

龙源期刊网（简称龙源）是龙源国际集团建设的全文在线的综合性人文社科类期刊数据库，是北京龙源创新信息技术有限公司官方网站。目前全文在线的综合性人文大众类期刊品种已达到 3000 种，有以期刊数据库内容加工的知识库，还有针对不同客户的文本版、语音版等多媒体版，内容涵盖时政、党建、管理、财经、文学、艺术、哲学、历史、社会、科普、军事、教育、家庭、体育、休闲、健康、时尚、职场等领域。根据移动互联网和 3G 时代的特点，龙源推出了手机版和手持阅读器版，个人或机构用户可以通过电脑、手机或手持阅读器直接访问，不用下载任何浏览器可充分优化读者的阅读体验，其网址为 http://www.qikan.com.cn/。

龙源为高等院校主要提供龙源人文电子期刊阅览室服务，用户可以通过龙源人文电子期刊阅览室选择不同版本（文本版、专题版、原貌版等）进行操作阅读龙源上的期刊，系统支持期刊检索、全文检索，提供包括刊名、年份、期号等在内的多种检索途径，但年份和期号不能单独使用，只能与刊名、标题、作者配合使用，检索结果显示为标题带部分正文的形式，用户除可在龙源上享受阅读期刊服务外，还可通过注册获得个性化服务。

龙源除了提供期刊本身的服务外，还提供了一些特色栏目为读者服务，如名家名作，用户点击名家名作即可进入相应页面，在页面上用户可选择进入龙源网、阅览室、访谈、投稿、荐稿、博客、论坛等模块，为用户提供交流的平台。

（三）中国中医药期刊文献数据库

中国中医科学院中医药信息研究所自 1984 年开始进行中医药学大型数据库的建设，目前数据库总数 48 个，数据总量 120 余万条，包括中国中医药期刊文献数据库、疾病诊疗数据库、各类中药数据库、方剂数据库、民族医药数据库、药品企业数据库、各类国家标准数据库（中医证候治则疾病、药物、方剂）等相关数据库。所有的数据库都可以通过中医药数据库检索系统提供中文（简体、繁体）版联网使用，部分数据提供英文版。中国中医药期刊文献数据库涵盖中国国内出版的生物医学及其他相关期刊千余种，包含中医药学、针灸、气功、按摩、保健等方面的内容，收录了 1949 年以来的中医药文献题录 100 余万篇，其中 50%～70%附有文摘。该数据库采用美国国立医学图书馆的《医学主题词注释表》（MeSH）和中国中医研究院的《中国中医药学主题词表》进行规范的主题词标引，用以进行精确检索和扩展检索，其网址为 http://cowork.cintcm.com/engine/windex.jsp。

目前，该数据库提供有 18 个专题数据库，分别为中药文献数据库、中药化学文献数据库、中药药理学文献数据库、中药不良反应和毒理学文献数据库、针灸文献数据库、肿瘤文献数据库、中医性疾病文献数据库、中医老年病文献数据库、中医名医经验数据库、中医临床诊疗文献数据库、中医临床试验文献数据库、中医药学历史文献数据库、中医药研究课题数据库、中医药学文摘数据库、艾滋病中药数据库、中医诊治骨折外伤文献数据库、中医疫病文献数据库、中医诊治褥疮文献数据库。

数据库检索系统可以实现单库与多库选择查询。单库数据库检索可选择最专指的一个数据库进行相应字段的检索。多库整合平台可以进行跨库、多类检索。可通过文题、作者、单位、期刊（名称、年、卷、期）、特征词、主题词、关键词、主题姓名、文献类型及全文检索的方式进行检索，并可通过主题词及分类号进行扩展检索。

（四）中药与化学成分数据库

中国中药化学成分数据库是中国中医科学院中医药信息研究所建设的中医药学大型数据库中的一个。数据库类型为事实型数据库，是全面介绍中药化学成分的工具型数据库，共收录相关的中药化学成分 4599 种，该数据库的编制参考了《植物活性成分辞典》、《植物药有效成分手册》（人民卫生出版社，1986）与《中药有效成分药理与应用》，对每一种化学成分的品名、化学名、理化性质、化学结构、临床应用等方面进行了研究。其网址为 http://cowork.cintcm.com/engine/windex.jsp。

数据库内容著录项目为品名、化学名称、英文名称、异名、理化性质、分子式、化学结构式、立体结构图、来源、药理作用、功效、临床应用、毒性、不良反应、化学成分分类、用途分类、化学号等字段；数据库检索系统可以通过多库整合平台进行跨库、多类检索，可从品名、化学名称、英文名称、异名、理化性质、分子式、化学结构式、立体结构图、来源等字段进行查询。

第三节 常用外文医学文献数据库

一、PubMed

（一）数据库概述

PubMed 是由美国国立医学图书馆（The National Library of Medicine，NLM）下属的国家生物技术信息中心向因特网用户提供的免费的医学文献检索服务。具有收录范围广（占世界医学文献期刊的 80%以上）、内容全、检索途径多、检索体系完备、部分文可在网上直接免费获得全文等特点，每篇文献都有全文通道链接（linkout），便于用户方便地找到所需的原文。其网址为 http://www.ncbi.nlm.nih.gov/pubmed/。

1. PubMed 的主要数据来源及收录范围

1）Medline

Medline 是美国国立医学图书馆最重要的国际性综合生物医学信息书目文摘数据库，是当前国际上最权威的生物医学文献数据库，内容包括美国“医学索引”（Index Medicus，IM）的全部内容和“牙科文献索引”（Index to Dental Literature）、“国际护理索引”（International Nursing Index）的部分内容，涉及基础医学、临床医学、营养卫生、职业病学、护理学、药学、卫生保健、社会医学等领域。收录了 1966 年以来全世界 70 多个国家和地区出版的 5000 余种生物医学期刊，书目文摘条目 1500 万余条，记录中用［PubMed-indexed for MEDLINE］标记表示。Medline 主要提供有关生物医学和生命科学领域的文献，数据可回溯到 1949 年，可通过主题词、副主题词、关键词、篇名、作者、刊文、ISSN、文献出版、出版年、出版国等进行检索。

2）OldMedline

OldMedline 收录了 1950～1965 年发表的 200 万篇生物医学文献，OldMedline 的记录没有 MeSH 字段和摘要，记录中用［PubMed-OLDMEDLINE for Pre1966］标记表示。

3）In Process Citations

1996 年 8 月开始，In Process Citations 每天收录由 Medline 期刊出版商提供的尚未经过规范化处理的数据，该库中的记录只具有简单的书目信息和文摘，记录中用［PubMed-in process］标记表示。每周，该库中被规范化加工，标引上 MeSH 词等内容的数据将会寻入 Medline 中，同时原记录将从 In Process Citations 库中删除。

4）Publisher Supplied Citations

Publisher Supplied Citations（文献既不在 Medline 中，也不在 In Process Citations 中）是由出版商提供的电子文献，这些文献每条记录都标有［PubMed-as supplied by publisher］的标记，这些记录每天都被传送到 In Process Citations 库中，加入 In Process Citations 后，原有的标记将改为 PubMed-in process 的标记，属于 Medline 收录范围的文献被赋予一个 Medline 的数据识别号 UI；不属于 Medline 收录范围的文献则只有 PubMed 数据识别号 PMID 而没有 Medline 的数据识别号 UI。

2. PubMed 的主要检索字段

All Fields［ALL］	Affiliation	Author［AU］
Author-corporate［CN］	Author-first［1AU］	Author-full［FAU］
Author-identifier	Author-last	Book
Date-completion	Date-create［CRDT］	Date-Entrez［EDAT］
Date-MeSH［MHDA］	Date-Modification	Date-Publication
EC/RN Number［RN］	Editor［ED］	Filter
Grant Number［GR］	ISBN	Investigator［IR］
Issue［IP］	Journal［TA］	Language［LA］
Location ID［LID］	MeSH Subheading［SH］	MeSH Terms［MH］
Other Term［OT］	Pagination	Pharmacological Action［PA］
Publication Type	Publisher［PUBN］	Secondary Source ID［SI］
Subject-Personal Name［PS］	Supplementary Concept	Text Word［TW］
Title［TI］	Title/Abstract［TIAB］	Volume［VI］

（二）检索途径与方法

1. 检索特点

（1）自动转换匹配功能（automatic term mapping）。对于输入的检索词，PubMed 先按一定的词表顺序进行对照匹配和转换，再进行检索。词表匹配转换顺序是：MeSH 表（MeSH Translation Table）、期刊刊名表（journal translation table）、短语表（phrase list）、作者索引（author index）。若在以上 4 个表中都找不到相匹配的词，PubMed 将把短语分开，以单词为单位，分别重复以上过程，检索时各个词之间是 AND 逻辑关系。若仍找不到相匹配的词，则用单个词在所有字段查找，各个词之间也是 AND 逻辑关系。

（2）短语检索（phrase searching）。如果要将短语作为一个词组进行检索，可用双引号“ ”将其引起来，如将“drug therapy”作为词组进行检索，系统不进行自动转换匹配，也不进行 MeSH 词的扩检。

（3）支持截词检索（*）。例如，medli*，可以检出以 medli 为词干的单词 medlin、medline 等多个单词。截词检索时，系统的自动词语匹配功能和 MeSH 自动扩展功能将不再被执行，如 sleepwalk*将不映射到 MeSH 词 somnambulism。

2. 基本检索

在基本检索中，用户可以直接在 PubMed 的主界面上键入关键词进行检索（图 7-54），也可以使用关键词+字段进行限定检索，同时基本检索也支持双引号下的词组检索，如 sleepwalking、“Tomas jo”［AU］等。

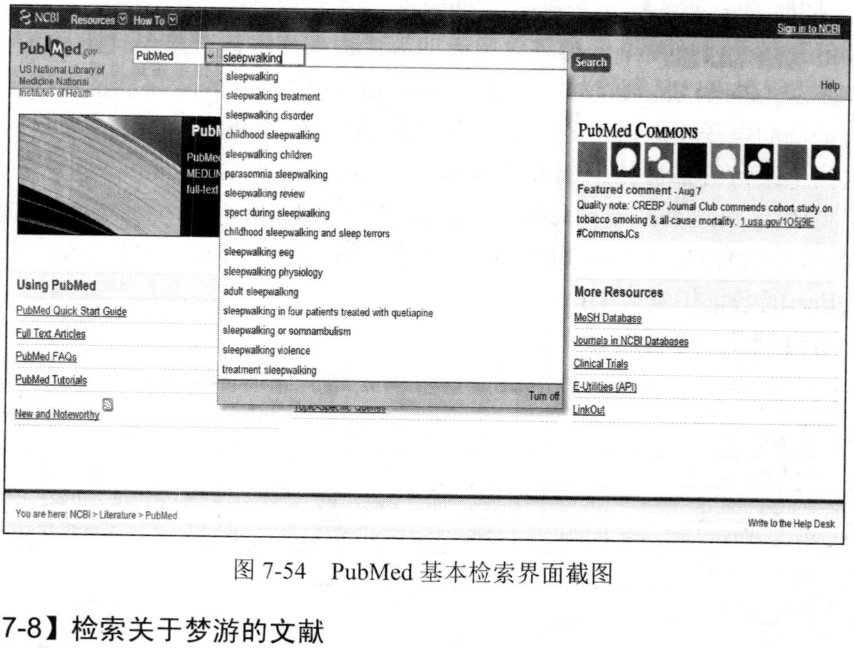

图 7-54 PubMed 基本检索界面截图

【案例 7-8】检索关于梦游的文献

在检索结果界面上，PubMed 按文献类型、出版日期等内容给出了分类目录，同时也给出了 PMC 文献图表，用户可以根据自己的需要选择分类或直接选择 PMC 图表链接 PMC 文献进行阅读（图 7-55）。

同时 PubMed 在检索结果界面的右下部分还给出了免费文献的统计数据及检索细节

框，用户可以在这里直接选择免费文献进行阅读；如果检索结果不符合预期，用户也可以在检索细节框这一栏直接对检索式进行修改并进行新的检索（图 7-56）。

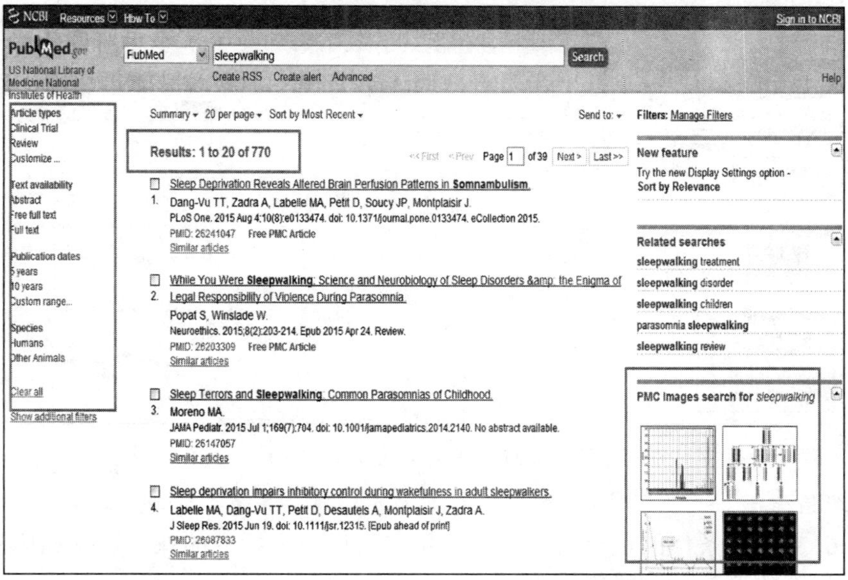

图 7-55　PubMed 案例 7-8 基本检索结果界面截图

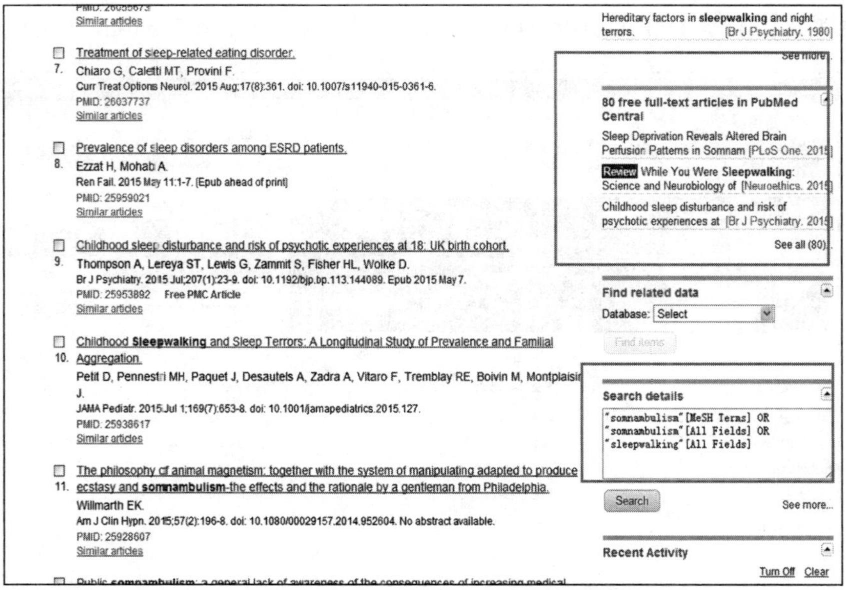

图 7-56　PubMed 案例 7-8 基本检索结果界面截图

选择单篇文献进入后，用户可以看到文献作者摘要等相关信息。对于没有免费全文的文献，PubMed 会给出全文的获取方式（LinkOut），帮助用户获取全文。同时如果有相似文献，PubMed 会在单篇文献阅读界面给出 Similar articles 供用户选择，用户也可以通过这种方式来获取文献（图 7-57）。

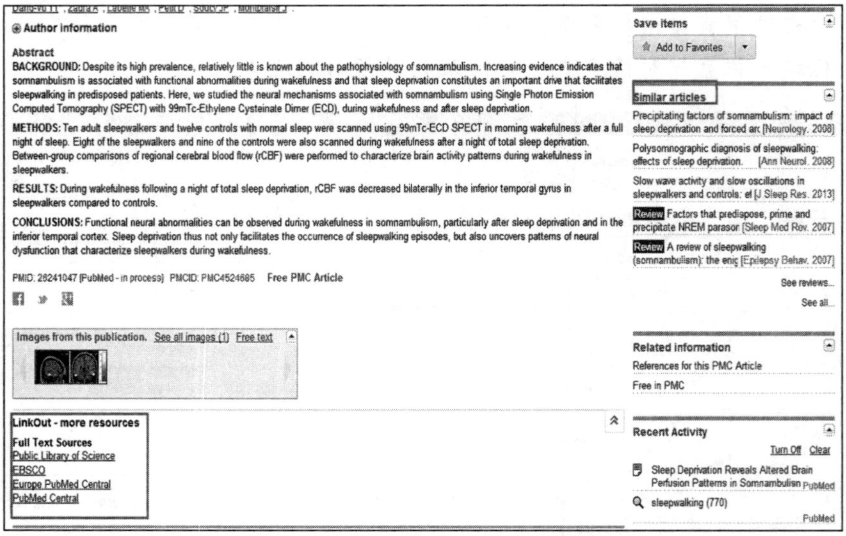

图 7-57 PubMed 单篇文献详细内容界面截图

3. 高级检索

PubMed 支持多条件的逻辑组配检索。用户可以根据检索的课题选择相应的条件和逻辑关系进行组合检索，以使检索结果更准确。

【案例 7-9】检索浙江大学李兰娟为第一作者的文献

点击主界面上检索栏下的 Advanced 进入高级检索界面（图 7-58）。

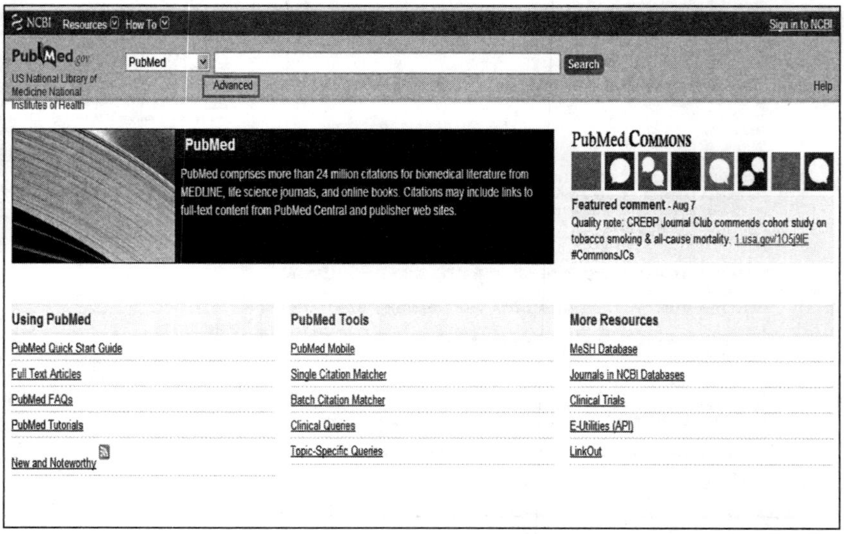

图 7-58 PubMed 进入高级检索界面截图

在 Builder 栏选择检索途径为 Author-first=lanjuan l 和 Affiliation=浙江大学进行检索，在高级界面构建检索式时，Builder 栏上方会给出完整的用户所构建检索式，用户也可以直接在这一栏进行编辑和修改；在界面下方，PubMed 还给出了 history 功能模块，每次检索后，用户所构建的检索式会被保存在 history 这里供用户比较分析和使用（图 7-59）。

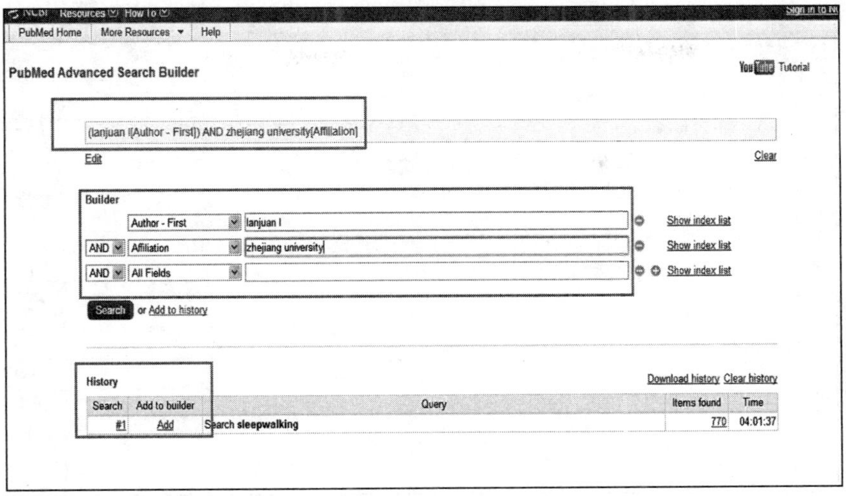

图 7-59 PubMed 案例 7-9 高级检索界面截图

如果命中文献只有一篇，PubMed 会直接把用户带入单篇文献浏览面，用户可以在这里阅读文献摘要、全文获取链接等相关信息（图 7-60）。

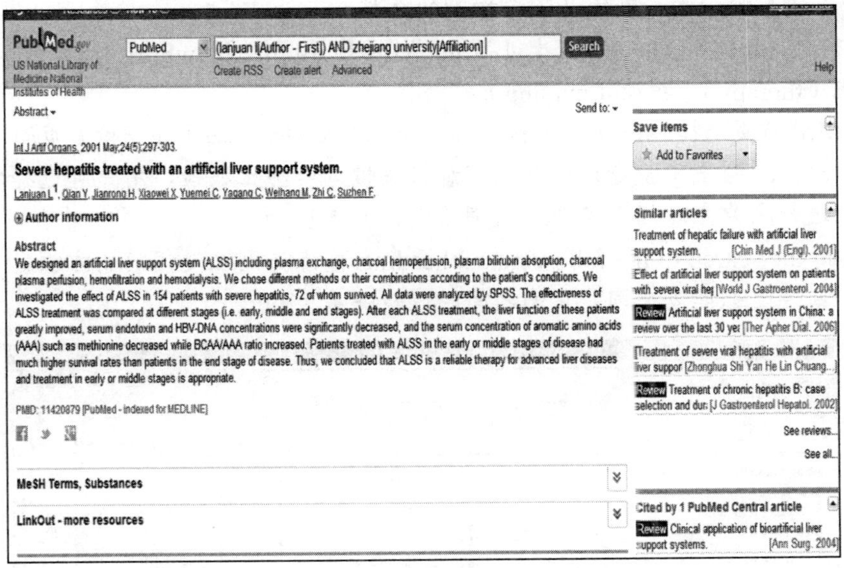

图 7-60 PubMed 案例 7-9 单篇文献详细内容界面截图

如果用户想了解此作者的其他文献情况，可以直接点击单篇文献页面上的作者名，系统将会为用户显示此作者参与撰写的其他文献（图 7-61）。

4. MeSH 主题词检索

MeSH（全称 Medical Subject Headings，《医学主题词表》）是美国国立医学图书馆编制的权威性主题词表。

主题词能够直接准确地表达一个整体概念，在进行检索时，用户输入一个主题词后，系统会自动显示该主题词所能匹配的副主题词。

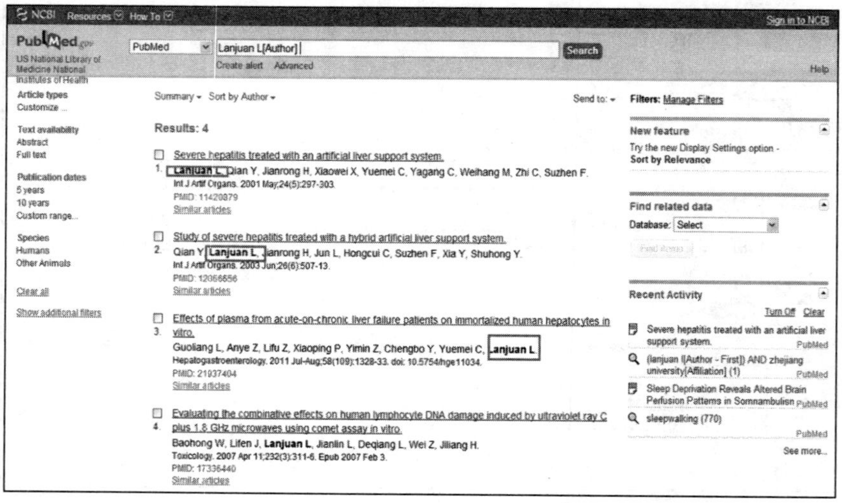

图 7-61 PubMed 点击单篇内作者后显示检索结果界面截图

副主题词（subheadings）又称限定词（qualifiers），与主题词进行组配，对某一主题词的概念进行限定或复分，使主题词具有更高的专指性。

【案例 7-10】检索关于新生儿治疗护理的文献

分析示例得出主题词——新生儿（neonates、infant、newborn），以及两个副主题词——治疗（therapy）、护理（nursing）；

在 PubMed 首页选择 MeSH 输入 neonates 检索进入 MeSH 的主题词检索页面（图 7-62）。在此页面，MeSH 给出了主题词的其他可替换关键词以防止漏检，用户可选择特定的副主题词，也可进行主要主题词或单个主题词检索，其选项如下。

（1）Add the search to the following subheadings：点击副主题词前的方框，表示选中该副主题词，可连续选择多个词，它们之间的逻辑关系为 OR。

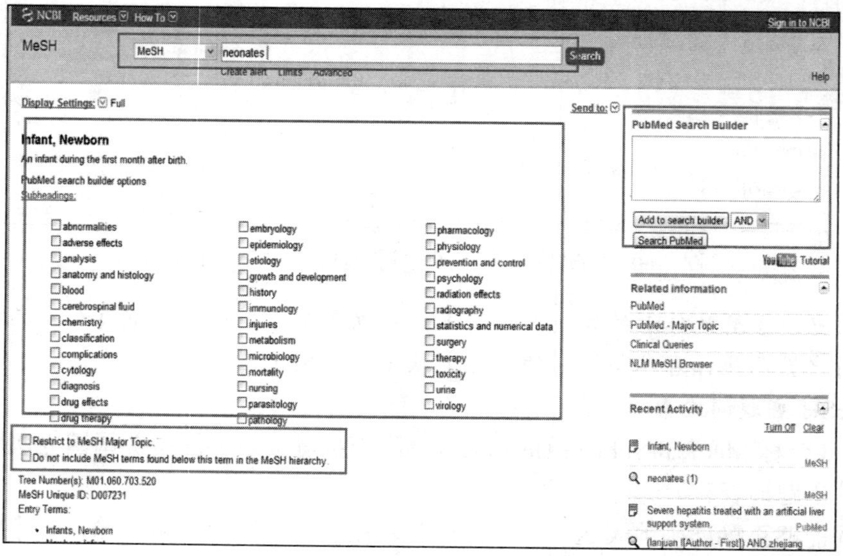

图 7-62 PubMed 案例 7-10 主题词检索界面截图

（2）Restrict Search to Major Topic headings only：若将检出结果限定在主要主题词（major topic heading）上则可提高查准率。

（3）Do Not Explode this term：系统要检索某一主题词时，会自动扩展检索（explode），即将该主题词的下位词一并检出。如果只需检索单个主题词，可点击此按钮。

根据课题，勾选副主题词 nursing 和 therapy，各副主题词间关系为 OR，点击 Add to search builder 进行检索。

在页面下方，MeSH 提供学科树形图，用户可以通过树形图了解学科显隶属关系，以拓展检索或更新检索策略（图 7-63）。

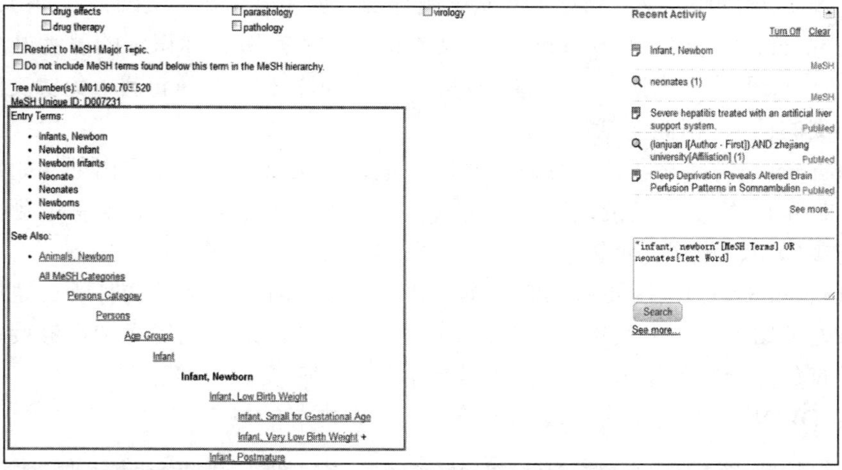

图 7-63　PubMed 学科树形图截图

在结果输出页面，除了所有相关文献外，MeSH 对检索结果做了分类，用户可以根据实际情况考虑使用。在此页面 MeSH 设置了过滤器功能，用户可以使用过滤器对年龄组、性别、语言等对检索结果进行过滤（图 7-64）。

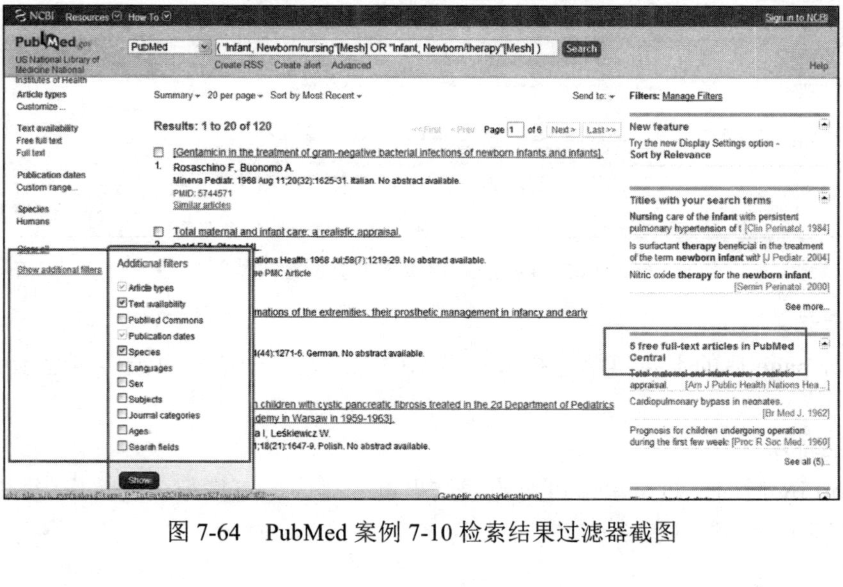

图 7-64　PubMed 案例 7-10 检索结果过滤器截图

同简单检索一样，MeSH 检索结果界面也提供了免费文献的统计数据、检索细节框等功能模块供用户进行快捷操作，在单篇文献摘要页，用户也可以看到文献作者摘要、LinkOut、Similar articles 等相关信息。

（三）检索结果处理

1. 显示格式

在 summary 旁有下拉菜单显示可选格式，一共有七个选项，其中前五项为文献显示格式，后两项 XML 和 PMID List 一个是显示文献标记格式，一个是显示 PMID 标识码（图 7-65）。

（1）Summary 包括所有标识了的著者姓名、文章题名、原文出处（如刊名、出版年份、卷、期等）、记录识别码、文章链接、免费文献标识（如果有免费全文的话）、相似文献链接。

（2）Summary（text），即 Summary 的文本格式，包括所有标识了的著者姓名、文章题名、原文出处（如刊名、出版年份、卷、期等）、记录识别码、文章链接、免费文献标识（如果有免费全文的话）、相似文献链接。

（3）Abstract，包括著者、著者发文时所在地址、文章题名、原文出处（如刊名、出版年份、卷、期等）、摘要、记录识别码、文章链接、免费文献标识（如果有免费全文的话）、全文出处链接标识、相似文献链接。

（4）Abstract（text），摘要格式的文本格式，包括著者、著者发文时所在地址、文章题名、原文出处（如刊名、出版年份、卷、期等）、摘要、记录识别码、文章链接、免费文献标识（如果有免费全文的话）、全文出处链接标识、相似文献链接。

（5）MEDLINE，包含所有字段标识符及其标识内容的格式。

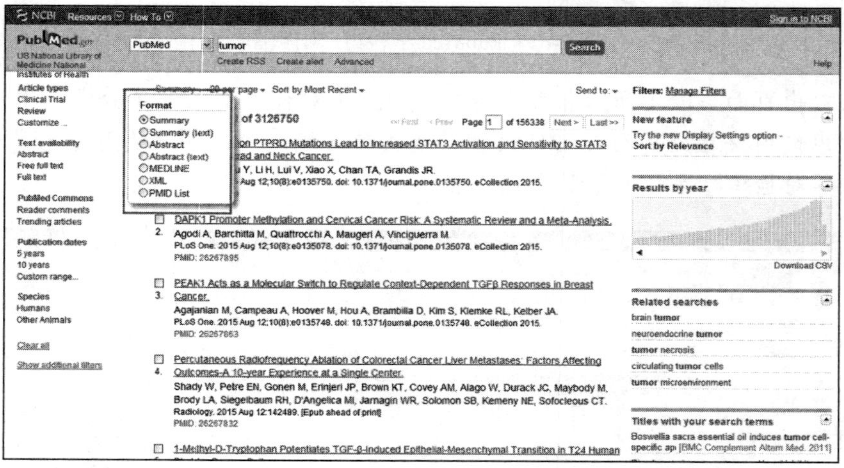

图 7-65 PubMed 检索结果显示格式截图

2. 显示记录数

点击 per page 后的下拉菜单选择每页显示的记录数，一般每页最多可显示 200 条记录（图 7-66）。

3. 记录排序

点击 sort by 后的下拉菜单即可对检索结果进行排序，可按相关度、出版日期、著者、期刊、题名等进行排序（图 7-67）。

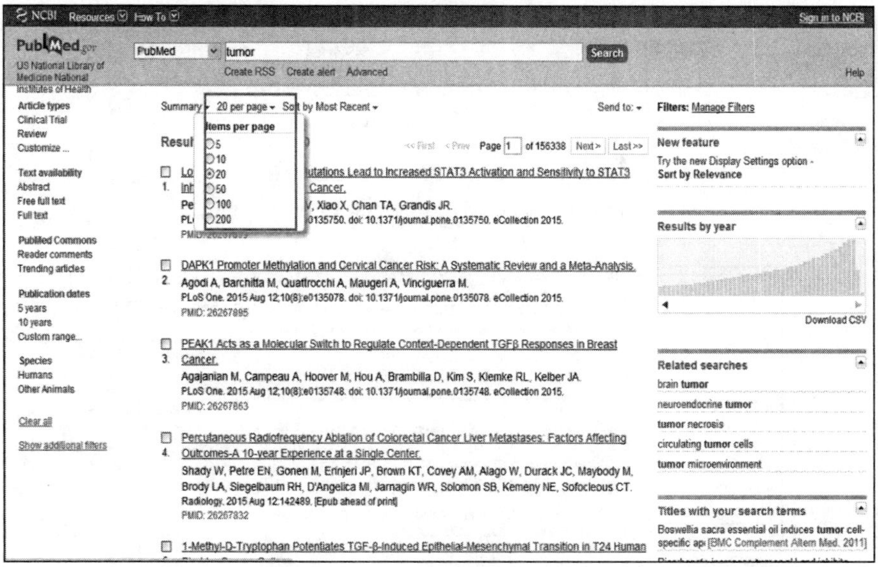

图 7-66　PubMed 检索结果显示记录数截图

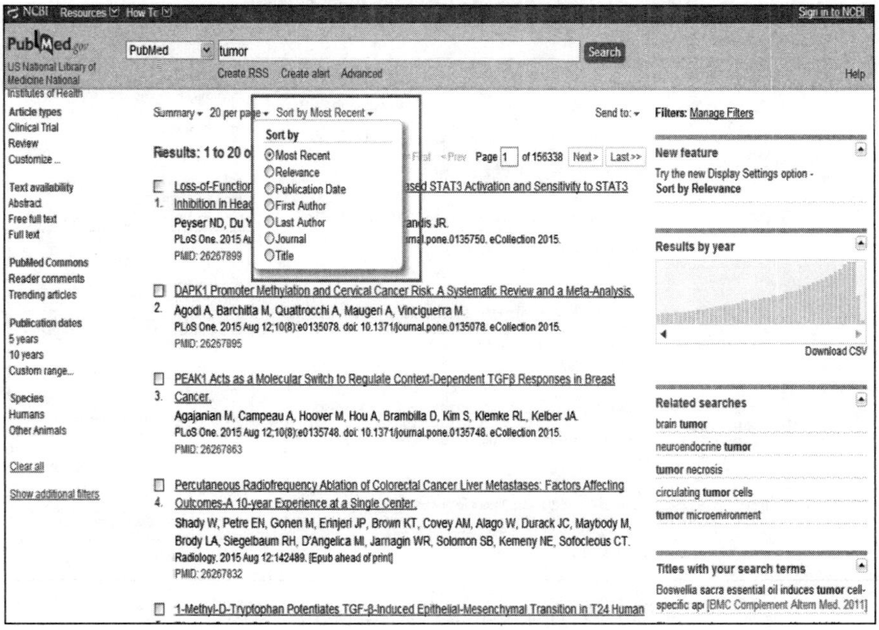

图 7-67　PubMed 检索结果排序截图

4. 结果过滤

点击左侧栏 show additional filters，则进入过滤器选择过滤方式对检索结果进行筛选，如年龄、性别等（图 7-68）。

5. 检索策略调整

如果用户对检索结果不满意，可在检索结果页面右侧栏的 search details 直接对检索策略进行修改，重新检索（图 7-69）。

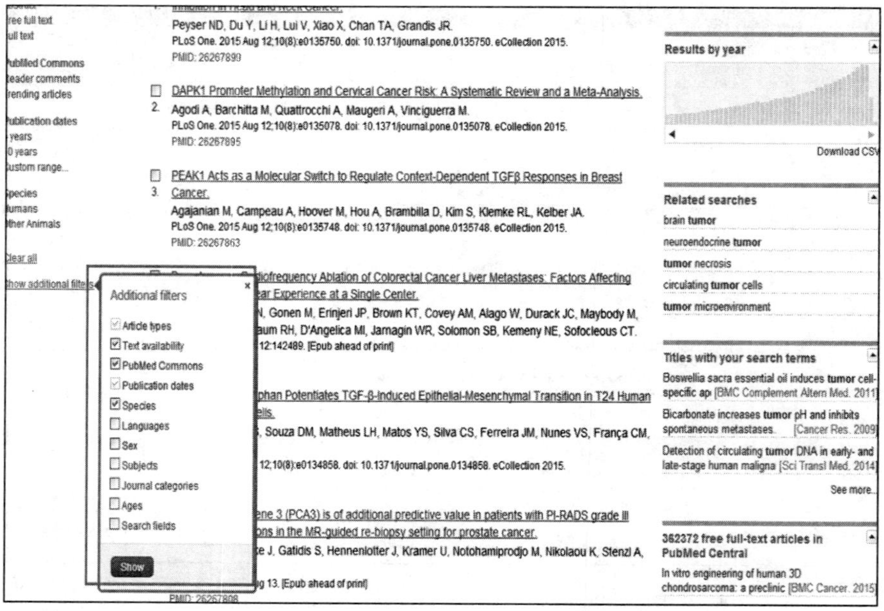

图 7-68 PubMed 检索结果过滤截图

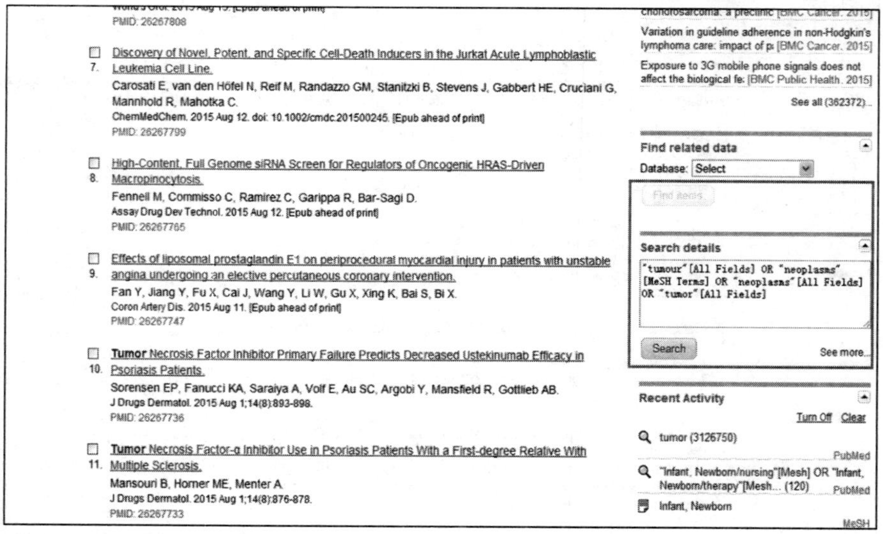

图 7-69 PubMed 检索策略细节调整截图

6. 结果输出

通过 send to 按键可对结果进行输出保存。其中点击 file 选择检索结果的保存格式和排序进行保存，点击 clipboard 可将所选择的检索结果记录保存在剪贴板上以供统一处理（剪贴板中最大的储存数是 500 条，剪贴板中的内容在 8 小时内没有任何操作，将会自动消失），E-mail 下检索结果可以电子邮件的形式进行输出保存，如果进行了免费注册就可将检索结果添加入 My bibliography 或 collection 进行个人文档的管理，点击 citation manager 则系统将生成一个文件供外部引文管理软件使用（图 7-70）。

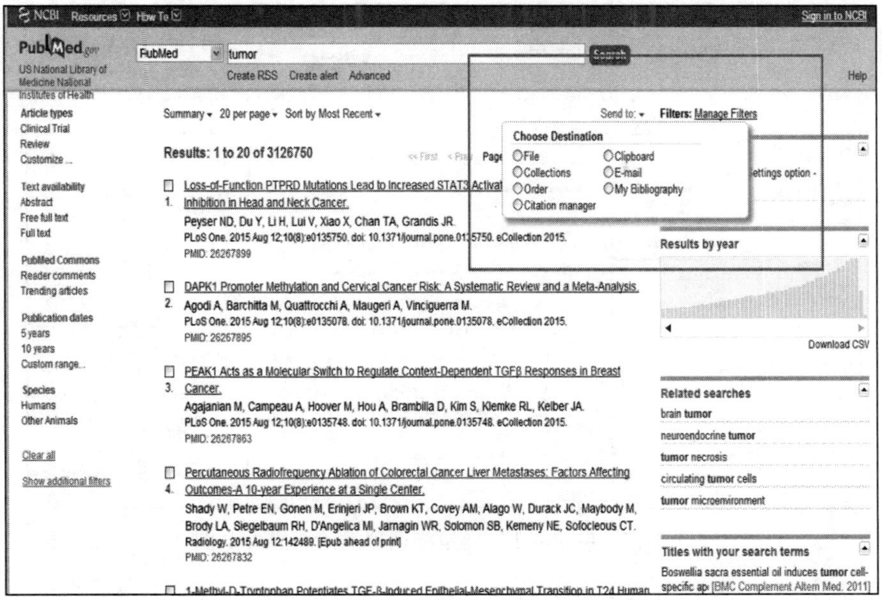

图 7-70　PubMed 检索结果输出界面截图

（四）其他检索服务

1. Journals in NCBI Databases（期刊数据库检索）

从 PubMed 首页可进入期刊数据库，在期刊数据库中键入期刊名（Medline 缩写或全称），用户可以获得期刊的详细信息，通过 Electronic Links，用户可以链接至期刊网站（图 7-71）。

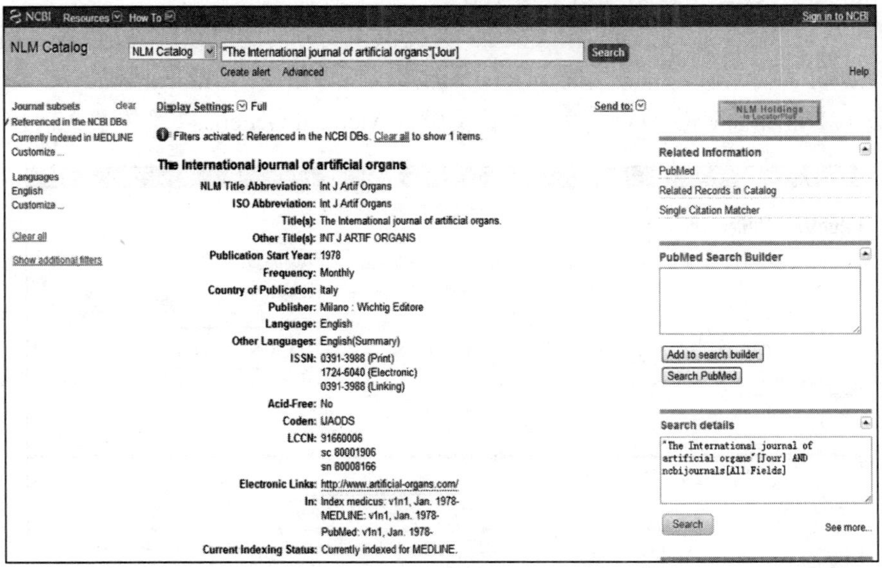

图 7-71　PubMed 期刊数据库检索界面截图

点击 Add to search builder 可将期刊名置入检索式进行检索，检索结果为该期刊上发表的文献，用户可以通过左侧栏内的过滤器等进行筛选（图 7-72）。

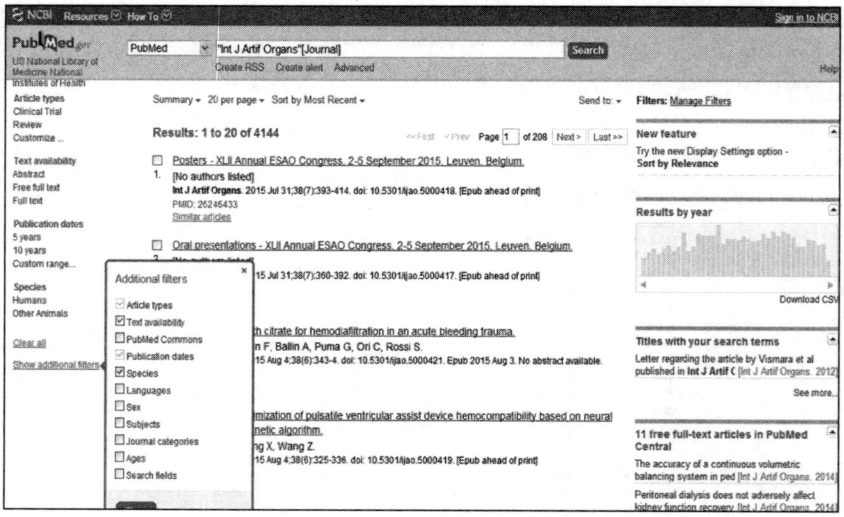

图 7-72 PubMed 检索策略调整过滤器界面截图

2. Single Citation Matcher（单篇引文匹配器）

使用检索栏，寻找特定刊名、卷期、作者、篇名的文献资料，只要输入刊名、年代、卷期、起始页、作者名、关键词其中部分信息即可，用于查找信息不太准确的文献。

3. Batch Citation Matcher（批量引文匹配器）

以命令式的方式批次检索资料库中相关的文献，按格式要求在文本框内输入命令或上传一个命令文件，可用于查找批量文献。

4. Clinical Queries（临床文献查询平台）

帮助用户快捷检索临床方面的相关文献，并提供不同方向的文献模块，可满足用户病理查询、系统性评价、临床研究等方面的需求。目前提供三种模块：Clinical Study Categories（临床研究文献）、Systematic Reviews（系统评论文献）、Medical Genetics（遗传学文献）（图 7-73）；

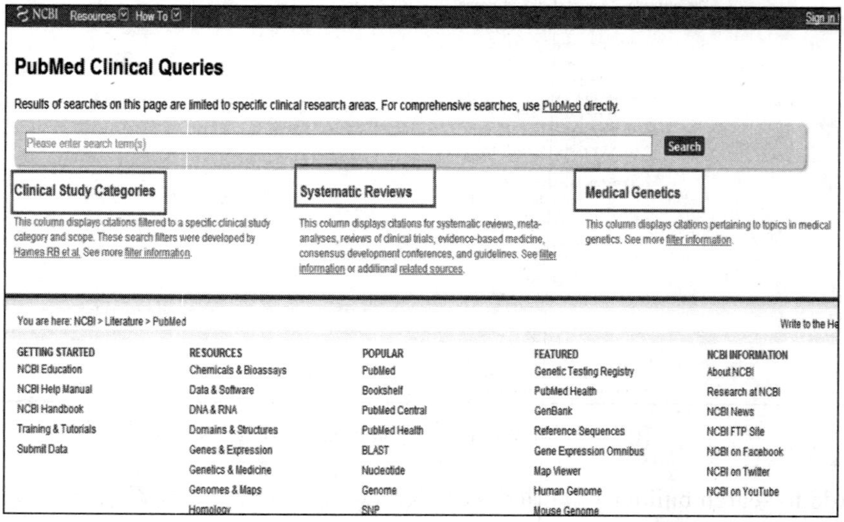

图 7-73 PubMed Clinical Queries 临床文献查询平台界面截图

在 Clinical Study Categories 下，用户还可以根据自身情况选择检索方向，如治疗方式（therapy）、诊断方式（diagnosis）、病因（etiology）、预后状况（prognosis）等，使检索结果具有较高的相关性和准确性；在 Medical Genetics 下，用户可以选择分子遗传学等不同的主题，使检索结果更贴近需求。

5. Topic-Specific Queries（专题查询）

PubMed 提供专题检索功能并提供相应链接，如不同的学科专题设立的子集、不同的期刊专辑等，方便用户根据学科专题查找文献（图 7-74）。

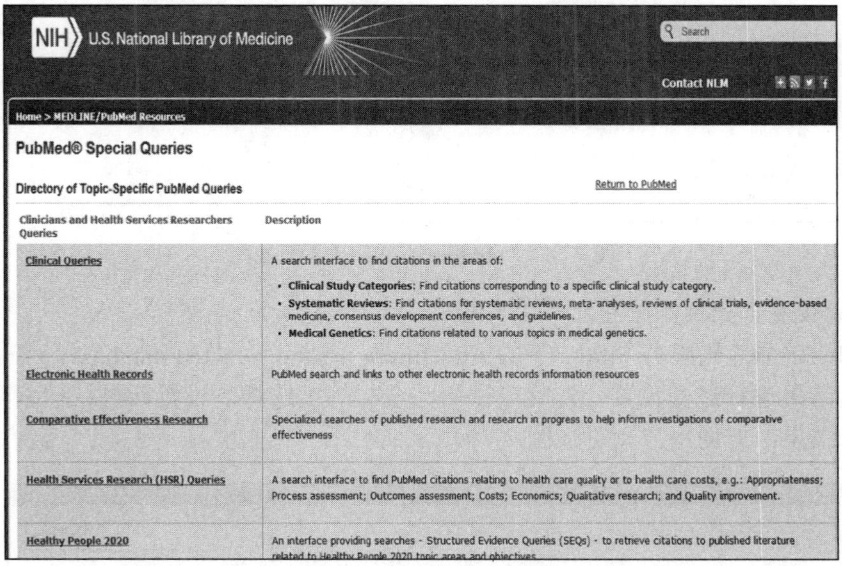

图 7-74　PubMed Topic-Specific Queries 专题查询界面截图

6. LinkOut

LinkOut 是帮助用户通过链接其他网络资源获取文献的功能选项，用户可在单篇文献页或是摘要格式浏览检索结果页面上看到 LinkOut 提供的原文获取链接（如果有文献资源链接的话）。

7. PubMed Mobile（移动 PubMed）

PubMed 开通了掌上 APP 服务（移动 PubMed），可提供关键词搜索，保存搜索结果，保存参考引文、Email 引文，浏览摘要，部分链接至全文等服务，用户还可对文章发表评论、记录笔记并浏览其他人对文章的评论等。

（五）My NCBI（个性化服务）

免费注册 PubMed 后即可使用 NCBI 提供的个性化服务。点击 NCBI Site Preferences 可依个人喜好对网站进行设置；My Bibliography 为用户提供书目管理的功能；Saved Searches 可为用户保存检索策略；通过设置 Collections 用户可以对检索结果进行收藏；Filters 帮助用户进行检索过滤；Recent Activity 记录的是用户的近期操作活动，用户可以在这里找寻近期检索情况，在没有进行检索式保存和检索结果收藏的情况下可使用这个功能模块进入近期的检索页面（图 7-75）。

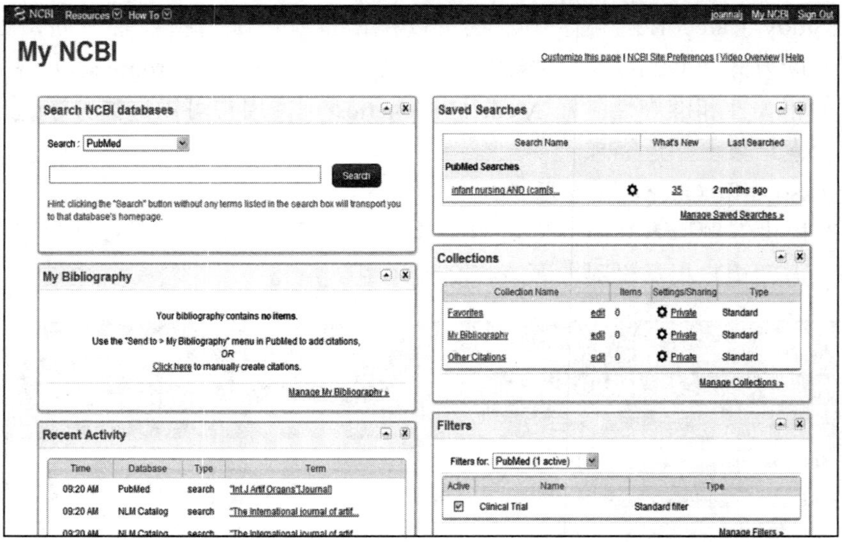

图 7-75　PubMed My NCBI 界面截图

1. 过滤设置，结果个性化

点击 NCBI 个性化服务 Filters 下的 Add filters for the selected database，可进入过滤器页面对检索结果进行过滤设置，有临床试验、全文等供选择，设置后进行检索则会显示已设定的过滤结果，方便用户浏览（图 7-76）。

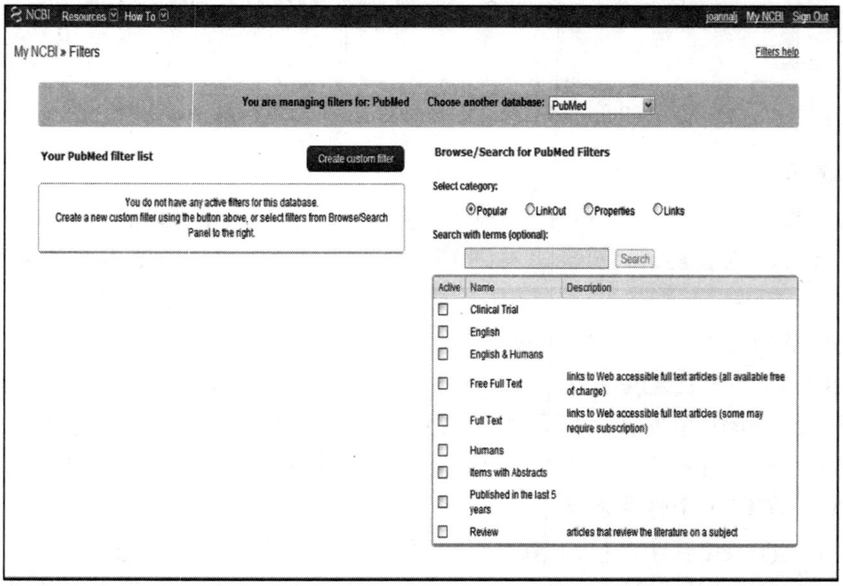

图 7-76　PubMedMy NCBI 过滤器设置截图

2. 检索策略保存及 Email 定期自动更新检索

用户在完成检索后，可点击页面上的 create alert 进入策略保存和定期更新检索设置页面（图 7-77）。

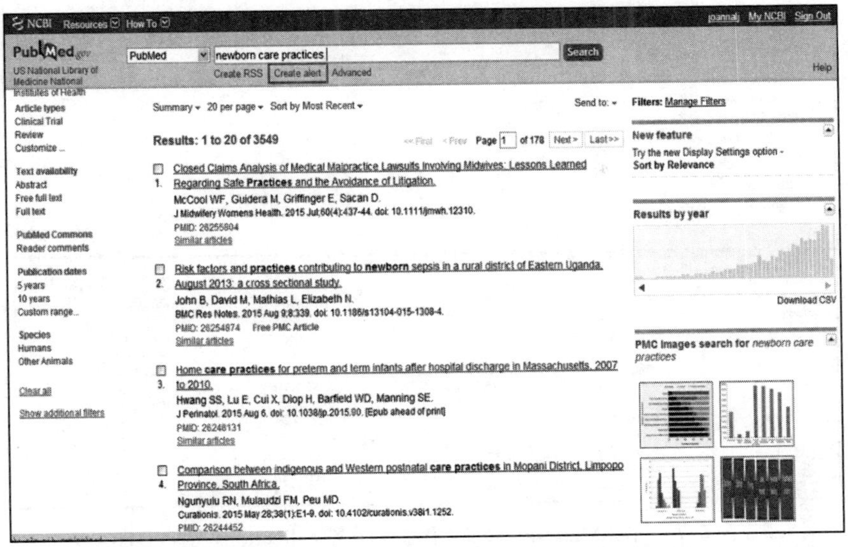

图 7-77　PubMed My NCBI 检索策略保存以及 Email 定期自动更新检索设置界面截图

在策略保存和自动更新设置页面，用户可根据个人情况设定检索自动更新的时间、文献格式等内容，并可以通过 NCBI 个性化服务里的 filters 对检索进行过滤筛选，最新的检索结果将通过 Email 的形式发送给用户（图 7-78）。用户可以通过 NCBI 个性化服务中的 Saved Searches 对检索策略进行删除、更改等操作。

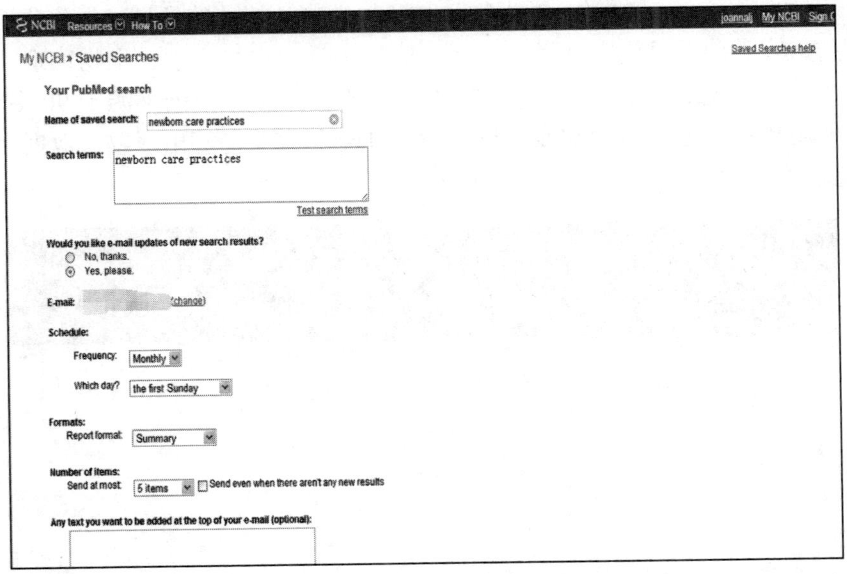

图 7-78　PubMedMy NCBI Email 定期自动更新检索设置界面截图

3. *存储检索结果文献*

在检索结果页面点击 send to 下拉菜单即可选择 collections 进行保存，用户可以选择建立新文件来保存选择的检索结果，也可以将检索结果保存至已有文件记录中。用户可以通过 NCBI 个性化服务中的 collections 对保存的检索结果进行管理（图 7-79）。

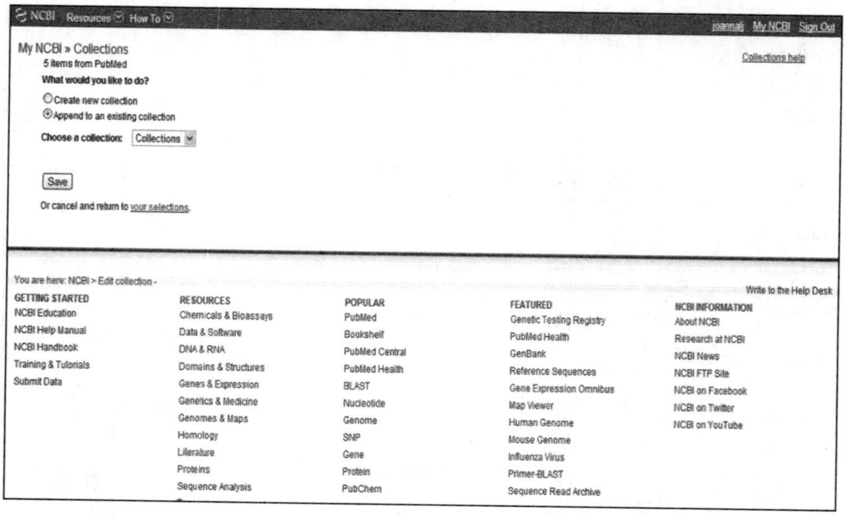

图 7-79 PubMed My NCBI 个性化服务 collections 界面截图

二、其他常用外文医学数据库简介

（一）BIOSIS Previews

BIOSIS Previews（BP）由美国生物科学信息服务社（BIOSIS）出版，是世界上最大的关于生命科学的文摘索引数据库（图 7-80）。BIOSIS Previews 学科覆盖范围广，从传统生物学领域（例如植物学、动物学、微生物学）到与生物学相关的领域（如生物医学、农业、药理学、生态学，等），再到交叉学科领域（例如医学、生物化学、生物物理、生物工程、生物技术，等），共收录了 1926 年以来的约 2100 万条记录，数据来源于 90 多个国家出版的 5000 多种期刊、1500 多种会议录，以及图书和专利说明书等出版物。数据库每周更新，每年新增记录约 60 万条。

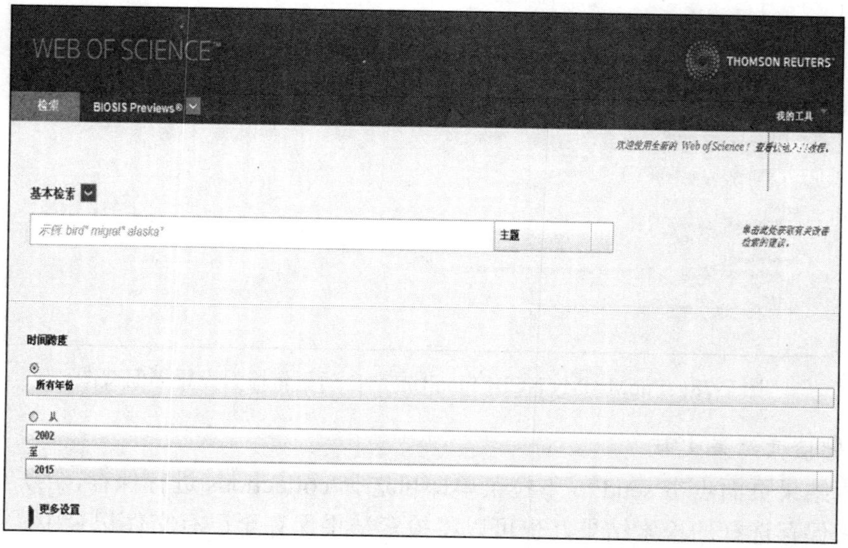

图 7-80 BIOSIS Previews（BP）检索界面截图

BIOSIS Previews 数据库利用 Thomson Reuters 公司开发的 Web of Science 信息检索平台提供检索，通过使用 BIOSIS Previews 用户还可同时检索 Web of Science 的其他文献资源数据，为用户提供更全面的相关检索结果。同时 BIOSIS Previews 为用户提供分析工具，用户可以利用分析工具了解最新的研究趋势、研究机构或期刊等。

（二）SciFinder Scholar

SciFinder Scholar 是美国化学学会（ACS）旗下的化学文摘服务社（Chemical Abstract Service，CAS）所出版的 *Chemical Abstract*（《化学文摘》）的网络数据库学术版，SciFinder Scholar 整合了 Medline 医学数据库、欧洲和美国等近 50 家专利机构的全文专利资料，以及《化学文摘》1907 年至今的所有内容，涵盖包括应用化学、化学工程、普通化学、物理、生物学、生命科学、医学、聚合体学、材料学、地质学、食品科学和农学等在内的诸多领域，可查询 1907 年以来的所有期刊文献和专利摘要，以及 6000 多万条的化学物质记录和 CAS 注册号。其中 CAPLUSSM 有 2150 多万条参考书目记录，每天更新 3000 条以上，始自 1907 年；CAS REGISTRYSM 有超过 2000 万条物质记录，每天更新约 4000 条，每种化学物质有唯一对应的 CAS 注册号，始自 1957 年；CASREACT 有 570 多万条反应记录，每周更新 600～1300 条，始自 1974 年；CHEMCATS 有 90 多万条商业化学物质记录，来自数百家供应商的数百种目录；CHMLIST 拥有 22 多万种化合物的详细清单，来自多个国家和国际性组织；SciFinder Scholar 是全世界最大、最全面的化学和科学信息数据库。

SciFinder Scholar 为用户提供多种特色检索方式，如化学结构式检索、化学反应式检索、图形结构检索等，用户可以对时间等进行限制检索，也可以选择主题、标题等字段进行检索，同时通过 Chemport 可链接到全文资料库及进行引文链接（从 1997 年开始）。其强大的检索和服务功能，可以帮助用户了解最新的科研动态，以确认最佳的资源投入和研究方向（图 7-81）。

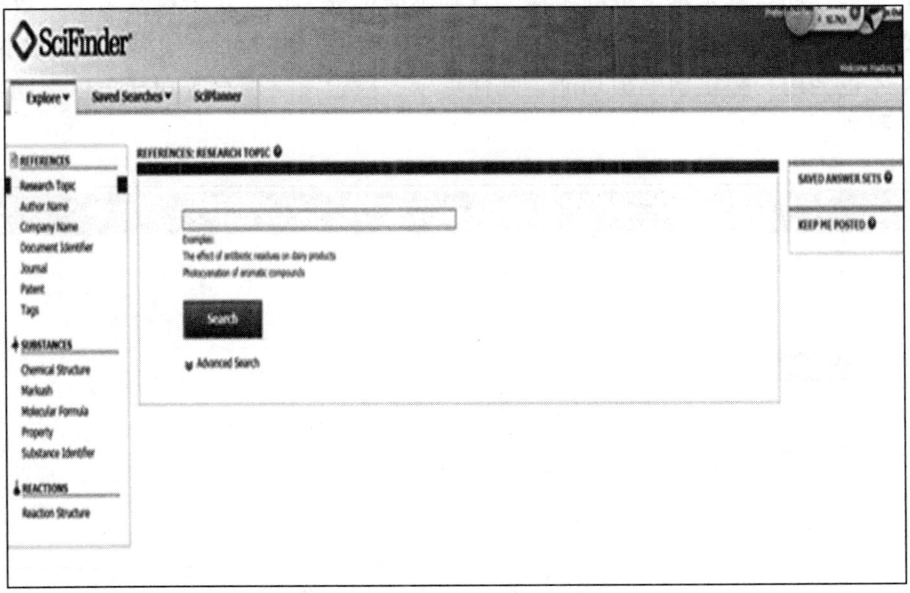

图 7-81　SciFinder Scholar 检索界面截图

（三）Embase

Embase 数据库全称为 Excerpta Medica Database，由荷兰爱思唯尔（Elsevier）公司出版，是印刷型检索工具 *Excerpta Medica*（荷兰《医学文摘》）的电子版，也是最重要的生命科学文献书目型数据库之一。Embase 是将 Embase 与 Medline 记录相结合形成的全球最大、最具权威性的生物医学与药理学文献数据库。Embase 将 1974 年以来的 Embase 生物医学记录与 1966 年以来的 Medline 记录相结合，囊括了 70 多个国家/地区出版的 7000 多种期刊（其中 2000 余种 Medline 未收录），尤其收录了大量欧洲和亚洲医学刊物，内容涵盖了整个临床医学和生命科学的广泛范围，覆盖各种疾病和药物信息，这是其他同类型数据库所无法匹敌的。Embase 强大的疾病检索和药物检索可真正满足生物医学领域的用户对信息全面性的需求。

Embase 独有的生命科学词典 EMTREE 是对生物医学文献进行主题分析、标引和检索时使用的权威性词表，包含超过 45 000 条药物与医学索引术语、200 000 条同义词（包括所有的 MeSH 术语）配以 17 个核心的药物关联词、47 个投药途径关联词和 14 个疾病关联词，检索的网罗度和专指度超过 MeSH，EMTREE 在 Embase 和 Medline 之间检索时可自动进行主题词对照检索。

Embase 提供快速检索、高级检索、字段检索、药物检索、疾病检索和文章检索等方式。可进行术语对照检索，提供扩展检索（即包括被检索词及其所有下位词的检索），可检索特定日期以来新增的记录，可对时间、学科、出版物类型、人类、性别、年龄段、语言、人类与动物研究类型等进行限定，数据库还提供缩写期刊名称（ta）、期刊名称（jt）、摘要（ab）、作者名称（au）、文章题目（ti）、出版物类型等 22 种字段供用户进行特定字段一种或多种的检索（图 7-82）。

数据库提供“浏览术语”的服务，点击该选项后，可显示出词典的组成部分，点击所需浏览的术语，即可显示出下分的术语，直到不能再分为止。对于检索结果，数据库提供相关性或出版年限等的排序，支持不同的格式显示结果，用户可根据需要进行选择。

数据库也为用户提供剪贴板功能、邮件提示、检索策略保存等功能，以帮助用户获得个性化的服务。

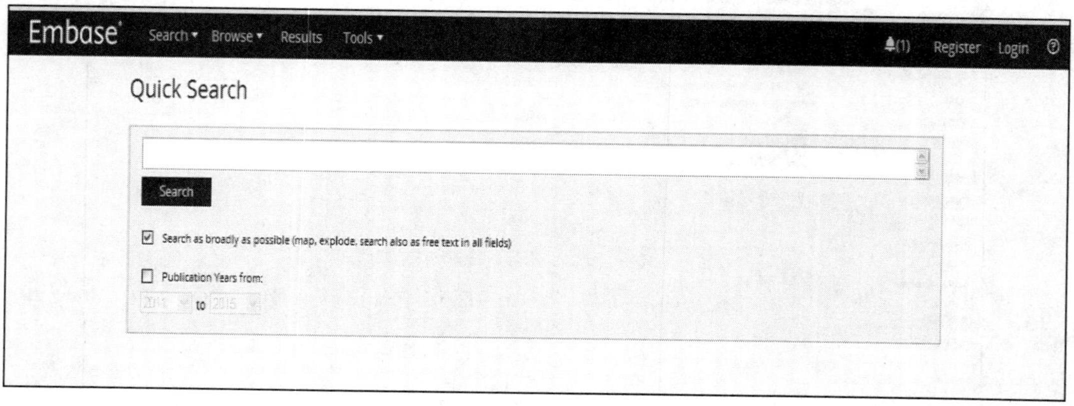

图 7-82 Embase 检索界面截图

（四）Scopus 数据库

Scopus 是全世界最大的摘要和引文数据库，涵盖了世界上最广泛的科技和医学文献的文摘、参考文献及索引。Scopus 收录了来自许多著名数据库的期刊文献，如 *Elsevier*、*Kluwer*、*Institution of Electrical Engineers*、*John Wiley*、*Springer*、*Nature*、*American Chemical Society* 等，同时还收录了许多重要的中文期刊，如《计算机学报》《力学学报》《中国物理快报》《中华医学杂志》等。其网址为 http://www.scopus.com/。

Scopus 共有 5.7 亿余条文献记录，其中包含来自全球 5000 多家出版商共计 2.1 万余条目录，2.1 万条同行评审期刊，2700 条高水平的开放期刊文献，359 个商业出版物，8.6 万余种书，506 种丛书，6800 万会议文献及来自 5 个专利局的 2700 万条记录，数据每日更新，内容涉及医学、农业与生物科学、物理、工程学、社会学、经济、商业与管理、生命科学、化学、数学、地球与环境科学、心理学、艺术与人文学等学科，因为其大部分内容来自于美国以外的国家，用户能够获得最全面的世界范围内的前瞻性科学技术医学文献。

Scopus 提供多种语言界面，并为用户提供多种检索方式。在主页上用户可以直接进行文献检索，也可以通过输入著者姓名或 ORCID 号进行特定著者的检索，用户还可以使用过滤器来检索机构学术产出、合作机构等，Scopus 同时也支持高级检索帮助用户进行更准确的检索。

Scopus 不仅为用户提供了快捷的检索方式，还提供一些小工具帮助用户获得更方便的服务，如直接链接到全文、图书馆资源及其他应用程序（如参考文献管理软件）等。总而言之，通过 Scopus，用户不必成为一个专业的检索者就可以获得大多数的科研文献信息，满足自身需求。

（五）Web of Science

Web of Science 是大型综合性、多学科、核心期刊引文索引数据库，包括三大引文数据库［科学引文索引（Science Citation Index，SCI）、社会科学引文索引（Social Sciences Citation Index，SSCI）和艺术与人文科学引文索引（Arts & Humanities Citation Index，A&HCI）］和两个化学信息事实型数据库（Current Chemical Reactions，CCR 和 Index Chemicus，IC），以及科学引文检索扩展版（Science Citation Index Expanded，SCIE）、科技会议文献引文索引（Conference Proceedings Citation Idex-Science，CPCI-S）、社会科学及人文科学会议文献引文索引（Conference Proceedings Citation index-Social Science & Humanalities，CPCI-SSH）三个引文数据库，以 ISI Web of Knowledge 作为检索平台，其网址为 http://www.isiknowledge.com。

Web of Science 共包含 8000 多种世界范围内最有影响力的、经过同行专家评审的高质量的期刊，该数据库每周更新。除了选收录刊（Selected Journals）外，其中，A&HCI 全收录刊（All Covered Journals）共有世界一流人文科学刊物 1140 多种，SSCI 共收录有世界一流社会科学刊物 1700 多种，SCI 扩展版（SCI Expanded）共包括世界一流科技期刊 5600 种。

除了上述综合引文索引外，Web of Science 还包括三种专科引文索引，即生物科学引文索引（BioSciences Citation Index），共有生命科学期刊 930 多种，尤其强调分子科学和细胞科学。化学引文索引（Chemistry Sciences Citation Index）共包括 630 多种化学、生物化学、药学和毒理学方面的期刊。临床医学引文索引（Clinical Medicine Citation Index）共包括临床医学研究期刊 2000 多种。Web of Science 中的这些学科数据库既可以独立使用，也可以综合起来进行检索。

在数据库主页，用户可以直接在基本检索栏内输入检索词，在后面选择主题等字段，可点击添加另一字段来进行组合检索，并可在检索栏下方的时间跨度，以及更多设置内对时间、语言、默认字段数等进行限制。在页面右上角“我的工具”中，用户可以保存检索式并进行跟踪（图 7-83、图 7-84）。

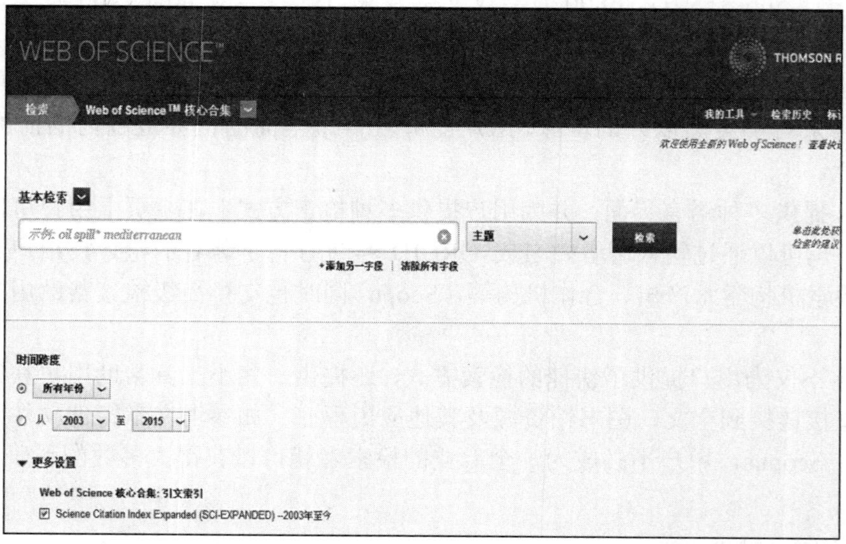

图 7-83 Web of Science 检索界面截图

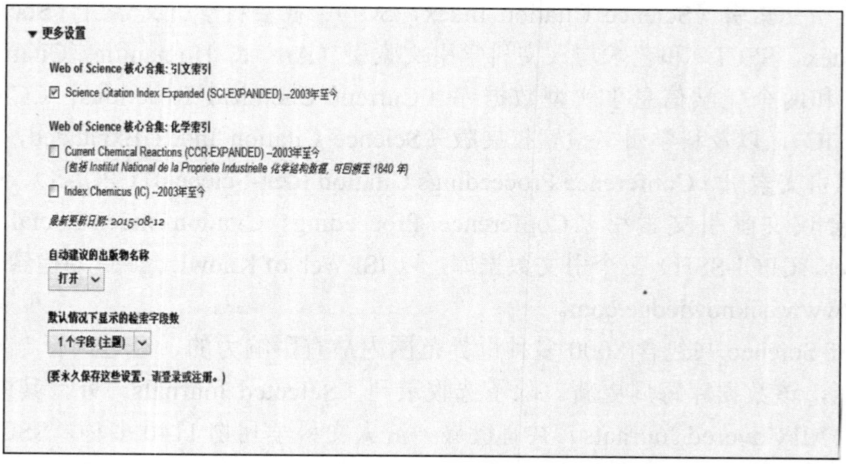

图 7-84 Web of Science 检索界面更多设置栏截图

用户还可以通过点击“基本检索”旁的下拉菜单，选择被引参考文献检索或高级检索方式（图 7-85）。

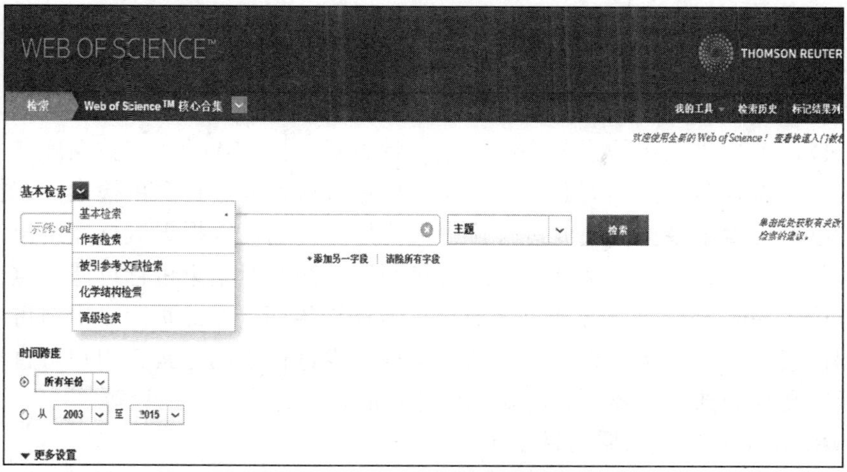

图 7-85　Web of Science 检索界面基本检索选项截图

Web of Science 检索结果的第一次显示只包括著者名（三个著者以内）、篇名、文献出处及被引频次，一次 10 条记录，若需更详细的信息则需一一再点击。再点击后，二次显示可得到一篇来源文献的全部著者名、摘要、研究方向、基金资助情况、语种、文摘、全部的著者地址、引文记录（来自于 Web of Science 核心合集数据）、详细的出版信息等。在检索结果页面侧栏，Web of Science 提供研究领域、研究方向等的过滤，在检索结果页面 Web of Science 提供对检索结果的多种排序、支持多种打印格式和多种输出方法，如直接输出到 EndNote 等目录管理软件，同时用户还可对检索结果进行标记以便查看。

（六）ScienceDirect

Elsevier 是一家全球著名的学术期刊出版商，每年出版大量的学术图书和期刊，大部分期刊被 SCI、SSCI、EI 收录，是世界上公认的高品位学术期刊。该公司将其出版的 2500 多种期刊和 33000 多种图书全部数字化建立了 ScienceDirect 全文数据库，并通过网络提供

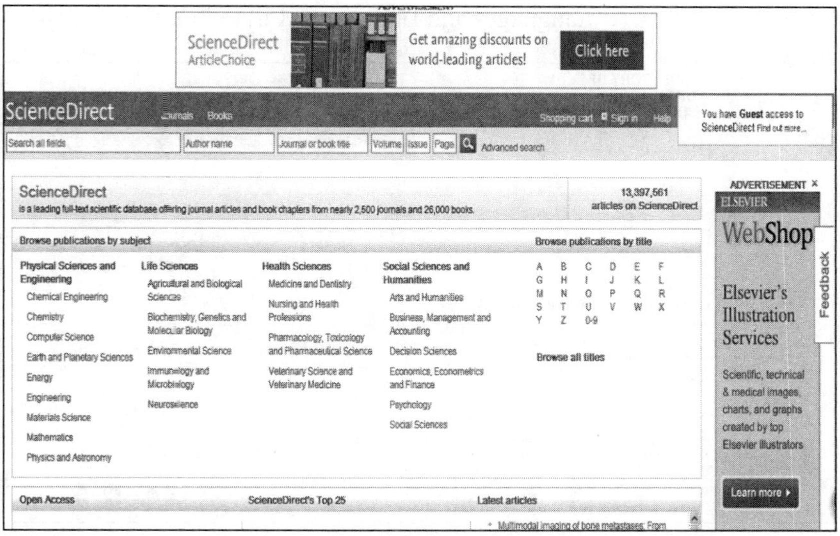

图 7-86　ScienceDirect 检索界面截图

服务。该数据库涉及计算机科学、工程技术、能源科学、环境科学、材料科学、数学、物理、化学、天文学、医学、生命科学、商业及经济管理、社会科学等众多学科。其网址为 http://www.sciencedirect.com/。

ScienceDirect 提供简单检索与高级检索两种方式（图 7-86）。在数据库首页用户可以在所有字段、作者姓名、刊名书名、卷、期、页输入检索词进行简单检索，在检索结果页面，用户可以对检索结果按相关度进行排序，另外用户也可以根据数据库给出的分类进行选择，如年代、刊名、主题、文献类型或自己利用过滤器对结果进行过滤。点击数据库首页检索栏旁边的 advanced search 即进入高级检索操作界面，在此页面，用户可以进行各字段间的组配检索，并可对年限、文献类型、学科分类进行限制检索。用户可直接点击文献相应链接阅读文献的部分内容，如摘要、研究目的、研究方法、结论等。

（七）DOAJ（开放获取期刊目录）

DOAJ 是目前最权威、认知度最高的开放存取期刊目录。2003 年 2 月，在 OSI（The Open Society Institute，开放社会研究所）支持下，瑞典隆德大学图书馆与 SPARC（The Scholarly Publishing and Academic Resources Coalition，学术出版与学术资源联盟）联合创建了 DOAJ。DOAJ 由隆德大学图书馆负责维护，旨在覆盖所有学科、所有语种的高质量的开放存取期刊，以现代信息组织理论为基础，对开放存取期刊进行组织，提高其透明度、可用性和利用率，为科研工作者提供一站式服务。其网址为 http://doaj.org/。

该目录收录的期刊均为学术性、研究性期刊，且都经过同行评议或者有编辑做质量控制，具有免费、全文、自由获取、高质量等特点，对学术研究有很高的参考价值。

目前，DOAJ 提供来自 134 个国家和地区的 10 439 种期刊共计 180 多万篇文献，所收录的期刊按所属学科被划分为 17 个一级主题，包括 Agriculture and Food Science（农业与食品科学）、Arts and Architecture（艺术与建筑学）、Biology and Life Sciences（生物与生命科学）、Business and Economics（商业与经济学）、Chemistry（化学）、Earth and Environmental Sciences（地球与环境科学）、General Works（一般工程）、Health Sciences（保健科学）、History and Archaeology（历史与考古学）、Languages and Literatures（语言与文学）（图 7-87）。

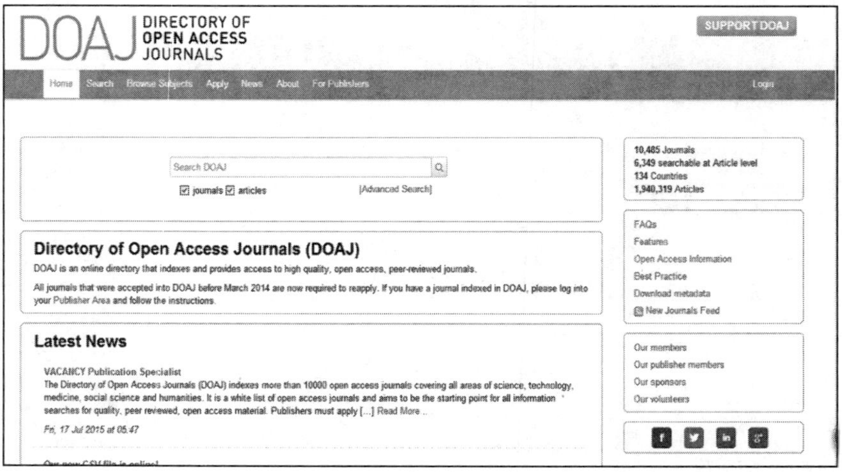

图 7-87 DOAJ 网页首页截图

（八）外文医学信息资源检索平台

“外文医学信息资源检索平台”简称 FMRS，2014 年收录 31 400 余种核心外文期刊，5625 余种 Medline 期刊，5518 余种 OA 期刊，内容涉及医学、医学生物学、药学等领域，分为精选版和普通版两个版本。其网址为 http://www.metstr.com/search/。

系统支持中英双语输入检索，提供文本词检索、复合检索、主题词检索、期刊导航检索、策略检索等多种检索方式（图 7-88）。文本词检索通常作为检索的入口，可以实现对全部内容进行检索，同时还设置了标题与摘要、标题、机构、刊名和作者等常用的快捷检索方式，可对年限进行限定检索，同时增加了“智能检索”功能，可以帮助用户完成对同义词的扩充和下位类词的扩展检索，提高文献的查全率和查准率；文本词检索还支持通配符“*”检索（如 Stud*）及短语检索（如“liver cancer”，双引号要用半角英文的双引号进行检索，汉语的双引号会被过滤）。复合检索提供包括文献标题、MeSH 主要主题词、MeSH 副主题词在内的 30 多个字段检索项，可进行不同字段之间的逻辑运算检索，同时可对时间、性别、研究对象、文献类型、语种、年龄组等进行限定检索。

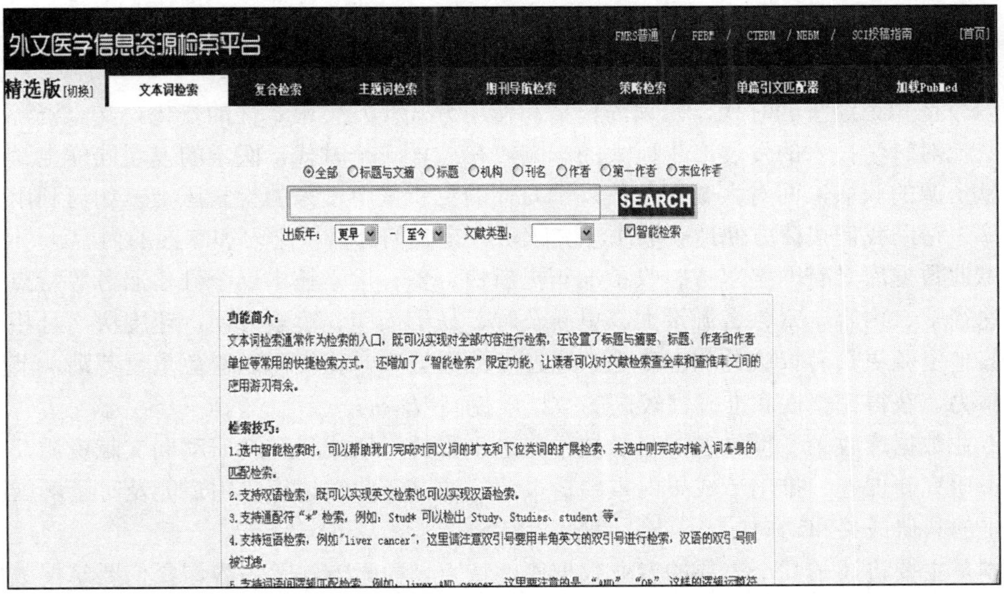

图 7-88　外文医学信息资源检索平台截图

与 PubMed 相同，检索系统可为用户保存检索策略以供用户下次检索使用或参考。在检索结果页面，检索结果可按相关度、出版日期和影响因子进行排序，并按题名、翻译、作者、出处进行显示，用户可点击显示文摘进行文摘阅读，有免费全文的在题名下会提供免费全文直接下载链接，同时每篇文献都有给出相关链接及全文获取通道帮助用户获取文献资源。在结果页上系统提供对检索结果进行统计分析的功能，用户可选择高产出作者、高产出期刊、国家等进行统计分析；在右侧栏系统则对检索结果进行聚类，用户可通过点击聚类对结果进行过滤，从而获得更满意的检索结果（图 7-89）。

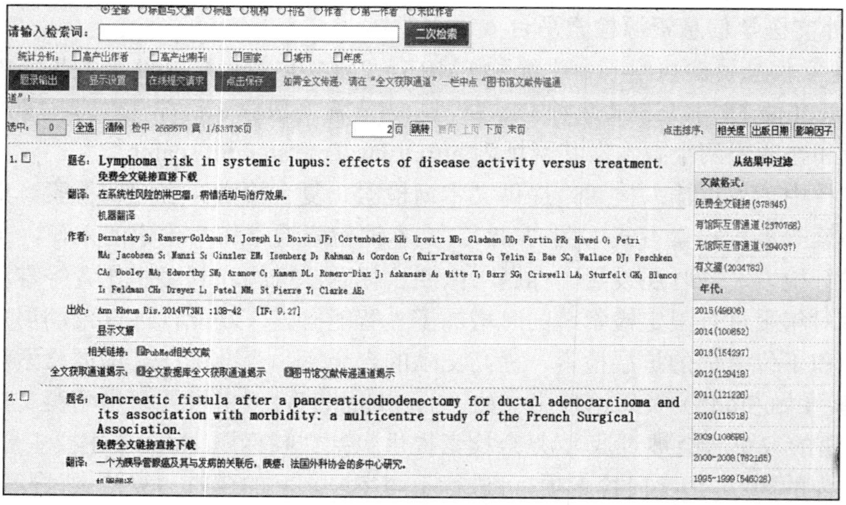

图 7-89 外文医学信息资源检索结果显示截图

本章小结

当今是知识经济的时代，知识的传播和使用方式在发生根本性的变化，文献资源的收集、交流对科学技术的发展产生巨大的影响。在这样一个时代，医学的发展同样也紧紧依靠文献资源的获取，面对大数据及数以千万计的更新量所带来的检索压力，如何利用专业数据库来帮助我们快捷方便地获取医学文献资源是我们都需要学习和掌握的内容。

专业数据库具有网络服务、收录期刊更新快、多种检索技术、个性化服务等特点。其检索途径多、内容丰富、资源量大、更新及时、易于操作、检索方便、速度快，且相对于网络其他资源更具有权威性和准确性。通过专业数据库，我们可以避免重复劳动，节约时间和精力，获得完整性和准确性较高的数据，提高效率。

专业数据库收录了世界各国科学技术先进水平的科研成果和科研动向文献资源，是科研人员研究新课题、推出新成果的重要情报源。通过专业数据库，用户能及时了解国际先进水平的科研成果和动向。

本章主要讲述了几个重要的专业数据库的特点、检索方法等内容，我们要掌握数据库的收录范围及特点、检索功能及检索方法，学会利用数据库检索文献以完成相关课题。

总之，数据库的使用需要学习和大量的实践，我们要多练习，掌握基本检索、高级检索等检索方法，学会运用多种检索方法检索文献资源，以帮助自己查找出最符合需要的文献。

实习四 数据库检索实践

实习目的

学会使用 CNKI、万方、PubMed 等多种数据库的检索方法，能熟练运用数据库检索本专业文献信息，能够针对不同的检索要求运用不同的检索方法完成检索任务。

实习参考项目

1. 利用万方数据库的期刊导航功能检索核心期刊《临床检验杂志》2015 年 12 期的文献发文情况。

2. 利用外文数据库查找中国科学院院士生物学家施一公教授近 5 年所发表的外文文献。

3. 查找《舒适护理在腰椎间盘突出病人护理中的应用》的参考文献。

4. 利用 CNKI、万方、PubMed 等数据库完成以下课题的检索，给出检索式（逻辑表达式）及检索结果:

心肌梗死的诊断、糖尿病的类型与治疗、生物医学方向的核心期刊种类、高血压的药物治疗、近十年乳腺癌方面的文献、外科专家靳安民的论文

5. 综合运用全文数据库的多种检索方法完成课题论文。

（参考课题）

（1）消化道出血的病因。

（2）坐骨神经痛的研究。

（3）唑来膦酸的应用研究。

（4）中药成分的测定方法。

（5）医药网络销售现状研究。

（6）产后抑郁症的治疗研究。

（7）亚甲炎的判定与治疗。

（8）青少年心理健康研究。

（9）医院药房管理现状研究。

（10）中国生物检验发展现状与趋势。

学 习 检 测

一、选择题

（一）单项选择题

1. 文献数据库就是在计算机存储设备上按一定组织方式储存的（　　）的集合。

　A. 文献数据　　B. 信息　　C. 多媒体　　D. 图表

2.（　　）是构成文献数据库的基本单位。

　A. 书名　　B. 字段　　C. 信息　　D. 记录

3. 全文数据库是指收录有（　　）的数据库。

　A. 百科　　B. 原始文献全文　　C. 摘要　　D. 书目

4. 万方数据库下载的文献用（　　）软件进行阅读。

　A. PDF　　B. CAJ　　C. PPT　　D. 虚拟光驱

5. 检索关于儿童多动症护理方面的文献，合适的检索表达式是（　　）。

　A. 作者=儿童多动症护理

　B. 题名=儿童多动症护理

　C.（主题=儿童多动症 OR 主题=小儿多动症）AND 主题=护理

　D. 主题=儿童多动症

（二）多项选择题

1．文献数据库的优势有（　　）。

A．检索途径多　B．资源量大　C．更新及时
D．检索方便　E．速度快

2．按所收文献完整程度划分，数据库可分为（　　）等。

A．文摘/索引数据库　B．参考数据库　C．全文数据库　D．事实数据库
E．工具书数据库

3．文献数据库提供的在线检索方法有（　　）。

A．简单检索　B．高级检索　C．专家检索
D．分类导航检索　E．二次检索

4．事实数据库分为（　　）。

A．历史材料类数据库　B．整理类数据库　C．数值数据库　D．事实型数据库
E．表格数据库

5．文献数据库资源的一般检索步骤包括（　　）。

A．分析研究课题，明确查找要求，确定检索词
B．选择相应的数据库和检索方法
C．确定检索途径，制定检索式
D．检索文献，获取原文
E．对文献资源进行评价

二、判断题

1．文献数据库就是对文献的复制。（　　）
2．专家检索是指专家进行的检索。（　　）
3．二次检索即指在结果中进行再检索。（　　）
4．龙源期刊网是文摘型数据库。（　　）
5．查找北京大学上一年所发表的论文量应该用布尔逻辑或。（　　）

三、思考题

1．使用全文数据库的简单检索方法查找有关诺氟沙星胶囊的相关文献。
2．使用全文数据库的高级检索和跨库检索方法查找近十年中西医结合治疗冠心病的研究文献。
3．使用 PubMed 查找关于治疗中年糖尿病的文献。
4．利用万方的期刊导航功能查找关于预计医学方面的核心期刊名录。
5．使用数据库查找 Edvard Moser 于 2015 年 7 月到现在所发表的文献。

（刘　静）

第八章 电子图书数据库

学习目标

1. 了解电子图书的定义、现状和发展、特点和类型。
2. 掌握电子图书的常用阅读软件。
3. 掌握常用中文数字图书馆产品的特点与使用方法。
4. 了解金图国际外文原版数字图书馆和 SpringLink 电子图书数据库，以及使用方法。
5. 能够运用电子图书数据库资源进行专业课题资料的查找。

第一节 电子图书概述

一、电子图书的定义

电子图书（electronic book），又称 e-book，是指以数字代码方式将图、文、声、像等信息存储在磁、光、电介质上，通过计算机或类似设备使用，并可复制发行的大众传播体。主要类型有电子图书、电子期刊、电子报纸和软件读物等。

电子图书至今还没有一个准确的定义，但它具备三个要素：内容、数字存储设备（如 PC、PDA、掌上电脑或其他手持阅读设备等）和阅读软件（如 Acrobat Reader、Apabi Reader 等）。

二、电子图书的发展和现状

计算机和网络技术的普及给传统的文化信息交流方式带来了很大的冲击，随之而来的电子图书也越来越被人们接受，应用也越来越广泛。1998 年，美国 NuvoMedia 公司出品的“火箭书”（Rocket E-book）可以作为第一代电子书诞生的标志。在中国，2000 年 8 月，辽宁出版集团宣布开发“掌上书房”。同年，天津津科公司推出“翰林电子书”。同期，人民出版社创办的人民时空网站提出了研发“电子书包”的构想。2004 年，SONY 公司推出基于电子墨水（E-ink）技术的电子书阅读器；2008 年，亚马逊 Kindle 上市；2009 年，汉王推出电纸书。2010 年 1 月，苹果发布 iPad，电子书成为其应用之一；2013 年，亚马逊中国官网开始网上销售 Kindle 电子书阅读器和平板电脑，当当网和“汉王科技”也推出了自己品牌的电子书阅读器。目前，电子书阅读器、平板电脑和智能手机在电子书阅读业务上形成交集，在获得主流终端地位上形成竞争。

当下，电子图书已在社会上得到广泛应用，广泛进入各个高校图书馆、公共图书馆、科研机构等。借助于互联网的发展，数字图书馆同时克服了传统图书印数的限制，为更大范围的传播提供了便利。

三、电子图书的特点和类型

由于电子图书是把传统的文字符号转化为数字符号的一种制作方式，采用计算机可识别的二进制电子形式存放图、文、声信息，通过磁盘、光盘、网络等电子媒体出版发行，并借助一定的设备阅读的“书本”，所以其具有存储量大，密度高，出版成本低，价格低廉，检索方便、快捷的优势，具有开放性、共享性等特点。根据电子图书的特点可以把电子图书分为光盘电子图书、网络电子图书、便携式电子图书三种类型。

第二节　电子图书常用格式及阅读软件

一、电子图书常用格式

电子图书的格式，是对使用电子图书时的文件编码方式。不同格式的电子书要用不同的方法阅读。目前电子书的格式可分为个人计算机支持的电子书格式和掌上阅读器常用电子书格式，个人计算机支持的电子书格式包括 EXE、TXT、HTML、EPUB 等，掌上阅读器电子书格式包括 UMD、JAER、TXT 等。

二、电子图书的阅读硬件和阅读软件

电子图书的阅读硬件，包括桌面上的个人计算机、个人手持数字设备（PDA）及专门的电子设备。

电子图书阅读软件是用来将电子图书文档中的文本、图片、声音和影像等信息识别并以相应的形式呈现出来的应用软件。通常这类软件也被称作电子图书阅读器，常用的电子图书软件有 Adobe 公司的 Acrobat Reader、Glassbook 公司的 Glassbook、微软的 Microsoft Reader、超星公司的 SSReader、方正的 Apabi Reader 等。电子图书阅读软件通常都支持“查找”“书签”“笔记”等扩展功能，方便检索与阅读管理，能有效地提高资料的利用率。

第三节　常用电子图书数据库

一、超星数字图书馆

“超星数字图书馆”为目前世界上最大的中文在线数字图书馆，提供大量的电子图书资源，其中包括文学、经济、历史、法律、军事、科学、医药、工程、计算机等 50 多个大类的数百万册电子图书、500 万篇论文。全文总量 13 亿余页，超 16 万集的学术视频，数据总量 1 000 000GB，其中，大量电子图书免费，其网址为 http://www.ssreader.com/。

（一）超星电子图书

超星电子图书涉及文化教育、文学艺术、历史地理、生物科学、医药卫生、工业技术

等22个学科领域。其中文全文检索系统平台，按照文化行业标准数字式中文全文文献通用格式进行著录标引，提供书名、作者、全文检索以及分类检索等强大的检索功能，并可在版权许可范围内通过网上直接获得电子图书的相关内容。能对检索结果进行直接的在线阅读，有条件地下载和打印。超星读书网址为http://book.chaoxing.com/。

1. 检索方法

1）书名检索

在“超星发现”（http://www.ssreader.com/）主界面上选择“读书”选项，进入到超星读书的主页面，在页面右上方的检索区域，首先设置检索字段为“书名”，然后在检索框中输入要检索图书书名，最后点击“搜索”，即可检索到所需图书。

【案例8-1】在超星数字图书馆查找书名为“护理管理学”的电子图书

第一步，进入超星数字图书馆。

第二步，选择“读书”选项。

第三步，设置检索字段为书名。

第四步，在检索框中输入“护理管理学”，点击“搜索”。

检索结果如图8-1所示。

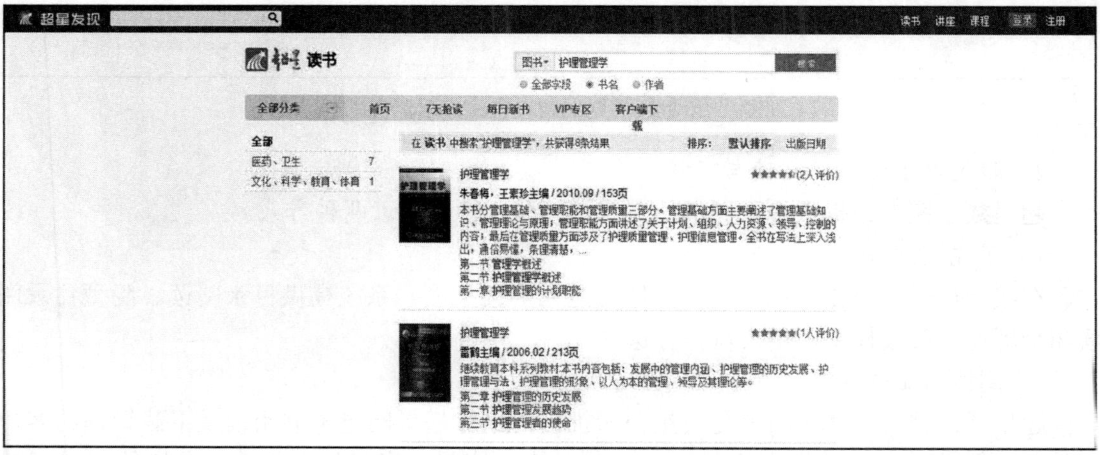

图8-1 超星数字图书馆检索结果示意图（1）

2）作者检索

与书名检索类似，在页面右上方的检索区域设置检索字段为“作者”，然后在检索框中输入要检索的作者姓名，最后点击“搜索”，即可检索到所需图书。

3）全文检索

在页面右上方的检索区域设置检索字段为“全文”，然后在检索框中输入要检索的关键词，即可检索到所有包涵该关键词的书页。点击“阅读本页”即可浏览含有关键词的书页。

4）分类检索

通过选择学科分类的方式进行检索。超星数字图书馆将图书分成文学、经济管理、教育、医学、历史、地理等15大类，每个大类下设下级子类，可不断点击下一级类目直到最后一级，在点击的过程中选择所需要的学科类目的图书。

【案例 8-2】在超星数字图书馆查找助产学相关图书

第一步，进入超星数字图书馆。

第二步，选择“读书”选项。

第三步，选择“全部分类”→“医学”→“妇产科学”→“助产学”。

检索结果如图 8-2 所示。

图 8-2 超星数字图书馆检索结果示意图（2）

2. 超星电子图书的阅读与下载

超星数字图书馆提供电子图书的在线阅读和阅读器阅读两种方式。

1）在线阅读

在线阅读只需点击“网页阅读”即可进入阅读页面，系统提供目录阅读、隐藏目录阅读和全屏连页阅读模式，用户可自行选择。

2）阅读器阅读

超星阅读器（SSReader）是超星公司推出的一款超星网电子书阅读及下载管理的客户端软件。软件支持下载图书离线阅读，并支持其他图书资料导入阅读，支持的图书资料文件格式有 PDG、PDZ、PDF、HTM、HTML、TXT 等多种常用格式。提供软件集成书签、标记、资源采集、文字识别等功能。除阅读图书外，超星阅览器还可用于扫描资料、采集整理网络资源等，是国内外用户数量最多的专用图书阅览器之一。其软件内嵌的数字图书馆资源列表，囊括超星网所有图书，能够快速导航，帮助读者方便准确地查找图书。本地图书馆列表能方便地管理读者下载的图书。目前提供超星阅读器 Windows 版、超星阅读 iPad 版、超星阅读 AndroidPad 版、超星公开课 iPad 版多个版本，其中 iPad 版本超星阅览器提供 10 万册电子图书的免费在线阅读。其客户端网址为 http://app.chaoxing.com/。

选择阅读器阅读方式需要下载并安装超星阅览器。

【案例 8-3】在超星数字图书馆下载并安装超星阅览器

第一步，进入超星数字图书馆。

第二步，选择“读书”选项。

第三步，选择“客户端下载”→“超星阅读器 Windows 版”→“镜像下载”下载超星阅览器。

第四步，下载阅览器后按照提示安装阅览器。

第五步，打开超星阅读器。

第六步，使用超星阅读器打开电子图书。

操作结果如图 8-3、图 8-4 所示。

图 8-3 下载并安装后的超星阅读器

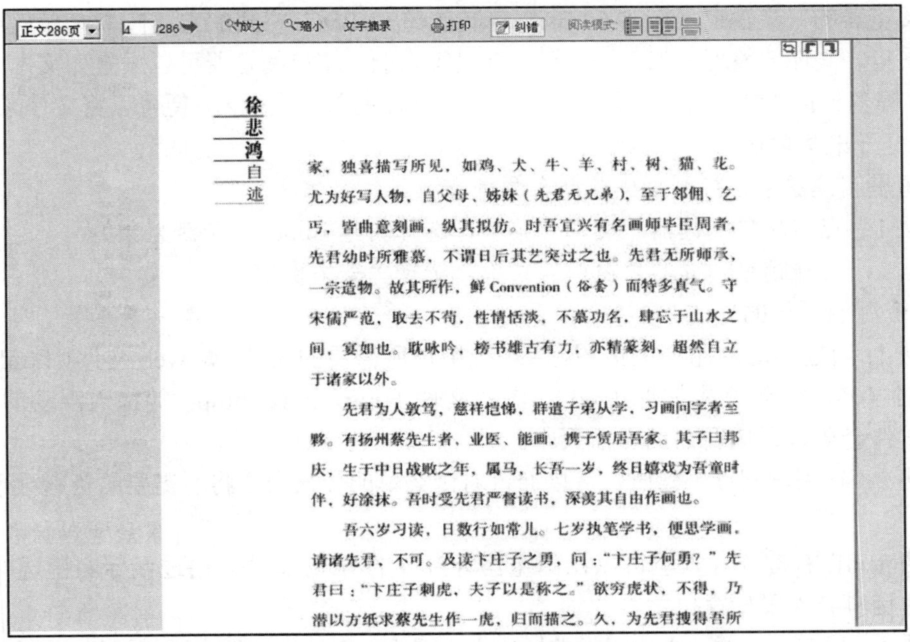

图 8-4 使用超星阅读器阅读电子图书

3）下载方法

检索到所需图书后，点击“下载本书”按钮，输入用户名和密码，就可以下载图书，如图 8-5 所示。

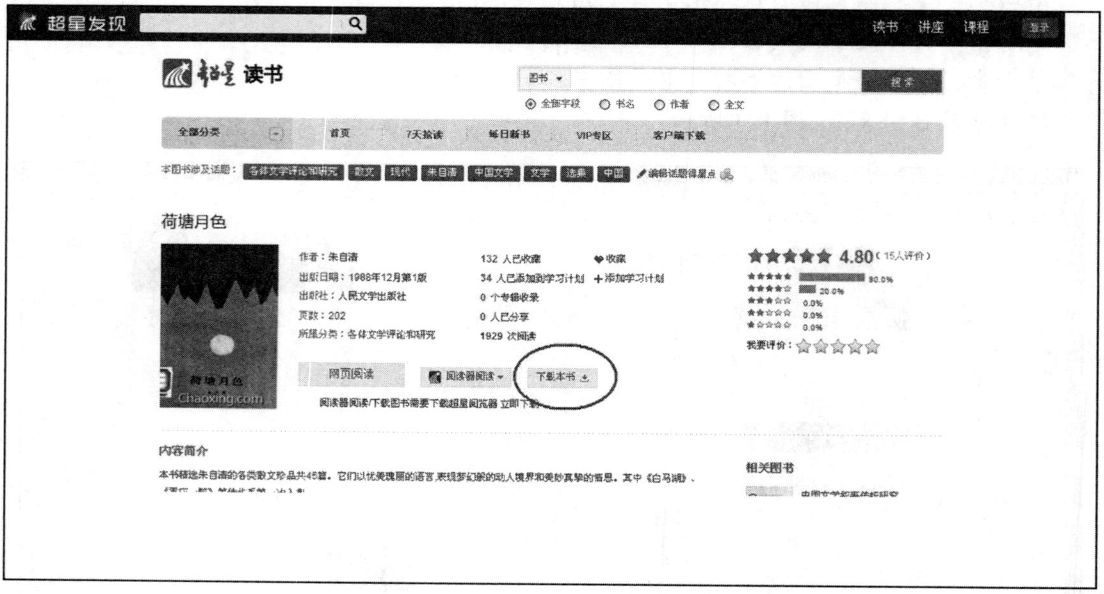

图 8-5 超星数字图书馆下载图书示意图

3. 超星阅读器的采集功能

超星阅览器的采集功能给用户提供了一个编写制作 PDG 格式图书的平台。用户可以登录超星阅览器的采集窗口（图 8-6）来编辑制作超星 PDG 格式的电子图书。采集功能具有资料的采集、文件的整理和加工、编辑、打包等功能。超星阅览器可以采集如文本文件、图片、网页等多种格式的文件，只需将需要采集的文件拖入采集框内，便可以将文件采集下来。

1）打开采集窗口

在超星阅读器中，打开采集窗口有两种方法。

方法 1：点击超星阅读器“文件”菜单，选择新建 Ebook（资源采集）。

方法 2：打开超星阅读器“窗口”菜单，选择“采集窗口”。

2）资源的采集的方法

方法 1：通过浮动的超星采集图标，把用户所需要的文件，如 web 文件（.html、.htm）、word 文件（.doc）、纯文本文件（.txt）、图片文件（.jpg、.gif、.bmp）等拖入浮动的图标中，拖入的文件会插入采集窗口的当前页中。

方法 2：在用户阅读书籍时，可以通过右键菜单的导入命令将所需要的资料导入采集窗口中。

方法 3：IE 右键的导入也可以在阅览器外打开的 IE 窗口中，通过鼠标右键选择导入将所需要的资料导入采集窗口中。

方法 4：用户可以通过采集提供的插入文件或插入图片等功能来进行资料的采集与整理。

图 8-6　采集窗口界面

3）采集资源编辑的方法

利用超星数字图书采集到的资源可以进行编辑，包括文件的复制、粘贴、删除，页面的增加、插入、删除等，并通过保存功能将编辑好的文件采集制作成超星电子图书。用户可以利用采集窗口右键菜单功能进行编辑，如图 8-7 所示。

4）创建章节目录

可以通过章节目录来对所做图书进行章节目录的编辑（图 8-8），功能如下。

（1）新建：新建一个和当前节点同级的节点。

（2）新建子分类：新建一个当前节点的子级节点。

（3）删除：将当前节点删除。

（4）重命名：可以对当前节点重新命名。

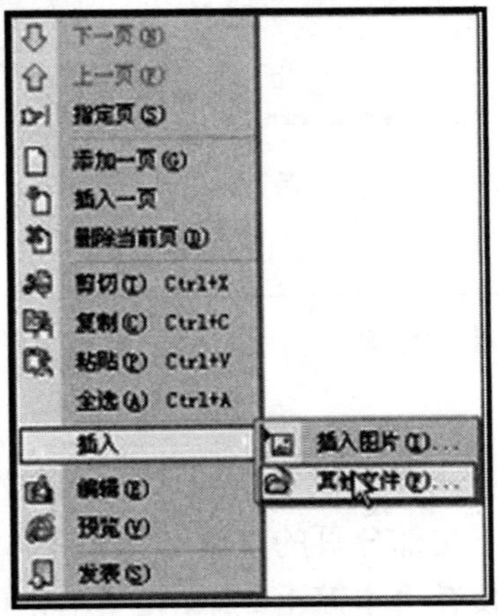

图 8-7　采集资源编辑示意图

图 8-8　章节目录编辑示意图

（二）读秀学术搜索

读秀学术搜索是由海量全文数据及资料基本信息组成的超大型数据库。其以 430

多万种中文图书、10 亿页全文资料为基础，为用户提供深入内容的章节和全文检索，部分文献的原文试读，以及高效查找、获取各种类型学术文献资料的一站式检索，周到的参考咨询服务，是一个真正意义上的学术搜索引擎及文献资料服务平台。其网址为http://www.duxiu.com/。

1. 知识检索

知识频道是将数百万种的图书、期刊、论文等学术文献资料打散为数亿页资料，再以章节为基础重新整合在一起，形成一本最大的百科全书。进入读秀学术搜索的主页面。设置检索字段为默认的“知识”，在检索框中输入检索词，最后点击“中文搜索”或“外文搜索”，即可检索到所需信息。

【案例 8-4】在读秀学术搜索中查找有关老年护理现状的相关中文知识信息

第一步，进入读秀学术搜索。

第二步，选择 “知识” 选项。

第三步，在检索框中输入 “老年护理现状”，点击 “中文搜索”。

检索结果如图 8-9 所示。

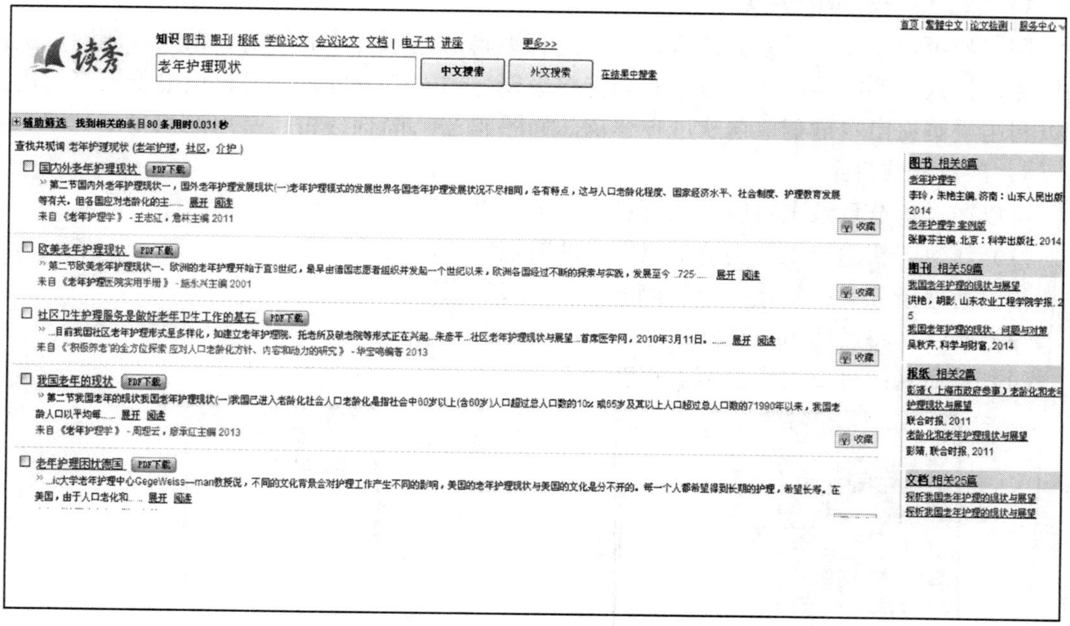

图 8-9 读秀知识检索结果示意图

2. 图书检索

图书频道为读者提供百万种图书的查找功能。当读者查找到某一本书时，读秀为读者提供该图书的封面页、版权页、前言页、目录页及正文部分页的试读。如果该本图书在馆内可以借阅或者进行电子全文的阅读，读秀提供给读者“本馆馆藏纸书”“本馆电子全文”两个相关链接，可以使读者直接借阅图书或者阅读全文。同时读者也可以通过“图书馆文献传递中心”，对图书进行文献传递（将图书原文发送到自己的邮箱）。另外，读秀还提供图书馆联合参考目录功能，方便读者查询其他图书馆的馆藏情况。

【案例 8-5】在读秀学术搜索中查找黄一凡，谢田主编的书名为《护理学基础》的电子图书

第一步，进入读秀学术搜索。

第二步，选择“图书”选项。

第三步，设置检索字段为“书名”。

第四步，在检索框中输入“护理学基础”，点击“中文搜索”。

第五步，在检索结果中找到黄一凡，谢田主编《护理学基础》，点击“包库全文”打开电子图书。

检索结果如图 8-10、图 8-11 所示。

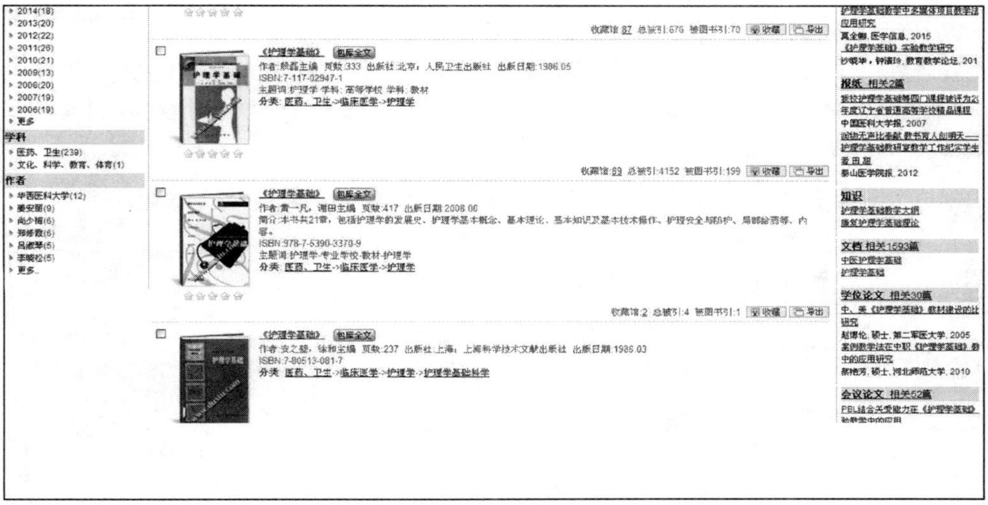

图 8-10　读秀图书检索结果示意图（1）

图 8-11　读秀图书检索结果示意图（2）

3. 期刊、报纸、学位论文、会议论文检索

期刊、报纸、学位论文、会议论文频道为读者提供题录检索，不提供试读，并为读者提供文献传递服务（读者可以将检索到的期刊等原文内容发送到自己的邮箱），使读者获取原文。

【案例 8-6】在读秀学术搜索中查找有关自闭症儿童的相关期刊信息

第一步，进入读秀学术搜索。

第二步，选择“期刊”选项。

第三步，设置检索字段为“关键词”。

第四步，在检索框中输入“自闭症儿童”，点击“中文搜索”，检索结果如图 8-12 所示。

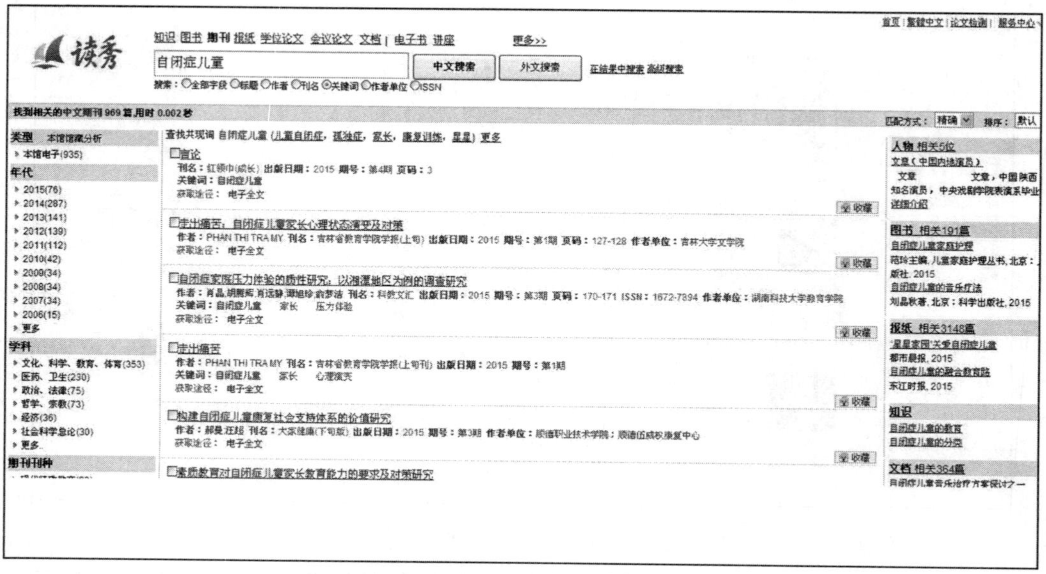

图 8-12 读秀期刊检索结果示意图

（三）超星移动图书馆

超星公司于 2011 年成功推出移动图书馆应用平台，国内众多高校成为其用户。超星移动图书馆是专门为各图书馆制作的专业移动阅读平台，用户可在手机、平板电脑等移动设备上自助完成个人借阅查询、馆藏查阅、图书馆最新咨询浏览，同时拥有超过百万册电子图书，海量报纸文章及中外文献资源供用户自由选择，为用户提供方便快捷的移动阅读服务。另外用户还可自由选择咨询问答、新闻发布、公告（通知）、新书推荐、借书到期提醒、热门书推荐、预约取书通知等信息交流功能。超星移动图书馆服务平台，真正实现了图书馆与读者的信息互动交流，实现了图书馆与读者的深度沟通，充分了解读者的实际信息需求，进而实现图书馆满足读者个体差异需求的主动服务。移动图书馆以其巨大的优势逐渐成为未来图书馆的发展趋势，并影响着人们阅读方式的变革（参见 5.4 移动图书馆相关内容）。

（四）百链云图书馆

1. 概述

百链云图书馆为超星公司推出的基于云计算的服务平台，包含海量的中外文文献元数据数据库，利用这些元数据存储，将图书馆接入云图书馆服务，实现查询和获取到全国其

他图书馆的馆藏资源和服务。百链云图书馆是专业的学术搜索门户，能提供良好的文献检索保障，据统计：其中文文献满足率为90%，外文文献满足率为80%以上，可以极大地提升图书馆文献保障率，满足读者对权威资料的各种需求。利用百链云图书馆可以搜索到图书馆所有的文献资料，包括纸本和电子资源，如中外文图书、期刊、论文、标准、专利、报纸、法律法规、科技报告等。其基于元数据检索的搜索引擎具有检索速度快、检索结果无重复、格式统一等特点，实现了资源的一站式检索。其网址为http://www.blyun.com/。

2. 检索方法

百链云图书馆提供书名、作者、主题词、丛书名、目次等不同途径查找中文和外文图书信息。在检索结果中，每条命中记录提供了题录信息，同时提供获取途径。例如，本馆已购买该资源，可直接链接到原文，本馆未购买资源，可通过邮箱申请原文传递。原文传递会在72小时内给予答复（一般2～10小时便收到回复）。

【案例8-7】在百链云图书馆中查找书名含有“Children with ADHD”（多动症儿童）一词的英文图书信息

第一步，进入百链云图书馆，选择“图书”选项。

第二步，检索字段选择“书名”。

第三步，在检索框中输入“Children with ADHD”，点击“外文搜索”。

检索结果如图8-13所示。

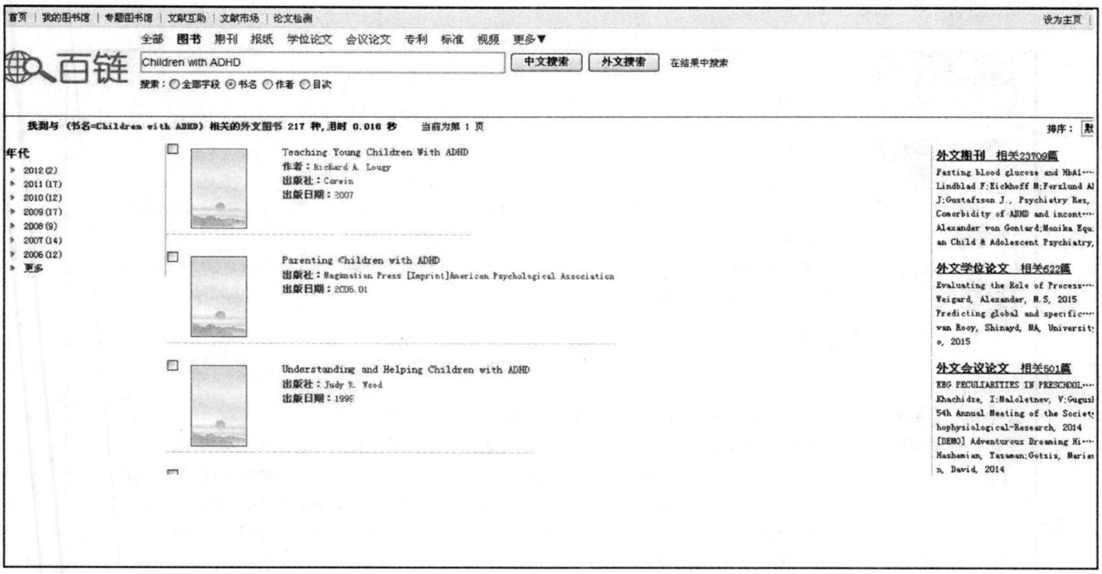

图8-13　百链云图书馆检索结果示意图

二、其他电子图书数据库

（一）方正阿帕比（Apabi）数字图书馆

1. 概述

方正Apabi数字图书系统由北大方正电子有限公司制作，收录了全国400多家出版社出版的最新中文图书，绝大部分为 2000 年以后出版的新书，并与纸质书同步上线。方正 Apabi 数字资源管理平台是一个功能强大的电子书等数字资源存储、管理、借阅软件系统。存储的电子书能提供依据《中国图书馆分类法》分类检索途径，实现了全文检索，提供快速检索、二次检索及高级检索途径；提供批量操作、推荐图书、读者身份注册等功能；有全面的标注工具，可以加亮、圈注、标记、书签、摘录；有如时间分析、类别分析、单本书分析、读者分析等多种统计分析功能；能够形成综合性的使用分析报告；管理员可以对用户组设置权限，用户可以对某本书发表导读和评论。特色服务：该数据库拥有大量的教学参考书资源。其网址为 http://ref.lib.apabi.com/。

2. 检索方法

1）快速检索

快速检索方式，使用方便。在打开界面上的快速查询文本框中根据检索条件输入检索词，点击“查询”按钮，迅速查到要找的书目。检索结果可选择图显示、文显示、列表显示。在检索结果中，选择“结果中查”，就是在当前结果中增加检索框中的条件后再进行检索；选择“新查询”，则是使用检索框中的条件开始一个新的检索。

【案例 8-8】在方正 Apabi 数字图书系统查找《儿科护理学》

第一步，进入方正 Apabi 数字图书系统。

第二步，在检索框中输入“儿科护理学”，点击“检索”。

检索结果如图 8-14 所示。

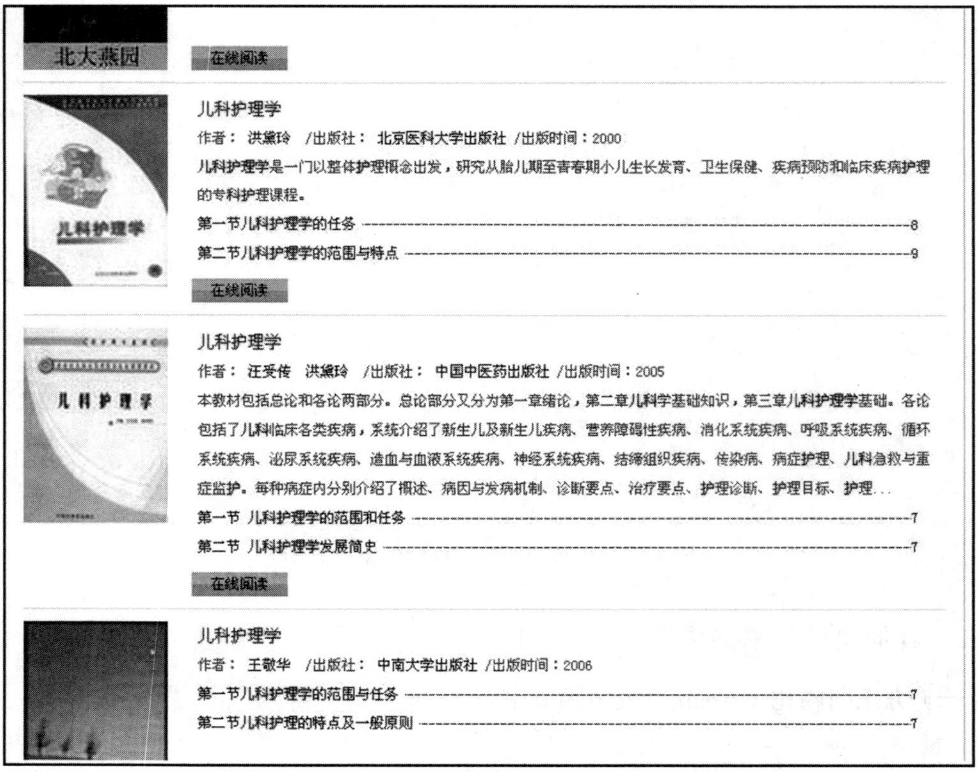

图 8-14 方正 Apabi 数字图书系统快速检索结果示意图

2）高级检索

高级检索是可以输入比较复杂的检索条件，可以在一个或多个资源库中进行查找。检索界面中点击“高级检索”，可以在列出的项目中任选检索条件，所有条件之间可以用“并且”或“或者”进行连接。所有选项设置完成后，点击“查诡”开始高级检索。检索结果可选图文显示或列表显示。点击“关闭高级检索”可结束检索。

【案例 8-9】在方正 Apabi 数字图书系统查找由中南大学出版社出版的王敬华编著的《儿科护理学》一书

第一步，进入方正 Apabi 数字图书系统。

第二步，点击“高级检索”按钮。

第三步，在“书名”检索框中输入“儿科护理学”，在“作者”检索框中输入“王敬华”，在“出版社”检索框中输入“中南大学出版社”，点击“检索”按钮。

检索结果如图 8-15 所示。

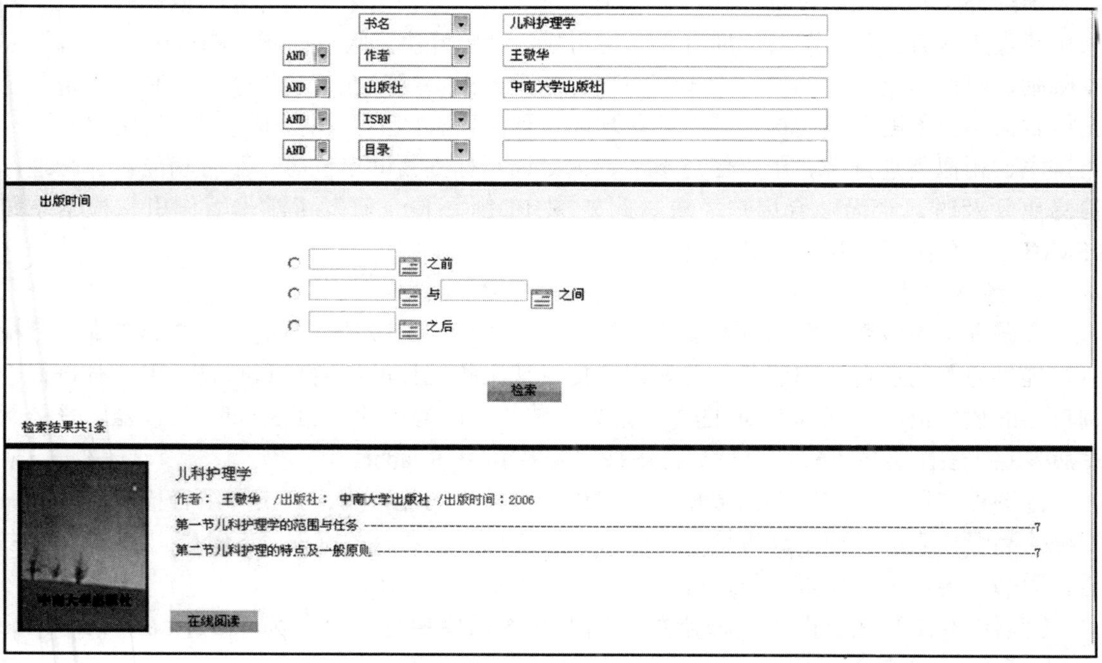

图 8-15　方正 Apabi 数字图书系统高级检索结果示意图

3. 使用方法

（1）首次使用该系统请先下载、安装并注册“方正 Apabi Reader”：可直接登录 http://ebook.ahcbxy.cn/或登录 IP 授权图书馆主页，选择“数字资源”栏目下的“方正 Apabi 电子图书”进入系统。登录系统首页，点击左边的“阅读器下载”按指示步骤进行下载、安装和注册。下载和注册的页面下方有方正 Apabi Reader 使用说明。下载、注册后“方正 Apabi Reader”快捷键图标自动置于本地计算机的桌面。

（2）借书。①查找图书：进入系统后，可点击“数字资源”，然后点击“电子图书”，就通过分类浏览查找图书；也可通过书名、著者、出版年、ISBN 等进行简单检索查找图书；还可通过各种查找条件的组合进行高级检索查找图书。查到所需图书后，点击书名可看到该书的内容简介。②借阅图书：点击“在线浏览”，可以在线阅读图书。点击“借阅”，可下载借阅图书，成功下载后打开“文档管理器”选择该书即可进行阅读。点击鼠标右键可以进行图书归还、续借等操作。③拷贝与打印：系统设置用户一次最多可以拷贝200个文字，不全页拷贝；用户可以打印未加密的CEB、PDF格式的文件。若是文件已加密，“打印”命令会变灰，表明该文件不可打印。

（二）金图国际外文原版数字图书馆

1. 概述

金图国际外文数字图书馆（KIFDL）由北京金图国际开创。它联合美国出版在线、麦克索斯两家国外数据商引进原版外文电子图书近8万种，其中90%以上为2002年以后出版的新书。年更新2万种左右。全部图书严格依照“美国国会分类法”精准分类，并提供“中图分类法”分类对照。图书涉及范围广，内容涵盖自然科学和社会科学等21个大类。金图国际外文数字图书馆资源存量大，全部是文本类型，清晰度高并且可以无限放大。其采用镜像服务方式，让图书馆拥有永久使用权，彻底解决了版权问题。KIFDL的资源无复本限制，降低了单人次的使用成本，用户可随意阅读。用户在下载电子图书时，平台、全文检索器等全部随图书赠送。其人性化功能设计主要有图书查找范围任选、检索字段、分类排序、相似类别排序、用户信息参考、关键词与标签帮助定位等。平台功能设计合理，信息更新及时，全面贴合用户需求。此外KIFDL还自主研发了学术著作引文检索系统（SMCI）和文学著作要素索引系统。

2. 检索方法

金图外文原版数字图书馆数据库可按书名、作者、出版社、关键字、内容简介进行检索，提供完善的后台管理服务，并为用户提供使用的统计网站用户和密码，用户可自行查询自己的使用情况。阅读KDF图书，请先安装数据库提供的KDF Reader阅读器。登录网站后，点击右上方的“下载”，然后，下载、安装KDF Reader。

金图外文原版数字图书馆数据库还提供高级检索功能，用户点击“组合检索”按钮，即进入高级检索的界面。高级检索界面有图书名称、作者、关键词、ISBN、出版社、丛书名、图书分类等多个检索字段，可以实现更精确的检索操作。

【案例8-10】在金图外文原版数字图书馆数据库中查找书名为“German sentence builder”的图书信息

第一步，进入金图外文原版数字图书馆数据库。

第二步，在检索字段中选择“图书名称”。

第三步，在左上方检索框中输入“German sentence builder”，点击“GO”。

检索结果如图8-16所示。

3. 学术著作引文检索系统

用户可在授权IP段内通过图书馆登录KIFDL网站，使用学术著作引文检索系统（SMCI）。SMCI系统通过图书间引文体系为外文电子图书建立“多向知识链条”，并且每天更新。具有独特的引文分析服务，包括引用分析、被引分析、同引分析、SCI高被引作者分析、同行评议、译注分析及图书类型分析，满足不同类型读者的使用需求，其作用表现在三个方面。

图 8-16 金图外文原版数字图书馆数据库检索结果示意图

（1）提供给用户完整的知识体系。系统通过学术著作之间的相互引证揭示科学研究成果体系背后的联系与发展；学科之间横向上的对应性体现着文献之间的共引关系；纵向上的继承性可以深度追溯课题的基础与起源，全面了解其发展与进步历程。大量的用户反馈证实，SMCI 系统可以很好地追踪研究路线及探索研究图书之间的关联性。

（2）SMCI 系统对图书数据进行了多角度深度挖掘及深层分析学术价值工作，为用户使用资源提供了 SCI 高被引作者、图书类型分析（教材/专著/工具书）、国内各研究院各著名大学的知名专家、学者、教授等的中文书评、降低学习者的阅读难度的译注分析等服务。

（3）SMCI 系统的开放性使其可对世界范围内出版的外文图书资源进行检索。读者可通过馆藏信息的分析，利用馆际互借获取全文，大大扩展了图书馆的资源服务范围。

（三）SpringLink 电子图书数据库

1. 概述

德国施普林格（Springer-Verlag）是世界上著名的科技出版集团，通过 SpringerLink 系统提供其学术期刊及电子图书的在线服务。这些期刊是科研人员的重要信息源。从 2002 年 7 月开始，Springer 在中国开通了 SpringerLink 服务。其所有资源划分为 12 个学科：建筑学、设计和艺术，行为科学，生物医学和生命科学，商业和经济，化学和材料科学，计算机科学，地球和环境科学，工程学，人文、社科和法律，数学和统计学，医学，物理和天文学。

目前，SpringerLink 全文期刊可在线阅读超过 1100 种。期刊最早可回溯到 1997 年。2009 年，SpringLink 提供 4 万余本在线电子书，之后每年增加 4000 余本新著作。SpringLink 所提供的电子书系列，不但为研究人员提供 Springer 高品质印刷出版物的精确数字化副本，更具电子出版物的功能，令其大大增值，并具备优越的检索性能。研究人员可访问数以百万页计的可检索文献，这些文献既能融入图书馆的整体目录，又与 Springer 的在线期刊紧密连接，成为无可比拟的在线资源。

2. 检索方法

Springer 系统提供浏览（Browse）和检索（Search）两种检索功能。通过在线图书馆主页，点击类目进入期刊。由浏览器中的类目及期刊名检索进入期刊。点击 Browse 可以分别按主题、出版物、出版商三种途径浏览期刊的全文；点击 Search 可以从关键词、作者等途径检索，显示期刊论文的文摘、题录等信息，此时再次点击 URL：Linking Options 可以阅读全文（Open Fulltext）。

1）基本检索

基本检索是对出版物的全字段检索，先进行模糊检索或浏览，得到一个较宽泛的检索结果，然后结合自己的检索需求，按照主题、著者、出版时间等检索条件进行进一步限定。

【案例 8-11】在 SpringLink 电子图书数据库中查找有关 Elderly care（老年护理）的医学类（Medicine）的图书信息

第一步，进入 SpringLink。

第二步，在检索框中输入“Elderly care”，点击“搜索”。

第三步，获得初步检索结果。

第四步，点击 “Content Type”（内容类别）下面的“Book”（图书）。

第五步，点击 “Discipline”（学科）下面的“Medicine”（医学）。

检索结果如图 8-17、图 8-18 所示。

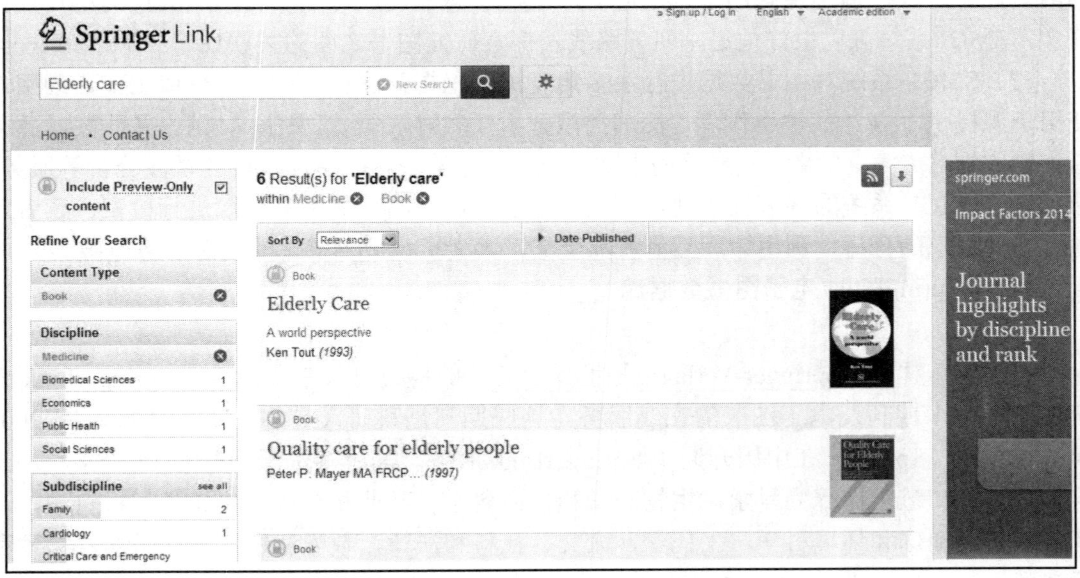

图 8-17 SpringLink 电子图书数据库检索结果示意图

2）高级检索

SpringLink 电子图书数据库还提供高级检索功能，用户点击简单检索输入框右侧的齿轮形状按钮，即进入高级检索的界面，高级检索界面有篇名、著者名、编者名、ISSN、ISBN、日期等多个检索字段，各字段之间为逻辑“与”关系，用户在一个或多个检索词输入框中键入检索词，对检索范围进行限定，以达到精确检索的目的。

3）获得检索结果

SpringLink 电子图书数据库的检索结果页面提供题录、标题、文献类型、DOI 信息、出处、作者、摘要、文献全文等详细信息。用户可以通过直接下载、E-mail 发送、保存、打印当前列表、生成 RSS 代码等方式获得检索结果。通常其检索结果排序按时间及文献相关度排列。当使用算符 AND、NERA 检索时，相关度按被检文献中两词距离排序。两词在文献中距离越近，相关度越高，文献排列越靠前。

4）特殊服务

经个人申请注册，Springer 系统还免费提供如下三种特殊服务内容。

（1）Favorites：读者可以选择自己感兴趣的期刊，通过个人密码登录，可以快速显示所选期刊的刊名及内容。

（2）LINK Alert：选择最感兴趣的期刊目次，系统可以定期将最新目次内容发送到读者的 E-mail 信箱。

（3）LINK Keyword：按主题选择最感兴趣的期刊，系统定期提供读者感兴趣的文献。

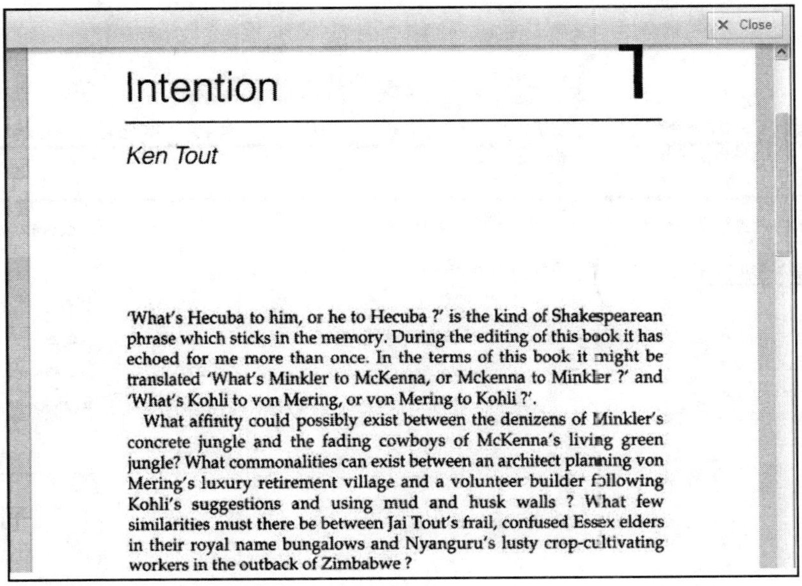

Close

Intention 1

Ken Tout

'What's Hecuba to him, or he to Hecuba ?' is the kind of Shakespearean phrase which sticks in the memory. During the editing of this book it has echoed for me more than once. In the terms of this book it might be translated 'What's Minkler to McKenna, or Mckenna to Minkler ?' and 'What's Kohli to von Mering, or von Mering to Kohli ?'.

What affinity could possibly exist between the denizens of Minkler's concrete jungle and the fading cowboys of McKenna's living green jungle? What commonalities can exist between an architect planning von Mering's luxury retirement village and a volunteer builder following Kohli's suggestions and using mud and husk walls ? What few similarities must there be between Jai Tout's frail, confused Essex elders in their royal name bungalows and Nyanguru's lusty crop-cultivating workers in the outback of Zimbabwe ?

图 8-18 《*Elderly care*》原文中起始部分

（四）美星外文数字图书馆

1. 概述

美星外文数字图书馆（American Star FL）是由北京亚美瑞德公司开创的为高校提供外文阅览服务的、迄今为止中国第一家原版引进外文图书的数字图书馆，是集支持普遍存取、分布式管理和提供集成服务于一身的基于 Intranet 和 Internet 环境下的数字图书馆系统平台。系统提供书内目录导航，提供分类检索、单项检索、组合检索等多途径检索功能，包括世界经典文学、哲学、世界史、计算机、信息科学、经济学等 10 余类英文电子图书，并在其主页提供语音图书、新闻速递和西方文化礼仪等特色栏目。其中语音图书为在线学习关于商务等方面的课件。电子图书为 PDF 格式。

2. 检索方法

阅读美星外文数字图书馆电子图书前，必须下载并运行 Acrobat 阅读器，在美星外文数字图书馆主页面上方点击“下载阅读器”即可下载美星阅读器。在美星外文数字图书馆首页用户可以按照学科分类（Catalogue）查找外文图书，也可以按照图书名称、出版机构、作者、提要四种途径检索外文图书。

【案例 8-12】在美星外文数字图书馆中查找书名含有“medicine”（药物）一词的英文图书信息

第一步，进入美星外文数字图书馆。

第二步，检索字段选择“图书名称”。

第三步，在检索框中输入“medicine”，点击“搜索”。

检索结果如图 8-19 所示。

图 8-19 美星外文数字图书馆检索结果示意图（1）

【案例 8-13】在美星外文数字图书馆中查找有关 Agatha Webb（阿加莎韦伯）的传记的英文图书信息

第一步，进入美星外文数字图书馆。

第二步，在 Catalogue（外文图书分类浏览）栏目下点击“Biography”（人物传记）。

第三步，找到 *Agatha Webb* 一书。

检索结果如图 8-20 所示。

图 8-20　美星外文数字图书馆检索结果示意图（2）

（五）SAGE 电子图书数据库

1. 概述

SAGE 出版集团每年出版超过 700 种新书及最具参考和保存价值的工具书。SAGE 精选历年出版的品质最佳、最受欢迎的获奖书目并推出在线访问的电子书，即 SAGE 电子书（SAGE Knowledge）。SAGE 电子书学科覆盖全面，书目主题范围涵盖人文与社会科学的各个领域。其网址为 http://knowledge.sagepub.com/。

2. 检索方法

SAGE 电子图书数据库提供基于用户喜好及检索功能的友好界面。SAGE 电子书的访问平台简便易用，提供一流的浏览导航功能并可执行多种限制检索，用户可选择以工具书中任意字段进行简单检索，使用布尔逻辑关键词进行高级检索等。

【案例 8-14】在 SAGE 电子图书数据库中按照学科类目查找所在专业相关图书

第一步，进入 SAGE 电子图书数据库。

第二步，从 By Subjects（学科分类）栏目下查找 Life & Biomedical Sciences（生命与生物医学科学）子类目。

第三步，在 Life & Biomedical Sciences（生命与生物医学科学）子类目下选择 Biology（生物学）小类目。

检索结果如图 8-21 所示。

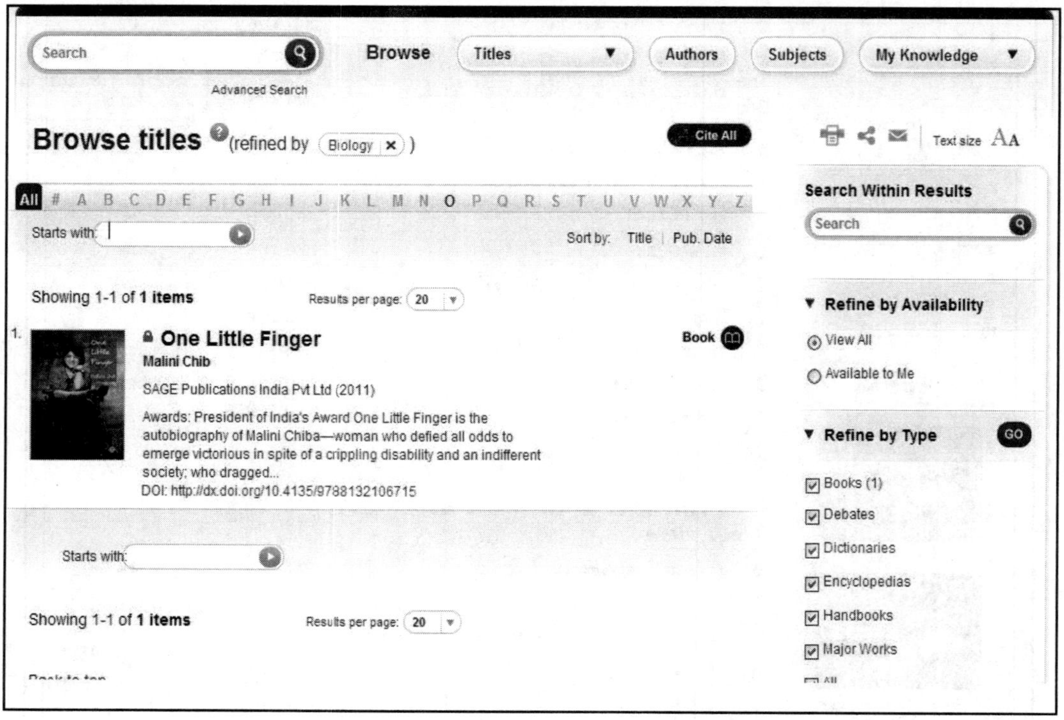

图 8-21　SAGE 电子图书数据库检索结果示意图

本 章 小 结

电子图书是一种新兴的书籍形式，具有存储量大、密度高、出版成本低、价格低廉等特点。更重要的是其具有检索方便、快捷的优势，更具开放化、共享性。目前数字化电子资源类数据库产品朝强化资源整合、数据挖掘的方向发展。

电子图书格式多样，选择电子书设备时需考虑其对格式的兼容性，以保证良好的阅读环境。不同来源的电子图书的格式通常不同，阅读器也就不同，中文电子图书大都有自己开发的阅读器，而外文基本上都使用 PDF 格式，用 Adobe Reader 阅读。电子图书阅读软件通常包括下载、文字识别、图像复制、引用格式、书内搜索、标注、翻页、到指定页面等功能。

电子图书数据库的常用检索方法是相似的，往往提供简单检索、高级检索方式，使检索更加准确。我们在查找专业相关的图书，可用书名或主题词或图书分类导航方式寻找；利用高级搜索功能查找特定的图书；使用系统提供的推荐功能查找专业相关新书和热门书籍。用户也可以灵活运用数据库的文献传递、文献互助等功能获取所需文献。不同电子图书数据库也各具特色，且大都有其使用权限限制。

总之，熟练掌握数据库资源的特点、功能与使用方法，学会应用电子图书数据库从不同的途径，根据不同的需要查找电子图书信息是本章学习的主要任务。

实习五 电子图书数据库检索实践

实训内容

1. 能够熟练应用中外文数据库查找医药图书信息，并能够获取全文。
2. 掌握超星数字图书馆的功能特点与检索方法，并能够灵活运用数据库进行检索。
3. 学会运用数字图书馆平台阅读和下载电子书资源。
4. 学会超星阅览器（SSReader）的使用方法：在线阅读、下载及工具使用。
5. 学会使用超星读秀、百链进行文献传递。

实习参考项目

1. 超星数字图书馆的使用

（1）下载并安装超星阅读器，使用阅读器阅读电子图书。

（2）请使用超星数字图书馆的超星读书查找李志裕主编、东南大学出版社出版的《药物化学》一书，并使用超星阅览器打开阅读。文字识别第七页的内容。

（3)请使用超星数字图书馆的读秀学术搜索查找有关抗生素临床应用的相关文献信息。

（4）请使用超星移动图书馆查找卢根娣、席淑华、马晓红主编，第二军医大学出版社的《护士服务礼仪规范》一书，并下载到自己的手机内，打开到第28页阅读。

（5）请使用百链云图书馆查找Human Kinetics Publishers出版的*Resistance Training for Health and Rehabilitation*（《健康康复训练》）英文图书信息。

2. 方正Apabi数字图书馆的使用

（1）请使用方正 Apabi 数字图书馆查找洪黛玲主编的由北京医科大学出版社出版的《儿科护理学》一书。

（2）请利用方正Apabi数字图书馆查找本学科/专业的教学参考书。

3. 金图国际外文原版数字图书馆的使用

请使用金图国际外文原版数字图书馆查找图书，要求书名中含有“express”，作者名称中含有“Pavlenko”。

4. SpringLink电子图书数据库的使用

请使用SpringLink电子图书数据库查找有关“转基因鱼”（transgenic fish）的相关图书文献。

学 习 检 测

一、选择题

（一）单项选择题

1. 超星电子图书的格式是（　　）。

A. PDG　　B. EXE　　C. JAR　　D. TXT

2．超星电子图书使用的阅读软件是（　　）。
A．Apabi Reader　B．SSReader　C．Microsoft Reader　D．Glassbook
3．超星公司产品中（　　）可以提供手机电子图书的阅读服务。
A．超星读书　B．读秀学术搜索　C．超星课程　D．超星移动图书馆
4．超星阅览器（　　）功能可以给用户提供一个编写制作 PDG 格式图书的平台。
A．阅读功能　B．下载功能　C．添加标签功能　D．采集功能
5．下列（　　）是由北大方正电子有限公司制作。
A．超星数字图书馆　B．方正 Apabi 数字图书系统
C．金图国际外文原版数字图书馆　D．SpringLink 电子图书数据库

（二）多项选择题

1．电子图书的主要格式有（　　）。
A．PDG　B．PDF　C．JAR
D．TXT　E．CHM
2．超星数字图书馆中电子图书的检索途径有（　　）。
A．关键词检索　B．书名检索　C．作者检索
D．摘要检索　E．全文检索
3．读秀学术搜索提供（　　）类型的文献检索服务。
A．图书　B．期刊　C．报纸
D．学位论文　E．会议论文
4．超星数字图书馆包括以下（　　）等产品。
A．超星读书　B．读秀学术搜索　C．超星课程
D．超星学术视频　E．百链云图书馆
5．SpringLink 电子图书数据库可以实现以下（　　）功能。
A．阅读全文　B．下载　C．E-mail 发送
D．保存　E．打印当前列表

二、思考题

1．简述电子图书的类型及主要格式。
2．试述电子图书与纸质图书的区别。
3．总结读秀的学术搜索功能，并实践之。
4．如何高效与便捷利用电子图书？

（周　玥）

第九章 特种文献检索

学习目标

1. 了解专利的类型、特点、专利分类法及专利制度。
2. 掌握 IPC 分类法。
3. 掌握专利、标准、会议文献及学位论文的用途、相关资源及检索方法。
4. 学会在学习和科学研究中充分利用专利、标准、会议、学位论文等特种文献信息。

按照文献的出版形式，可将文献划分为图书、期刊和特种文献。特种文献包括专利文献、标准文献、会议资料、学位论文、科技报告、政府出版物等。这类文献出版形式多样，种类繁多，有公开出版的，也有不公开出版的；同时还具备报道内容新、技术含量高、报道速度快、专业性强、参考价值大等特点，是一种非常重要的信息资源。

第一节 专利文献检索

专利文献内容新颖、广泛，实用性强，是掌握科技动态、评价科研课题与科技成果、了解经济决策的重要信息资源。据世界知识产权组织统计，世界上 90%～95%的发明创造成果都出现在专利文献中，其中 70%不出现在非专利文献中。充分利用专利信息可以节约 60%的研究时间和 40%的科研经费。对专利文献进行检索和分析，不仅可以避免重复研究和专利侵权，同时可以有效地保护自己的科研成果，对指导科研决策、推广应用新技术、新方法及改进实际工作都具有十分重要的意义。

一、专利概述

（一）专利与专利权

1. 专利

专利（patent）即“利益专有”，有三种不同含义。一是专利权，指国家依法在一定时期内授予发明创造者或者其权利继受者独占使用其发明创造的权利。二是指受到专利法保护的发明创造，即专利技术，是受国家认可并在公开的基础上进行法律保护的专有技术。三是指专利局颁发的确认申请人对其发明创造享有的专利权的专利证书或指记载发明创造内容的专利文献，指的是具体的物质文件。

2. 专利权的特点

专利权属于知识产权，具有独占性、地域性和时间性。

独占性也称专有性或排他性。专利权人对他的发明创造享有独占性的制造、使用、销售和进口等实施权。非专利权人要想使用他人的专利技术，必须依法征得专利权人的授权或许可。

地域性是对专利权的空间限制。它是指一个国家或一个地区所授予和保护的专利权仅在该国或地区的范围内有效，对其他国家和地区不发生法律效力，其专利权是不被确认与保护的。如果专利权人希望在其他国家享有专利权，那么，必须依照其他国家的法律另行提出专利申请。除非加入国际条约及双边协定另有规定之外，任何国家都不承认其他国家或者国际性知识产权机构所授予的专利权。

时间性指任何专利的保护有一定的法律期限。专利权人对其发明创造所拥有法律赋予的专有权只在法律规定的期限内有效。多数国家自专利申请日起，发明专利的保护期限是20年，实用新型和外观设计专利是10年。药品专利可适当延长，如美国规定FDA批准的药品专利保护可延长5年，但不超过产品上市之日后的14年。欧共体规定自1993年1月2日以来的药品专利在获得有关卫生部门的生产许可后，如果专利保护期不足15年，可以延长5年。日本与美国类似，最多可延长5年。专利权就终止，此为专利权的正常终止。多数情况下专利权届满前，由于新技术的出现或该专利技术实施不佳等原因，专利权人往往会采取措施使专利权提前终止。

知识链接

专利族、专利的优先权

1. 专利族（patent family）

专利族是由至少有一个优先权相同的、在不同国家或国际专利组织多次申请、多次公布或批准的一组专利文献构成。正是由于专利具有地域性，才产生了专利族。简言之，专利族即不同国家授予给同一项技术发明的一组专利（具有不同的专利号）。同一专利族中的每件专利文献均为该专利族成员（patent family members），即同一专利族中每件专利文献互为同族专利。同一专利族中最早优先权（最先申请）的专利文献称基本专利。

2. 专利的优先权

优先权是由《保护工业产权巴黎公约》规定的一项优惠权利。它是指同一发明首先在一个缔约国正式提出申请后，在一定期限内（此期限被称为优先权期限。公约规定，发明和实用新型专利为1年，外观设计专利为6个月），再向其他缔约国申请专利时，申请人有权要求将第一次提出的申请日期作为后来提出的申请日期，第一次提出申请的日期称为优先权日。优先权的规定可以使申请人在向国外技术申请时不至于因为其他人在优先权期限内公开和利用该发明创造或提出相同的申请而丧失申请专利的权利。我国于1985年加入巴黎公约，我国专利申请人向其他缔约国提出专利申请时享有优先权。

（二）专利的类型

专利类型的具体划分各国不尽相同，我国分为发明专利、实用新型专利和外观设计专利三种类型。

（1）发明专利是指对产品、方法或者其改进所提出的新的技术方案。发明主要包括产品发明和方法发明两类。产品发明是指人工制造的各种有形物品的发明，如新的机器、设备、材料、工具、用具等的发明。方法发明是指关于把一个物品或者物质改变成另一个物品或者物质所采用的手段的发明，如新的制造方法、化学方法、生物方法的发明等。专利法中提到的发明，并非要求该项发明是经过实践证明可以直接应用于工业生产的技术成果。专利法中所谓的发明可以仅仅是一项解决技术问题的方案，是一种技术构想。

（2）实用新型专利是指对产品的形状、构造或者其结合所提出的适于实用的新的技术方案。

（3）外观设计专利是指对产品的形状、图案或者其结合以及色彩与形状、图案的结合所作出的富有美感并适于工业应用的新设计。

（三）专利制度

1. 概况

专利制度是随着科学技术和商品经济的发展而产生、发展起来的制度，是国际上通行的一种利用法律的和经济的手段推动技术进步的管理制度，这个制度的基本内容是依据专利法，对申请专利的发明创造，经过审查和批准授予专利权，同时把申请专利的发明内容公之于世，以便进行发明创造信息交流和有偿技术转让。专利制度的核心是专利法，它主要从专利权的授予和保护两个方面对专利事务做出规范。

我国于 1984 年颁布并于同年 4 月 1 日正式实施了《中华人民共和国专利法》，2008 年 12 月 27 日，全国人民代表大会常务委员会第六次会议通过修改〈中华人民共和国专利法〉的决定》，并自 2009 年 10 月 1 日起施行。2012 年 1 月至今，启动了对专利法的再次全面修改工作，2015 年 4 月出台了《中华人民共和国专利法修改草案（征求意见稿）》，草案涉及实质性修改的条文共 30 条，其中对现有条文修改 18 条，新增 11 条，删除 1 条，并新增“专利的实施和运用”一章。另有适应性文字修改或调整的条文 2 条。主要内容包括：加大专利保护力度，建立健全打击专利侵权的长效机制以维护权利人合法权益；促进专利实施和运用，完善职务发明制度，解决专利创造、管理、运用中的突出问题，健全、完善以市场需求为导向的专利技术转化制度，以实现专利价值；实现政府职能法定，明确国家和地方专利行政部门的职能和分工；完善专利审查制度，提升专利质量，适当扩大专利保护范围，优化专利申请、审查、复审和无效程序，完善有关优先权要求的规定，延长外观设计专利保护期限；完善专利代理法律制度，促进知识产权服务业健康发展。

2. 我国专利申请、审批和授予制度

一项发明向专利局提出申请后，专利局依照法律程序进行审查和批准，世界各国专利法对此的规定大致有以下几种。

（1）形式审查制，也称登记制。这种审查制只对专利进行形式审查，视其是否符合专利申请的法定程序，申请文件是否符合要求，申请的发明是否属于专利法的保护范围，是否违反法律和社会公德，是否满足发明单一性的要求，是否缴纳了申请费等。

（2）实质审查制不仅进行形式审查，还对发明进行实质性审查。该制度审查的专利质量高，审查时间长。

（3）延迟审查制指专利局收到专利申请后，经初审合格后，即将申请案公开，并给予临时性保护。申请人在规定期限内随时均可提出实质审查请求。

我国对提出申请的专利首先要进行初步审查，即对专利申请是否符合专利法规定的形式要求及是否具有明显实质性缺陷进行审查；发明专利初步审查合格后，还需要进行实质审查，实质审查合格即可授予专利权；实用新型和外观设计专利初步审查合格即可授予专利权。

知识链接

PCT 最低文献量

专利申请的审查需要广泛检索相关文献，通过对相关文献的对比分析来判断某件申请是否具有新颖性和创造性。按照世界知识产权组织（WIPO）专利合作协定（PCT）及其实施细则的要求，PCT 国际专利申请的检索与审查，必须具备一定数量的专利文献和非专利文献，即 PCT 最低文献量。必需的专利文献是指 1920 年以来美国、英国、法国、德国、瑞士、日本、俄罗斯（包括前苏联）、欧洲专利局（EPO）和专利合作协定组织官方出版的专利文献；必需的非专利文献时有调整，由国际局公布文献清单，一般是上述七国两组织的 100 多种科技期刊。

二、国际专利分类法

专利分类法是一种管理体系，用于对专利进行分类，以便专利文献进行归档和检索。对于发明和实用新型，目前全球使用最多的专利分类体系是世界知识产权组织（WIPO）管理的分类体系，即国际专利分类（International Patent Classification ，IPC）。对于外观设计，大多数工业产权局采用工业品外观设计分类（也称洛迦诺分类）。

IPC 主要用于对发明创造的主题内容进行分类。1954 年 12 月 19 日，欧洲理事会主要国家签订了《关于发明专利国际分类法欧洲公约》，根据该公约制定的《发明的国际（欧洲）分类表》即 IPC 第一版，于 1968 年 9 月 1 日生效；1971 年《巴黎公约》成员国通过了《国际专利分类斯特拉斯堡协定》，据此制定的 IPC 第二版于 1975 年 7 月 10 日正式生效。之后直到 2005 年，都是每五年更新一次版本。2006 年起每年修订 1～2 次。IPC 使各国专利文献获得了统一的分类，使专利信息的传播利用更为高效，特别是为了确定专利申请的新颖性、创造性而进行文献检索时，使用 IPC 进行检索非常有用。

（一）IPC 分类体系

IPC 按五级分类：部、大类、小类、组。部以下的分类会阶段性调整、增加。

1. 部

部是 IPC 分类表等级结构的最高级别，其类号用大写英文字母 A～H 表示。

A——人类生活必需。

B——作业、运输。

C——化学、冶金。

D——纺织、造纸。

E——固定建筑物。

F——机械工程、照明、加热、武器、爆破。

G——物理。

H——电学。

2. 大类

每个部被分成若干大类，大类类号由部的类号加 2 位数字组成。例如，A61 医学或兽医学、卫生学。

3. 小类

大类被细分为若干小类，每个小类类号由大类类号加一个大写字母组成。例如，A61B 诊断、外科、鉴定。

4. 组

小类被细分为若干组，组又分为大组和小组，每个大组的类号是由小类类号加上 1～3 位数字及用斜线分开的 00 组成，如 A61B7/00 表示听诊仪器；小组是大组的细分，每个小组的类号在斜线前的部分与其大组相同，斜线后是除 00 以外的至少两位数字，如 A61B5/04 表示电听诊器。

（二）其他专利分类

除了 IPC 以外，有些专利局仍在沿用本局内部的分类系统，如欧洲专利分类（ECLA、ICO）、日本专利分类（FI、F-Term），美国专利分类（USPC）、联合专利分类（CPC）等。

三、专利文献概述

（一）专利文献定义及特点

世界知识产权组织（WIPO）1988 年编写的《知识产权法教程》将专利文献定义为："专利文献是包含已经申请或被确认为发现、发明、使用新型和工业品外观设计的研究、设计、开发和试验成具的有关资料，以及保护发明人、专利所有人及工业品外观设计和实用新型注册证书持有人的有关资料的已出版或未出版的文件（或其摘要）的总称。"它具有以下主要特点。

1. 文字精练，叙述严谨

专利说明书等专利文件是经法律程序审查批准具有法律性的文件，所以在文字上要求明确、精练，而在权利要求部分必须严谨，不能含糊其辞，应该达到既公开内容又保护自身利益的要求。

2. 技术新颖，内容广泛

经专利局批准公开的专利文献，在当时都具有新颖性，一般都超过同领域的技术水平。专利文献包括所有的应用技术领域。各国专利法规定，无论任何人发明或发现任何新的和有用的方法、机器、产品、物质成分，甚或外形、包装，都可获得专利。

3. 系统完整，实用详尽

专利制度实行至今已有 300 余年的历史，人们有了发明创造都想申请专利保护，因此，专利文献系统地汇总积累了几乎所有人类发明创造的技术资料，从中可以了解某领域技术发展的来龙去脉和当前水平；实用性是授予专利权的重要条件，还要求专利说明书叙述的内容能使同行业普通专业人员据以实施，所以专利文献比一般文献详尽、具体和实用。

4. 出版迅速，报道及时

多数国家的专利局实行先申请、早期公开、延迟审查制，因此发明人在发明即将完成之时尽快去办理专利申请，专利局对专利申请必须自申请日起 18 个月内公开申请说明书，而实质审查则可在 3 年内进行，这就促使专利文献反映新技术比较快。

5. 著录规范，格式统一

各国出版的专利说明书基本都按国际统一的格式印刷，著录项目采用统一的识别代码，并标注统一的国际专利分类号。专利说明书的内容和写法有统一的格式，审查有统一的标准，文献的编排有统一的分类。

6. 重复出版，语种多样

一件专利的专利权，仅在该申请国家受到保护。为了取得更多国家的保护，不少发明译成多国语言在若干国家申请，特别是一些市场潜力大的发明。目前，世界各国每年公布的专利文献约 100 万件，其中一半以上为重复报道。

7. 法律作用强，具有相对局限性

专利文献是实施法律保护的文件，专利说明书中所公布的“权利要求”和有关著录项目具有法律效力。专利文献全面反映一项技术的法律状态，但其保护期限和范围是有限度的。有大量的专利会因为技术更新快、发明人交不起专利年费等原因而提前失效。同时，约有 2/3 的专利申请不能授予专利权。失效后的专利技术与未授权的专利技术不受法律保护，可以无偿使用。此外，专利保护范围一般限于授予专利权的国家和地域，在不受保护的国家可以无偿使用。

正因为这些特点，专利文献才能起到传播新技术、传播法律信息、提供竞争情报的作用。

（二）专利文献类型

专利文献种类繁多，主要有专利公报和专利单行本，其次是题录、文摘、索引、分类表等。

1. 专利公报

专利公报是各专利管理机构报道最新发明创造专利的申请公布、授权公告等情况，以及专利局业务活动和专利著录事项变更等信息的公告性定期连续出版物。根据专利申请及授权的报道形式可分为题录型、文摘型和权利要求型公报。主要用于了解近期专利申请和授权的最新情况，也可用于专利文献的追溯检索，还可用于掌握各项法律事务变更信息。

2. 专利单行本

又称专利说明书，指各专利管理机构以单行本方式公开出版的描述发明创造内容和限定专利保护范围的专利文件，包括扉页、权利要求书、说明书、附图（如果有的话），有些专利管理机构出版的专利单行本还附有检索报告。其中权利要求书限定了专利保护范围；说明书清楚完整的描述了发明创造的技术内容，包括技术领域、背景技术、发明内容、附图说明、具体实施方式等。

四、专利文献检索途径

（一）号码途径

每项专利都有专利编号，包括申请号和文献号。申请号包括申请号、临时申请号、优先申请号、分类申请号、继续或部分继续申请号、增补或再公告专利申请号、复审或再审查请求号。文献号包括公开号、申请公开号、申请公布号、展出号、审定公告号、授权公告号、专利号、注册号、登记号。

专利编号体系较为复杂，包含了专利的法律信息及外在形式信息。一项专利有多个编号，但每个编号都指向特定的专利信息，因此可以从专利编号入手检索某项特定专利。

（二）名称途径

每项专利都有其名称，其相关人员（专利权人、申请人、发明人、受让人、代理人及代理机构）也有自己的名称。因此也可从专利或其相关人员的名称对专利文献进行检索。此种检索途径可能检出某项特定专利，也可能检出一批专利。

知识链接

发明人、申请人与专利权人

发明人（inventor）：完成发明创造的人。仅包括自然人（个人）。

申请人（applicant）：提出发明创造专利申请的人，可以是法人（机构），也可以是自然人（个人）。

专利权人（patentee）：拥有发明创造专利所有权的人。发明创造专利授权后，申请人就成为了专利权人。

专利的发明人不一定是专利权人。例如，我国现行专利法把执行本单位任务或主要利用本单位物质技术条件所完成的发明创造均归为职务发明创造（2015 年 4 月出台的《中华人民共和国专利法修改草案（征求意见稿）》仅规定“执行本单位任务所完成的发明创造”为职务发明创造，同时明确了“利用单位物质技术条件所完成的发明创造”的权属划分，规定双方对其权利归属有约定的，从其约定；没有约定的，申请专利的权利属于发明人或者设计人）。职务发明申请专利的权利归单位，单位作为专利权人有权占有、使用、处分其专利，发明人（或设计人）享有署名权和获得必要报酬的权利，但无权占有、使用和处分专利，不能擅自转让专利获取利益。对于非职务发明人，拥有申请专利的权利和专利权，能占有、使用和处分该专利，既可出售专利，又可以转让专利技术使用权或自己实施专利，由此获得经济利益。

（三）主题途径

当没有明确目标或不清楚专利的具体名称，而需要检索某个主题内容的专利时，可以从主题途径入手进行检索。专利的技术内容可以通过专利名称、专利分类号及专利摘要等表现出来，因此在不清楚专利名称时，可使用专利分类号或相应的词语（注意同义词的使用）进行主题检索。此种检索途径往往检出的是一批专利，需要进一步筛选和阅读专利说明书全文，从而得到自己需要的信息。

五、专利检索常用网站介绍

（一）国家知识产权局

1．概况

我国的专利管理部门是中华人民共和国国家知识产权局（图 9-1）。该部门在其官方网站上（http://www.sipo.gov.cn）建立了“专利检索与服务系统”（PSS），向公众提供专利检索和专利分析服务，还可查询中国及多国专利审查信息、中国专利公布公告和中国专利事务信息。系统可检索 103 个国家、地区和组织的专利数据，涵盖了中国、美国、日本、韩国、英国、法国、德国、瑞士、俄罗斯、欧洲专利局和世界知识产权组织。公众可免费获取专利全文，注册用户还可使用专利分析服务。其网址为 http://www.pss-system.gov.cn/。

图 9-1 国家知识产权局专利检索及分析系统首页

2. 检索规则

PSS 检索系统使用方便，检索时鼠标指向检索框，就会出现该检索框相对应检索规则的说明。

1）布尔逻辑运算

逻辑运算符为 and（逻辑与）、or（逻辑或）、not（逻辑非）。

2）截词检索

截词符（半角字符）有#、+、?。#表示一个字符，+表示任何长度的字符串，?表示 1 个或没有字符。

3）词组检索

用英文双引号“ ”。

4）号码检索

申请号格式：文献的申请国+申请流水号。

公开（公告）号格式：文献的公开国+公开流水号+公布级别。

5）位置检索

位置检索表示对两个检索词之间的位置关系进行限定。

（1）W：有序临近；nW：有序临近 0～*n* 个词；=nW：有序临近 *n* 个词。*n* 的取值范围为正整数，默认值是 0，如 NIGHT 1W TRAIN 可以匹配 'NIGHT IN TRAIN'和'NIGHT TRAIN'，而 NIGHT =1W TRAIN 只能匹配'NIGHT IN TRAIN

（2）D：无序临近；nD：无序临近 0～*n* 个词；=nD：无序临近 *n* 个词。例如，NIGHT 1W TRAIN 可以匹配出‘NIGHT IN TRAIN’、‘NIGHT TRAIN’、‘TRAIN IN NIGHT’、

'TRAIN IN NIGHT'。

（3）F（同字段）：两个检索词同时存在于同一个字段中。例如："说明书=（NIGHT F TRAIN）"，只要说明书里包含这两个词，这篇文献才会被命中。

（4）P（同段落）：两个检索词同时存在一个段落中。例如，"说明书=（NIGHT F TRAIN）"，只有当说明书里的某一段文字中同时包含这两个词，这篇文献才会被命中。

（5）S（同句子）：两个检索词同时存在一句话中。例如，"说明书=（NIGHT F TRAIN）"，只有当说明书里的某一句话同时包含这个检索词，这篇文献才会被命中。

（6）NOTF（非同字段）、NOTP（非同段落）、NOTS（非同句子）意义与 F\P\S 相反。

3．检索方式

检索方式有常规检索、表格检索、多功能查询器及药物专题查询。此外还在首页上提供法律状态查询和分类号查询。

1）常规检索

提供申请要素（包括摘要、关键词、权利要求和分类号）、申请号、公开（公告）号、申请（专利权）人、发明人和发明名称 6 个检索入口（图 9-2）。

图 9-2　PSS 常规检索界面

2）表格检索

表格检索提供两种检索方式，一种是将数据库的可检索字段设为表格，可同时检索多个字段，在各字段检索框中可输入单个检索词或多个检索词组成的检索式，系统默认各检索字段为逻辑"与"的关系；另一种是直接使用各种语法命令，在命令编辑区自行完成检索式的编辑（图 9-3）。

检索完成后，系统以题录形式在检索区下方显示检出专利的基本信息。通过页面提供的功能按钮可进一步对检出结果进行处理，包括查看文献详细信息（可查看专利说明书全文）、同族信息、引证/被引证信息、法律状态、申请人（专利权）基本信息等。

3）多功能查询器

此检索方式必须注册后方能使用，包括 IPC 分类、同族专利、法律状态、引证/被引证等查询等。其中 IPC 分类表查询提供分类浏览、中文含义和英文含义查询（图 9-4）。

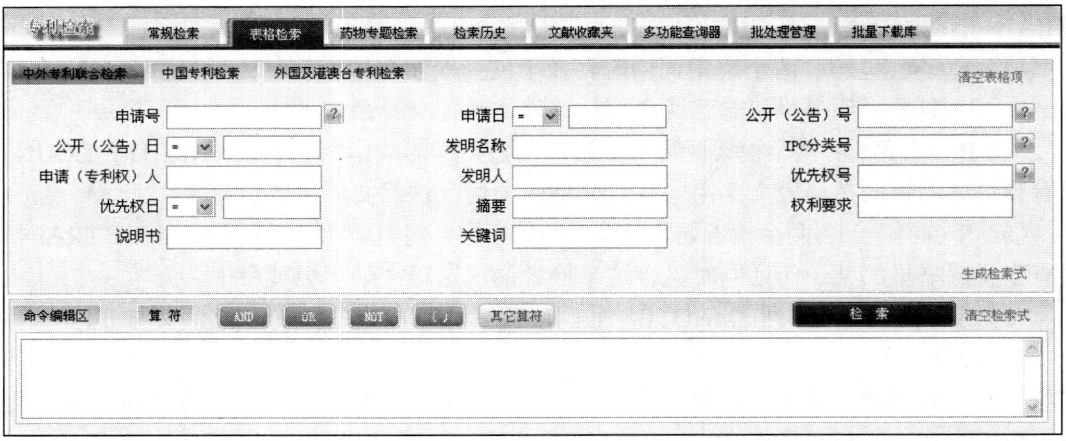

图 9-3 PSS 表格检索

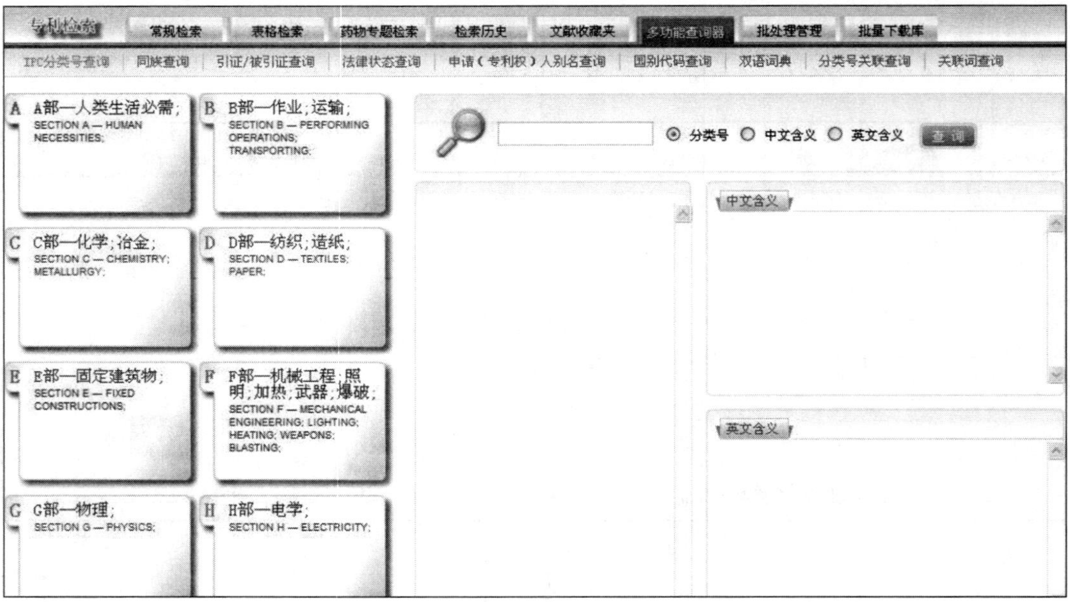

图 9-4 PSS 的多功能查询器：IPC 分类号查询

4）药物专题检索

这一检索方式与表格检索类似，不过根据药物检索的特点，增加了与药物相关的多个检索字段，如药物范畴分类号、治疗应用、方剂信息、化合物信息（图 9-5）。

4. 专利分析

PSS 提供专利分析，以帮助利用专利信息。例如，可以分析出竞争对手在不同区域或国家的技术布局、研究热点和盲点，以及市场趋势等，从而提供决策依据。其分析功能包括快速分析、定制分析和高级分析，每个分析模块下面提供多种分析功能。主要从区域、技术领域、申请人、发明人角度分析其趋势、分布、构成等，并以图表的形式直观显示。每一个功能模块下还可进一步分析，如“快速分析”的“区域分析”进一步还可进行区域构成分析、 区域趋势分析、区域技术领域分析、区域申请人分析、区域发明人分析等。

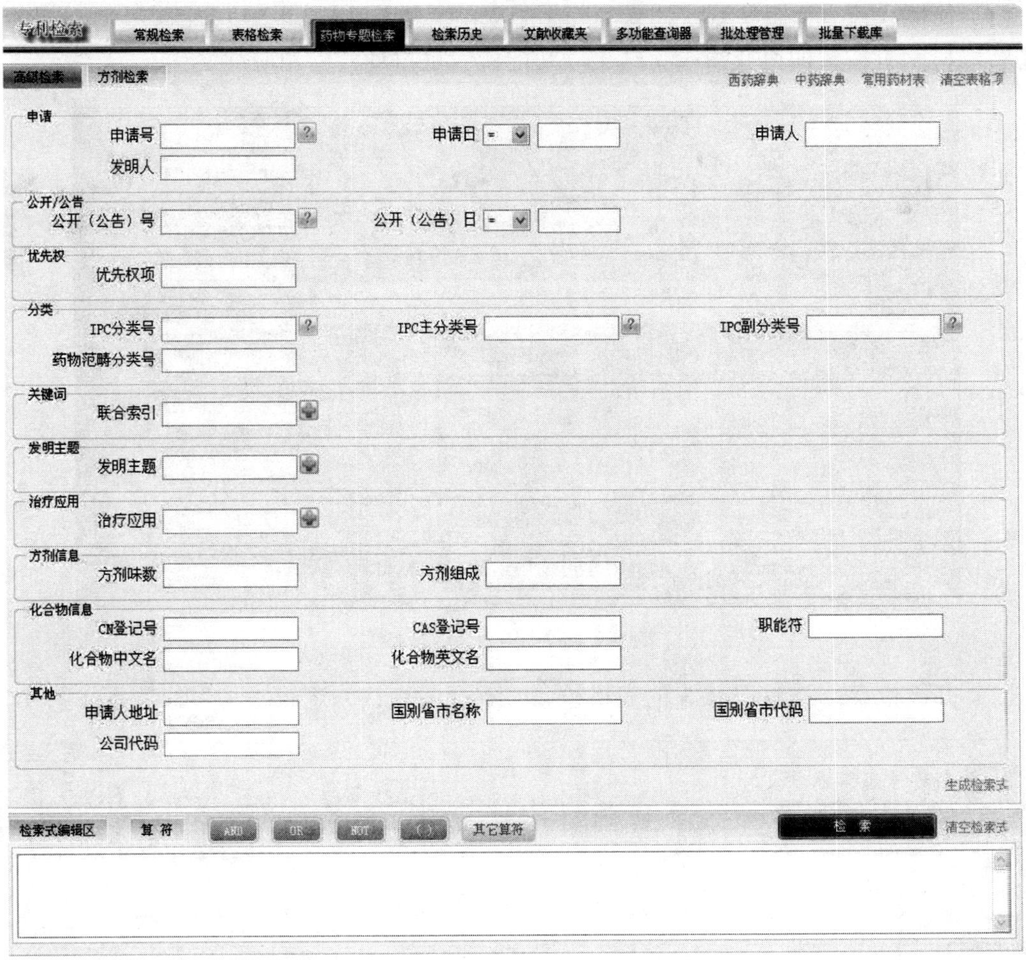

图 9-5　PSS 药物专题检索

（二）专利信息服务平台

由知识产权出版社有限责任公司建立的专利信息平台（CNIPR），提供对中国专利和美国、日本、英国、德国、法国、加拿大、EPO、WIPO、瑞士等 98 个国家和组织的国外专利的检索。提供免费.tif 格式的专利说明书全文下载。系统提供包括专利分析、专利跟踪（预警）、自建专题库、自建导航检索等个性化服务功能，同时提供专利运营信息检索和热点专题专利信息服务，专利运营信息检索包括专利权转移检索、专利质押保全检索、专利实施许可检索，热点专题则为用户集中提供当前热点研究的国内外专利，其网址为 http://search.cnipr.com/。

1. *检索语法*

支持模糊检索，?代替单个字符，%代替多个字符，位于字符串开始或末尾时模糊字符可省略；字段内各检索词之间可进行 and、or、not 运算。

2. *检索方式*

提供一框式检索和高级检索。

（1）一框式检索：系统默认检索界面（图 9-6）。键入任何一个检索词后，点击【检索】或【智能检索】按钮即可获得检索结果。智能检索可自动检索相应同义词。

图 9-6　CNIPR 一框式检索

（2）高级检索：类似于 PSS 的表格检索，字段间默认为逻辑“与”的关系（图 9-7）。

图 9-7　CNIPR 高级检索

3. 定期预警

CNIPR 的这一服务类似于文献数据库的定制检索式，通过设定检索条件，周期性地检索指定领域的专利文献信息，从而跟踪了解关注领域的技术发展动态。在完成一次检索后，可点击结果预览界面下方的【定期预警】按钮，系统弹出预警定制对话框，填写定期预警名称后确认即完成预警定制。可在"专利管理"模块对定制的预警进行管理。这一功能可用于相关领域的专利跟踪。

4. 专利分析

专利分析包括趋势分析、国省分析、区域分析、申请人分析、发明人分析、技术分类分析、中国专项分析、自动分析报告八大类。

（三）其他中文专利检索网站

除 PSS 与 CNKPR 外，还有中国专利信息中心（http://www.cnpat.com.cn）、佰腾专利检索系统（http://so.baiten.cn/）等中文专利检索系统。

（四）国外专利检索网站

可检索国外专利的网站很多，可免费使用的网站主要是由各国专利局官方网站或国际组织提供的。

1. 欧洲专利局

欧洲专利局通过 Espacenet 免费提供专利检索服务，Espacenet 检索系统主要有三个数据库，分别是 worldwide、EP 和 WIPO，其网址为 http://worldwide.espacenet.com/。其中：

worldwide：提供 90 个以上不同国家和地区的专利申请信息。

EP：提供欧洲专利局公布的所有专利申请。

WIPO：可检索 WIPO 公布的所有专利申请。

Espacenet 检索系统支持布尔逻辑 and、or、not；词组需要加双引号" "，否则系统按逻辑"与"处理。支持*、?、#截词检索。

Espacenet 提供智能检索（smartsearch）、高级检索（advanced search）和分类检索（classification search）3 种检索模式。专利说明书为 PDF 格式，但不允许全部下载，只能单页下载和打印。

（1）智能检索（smart search）。在检索框中输入任意词、词组、数字，系统会自动转换或在相应的字段中去检索。例如，输入数字，系统会自动将其当作专利号、申请号、优先权号、公开号、批准号的一部分去检索。这一方式必须使用英文检索，支持布尔逻辑运算、位置运算及关系算符；每次最多可输入 20 个检索词，检索词可加字段代码，限定检索词出现在特定字段；一次最多能在 10 个字段中进行检索（图 9-8）。

（2）高级检索（advanced search），即表格式检索。这一检索模式必须先选择三个数据库（EP、Worldwide、WIPO）中的一个，然后在相应的字段框中输入符合格式的检索提问，点击 Search 按钮，完成检索。选择不同数据库时，所显示的可检索字段不尽相同，如图 9-9 为选择 EP 数据库的检索界面。使用这一检索方式时，各字段之间默认的逻辑关系为逻辑"与"，同一字段的多个检索词之间默认的逻辑关系因字段不同而有所不同，有的是逻辑"与"（如名称、摘要、申请人、发明人、专利分类号等），有的是逻辑"或"（如公布号、申请号、优先权日等）。每个字段中可一次输入最多 10 个词，每次检索最多可检索 20 个检索词和 19 个运算符。

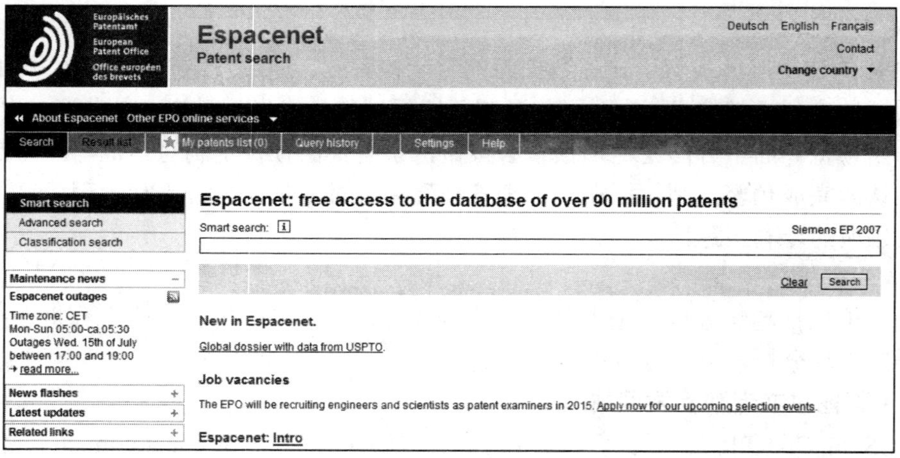

图 9-8 Espacenet 智能检索界面

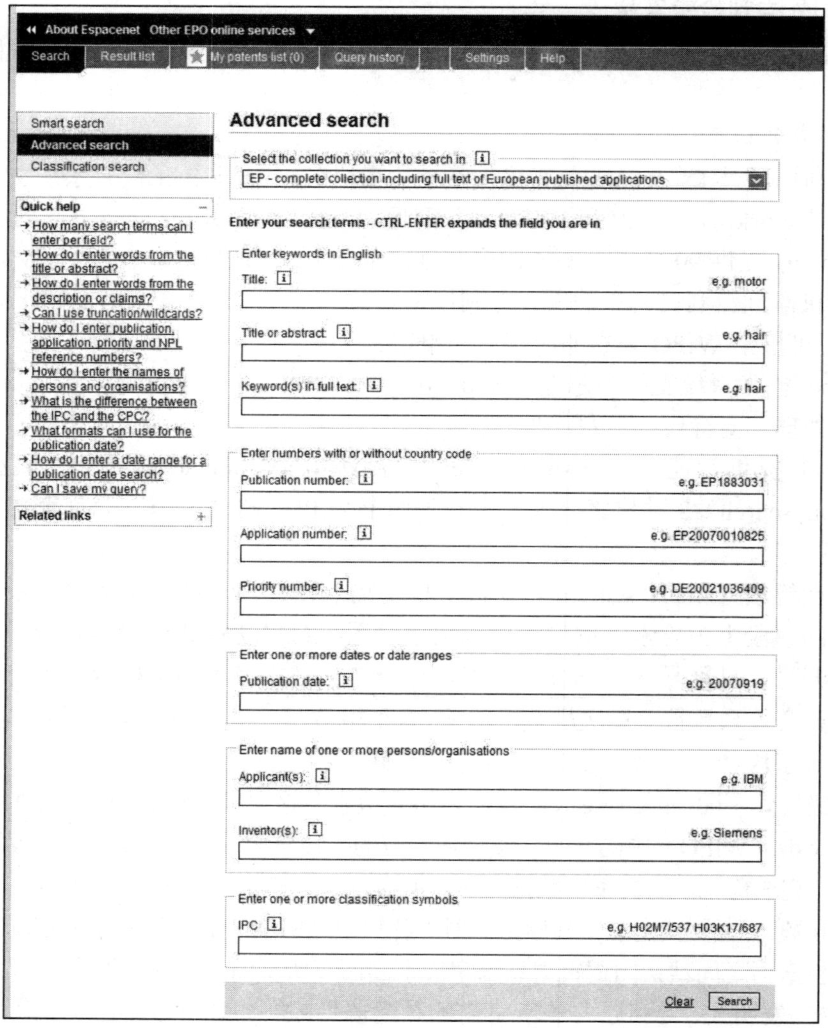

图 9-9 Espacenet 高级检索界面（所选数据库为 EP）

（3）分类检索（classification search），提供基于 IPC 的联合专利分类（CPC）检索。

2. 美国专利商标局专利检索

进入美国专利商标局网站，可以对申请专利（AppFT: Applications）和授权专利（PatFT: Patent）进行检索，并提供专利分类表、专利法律状态、专利转让数据库、专利公报数据库、专利代理人等相关数据库的检索，其网址为 http://patft.uspto.gov/（图 9-10）。

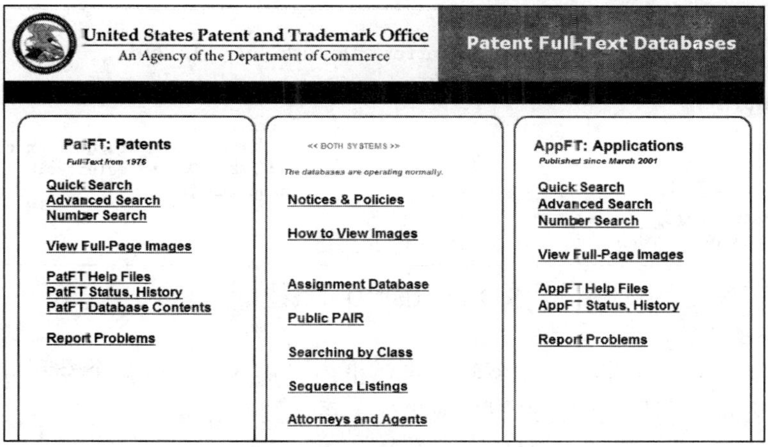

图 9-10 USPTO 专利检索首页

该系统免费提供 1790 年以来授权的专利说明书和 2001 年 3 月以后的专利申请文件，其专利文献全文有文本和图像两种形式，1790～1975 年起的专利全文为图像格式，1976 起的专利为文本形式；图像为原件扫描而成的 TIF 文件，需要下载安装 TIF 图片插件方可阅读。

无论是授权专利还是申请专利，均提供快速检索（quick search）、高级检索（advanced search）和号码检索（number search）三种检索方式。1976 年至今的专利文献提供多个可检索字段，如专利号、授权日、发明人名字、受让人名字、发明名称、摘要、说明书和权利要求等；1790～1975 年之间的专利只能通过专利号（patent number）、授权日期（issue date）和当前美国专利分类号（current US classification）查找。

（1）快速检索。提供两个检索输入框，可在 31 个字段中进行检索。两个输入框中输入的检索词之间的逻辑关系可选（图 9-11）。

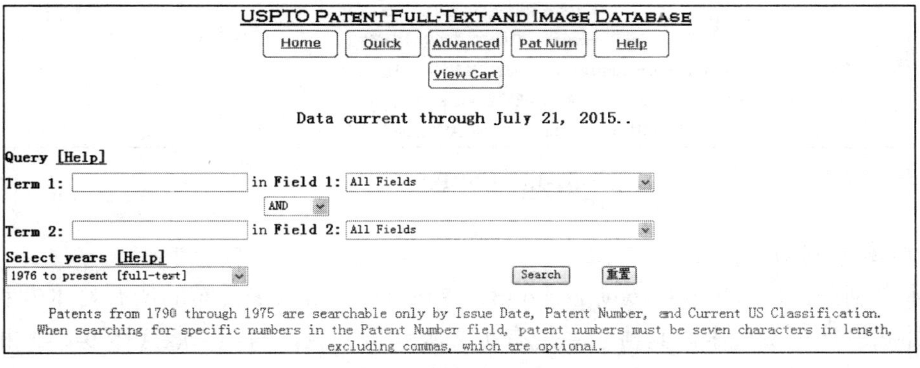

图 9-11 USPTO 快速检索

（2）高级检索。提供一个检索式编辑框，可输入由字段代码、检索词和逻辑运算符连接的复杂检索式（图 9-12）。

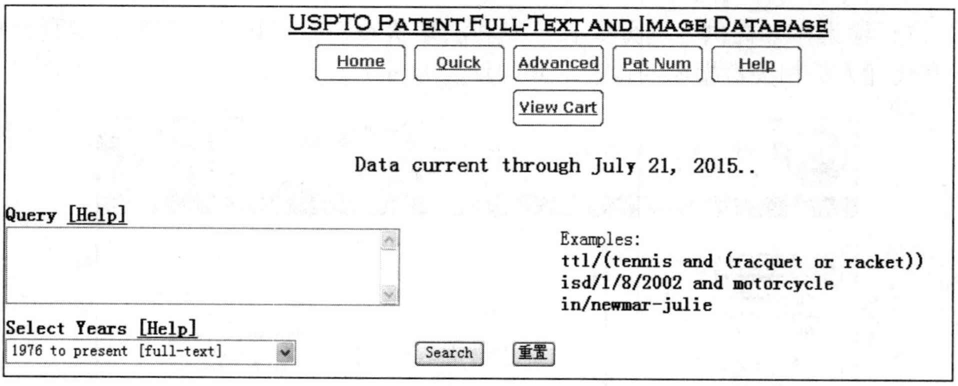

图 9-12 USPTO 高级检索

（3）专利号检索。提供一个检索输入框，框内可输入一个或多个专利号，多个专利号用空格隔开，表示专利号之间为逻辑“或”的关系（图 9-13）。

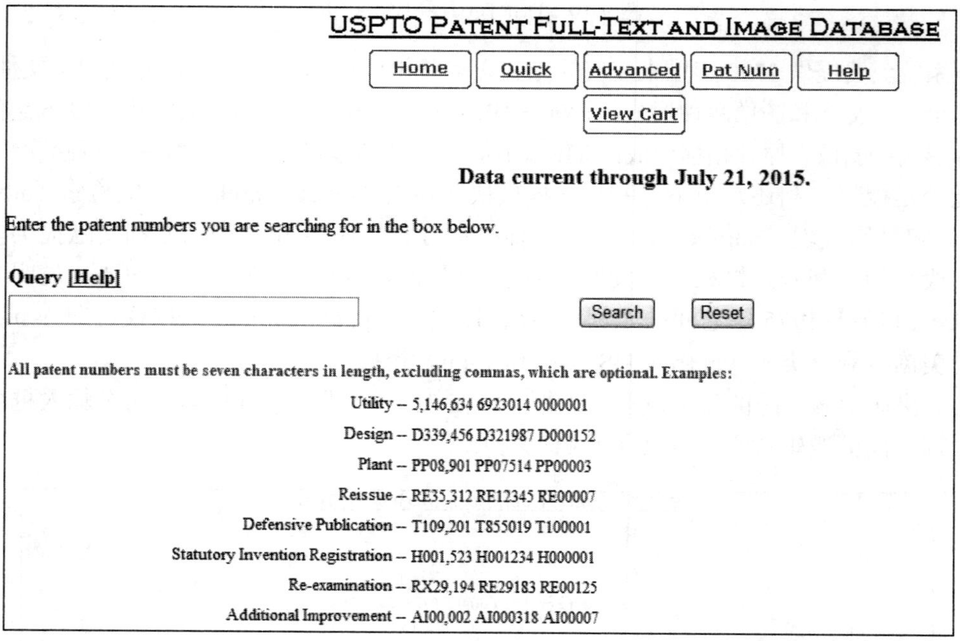

图 9-13 USPTO 号码检索

3. 日本专利局

日本专利局网站（http://www.jpo.go.jp）提供 1885 年以来公布的所有日本专利、实用新型和外观设计免费检索。其检索系统有英文版和日文版，与英文版（图 9-14）相比，日文版（图 9-15）所包含的信息和检索功能都更多。

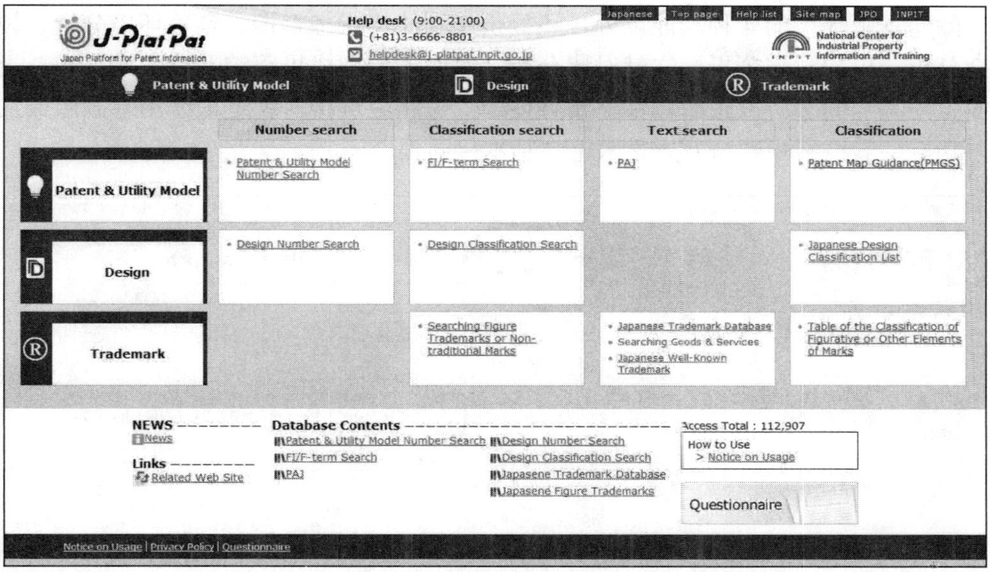

图 9-14 日本专利局网站的英文版检索系统

图 9-15 日本专利局网站的日文版检索系统

六、专利数据库检索

（一）万方中外专利数据库

万方数据知识服务平台（http://www.wanfangdata.com.cn）提供多种文献的检索，在该网站首页点击资源列表中的“专利”，就可进入专利检索首页（图 9-16）。提供基础版和加强版两种检索界面，基础版提供文献检索、IPC 导航、文献浏览和文献下载；加强版功能更多，除基本版提供的 4 种功能以外，还提供专利法律状态查询、竞争环境分析、技术生命周期分析、机构对比分析、文献对比分析、发明人专利成果跟踪及检索式订阅。无论是文献检索还是专利分析或跟踪，都非常方便。点击相应链接，就可以使用基础版或加强版的各项功能。其检索规则与万方学术论文基本相同。

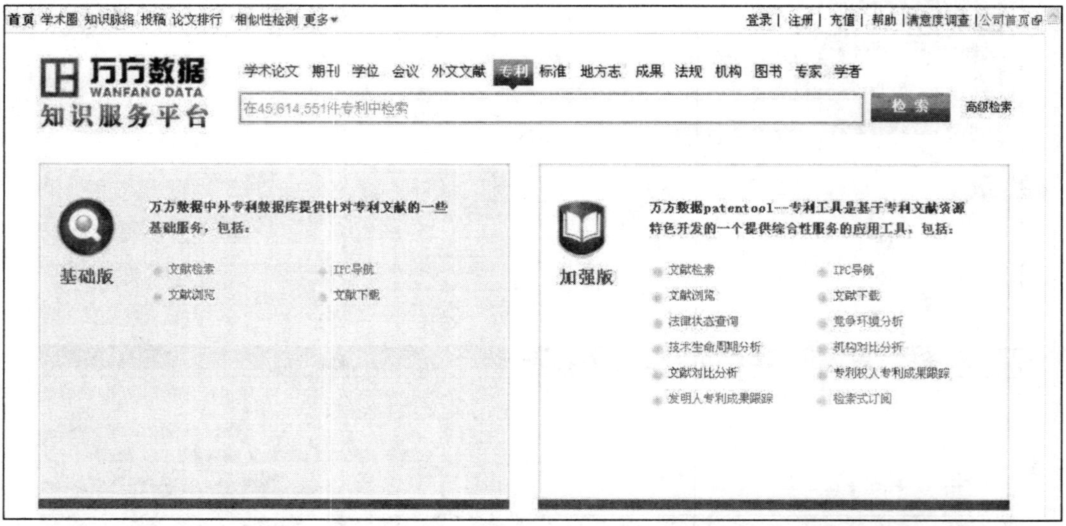

图 9-16　万方数据专利检索首页

在万方专利数据库中，IPC 分类导航为类名导航，点击特定 IPC 类名，就可检出相应类名下的所有专利，可进一步限定检索，也可直接浏览选择。

（二）CNKI 中国专利全文数据库

中国知网（CNKI，http://www.cnki.net）提供多种文献的检索，在该网站首页点击资源列表中的“专利”，就可进行专利检索。其一框式检索提供专利名称、关键词、申请号、公开号、主分类号、申请人、发明人、同族专利项、优先权、代理人等字段检索；点击“高级检索”进入高级检索界面，提供专利名称、关键词、摘要、申请号、公开号、主分类号、申请人、发明人、同族专利项、优先权等字段检索，此外还提供申请日和公开日限定（图 9-17）。

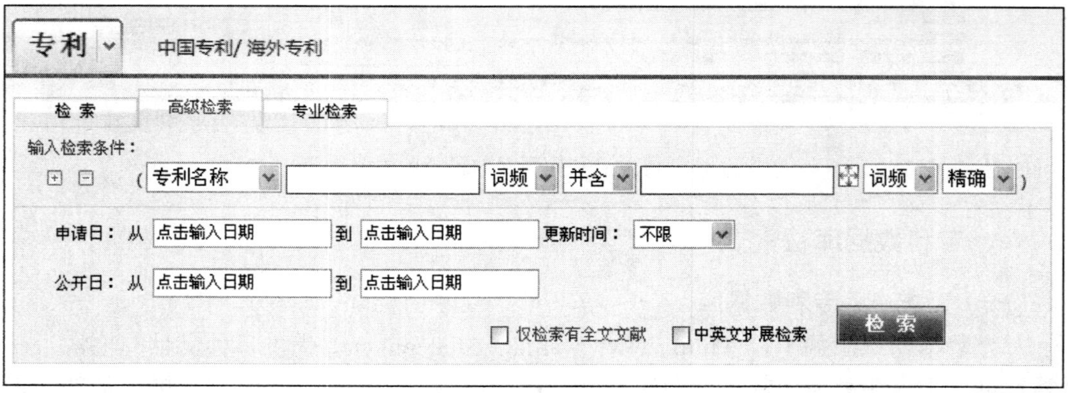

图 9-17　CNKI 专利高级检索

也可在网站首页点击“旧版入口”，进入中国知识资源总库，点击“中国专利数据库”进入专利信息检索界面（图 9-18），可提供初级检索（默认）、高级检索和专业检索三种检索方法。初级检索的检索入口有专利名称、申请人和发明人等 11 个途径，高级检索中增加检索词的布尔逻辑运算符组配，专业检索的检索入口在高级检索的基础上增加地址、代理机构和代理人等检索字段。

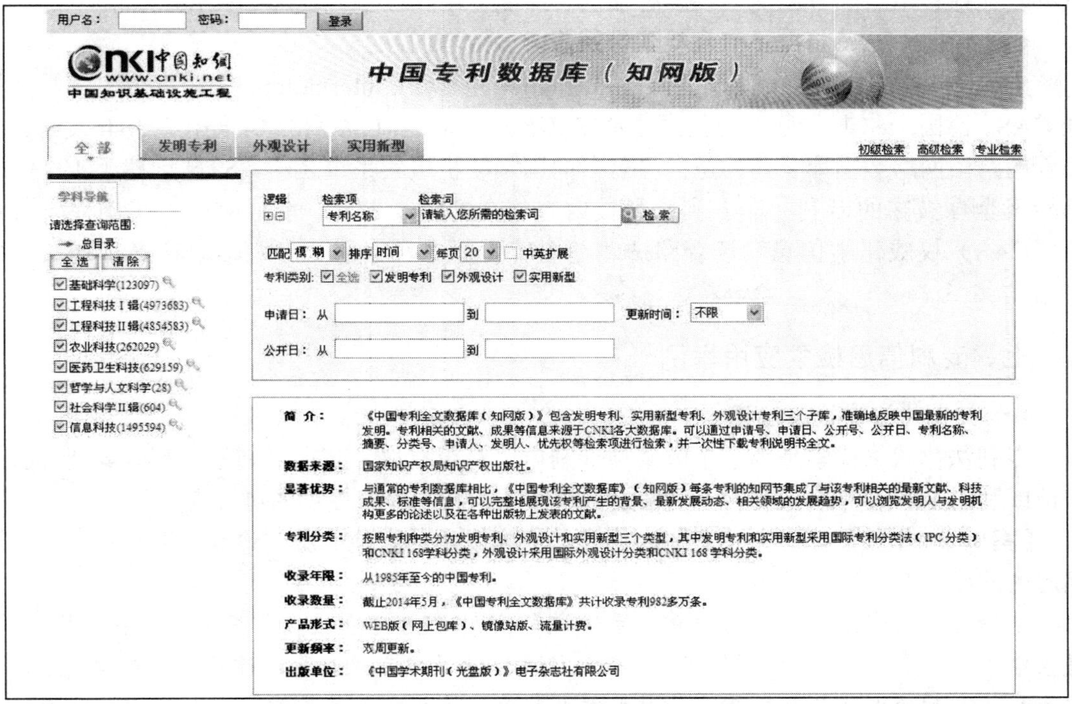

图 9-18 CNKI 中国专利数据库（知网版）界面

（三）国家科技图书文献中心中外专利检索

国家科技图书文献中心（NSTL，http://www.nstl.gov.cn）是 2000 年 6 月 12 日成立的一个基于网络环境的科技信息资源服务机构，由中国科学院文献情报中心、中国科学技术信息研究所、机械工业信息研究院、冶金工业信息标准研究院、中国化工信息中心、中国农业科学院农业信息研究所、中国医学科学院医学信息研究所、中国标准化研究院标准馆和中国计量科学研究院文献馆组成，提供期刊、会议论文、学位论文、科技报告、标准、专利等多种类型的文献检索。该网站可免费检索，有偿开展全文文献传递服务。点击该网站首页的“中外专利”，即可对中国及美、英、法、德、日、韩、瑞士、欧洲及世界知识产权知识等地区和组织的专利进行检索。共有中国大陆专利 1200 万余条，中国台湾专利 110 万余条；外国专利共 4400 余万条。提供专利名称、发明人、申请人、摘要、申请号、公开号、申请日期、公开日期、专利类型、申请人地址及专利分类号 11 个检索入口。

（四）德温特专利数据库

德温特专利数据库（Derwent Innovations Index，DII）是由 Derwent（全球最权威的专利文献信息出版机构，1948 年创建，现隶属于便于最大的专业信息集团汤森路透公司）推出的基于 Web 的专利信息数据库。这一数据库将 Derwent World Patents Index（德温特世界专利索引，简称 WPI）与 Patents Citation Index（专利引文索引）加以整合，以每周更新的速度，提供全球专利信息。DII 收录来自全球 100 多个国家、40 多个专利机构的 1000 多万条基本发明专利，3000 多万个专利，资料回溯至 1963 年。DII 提供了直接到专利全文（PDF 文件）电子版的连接，同时检索功能强大，如将同族专利合并成一条记录，翻译所有英语以外其他语种出版的专利文献等。必须购买才能使用。

（五）STN Version One 专利检索数据库

STN（the scientific and technical information network international）是由美国化学文摘社 CAS、德国卡尔斯鲁厄专业信息中心 FIZ-Karlsruhe 和日本科技情报中心 JST 共同合作经营的跨国网络数据库公司，是世界著名的国际联机检索系统之一。STN 创建于 1983 年，是检索全球披露的专利、非专利和科技内容集合的统一平台，能同时检索美国化学文摘社（CAS）权威化学信息和汤森路透“德温特世界专利索引”专利信息，必须购买才能使用。

七、专利信息检索应用举例

（一）专利法律状态检索

专利法律状态检索是为了了解某项专利申请是否授权、某项专利是否有效等信息。在申请或利用专利时非常重要。不同检索系统的法律状态检索提供的可检索字段不同。

【案例 9-1】某厂家准备生产一种由清华大学发明的智能心脏听诊器，生产前需要了解相应的法律状态

选择通过国家知识产权局的 PSS 系统进行检索。PSS 可直接在首页上检索法律状态(仅提供申请号和公开号检索)，也可在“专利检索”结果中直接查看法律状态。本案例中，目前不知该专利的申请号和公开号，仅知道专利权人为清华大学，相关主题是“智能心脏听诊器”(有可能是专利名称，也可能不是专利名称)，因此选择在“专利检索”中“表格检索”进行查询（图 9-19)，得到相应结果（图 9-20)。

图 9-19 PSS 特定专利查询 1

【授权公告】 隐藏

申请号：CN201310449558

申请日：2013.09.25

公开（公告）号：CN103479383B

公开（公告）日：2015.05.20

发明名称：心音信号分析的装置和具有其的智能心脏听诊器

IPC分类号：A61B7/02

申请（专利权）人：清华大学；

发明人：尤政；李滨；邓云庆；

优先权号：

优先权日：

查看文献详细信息 - 查看法律状态 - 查看申请（专利权）人基本信息

图 9-20 PSS 特定专利查询结果显示 1

点击图 9-20 中的“查看法律状态”，即可了解该发明专利的法律状态（图 9-21）。

专利检索 查看法律状态 查看申请（专利权）人基本信息

法律状态信息列表

申请号	法律状态生效日	法律状态含义
CN201310449558	20140101	公开
CN201310449558	20140205	实质审查的生效
CN201310449558	20150520	授权

图 9-21 PSS 特定专利法律状态查询

（二）同族专利检索

同族专利检索是指以某一专利或专利申请为线索，查找与其同属于一个专利族的所有成员的过程。主要是为了了解专利的地域性信息，如国家知识产权局的 PSS 系统和 EPO 的 ESPACENET 均提供同族专利检索。

【案例 9-2】检索知名制药企业阿斯利康研发的蛋白激酶抑制剂同族专利

（1）分析已掌握的信息：专利权人——阿斯利康；专利主题——蛋白激酶抑制剂。

（2）选择检索工具：PSS 系统表格检索，输入检索词，点击“检索按钮”（图 9-22）得到检索结果（图 9-23）。输入检索词时注意系统规则。由于 PSS 系统表格检索方式中，摘要字段的检索空格相当于逻辑“或”，而本案例中“蛋白激酶”与“抑制剂”是逻辑“与”的关系，因此按系统规则，使用英文引号，检索式表达为“蛋白激酶抑制剂”。

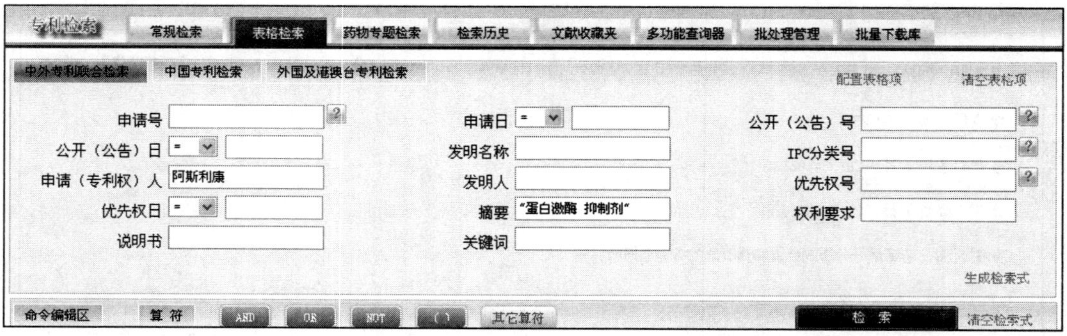

图 9-22　PSS 系统特定专利查询 2

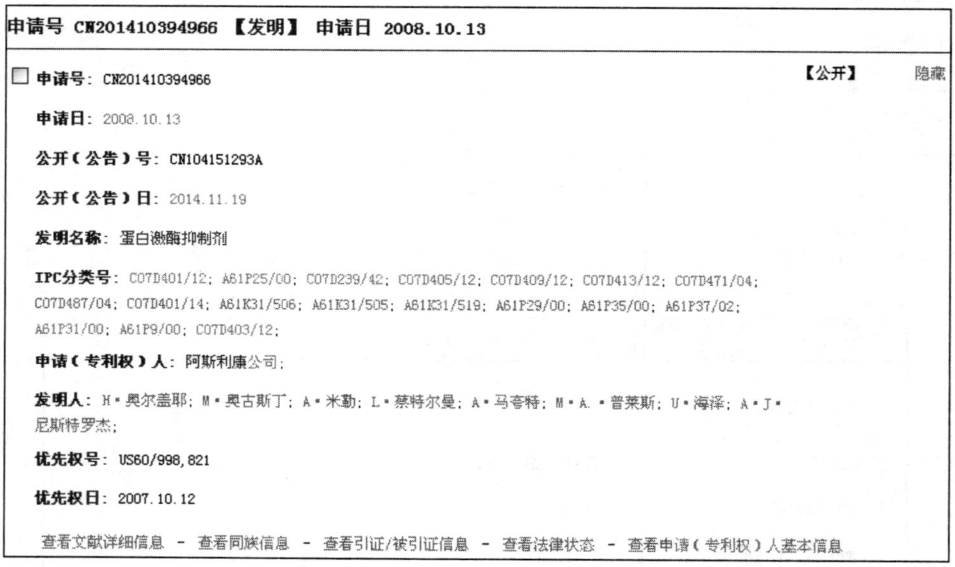

图 9-23　PSS 系统特定专利查询结果 2

（3）查看同族信息。从图 9-23 可以看出，有同族专利的专利文献，PSS 系统在检出结果下方有“查看同族信息”链接，点击链接即可了解其同族专利信息（图 9-24）。从图中可以看出，本专利共有 26 条同族信息，可选择文献后，点击右上角的“浏览文献”，查看其详细信息。

（三）专利新颖性检索

为确定专利新颖性进行的检索，即查证申请日以前没有同样的发明或实用新型在国内外出版物上公开发表、使用或以其他方式为公众所知，也没有同样的发明或实用新型申请过专利。在申请专利前或审查专利时需要进行新颖性检索。所谓“同样”，指的是技术领域、所解决的技术问题、技术方案和预期效果实质上相同。因此在检索前首先要对技术领域、技术问题、技术手段及技术效果进行详细分析，提取相应的检索词。

【案例 9-3】某公司开发了一种智能听诊器，想申请专利，申请前进行新颖性检索

其技术方案的描述是：基于身份识别的智能听诊器，其听诊器探头与耳机、移动终端设备通过蓝牙实现相互间的通信。

专利检索 | 查看同族信息 | 查看法律状态 | 查看申请（专利权）人基本信息

同族文献信息 浏览文献 加入文献收藏夹

全选	申请号	公开（公告）号	公开（公告）日	优先权号	发明名称	操作
族号：40227837						
☐	SI200830286	SI2212297T1			INHIBITORS OF PROTE-N KINASES	查看引文信息
☐	AU2008309517	AU2008309517B2			Inhibitors of prote.n kinases	查看引文信息
☐	CN200880119493	CN101889004A			Inhibitors of prote.n kinases	查看引文信息
☐	IL20459410	IL204594D0			INHIBITORS OF PROTE-N KINASES	查看引文信息
☐	DK08838451	DK2212297T3				查看引文信息
☐	MX2010003987	MX2010003987A			INHIBITORS OF PROTE-N KINASES.	查看引文信息
☐	HRP20110470	HRP20110470T1			INHIBITORS OF PROTE-N KINASES	查看引文信息
☐	EP08838451	EP2212297B1			INHIBITORS OF PROTE-N KINASES	查看引文信息 浏览该国专利审查结果
☐	EP08838451	EP2212297A1			INHIBITORS OF PROTE-N KINASES	查看引文信息 浏览该国专利审查结果
☐	EA201000554	EA201000554A1				查看引文信息

第 1 页 共3页 26条数据

图 9-24 PSS 系统查看同族信息

按照其技术方案涉及的技术领域、技术手段和技术效果确定相关主题内容：智能听诊器，身份识别，听诊器探头，耳机，蓝牙，移动终端。对这些主题内容进一步分析，明确是否有同义词。具体进行检索时，同义词之间为逻辑“或”的关系。也可使用 IPC 分类号：A61B7/04 电听诊器进行检索。

选择检索系统（如 PSS）实施检索，阅读检出文献，对新颖性进行评价。

经检索发现，申请号为 CN201510143983 的专利“一种基于身份识别的智能多功能听诊器”摘要为：本发明公开了一种基于身份识别的智能多功能听诊器，包括听诊器探头、耳机、蓝牙发送/接收模块及移动终端设备，听诊器探头与耳机、移动终端设备通过蓝牙发送/接收模块实现相互间的通信。所述移动终端设备包括微处理器、存储模块、身份识别模块、GPRS 上传模块、打印模块、扬声器、显示屏。身份识别模块包括 RFID 电子标签识别、指纹识别、人脸识别以及视网膜识别。移动终端设备可识别、显示、存储、打印、播放和上传听诊信息，实现用户健康数据的独立存储，同时让医师在即时听诊同时查看历史数据辅助诊断，提高诊断的成功率，多个耳机的设置有利于开展医疗教学。

可判断为同样的发明创造，该公司开发的智能听诊器没有新颖性。因此，在产品开发前就进行新颖性检索是非常必要的，这样可以避免重复研究。

第二节 标准文献检索

一、标准概述

标准是为了保证产品或工程的质量，合理利用资源，便于分工协作提高劳动生产率，便于产品的使用与维修，而对工农业产品、工程建设的质量，规格与检验方法，以及技术资料上所用的图形、符号等所作的技术规定，作为从事生产、建设的共同的技术依据。

标准一般以实践经验和科技成果为基础，经有关方面协商，由主管机构批准，作为共同遵守的准则，它也是质量管理和质量保证的依据。这种制定、修订、贯彻标准的过程为标准化。通过对某项技术或某个行业标准化的实施，有利于引进和推广新技术，开发新产品、提高产品质量，节约人、财、物等资源，实现科学管理，获得最佳社会秩序和社会效益。

1901 年英国成立了世界上第一个标准化机构，世界第一批国家标准随后问世。20 世纪 60 年代以来，各国标准文献大幅度增长，现在许多国家都十分重视标准文献的管理与利用，标准文献也成了综合情报源的重要组成部分。目前，已有一百多个国家和地区制定了国家标准和区域标准。

一个国家的标准文献反映该国家经济、技术、生产及自然资源等方面的发展水平，通过查阅标准文献，可以了解各国经济和技术政策、生产水平、资源情况与标准化水平。

二、标准文献概述

（一）概念

标准文献在狭义上指按规定程序制定，经公认权威机构（主管机关）批准的一整套在特定范围（领域）内必须执行的规格、规则、技术要求等规范性文献，经常也被简称为标准；广义上指与标准化工作有关的一切文献，包括标准形成过程中的各种档案，宣传推广标准的手册及其他出版物，揭示报道标准文献信息的目录、索引等。本文中为前者。

（二）特点

标准文献是一种特殊文献，与一般科技文献相比，其主要特点如下。

（1）它由各级主管标准化工作的权威机构主持制定颁布（除少数军用和尖端科学技术的标准保密外），一般以单行本形式发行，一项标准一册，年度形成目录和汇编。

（2）它一般采用专门的技术分类体系，每件标准有一个固定不变的标准号。

（3）它具有严肃性、法律性、时效性和滞后性。标准文献的文字简练，内容可靠、正确，数据、用词严密无误；具有法律作用，有一定约束力，不同级别的标准在不同的范围内必须贯彻执行；标准制定后，每隔 3～5 年复审一次，分别予以确认、修订或废止，修订后标准号不变。

（三）类型

（1）按标准适用范围划分。①国际标准：由国际标准化组织（ISO）制订，并作为国际上通用的标准；②区域标准：由其一区域标准化组织批准的标准，只适用于某一区域，如全欧标准（EN）；③国家标准：经国家标准化机构批准，在国内执行的标准，如中国国家标准（GB）；④部颁标准：由国家主管部门批准，适用于某一专业范围内的标准，如中国卫生部标准（WS）；⑤企业标准：由某一企业或部门批准，适用于本企业或本部门的标准。

（2）按内容划分。①基本标准：是指对科研和生产活动具有广泛指导意义的最基本的标准，如专业名词、符号和计量单位等；②产品标准：对有关产品的形状、尺寸和性能等要求；③方法标准：对产品的试验、检查和测定等规定。产品标准和方法标准是技术标准的主要内容。

（3）按成熟程度分：①法定标准（具有法律效力）；②推荐标准（建议执行）；③试行标准（试用）；④标准草案。

（四）标准文献的分类系统

标准文献主要采用国际标准分类法（ICS）、《中国标准文献分类法》、国际十进分类法（UDC）等分类系统。

国际标准分类法（ICS）用作国际、区域性、国家及其他标准文献的分类。国际标准化组织发布的标准 1994 年以前使用 UDC，1994 年以后改用 ICS 分类。我国自 1995 年底发布的国家标准也将 UDC 改用 ICS 分类。

ICS 分类法由三级类构成。一级类包含标准化领域的 40 个大类，每一大类号以 2 位数字表示，如 01，03，07。二级类号由一级类号和一个被点隔开的三位数字组成。全部 40 个大类分为 335 个二级类，335 个二级类中的 124 个被进一步分成三级类。三级类的类号由二级类的类号和一个被点隔开的 2 位数字组成，如 43.040.02 表示照明和信号设备。

《中国标准文献分类法》是目前国内用于标准文献管理的一部工具书。该分类法由 24 个一级大类目组成，用英文字母表示，每个一级类目下分 100 个二级类目，二级类目用 2 位数字表示。

（五）标准号

每份标准都有标准号，其一般形式为标准代号＋顺序号＋制定（修订）年份。标准代号有三种。

（1）国际标准代号，如 ISO 表示国际标准化组织标准代号。

（2）国家标准代号，如 GB 和 GB/T 分别表示强制性和推荐性国家标准的代号。

（3）行业标准代号，如 JY 和 TY 分别表示教育和体育行业标准的代号。

三、中国标准信息检索

（一）主要手工检索工具

（1）《中华人民共和国国家标准和专业标准目录》。

（2）《中华人民共和国国家标准目录及信息总汇》。

（3）《中国国家标准汇编》。

（4）《中国标准化年鉴》。

（5）《中华人民共和国行业标准目录》。

（6）《中华人民共和国国家标准目录》。

（7）其他检索工具。①报道标准的期刊：《中国标准化》、《标准化通讯》、《标准化文摘》、《技术标准通报》；②各专业部门编辑的部门标准检索工具，如《中华人民共和国卫生部药品标准》。

（二）标准检索网站

1. 中国标准服务网

中国标准服务网创办于 1998 年，由中国标准化研究院标准馆负责网络的信息维护，向社会开放服务，提供标准动态跟踪，标准文献检索，标准文献全文传递和在线咨询等功能。收录了 60 多个国家 70 多个国际和区域性标准化组织的标准，此外，还收集了 160 多种国内外标准化期刊和标准化专著。其网址为 http://www.cssn.net.cn。

中国标准服务网的标准检索提供简单检索、高级检索、专业检索和分类检索（中国标准分类和 ISC 分类）四种检索方式。高级检索提供标准号、关键词、标题等多个字段检索（图 9-25）。

图 9-25　中国标准服务网标准高级检索

2. *标准信息服务网*

标准信息服务网由深圳市标准技术研究院开发，拥有包括全套国家标准、行业标准、主要国际标准化组织标准、主要发达国家的国家标准、国外主要专业团体标准在内的 50 多万件标准文本，以及超过 470 个国内外标准化组织发布的超过 100 万条标准题录。提供一框式检索和专业版查询，其专业版查询可以通过题内关键字、国标分类码、ICS 分类号、标准组织等进行多功能组合查询，支持中英文双语查询，其“最新发布标准”“即将实施标准”能以浏览的方式提供标准（图 9-26），其网址为 http://www.standard.org.cn/。

3. *万方数据标准检索*

万方数据的“中外标准数据库”包括标准文摘数据库和标准全文数据库，其标准全文数据库来源于国家指定出版单位，具有专有出版性质。目前收录标准 39 万余条，包括由国家技术监督局等单位提供的中国国家标准、行业标准、国际标准，以及美国及英国、法国、日本、德国等国的标准。该数据库提供一框式检索、高级检索和专业检索三种检索方式，此外还提供 ICS 分类导航，可点击相应类名浏览该类下的所有标准。提供标准号、标准发布单位、主题、题名等检索入口。旧版有 10 余个检索入口。

图 9-26　标准信息服务网专业版查询界面

4. 中国知网标准检索

中国知网提供的“标准数据总库”分为“中国标准题录数据库”（SCSD）、“国外标准题录数据库”（SOSD）、“国家标准全文数据库”和“中国行业标准全文数据库”。“中国标准题录数据库”（SCSD）收录了所有的中国国家标准（GB）、国家建设标准（GBJ）、中国行业标准的题录摘要数据，共计标准约 13 万条；“国外标准题录数据库”（SOSD）收录了世界范围内重要标准，共计标准约 31 万条。“国家标准全文数据库”收录了由中国标准出版社出版的，国家标准化管理委员会发布的所有国家标准，占国家标准总量的 90%以上。“中国行业标准全文数据库”收录了现行、废止、被代替及即将实施的行业标准。可以通过标准号、中文标准名称、起草单位、起草人、发布日期、中国标准分类号、国际标准分类号等检索项进行检索。其知网节细览页链接了相关的国内外标准、学术期刊、学位论文、会议论文、报纸、年鉴、专利和科技成果等，有助于了解每条标准的产生背景、最新发展动态和相关领域的发展趋势。

5. NSTL 标准检索

国家科技图书文献中心（NSTL）提供国家质量监督检验检疫总局批准、标准化管理委员会发布的中国国家标准检索，同时还提供国际标准化组织、国际电工委员会标准化组织，以及英国、法国、德国、日本、美国等国相关标准学会、协会等发布的国外标准检索。目前共有国外标准 12 万余条，中国标准 3 万余条。其可检索字段有关键词、标准名称、标准号、标准分类号。

第三节　医学会议文献检索

一、医学会议文献概述

（一）概念与特点

医学会议文献指国内外各种医学学术会议过程中产生的各种信息的总和。对包括医学在内的大多数学科而言，除学术期刊外，会议文献是获取最新学术信息的重要来源。

由于医学学术会议召开的目的是让医药卫生工作者交流经验、报告新发现和研究新问题，且高水平、高层次的医学会议都可能有著名的专家讲座、学术论文报告、小组交流等丰富的内容，因此会议文献具有内容新颖、专业性和针对性强、数量多、形式多样、发行分散、传递信息迅速等特点。

（1）内容新颖。高级别的学术会议大多在会前均由专家组确定会议主题，一般来说都是学科关注的热点，体现了学科发展趋势；会议的交流方式使得医药卫生工作者可以在短时间内公开自己的最新发现，很多新发现都是首次在会议上报道的。

（2）信息针对性强。由于会议的召开有时间限制，因此会议文献都是紧紧围绕特定的会议主题。

（3）形式多样。从文献形式看，有文本、PPT 等形式；从出版形式看，有正式出版的和非正式出版的。

（二）类型

按照会议进程，可将会议文献分为会前文献、会间文献和会后文献。

（1）会前文献。会议召开前产生的文献，有会议通知、会议论文预印本、论文摘要等，往往会在会前或会议开始时发给会员。其中会议通知是参加学术会议和准备为会议提供论文必须查找的信息。

（2）会间文献。会议过程中产生的文献，包括议程、开幕词、闭幕词、会议记录、会议决议等。其中会议决议是会中重要材料，有的会后立即发表，有的不公开出版。

（3）会后文献。会议结束后，集结成册的会议录、论文集、会刊等。内容比较完整，编排比较系统。有可能不公开出版。

二、会前资源检索

（一）国内医学会前信息检索网站

1. 会议类网站

如由教育部主管的中国学术会议在线（http://www.meeting.edu.cn/meeting/）网站提供“会议预告”栏目，可对各学科会议关键字、学科、会议论文被国际检索工具收录情况及地区进行检索（图 9-27），也可直接在首页浏览最新发布和即将召开的境内境外会议。

2. 医学类网站

（1）特定学会、协会网站，如中华医学会各分会网站上基本都有专门的栏目提供由其主办的医学会议信息，可在这些栏目下浏览相关会议信息（图 9-28）。

（2）医脉通会议（http://meeting.medlive.cn/），可通过会议时间、地点、学科、参会专家及关键词检索会议信息。

（3）365 医学会议网（http://www.365huiyi.com/），可按时间、会议名称、论坛、讲题及专家查询会议日程，或在网站首页上浏览近期会议通知信息。

3. 搜索引擎

利用谷歌、百度等搜索引擎，以会议相关关键词进行检索，可查询国内外相关的学术会议信息。会议相关关键词中文可用会议、研讨会、学习班、讨论会和研修班等；英文可用 Conference、Congresses、Convention、Symposium 等（可查找国外医学会前信息资源）。

图 9-27　中国学术会议在线会议预告界面

图 9-28　中华医学会儿科学分会会议发布专栏

（二）国外医学会前信息检索

（1）HON（http://www.hon.ch/）提供医学会议专栏，可浏览或查询国际上即将召开的医学会议信息。还可按照日期、会议召开地等进行限定（图 9-29）。

（2）欧洲科学基金会（European Science Foundation，http://www.esf.org）在其网站的 Conferences 专栏提供即将召开和已召开的医学会议信息。

三、会间及会后资源检索

会间信息形式多样，有可能不正式出版发布，目前有一部分在网络上发布。部分提供会前信息资源检索的网站同时也提供会议视频、PPT 等会间信息，如上文中的中国学术会

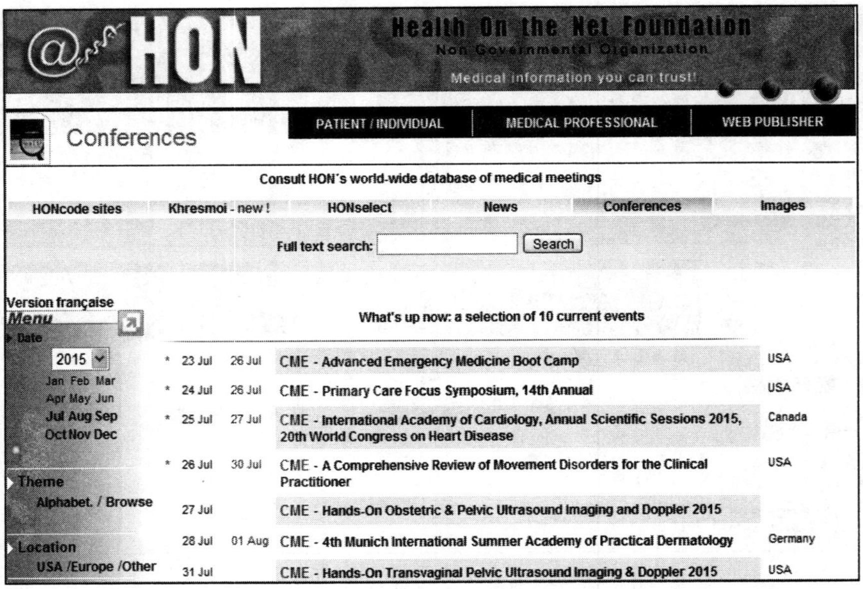

图 9-29 HON 医学会前信息检索与浏览

议在线，就可检索视频和会议摘要。可使用这类网站查找会间信息，也可用搜索引擎进行查找。会后资源往往由提供信息服务的数据库商或组织机构发布。

（一）中国会后资源检索

1. 中国知网会议论文检索

CNKI 的“国内外重要会议论文全文数据库”重点收录 1999 年以来，中国科协系统及国家二级以上的学会、协会，高校、科研院所，在政府机关举办的重要会议及国内召开的国际会议上发表的文献。其中，国际会议文献占全部文献的 20%以上，全国性会议文献超过总量的 70%，部分重点会议文献回溯至 1953 年，收录出版国内外学术会议论文集 2 万余本，累积文献总量 240 余万篇。提供会议论文主题、篇名、关键词、作者及会议名称等 10 余个检索入口（图 9-30）。

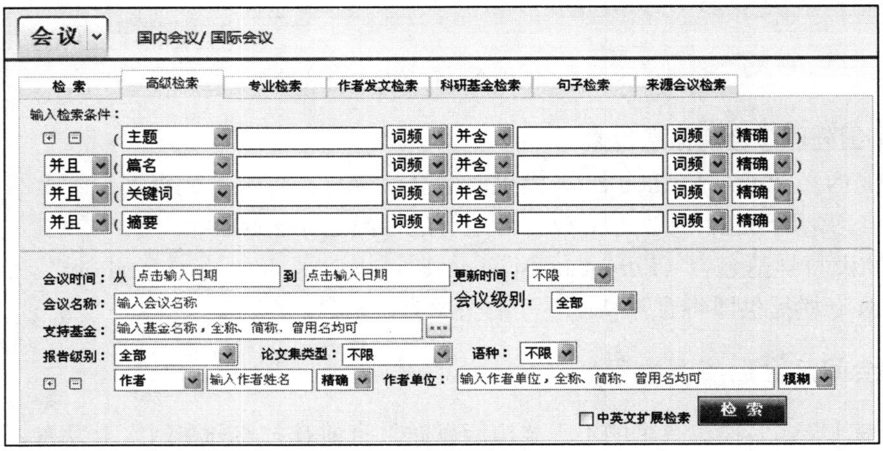

图 9-30 CNKI 会议论文高级检索

2. *万方数据会议论文检索*

该网站的学术会议文献数据库由中文全文数据库和西文全文数据库两部分构成，以国家级学会、协会、研究会组织、部委、高校召开的全国性学术会议论文为主，每年涉及近3000个重要的学术会议。“中文版”所收会议论文内容是中文；“英文版”主要收录在中国召开的国际会议的论文，论文内容多为西文。收录1983年至今中文会议，数据范围覆盖医学、农业、自然科学、工程技术等领域，至今已有会议论文280余万篇。提供会议文献的主题、题名、创作者、关键词以及会议名称、主办单位及会议ID等10余个检索入口。

3. *NSTL中文会议论文检索*

点击该网站首页的“中文会议”可进行中文会议论文检索。主要收录1985年以来我国国家级学会、协会、研究会，以及各省、部委等组织召开的全国性学术会议论文。目前有中文会议论文190余万篇。其会议论文提供会议论文题名、作者、关键词、会议时间和名称，以及公开出版会议论文集的ISBN号检索。

（二）国外会后资源检索

1. *NSTL外文会议论文检索外文会议论文检索*

点击该网站首页的“外文会议”可进行外文会议论文检索。收录1985年至今世界各主要学协会、出版机构出版的学术会议，目前有会议论文730余万篇，可检索字段与中文会议相同。

2. Web of Science CPCI-S

汤森路透公司的统一检索平台Web of Science（原ISI Web of Knowledge）提供了Web of Science核心合集数据库检索，其中包含Science Citation Index Expanded（SCIE）、Conference Proceedings Citation Index-Science（CPCI-S）及Conference Proceedings Citation Index-Social Science & Humanities（CPCI-SSH）等数据库。医学会议论文主要收集在CPCI-S中。CPCI-S前身是Index to Scientific & Technical Proceedings（简称ISTP，科学技术会议录索引），是美国ISI（科学情报研究所）四大检索工具之一，是检索国外会议论文的重要工具，必须购买才能使用。

第四节 学位论文信息检索

一、学位论文概述

（一）概念与特点

学位论文是表明作者从事科学研究取得创造性的结果或有了新的见解，并以此为内容撰写而成、作为提出申请授予相应学位时评审用的学术论文。

学位论文具有以下特点。

（1）内容的独创性与科学性。学位论文也是学术论文的一种，在内容上具有独创性和科学性。

（2）论述的系统性与详尽性。学位论文的系统性与图书不同，图书一般是围绕某个大问题进行系统论述，而学位论文则是围绕某个具体问题；同时由于其篇幅远远大于期刊论文，因此对研究的背景、材料与方法，以及结果与讨论都有详细的阐述。

（3）结构的固定性。学位论文结构比较固定，大部分包含封面、独创性声明、目录、中英文摘要、论文正文、参考文献及致谢。

（4）出版的多样性。学位论文一般不公开出版，以前部分学位授予单位的图书馆对纸质学位论文进行收藏、加工和利用，因此利用比较困难。随着各类数据库建设，学位论文大部分在网络上出版发布，不过仍有部分出于保密的目的不公开。

（5）论据的充足性。学位论文往往引用大量参考文献作为论述的依据，在提供信息的同时也有助于提供文献线索，帮助查找相关文献。

（二）类型

（1）按照学位名称来划分 由于各国学位制度不同，学位名称也有区别，因此学位论文的类型也不尽相同。如日本只有硕士和博士学位论文两种，而我国学位制度有学士、硕士、博士三种学位，学位论文类型也有学士论文、硕士论文和博士论文。

（2）按照研究方法划分 可分为理论型、实验型、描述型三类，理论型论文运用的研究方法是理论证明、理论分析、数学推理，用这些研究方法获得科研成果；实验型论文运用实验方法，进行实验研究获得科研成果；描述型论文运用描述、比较、说明方法，对新发现的事物或现象进行研究而获得科研成果。

（3）按照研究领域划分 可分人文科学学术论文、自然科学学术论文与工程技术学术论文。

二、学位论文文献检索

（一）万方数据学位论文检索

万方数据“中国学位论文全文数据库”与国内 600 余所高校、科研院所等学位授予单位合作，精选全国重点学位授予单位的硕士、博士学位论文及博士后报告，收录了自 1980 年以来论文，部分回溯至 1977 年，至今共有学位论文 320 余万篇。内容涵盖理学、工业技术、人文科学、社会科学、医药卫生、农业科学、交通运输、航空航天和环境科学等各学科领域。可检索字段包括学位论文主题、题名、关键词、摘要、创作者、日期、专业、学位授予单位、导师及学位等。

（二）中国知网学位论文检索

CNKI“中国优秀博硕士学位论文全文数据库”收录 1984 年至今全国 423 家培养单位的博士学位论文和 670 家硕士培养单位的优秀硕士学位论文，目前累积博硕士学位论文全文文献 2639743 篇。产品分为十大专辑，十大专辑下分为 168 个专题。提供学位论文主题、题名、关键词、摘要、目录、全文、参考文献、作者、导师、学位授予单位、学科专业名称等检索字段。高级检索还可限定优秀论文级别（图 9-31）。

（三）NSTL 学位论文检索

国家和科技图书文献中心（NSTL）提供中文学位论文和外文学位论文两个数据库，学科范围涉及自然科学各专业领域，并兼顾社会科学和人文科学，其中中文学位论文数据库主要收录了 1984 年至今我国高等院校、研究生院及研究院所发布的硕士、博士和博士后的论文。每年增加论文 6 万余篇，目前有学位论文 270 余万篇。外文学位论文数据库收录了

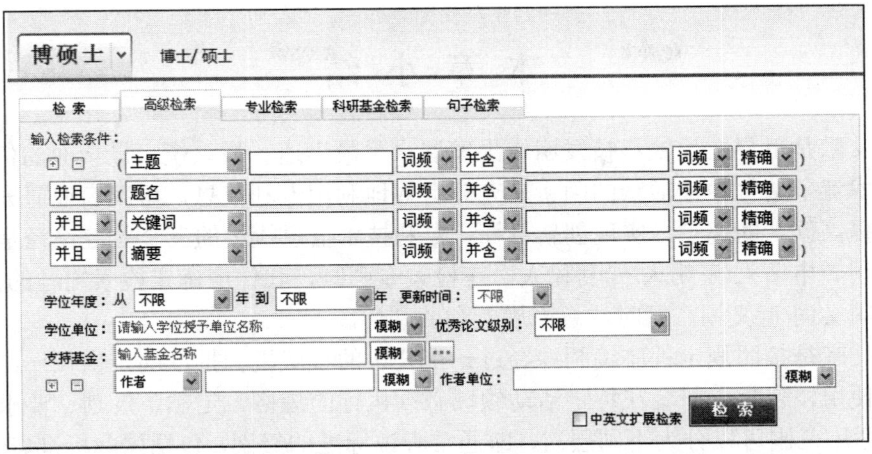

图 9-31　CNKI 中国优秀博硕士学位论文全文数据库高级检索

美国 ProQuest 公司博硕士论文资料库中 2001 年以来的优秀博士论文，目前有学位论文 37 万余篇，有极少原文暂不能提供。可检索字段包括学位论文题名、作者、关键词、文摘、导师、学位、培养单位、研究专业、研究方向和学位授予年。

（四）CALIS 高校学位论文库

中国高等教育文献保障系统是经国务院批准的我国高等教育“211 工程”，以及“九五”计划、“十五”规划中三个公共服务体系之一。其宗旨是，在教育部的领导下，建设以中国高等教育数字图书馆为核心的教育文献联合保障体系，实现信息资源共建、共知、共享。其网址是 http://www.calis.edu.cn/，网站的学位论文中心服务系统提供中外文学位论文检索和获取，其网址是 http://etd.calis.edu.cn/?artifact=（图 9-32）。目前该系统拥有博硕士学位论文数据逾 384 万条，其中中文数据约 172 万条，外文数据约 212 万条，且数据持续增长中。该系统提供简单检索和高级检索功能，可进行多字段组配检索，也可从资源类型、检索范围、时间、语种、论文来源等多角度进行限定检索。系统能够根据用户登录身份显示适合用户的检索结果，检索结果通过多种途径的分面和排序方式进行过滤、聚合与导引，并与其他类型资源关联。

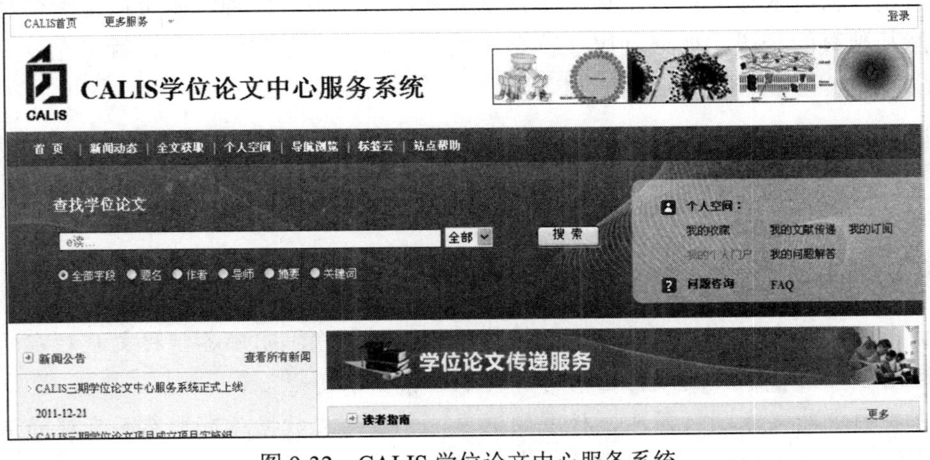

图 9-32　CALIS 学位论文中心服务系统

本 章 小 结

专利文献是世界上反映科技发明成果发展水平最迅速、最系统、最全面的信息资源，是科学技术竞争情报中最活跃的因素。充分有效地利用专利信息，可以启迪研究人员的创新思路，提高创新的起点，实现创新目标。专利技术信息检索的三个关键途径是IPC分类号、关键词、申请人/发明人/专利权人。在检索专利时，我们应确定检索主题的IPC分类/关键词的同义词/近义词，同时注意同族专利的利用。

标准文献是按照规定程序编制并经过一个公认的权威机构批准的，供在一定范围内广泛而多次使用，包括一整套在特定活动领域必须执行的规格、定额、规划、要求的技术文件。按其适用范围可以分为不同层次，即通常听说标准的级别，包括国际标准、区域标准、国家标准、行业或专业标准，地区标准、企业标准。标准文献的分类主要采用《中国标准文献分类法》、国际标准分类法（ICS）等分类系统。中国知网"标准数据总库"是目前国内数据量最大、收录最完整的标准数据库。

会议文献具有内容新颖、学术性高等特点，能反映某一学科或专题的最新成就和发展趋势，是重要的情报源。一些重要的会议在会后以不同方式出版正式的会后文献，比会前文献 更系统，价值更高。形式上主要是图书和期刊。同时利用预报会议检索工具、搜索引擎、相关网站可获得会议及会议文献信息资源。为了提高查全率，检索会议消息时，检索词要泛指一点；检索会议论文时，检索词可以专指一点。

学位论文具有独创性、新颖性、科学性的特色。其中博硕士论文大多质量较高，有新的信息，是一种很有参考价值的文献。中国知网学位论文库、万方数据中国学位论文库、国家科技文献中心中文学位论文数据库、CALIS高校学位论文库是检索国内学位论文的主要途径。ProQuest公司是世界上最早及最大的博硕士论文收藏和供应商，学科涉及文、理、工、农、医等多个领域。

特种文献虽然在形式和用途上有其特殊性，且检索工具众多，但其基本的检索方法、步骤和技术与其他学术文献相比，差别并不大。因此特种文献检索最需要掌握的是各特种文献的用途，何时应检索何种特种文献；掌握其检索资源，何种资源可以检索何种特种文献；掌握其独有的字段，如何利用其特有字段进行检索。做到这几点，就可充分利用各种特种文献。

实习六　特种文献检索实践

实习目的

掌握专利、标准、会议、学位论文等特种文献的用途，明确各特种文献独有的字段，能熟练运用各种检索工具满足自己的特种文献检索需求。

对重要的中外文专利数据库、标准数据库、学位论文数据库有形象而直观的认识，并通过相关作业的上机检索，巩固文献检索的理论知识与检索方法。

实习参考项目

1. 一位鱼鳞病患者收到了一份鱼鳞病药物的小广告，广告图文并茂，宣称该药物是唯一获得发明专利的鱼鳞病药物，并附有专利证书照片，上面标明专利申请号CN201013587387，IPC分类号A45P15/00。患者非常动心，向你咨询该药物，你如何查证？

2. 某医药企业看好一种兽用抗菌药市场，准备研制这种名为“氟苯尼考”的兽药，项目攻关组查阅文献发现，基本技术是利用D-对甲砜基苯丝氨酸乙酯作为原材料生产，但没有找到具体的技术工艺相关资料。他们应该怎么做？

3. 检索在我国申请的有关“缓释微囊”方面的专利文献，并写出申请号为CN01119935.0的专利发明人及全文说明书的页数。

4. 通过专利号检索同族专利，请查出下列专利的同族专利：GB2131728B、CA1181453、US4545120A。（提示：进入欧洲专利局网站搜索页面，进入检索页面后选择号码检索）

5. 为降低院内感染发生率，医院消毒非常重要。某医院想确保消毒工作质量，应该如何查找相关依据？

6. 查找有关专业方面的国家标准，写出一项强制性标准的名称、标准号、CCS（中标）分类号，并注明使用的数据库名称。

7. 查出我国有关猪肉冷冻食品生产销售的卫生标准，写出其中采用了国际标准和国家标准的标准各一条，并写出标准名称、标准号、标准颁发机构。

8. 讲授预防医学的X老师想利用寒暑假时间参加学术会议，与同行充分交流充电，应该如何查找暑假何时何地有相关会议？该老师在学期中没有时间参加会议，想了解2015年的中国转化医学和整合医学研讨会会议内容，应该如何查找？

学 习 检 测

一、选择题

（一）单项选择题

1. 不属于我国专利类型的是（　　）。

A. 发明　　B. 商标　　C. 外观设计　　D. 实用新型

2. 不属于专利文献的是（　　）。

A. 专利申请　　B. 专利公报　　C. 专利说明书　　D. 专利检索指南

3. 不能用来检索专利文献的是（　　）。

A. 维普　　B. CNKI　　C. 万方数据　　D. BIOSIS Previews

4. 不能用来检索会议文献的是（　　）。

A. NSTL　　B. PubMed　　C. CNKI　　D. Web of Science

5. 不能用来检索标准文献的是（　　）。

A. NSTL　　B. CALIS　　C. 万方数据　　D. Web of Science

（二）多项选择题

1. 专利权的特点有（　　）。

A. 独占性　　B. 地域性　　C. 新颖性

D. 时间性　　E. 创造性

2. 可通过（　　）等字段查找专利文献。

A．申请时间　　B．申请人　　C．专利权人
D．国际专利分类号　　E．申请号

3．可使用（　　）查找会议文献。
A．PubMed　　B．CNKI　　C．万方数据
D．Web of Science　　E．NSTL

4．可通过（　　）等字段查找标准文献。
A．标准状态　　B．关键词　　C．国际标准分类号
D．标准号　　E．IPC 分类号

5．可通过（　　）等字段查找学位论文。
A．作者名　　B．学校代码　　C．学校名
D．MeSH　　E．专业名

二、判断题

1．使用专利不一定向专利权人付费。（　　）
2．专利权归发明人所有。（　　）
3．中国国家知识产权局网站提供的专利检索系统只能查找中国专利。（　　）
4．欧洲专利局网站可以检索中国专利。（　　）
5．标准文献具有法律效力。（　　）

三、思考题

1．简述我国的专利审查制度。
2．专利、标准、会议论文及学位论文各有哪些特有的可检索字段？
3．结合专利文献的特点，总结专利文献的作用。
4．为什么要检索专利的法律状态？
5．查阅标准文献有什么作用？
6．不能参加学术会议是否还有必要查找与自己研究方向相关的学术会议会前信息？
7．高职高专的同学们是否有查阅硕博学位论文的需要？
8．利用 CNKI、万方等工具进行检索而未限定文献类型时，如何判断检出文献中是否含有特种文献？

（胡　虹）

第十章 学术性信息资源评价、管理与利用

学习目标

1. 了解学术性信息资源评价的重要性，掌握理解不同资源的信息评价标准。
2. 学会多种类型信息资源的综合分析和整理利用，具备一定的信息获取、评价与利用能力，培养科学批判性思维能力，提高信息组织与信息创新的能力。
3. 理解信息过滤与知识管理工具的使用原理及方法，能应用 web2.0 技术有效地进行信息收集，能应用文献管理软件进行高效资源管理。

第一节　学术性文献信息资源评价

学术性文献信息资源的高质量、高效率获取能力是学习能力和研究能力的基础。就目前文献资源的发展状况来看，整体呈现出实体资源的快速数字化、虚体资源呈几何倍数增长的特点，资源的丰富性带来甄别的困难，要求我们对学术性文献信息资源进行分析、评价、筛选，有效提高检索效率。资源信息的分析和评价涉及诸多因素，有多种分析和评价的方法，一般划分为定性评价法、定量评价法和综合评价法。

以下我们仅就学术性文献资源评价、网络信息资源评价、数据库评价要素进行讨论。

一、文献信息资源的组织与评价

通过多种方法搜集获得的信息资源通常是无序的，且有可能混杂着陈旧、虚假甚至错误的信息，因此有必要对其进行筛选、鉴别，有效排除无用信息，通过整理与组织，使得无序的信息变得有序，以便更高效地利用。信息资料的整理组织一般分初步分类筛选、阅读、分类组织三个步骤。

（一）文献信息资源的组织方法

文献信息的组织方法可划分为按文献信息的形式特征组织和按文献信息的内容特征组织两种方法。文献信息的形式特征组织方法通常是按文献的题名、作者、发表或出版时间、地区等特征进行组织；文献信息的内容特征组织方法通常是按文献的分类、主题等特征组织。

（二）文献信息资源的评价要素

文献信息分析是信息调研过程中的重要一步，是一种对信息定向选择和科学分析的研究活动，通过对信息进行鉴别、评价、筛选、分析、提炼、组织、综合研究等一系列过程，

对特定需要的信息进行深度加工，是信息从无序到有序、重新进行定位的过程，也是创造新信息、发现与利用信息新价值的过程。

信息分析根据不同的标准，可以分为不同的类型。从分析的内容角度划分，可分为科学信息研究、技术情报研究、经济和市场信息研究；从研究内容的时间划分，可分为历史研究、现状研究和未来发展研究；从课题类别划分，可分为科学与技术政策信息研究、水平动向发展趋势研究、经验教训研究、战术技术信息研究、市场供求与产品结构研究、技术经济信息研究、科技管理科学化经验信息研究等。无论类型如何，通常我们要从可靠性、先进性和适用性三个方面来评价文献信息资源的价值。

1．可靠性评价

可靠性评价是指对文献信息资源的内容是否具备科学性、真实性、准确性、系统性等进行评价。立论科学、数据精确、逻辑严谨、阐述完整、技术成熟的文献资料可靠性较高，通常会从文献的作者、出版单位、来源和类型、文献的被引情况等多方面来加以衡量，一般来说，由著名学者和专家撰写、著名出版社出版、官方与专业机构人员提供、登载在核心期刊上及引用利用率较高的文献，其可靠性更高。

2．先进性评价

先进性评价可以从时间和空间两方面来考虑。表现在时间上，要评价信息内容的新颖性如何，并确定文献内容在现有现状上是否有创新或突破；表现在空间上，要评价信息内容的领先程度和水平，如世界领先、国内领先、地区领先等。另外，也可从资料的来源、发表的时间等方面来判断，如由科技发达的国家发表、被世界行业著名期刊刊载等。

3．适用性评价

对信息价值的适用性评价通常是在可靠性和先进性基础上进行，需将信息供需双方的情况加以比较，即文献资料对用户的适合程度与范围，资料与课题相关、密切程度等。

（三）文献信息分析的基本方法

1．文献信息分析方法

文献信息分析的方法众多，大体可以归纳为定性分析和定量分析两大类。

文献的定性分析又被称为文献法，一般是对文献中所包含的信息进行分类，选取典型的例证加以重新组织，并在定性描述的基础上得出结论。文献的定性研究不太注意文献资料的数量特征和完整程度，往往根据研究者自身兴趣和课题要求选择小样本或个案进行研究，其在辨别过去的趋势并用该信息去预测与此相关的未来模式方面具有特别的价值。

定量分析是利用数学模型进行信息分析与研究的方法，又叫内容分析。它是对明显的文献内容作客观而系统的量化并加以描述的一种研究方法，其实质是将用语言表述的文献转换成用数量表示的资料，有助于使用正式的假设、科学地抽取大型样本及计算机等现代统计技术对文献作出分析研究，主要用于趋势分析、比较分析和意向分析等方面。定量分析具有明显性、客观性、系统性和量化性等特点，是对大量文献进行系统结构分析，可弥补定性研究缺乏系统和确切性的不足。

定性分析与定量分析的关系是统一互补的，定性分析是定量分析的基本前提，没有定性的定量是一种盲目的定量，而在分析过程中结合定量分析可以促使定性分析得出更广泛而深入的结论。在信息分析研究中具体方法的运用要根据具体研究内容而定，常常是两者结合的运用。

2. 引文分析法

引文分析法即根据某一学科领域内，某一篇论文或某一种期刊的被引用次数来反映该论文或期刊在某一时期内的学术影响力。学术期刊质量评估因素很多，目前国际上统一采用的计量指标是期刊的影响因子，以及即年指数和被引总频次等。尽管影响因子和被引频次主要是针对学术期刊的影响力而言的，但期刊的质量与其所刊载论文质量有着直接的关系，因此这两个指标也是评价论文质量的重要手段。

影响因子（impact factor，IF）：指某刊前两年的载文被第三年引用的次数与前两年的载文总数之比。影响因子是目前国际上通用的期刊评价指标，一般来说 IF 值越大，就表明期刊被引用的程度越高，说明它的影响力和学术作用也就越大。

总被引频次（The total cited frequency）：指该期刊自创刊以来所登载的全部论文在统计当年被引用的总次数。它可以显示该期刊被使用和受重视的程度，以及在科学交流中的作用和地位。

【案例 10-1】利用引文分析方法进行文献深度应用

文献之间相互引证，由此产生的引文数据，从而建立了相应的引文数据库，它不仅可以检索相关文献，而且揭示科学之间的学术流，还可以就研究人员的科研绩效和期刊质量进行评价。引文检索可以在时间上向前回溯某作者写作论文时引用的参考文献，或者追踪该论文发表后的被引用情况。从中追踪竞争对手的研究情况，回溯某个研究的起源，也可以将参考文献作为作为检索主题词，探索研究论文之间的隐藏联系。

二、网络学术信息资源评价与选择

（一）网络学术信息资源评价要素

网络信息资源具有非控制性、非均衡性、异构性及动态性特点。网络信息发布具有很大的自由度和随意性，其信息内容既有科学前沿研究报告，也有大众通俗读物，既有已经加工整理的信息，也有无序的原始信息，既有较大参考价值的信息，也有毫无用处的“信息垃圾”，甚至还有不少虚假信息，这就导致了网络信息资源利用的价值差异较大，因此，如何有效地进行网络学术资源的评价显得更为重要。对网络信息的评价主要是针对信息源的内容进行，主要从权威性、完备性、可靠性、原创性、新颖性、稳定性、网络资源形式等要素展开评价。

1. 权威性评价

权威性评价包括评价信息源在本学科领域的影响力、知名度、学术水平。通常会求证该网站（页）的主办者是否为有声誉的大学、学会或协会、实验室；网站是否通过权威评价机构评价；所选的站点是否被多个网络站点链接；网站是否由某公司、机构或某领域的权威或专家赞助；其客观性如何，是否有商业网站的倾向性；信息提供者的教育背景、职业背景及专业研究方向、是否是权威专家或专业人士；信息是否过滤、是否经过同行评议；资源是否由相关的权威机构或专业人员推荐，是否与权威机构页面有共同的链接；信息是引用或是原创等诸多因素的评价。

2. 准确性评价

准确性评价包括信息资源是否准确、完整、规范，具体包括：①内容的准确性。②格式和链接的准确性，如资源的导航是否能正常访问，是否提供信息的来源和出处供用户进一步核查；网页引证的书目或提供的参考能否证实信息的准确性；句法和拼写是否准确等。

3. 稳定性评价

稳定性评价包括信息资源提供者是否是能稳定运行的机构，链接速度如何，子页面是否都能正常浏览，是否能持续提供给用户使用等。

4. 可获得性评价

可获得性评价主要考虑：①提供信息的完整度如何：是否提供题名、摘要或全文信息形式；②提供检索的方便性如何：是否提供简单检索、高级检索；③信息是否有使用限制：免费使用还是注册使用；④访问资源的方式是否依赖用户使用的设备：是否需要专门软件（如浏览器），是否有方便的导航，链接如何，是否有清晰的标签，是否提供方便的打印等功能，是否能发送到电子邮箱，是否提供多种检索方式，检索信息的效率如何，有无订制功能等。

5. 时效性评价

时效性评价括提供信息的时间、更新频率、最近的修改日期如何等。数据内容的更新频率越高，内容的时效性就越强。

6. 形式因素评价

对网络资源形式因素进行评价主要包括：美观性、条理性、查检性、帮助性及易用性等因素。同时我们还可参考大型的门户网站、网上著名评价站点对网站的评价、网站排名结果，专家、学者和用户的评价意见，搜索引擎的评价结果，点击率状况以及专门评价软件的评价结果等多种方式进行综合评价。

（二）网络信息资源评价方法

按照评价者划分，网络信息资源评价方法可分为第三方评价、用户自我评价和网络计量法，第三方评价是目前主要的评价形式。目前提供网络信息评价的人员和机构主要有政府、商业机构、图书馆、信息机构、非营利性组织及个人。

1. 第三方评价法

第三方评价法是由第三方根据特定的信息需求，建立符合特定信息需求的信息评价指标体系，按照一定的评价程序或步骤，得出网络信息的评价结论。

2. 用户评价法

用户评价法是由网络资源评价的专业机构向用户提供相关的评价指标体系和方法，由用户根据其特定信息需求从中选择符合其需要的评价指标和方法。

3. 网络计量法

网络计量法是根据网络信息的自身规律进行定量网络信息评价的方法，它是一种基于数学和统计学的定量分析方法，通过对研究对象的外部特征定量分析间接反映内容的相关关系。网络计量学的研究对象主要包括三个层次：网络信息的直接计量，网上文献信息及其相关特征信息的计量，网络结构单元的信息计量。

知识链接

HON 医学和健康网站网络道德准则

HON（Health on the Net Foundation）于 1995 年 9 月在日内瓦成立的一个网上的非营利性质瑞士基金会，现已成为提供医学信息的门户网站，其目标是提高因特网上健康信息的可靠性，帮助用户获取可靠、正确的医学和健康信息，为此，1996 年制定基于网络权威性的、可信赖的医学信息而制定的 HON 行为准则（HONcode），凡自愿加盟的网站，必须遵守准则条款。

因特网上任何人都可以架设网站、发布任何形式的信息并对所有人开放，因此，网络上的问题不再是如何找到资料，而是评价信息发布者是否可信赖以及从网上找到的资料是否合适和正确。HONcode 于 1996 年 7 月制定和发布，1997 年 4 发布新版并沿用至今。其评价网络健康信息的八大原则是：权威性、信息补充性、用户隐私权、信息的引用、陈述信息的内涵、公开信息提供者身份、赞助商、广告政策公开化。健康在线基金会制定的 HON 准则目的是促使网上发布的医学健康信息的质量标准化，它只是制定了一套规则，让网站开发者在发布信息的时候，遵循一个基本的道德标准，同时帮助读者确信他们总是可以知道正在阅读的资料的来源和目的。从 HON 主页进入 HONcode 专栏，可对所有加盟网站进行关键词搜索，检出结果按相关度排序。其网址为 http://www.hon.ch。

三、全文型文献数据库评价与选择

全文型数据库集题录、文摘、全文文献信息于一体，通常提供一站式文献信息服务，有适合各种类型用户使用的强大检索功能，是图书情报部门提供文献服务的重要资源类型，也是读者最乐于接受与使用的文献检索方式之一。目前全文型数据库品种众多，对其进行评价与选择，有助于提高检索质量。对全文型文献数据库的评价标准必须坚持科学性、整体性、可行性、动态性和针对性的原则，评价要素包括内容要素评价、界面设计及检索功能要素评价和可获得性要素评价三个方面。

1. 内容要素评价

内容是一个数据库的真正价值所在，内容的质量要从内容的权威性、覆盖面和收录时间三个方面进行评价。从权威性讲，全文型文献数据库体现在出版者、审查制度和收录文献等方面，如数据库收录的文献是否是特定专业领域的高质量论文，是否有严格的审查制度来保障数据库的权威性；覆盖范围则包含覆盖内容和覆盖时间两方面的因素，它可以划分为综合性和专业性两类全文型文献数据库，其覆盖原文的广度、提供内容的多少等均是至关重要的评价指标；从时间性讲，全文型文献数据库与纸质型文献相比在出版上要滞后一个时间差，出于商业竞争性服务的结果，目前有的数据库产品与纸质型文献做到了零时差，有的数据库生产商还提供预印本期刊全文。

2. 界面设计及检索功能要素评价

界面设计及检索功能要素评价包括界面是否简洁直观，读者使用是否方便快捷，是否为用户提供适用的检索工具：包括检索途径、二次检索、高级检索及其他检索技术的应用、有否完善的功能菜单等；还需对系统响应速度、使用灵活性以及读者对人机交互性进行评价，如能否提供多种形式的链接，是否具备强大的个性化服务内容，以实现深层次检索的需要；同时强大的浏览功能、系统提供的下载速度等要素也是很重要的评价指标。

3. 可获得性要素评价

可获得性要素评价包括数据库产品采购方式、传递方式、在线服务、售后服务等方面的评价，如使用付费方式是否灵活、多样，网络数据库传递方式是否有镜像数据库、包库形式等多项保障，检索速度如何、稳定性如何，数据更新是否及时；是否提供在线管理、维护及在线使用统计分析报告等功能；在售后服务方面其用户培训、数据库的维护等方面是否有良好的服务。

网络数据库的评价是一个复杂的问题，通过评价要素对数据库做出较为全面、客观、合理的评价，为高效利用数据库资源提供了依据。

第二节　信息过滤与知识管理工具

一、云笔记软件

（一）关于云笔记软件

云端笔记管理工具是专注于简单高效的个人记事工具，具有云端同步功能，可实现网页、手机客户端之间的信息同步，用户可随时随地进行查阅和编辑。云笔记软件的基本功能有能够随时随地记录，自动汇集，跨平台多设备云同步，支持录音、照片、文字、涂鸦、网址、网页、邮件等各种格式文件，支持共享、协同工作。

此类软件具有以下特点。①能导入各种类型的文件，可一次性地导入文件夹中的所有文献，也可导入单篇文献。②在信息组织方面，既可建立数据库，并提供数据库记录的编辑功能、自动建立索引功能、网页抓取功能，也可建立文件夹方式组织导入的信息。③具有逻辑检索功能，对检索结果中的文本，能反像显示检索词，可按相关度、字顺、时间等排序。④同时有较好的隐私保护功能，可设置安全口令。⑤在软件辅助性能方面，具有内码转换功能、自动备份功能，自带必备插件，维护管理简便。

（二）常用云笔记软件简介

1. 有道云笔记

有道云笔记是网易出品的云笔记软件。数据同步到服务器，能随时随地查看工作、个人资料。免费，支持的附件类型多。管理组织工作的高效助手。有道云笔记的发布给广大用户带来了“随时随地，记录一切”的优质体验，提供了高达 2G 的初始免费存储空间，支持图片附件上传，采用“三备份存储”技术，并能实现增量式同步，与网易多个应用关联，支持 PC、Android、iPhone、iPad、Mac、WP 和 web 等平台应用，其网址为 http://note.youdao.com/。

2. 为知笔记

为知笔记定位于高效率工作笔记，主打工作笔记的移动应用，引入了云的概念，开发了多平台、多终端的产品线，数据在电脑、手机、平板、网页可通过同步保持一致。除了常用的笔记功能保存的网页、灵感笔记、重要文档、照片、便签等，为知笔记重点关注“工作笔记”和“团队协作”这两个方面，解决团队记录和团队协作沟通的需求，可以用来收集和分发资料、传递知识经验、汇集项目文档、共享教育资源、管理公告和档案、记录会议和工作日志、保留客户沟通记录、分享灵感和创意。个人用户是免费永久使用，企业用户需要购买 VIP 服务或者积分兑换，其网址为 http://www.wiz.cn。

3. 百度云记事本

百度云记事本是一款小巧轻便的记事工具。实现了实时 web 端记事本、iPhone 端记事本、android 端记事本 3 端同步，方便随时随地记录你的想法。百度云记事本提供了便捷的记事体验和快捷的信息查阅功能，其网址为 http://note.baidu.com。

4. EverNote/印象笔记

EverNote 是一款在国外非常著名的笔记软件。它不仅具备强大的笔记捕捉功能，采用了独特的分类方式，支持 filter 的自动整理、即时搜索，支持多平台使用，其网址为 https//www.evernote.com。

（三）EverNote/印象笔记基本操作

1. 下载印象笔记

进入 https://www.evernote.com，根据需要选择相关“印象笔记”软件下载，适用于移动设备的有 iOS、Android、Windows Phone 等平台，适用于电脑有 MAC OS X、Windows 平台，适用于可上网的设备有移动网页版和 web 版。

2. 注册并登录账号

新用户输入自己邮箱，通过邮箱验证，设置密码就完成注册。其账号分为免费账户、标准账户和高级账户。标准账户适合经常使用印象笔记的用户，享受更大的月上传空间、离线访问笔记等功能，随时随地找到所需信息。高级账户可以享受每月无限上传流量，以及文档深度搜索、标注 PDF 文件、一键演示笔记等强大功能。企业版是为企业推出的团队工作空间，包括高级账户的全部功能、管理控制工具及最高级别的用户支持，帮你灵活安全分享信息、随时随地推进项目、轻松管理席位和数据。

3. 创建笔记、笔记本

如图 10-1 所示的印象笔记的界面，上面是菜单和快捷栏，左侧是笔记和笔记本的列表。右侧是笔记的详细内容列表。在印象笔记中有【笔记本】和【笔记】两个概念，其中【笔记本】就相当于一本书，【笔记】则相当于这本书中一页一页的笔记。可以新建各种类型的笔记本，在笔记本中新建自己的笔记。另外笔记本和 Windows 的文件夹一样，可以嵌套其他的笔记本。这样就可以更详细地对笔记分类了。

4. 共享笔记

印象笔记账户里的项目计划、会议记录、文档资源等任何一个笔记本都能邀请朋友或同事加入，一起共享资源，同步进度。 免费用户可以邀请他人查看笔记本和笔记本里的动态；高级账户可以邀请他人修改甚至再邀请其他人共享笔记本，如图 10-2 所示。

5. 用剪藏保存网页

为浏览器安装印象笔记 • 剪藏，从此告别复制粘贴，一键保存网上的精彩图文到印象笔记，并能随时随地查看和编辑。

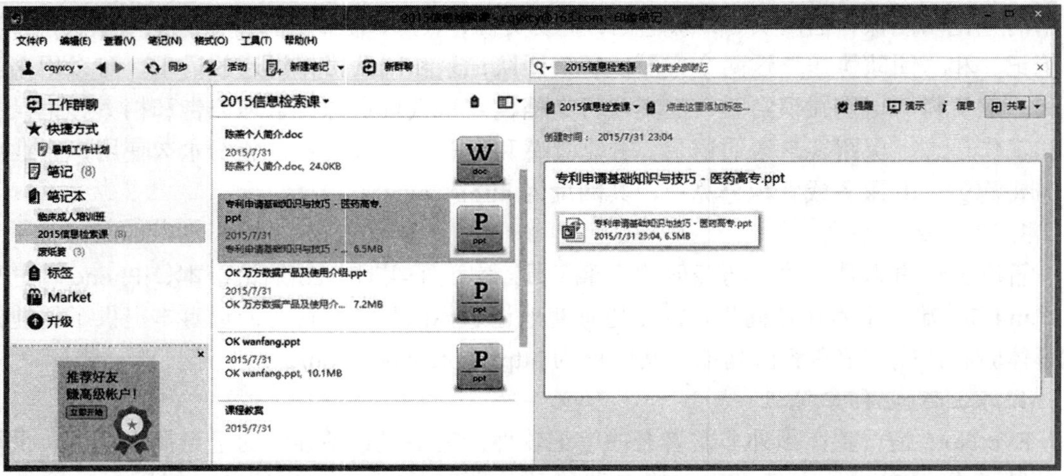

图 10-1 创建笔记、笔记本操作界面示意图

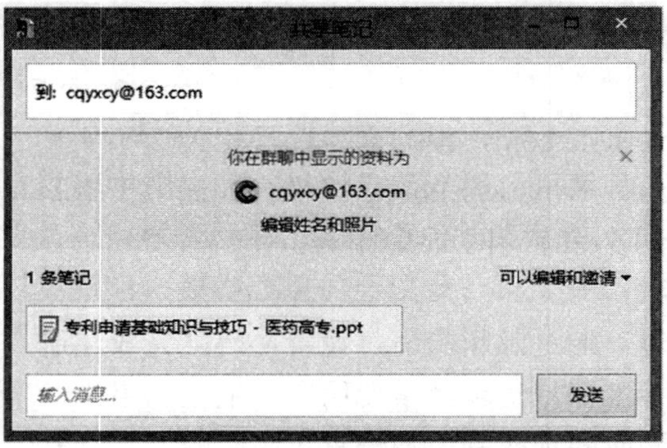

图 10-2 共享笔记操作界面示意图

6. 印象笔记中的同步方式

所有云同步笔记都会被同步到印象笔记服务器端，所有印象笔记客户端都会连接到数据存储服务器以得到每个用户的最新数据信息。每一次同步操作都会对你的服务器端数据产生影响，任何更新内容都会被上传到印象笔记数据存储服务器端，之后就可以将这些内容同步到 iPhone/iPad 等其他的设备。不过对于个人隐私文件设置共享时须特别注意个人信息安全问题。

更多应用参考印象笔记 https：//www.yinxiang.com/contact/support/中用户支持栏目相关内容。

二、云存储&云同步的数据备份管理

（一）网络虚拟盘的主要种类

1. 网络盘

网络盘又称网络 U 盘，主要是为了让自己存放文件或向别人提供下载文件，放在运营商服务器端，网络盘资源消耗大，对下载速度要求高，因此绝大多数网盘都会限制单个文件的大小，并提供简单的同步功能。代表性的有微云、360 云盘、Skydrive、Onedrive 等。

2. 同步盘

同步盘主要是自己同步文件，对多台个人用的电脑、手机、平板等访问，是个人或团队的效率工具，服务器主要是一个备份和提供同步中转的平台，对分享的需求小，对下载速度要求低，但对稳定性要求高，对修改后的文件可以自动同步，文件修改要有历史版本控制，要求空间大且单文件足够大。代表性的有金山快盘、Dropbox 等。

（二）网盘简介

1. 腾讯微云

2013 年 8 月 29 日，腾讯微云正式宣布推出 10T 免费云空间的重磅服务，此举使得个人云存储从“G 时代”进入“T 时代”，大大提升了个人云存储服务的标准，通过微云方便地在手机和电脑之间同步文件、推送照片和传输数据。腾讯微云提供高达 32G 单文件上传容量，且通过 QQ 和微信这两大平台的底层植入，实现了用户在腾讯产品矩阵下的一站式体验：您可以通过 QQ、微信、QQ 邮箱、Qzone 等，随时随地上传或下载自己的文件，并通过腾讯社交链条进行便捷的分享，使用起来非常方便，其网址为 http://www.weiyun.com。

2. Dropbox

Dropbox 是一款非常好用的免费网络文件同步工具，是 Dropbox 公司运行的在线存储服务，通过云计算实现因特网上的文件同步，用户可以存储并共享文件和文件夹。Dropbox 提供免费和收费服务，Dropbox 的收费服务包括 Dropbox Pro 和 Dropbox for Business。在不同操作系统下有客户端软件，并且有网页客户端。提供免费和收费服务，新注册用户可免费获得 2GB 空间，Dropbox 专业版已将容量提升到了 1T。其网址为 http://www.dropbox.com。

3. 金山快盘

金山快盘由金山软件研发的一款基于云存储的免费同步网盘服务，服务用户超过 1.2 亿，具备文件同步、文件备份和文件共享功能，平台覆盖 Windows、Mac、Ubuntu、Android、iOS、WP、Web 等七大平台，只要安装快盘各客户端，电脑、手机、平板电脑、网站之间都能够直接跨平台互通互联。快盘全球首创的云桥设计、云相机等功能大大降低了普通用户的使用门槛，以快速、安全、易用、实用赢得用户青睐，个人版推出“1T 空间永久免费”计划。2014 年 9 月 9 日快盘正式加入迅雷大家庭，其网址为 http://www.kuaipan.cn。

其他常用网盘还有百度云网盘、华为网盘、360 云盘、纳米盘、115 网盘、Google Drive、iCloud 苹果云等。

（三）网盘搜索工具

网盘搜索工具就是可帮助我们快速搜索出一些网盘资源分享链接的工具，下面简单介绍几款。

1. 网盘快搜

网盘快搜是网盘文件搜索引擎，新增了图片搜索功能，可以直接浏览符合关键词的图片，改进了搜索结果的排序规则，更新的结果会排在更靠前，提供 Android 手机客户端，新增六大网络硬盘的分类标签，方便您更快找到需要的资料。涵盖 27 个主要的网络硬盘提供网站，如纳米盘、飞速网、魔方网、115 网盘等，其网址为 http://www.kuaisou.me/。

2. PanSou 盘搜

盘搜是国内老牌的网盘资源搜索引擎，也是集百度网盘搜索、乐视云盘搜索、迅雷快传、城通网盘、华为 DBank 等多种优秀网盘搜索功能于一身，是数千万盘友首选网盘搜索工具，其网址为 http://www.pansou.com/。

3. 找文件

找文件是一个专业的网络硬盘文件资源搜索引擎，可以对百度网盘搜索、迅雷快传搜索、RayFile、华为网盘，新浪爱问等资源丰富的网盘，另外还提供在线文档、PDF 电子书等搜索，其网址为 http://www.zhaofile.com/。

三、文献管理软件

（一）关于文献管理软件

当所需文献的总量积累到一定程度后，靠传统的方式进行收集和管理就变得十分困难，为方便解决诸如将阅读时产生的思考实时记录并与文献本身联系起来，在写论文时方便地按照不同格式输入中文标引和文后参考文献列表等问题，就产生了专门的文献管理软件。文献管理软件是学者或者作者用于记录、组织、调阅引用文献的计算机程序，一旦引用文献被记录，就可以重复多次地生成文献引用目录。例如，在书籍、文章、论文中的参考文献目录。文献管理软件能帮助读者在整个科研流程中高效利用资源，它通常可具有以下功能：检索并管理得到的文献摘要、全文；可在论文中的指定位置方便地添加文中注释，然后按要求自动生成参考文献索引。

（二）常用文献管理软件介绍

1. NoteExpress

NoteExpress 由北京爱琴海软件公司开发，功能与 EndNote 类似，更符合中国人使用习惯，容易上手，对中文环境支持非常好，并且与 Word 兼容的比较好。NoteExpress 本身集成了 CNKI，万方，维普，ISI，PubMed 等数据库，可以在软件中通过统一的界面检索，检索结果直接保存到自身数据库中，其网址为 http://www.SciNote.com/。

2. NoteFirst 知先知识管理与科研协作系统

NoteFirst 是国内首款基于知识管理功能的团队科研协作系统，产品基于 Science2.0 的理念，提供期刊 RSS 订阅、主题订阅、知识卡片摄取、电子书自动形成、文献管理等功能，论文写作时自动形成参考文献。支持多种其他软件的文件格式，并集成了多语言系统，并定期进行版本升级，由西安知先信息技术有限公司开发并提供技术支持，用户可免费下载，基本功能使用免费，但高级功能需要购买开通，其网址为 http://www.notefirst.com/。

3. 医学文献王

医学文献王是北京金叶天翔科技有限公司开发的一款是面向医学生、医学工作者的文献管理工具软件。该软件集文献检索、文献管理、全文求助、论文写作等功能于一体。主要功能如下：直接检索 PubMed、CNKI、万方、维普数据库；PubMed、CNKI 自动更新，能自动生成参考文献和引用编号；能对不同来源的文献资料进行管理，不仅可以管理从 PubMed、Cnki 数据库中直接下载的数据及新生成数据，还可以通过导入过滤器，导入不同来源的文献资料，如国内的清华同方 CHKD、CBMdisc、CMCC、VIP、万方等，国外文献管理软件 EndNote，Reference Manager 的支持格式，用户还能够用 my doc 过滤器导入任何格式的数据，如 pdf，caj，doc，txt，exe 等。医学文献王不仅可以自动下载全文（对于收费的全文需有权限），还可以直接发送全文求助信息到医脉通平台求助全文。医学文献里标准版可免费使用，但部分功能受限，如需使用全部功能，使用激活码激活为专业版。2014 年 8 月最新版为 Version4.1.1，其网址为 http://www.medscape.com.cn/。

4. EndNote

EndNote 是一款参考书目管理工具，由 ISI 出品，功能强大，搜索查询方便，与 Word 无缝连接，支持中文。其 Web 版可供 ISI 的用户在线免费使用。它能方便地扩展任何语言参考书目，允许你创建任意大小的文献库、搜索在线书目数据库、组织参考书及图片、快速创建参考书目。EndNote Web 是 EndNote 的网络版，ISI 用户可免费使用，与 web of science 无缝链接，在 word 里可以直接使用，其网址为 http://www.myendnoteweb.com/。

（三）个人数字图书馆及其利用

网络化学习环境下，人们自主性、个性化学习需求变得更为突出，随着个人所拥有和获取的数字化学习资源的不断增多，为了轻松、高效、科学地管理和利用海量信息资源，以满足个性化资源管理与利用的信息管理工具——个人数字图书馆出现了，并逐渐为大众所接受，且应用日趋成熟。武汉大学陈光祚教授在《图书馆学情报学研究与发展报告》(2001—2 号）中认为：所谓个人数字图书馆是指个人为了读书治学的目的，在自己的计算机上采用免费或基本免费的全文数据库软件，将有关的网上信息和自创的数字化信息资源进行采集、整理、存储，使之成为有组织的信息集合。个人数字图书馆平台是文献信息有效管理的良好方式。

利用个人数字化图书馆平台，我们可按需进行丰富的个性化定制，如定制学术资源、主题资源，跟踪同行学者，追踪科研动态，推送期刊、报纸、会议信息；也能方便地进行个人资源管理，如管理本人发表的文章，了解文章被引用情况，进行文章收藏；同时可方便地进行个人知识空间构建，通过专著、论文、工具书，引文管理，搭建起自己的学术圈，生成从事的科研项目跟踪图等情报信息等等。

【案例 10-2】个人数字图书馆的构建——以 CNKI 科研人员个人数字图书馆为例

1. 创建个人数字图书馆

登录中国知网（http://www.cnki.net）主页，页面左侧即显示登录入口。

第一步，填写个人馆注册信息，在填写个人信息时，注意输入确保收到能激活个人馆所需邮箱。

第二步，选择个性化服务模板，根据自己所在的单位或工作性质选择个性化服务模板；并可选择智能建馆模式快速创建。

第三步，申请连通机构馆，选择关联机构馆，系统可根据关联单位数字图书馆，免费使用所需各种资源，能获得系统的推送服务。

第四步，激活个人馆，点击“创建完毕”；进入个人邮箱，点击邮件确激活个人馆。

若没有收到确认邮件，可采取下面两种方法解决：①到垃圾邮件目录里找；②用邮箱地址向 commerce@cnki.net 发送一封邮件，以用户名为标题，工作单位/学校名称为正文，几分钟后即可直接从首页 www.cnki.net 登录。

需要注意的是创建在“中国知网”上的“个人馆”，题录摘要，“中国知网”订制范围限于该网可提供的全部内容，但下载全文需要按篇计费。

2. CNKI 医生个人数字图书馆

医生个人数字图书馆是“中国知网”专门为医学科研工作者及管理人员开发的个性化医学信息资源服务系统。通过互联网和机构内部网实时、自动推送本人关注的最新权威专业信息，信息内容覆盖了我国公开出版的 9000 多种期刊及医学相关专业期刊，国内主要医科院校和研究院所的优秀博硕士学位论文，医疗卫生行业组织和医学学术团体的专业会议论文，国内重要报纸、医学工具书、图谱、年鉴、标准、古籍等。

医生个人数字图书馆提供了超越一般的资源订阅方式，为用户提供了个性化、交互式学习研究的空间。医务工作者用户可按需订制资源、检索平台、功能、情报服务，按需配置显示模板和显示方式。

系统支持对数据库专辑、学科专业、整刊资源及各种类型单篇文献的定制，可按需定制资源，建构个性化资源馆。在检索功能可使用多种检索方式对馆内文献进行检索，并可通过强大的检索结果分组排序功能实现对检索结果的筛选，能保证在最短时间内获得最精确的检索结果，方便实现对检索结果的个性化收藏。系统提供满足用户学科调研及情报分析的需求的个性化服务，如用户可以定制自己喜爱的学者、机构、学术出版物、科研项目、检索式、投稿信息、学术论坛等；定制、推送一系列相关的情报信息，也可加入所在机构的机构数字图书馆，免费享用机构馆中各项资源，并与机构其他成员交流沟通。

可见，在信息化时代，每一位专业人员都可利用“个人馆”这样一类高超的情报搜集和知识服务专家系统，为学习、科研与创新提供良好的资源管理与利用平台。

第三节　Web2.0 在信息获取中的典型应用

Web2.0 仍属于信息管理与交流技术，它是相对于 Web1.0 的新的时代，指的是一个利用 Web 的平台，由用户主导而生成的内容互联网产品模式，它以广大的互联网用户为主体，更注重用户的交互作用，以“去中心化，开放，共享为显著特征”，是一个开放的平台，其主要应用技术有博客（blog）、聚合内容（RSS）、百科全书（Wiki）、社会网络（SNS）、网络标注（Tags）和即时信息（Instant Messaging，IM）等，本节我们将就 Web2.0 技术在信息获取中的典型应用进行介绍。

一、学术博客

（一）博客及其发展

博客（blog）就是网络日志，是一个用户以网络日志的形式迅速地发布自己的心得、想法，与他人进行交流，以及展示丰富多彩的个性并不断更新的网上出版方式。博客更倾向于组织个体的知识和管理，更强调个人的自主性，其交流通常通过反向引用、留言及评论等方式进行。

博客在信息交流与共享方面的特殊优势受到越来越多的专家学者的重视，学术博客应运而生，其中商业、企业、广告型的博客，知识专业型博客的学术性价值特征更为明显，应用更为广泛，学术博客作为一种十分重要的网络学术资源，对促进学术交流和知识共享具有重要意义。

博客群是博客管理与博客专集组织的基本形式，只要你加入某个群体（如IT博客群、读书博客群等等），就可以看到这个群里所有用户所发表的博文。可以及时了解群用户的动态，知晓群的公告、活动，找到你志同道合的朋友。加入博客群方法非常简便：登录你的博客——点击你要进入的群组——找到申请加入，点击就可以了。通常加入博客群是需要管理员审核后才能加入。

背景资料

博客的相关应用现状分析

2015年1月，中国互联网络信息中心（CNNIC）最新发布的《第35次中国互联网络发展状况统计报告》显示，截至2014年12月，中国博客用户规模为1.09亿。自2002年起步，博客在中国已有近13年的历史。早期的博客，兼具自媒体属性和交互属性，是公众交流信息、展示自我的重要平台。随着社交媒体和社交网络的兴起，博客的交互属性逐渐被替代，如今博客的创作者主要是精英人群，创造的内容也趋于专业化，博客的阅读者则主要把博客当成获取信息的渠道来源。

（二）免费博客的创建

博客存在的方式一般分为三种类型。一是托管博客，博客们只要去免费注册申请即可拥有自己的博客空间，是最“快又省”的方式。二是自建独立网站的博客，有自己的域名、空间和页面风格，需要一定的条件。三是附属博客，将自己的博客作为某个网站的一部分，如一个栏目、一个频道或者一个地址。

目前国内许多门户网站包括新浪、网易、搜狐等都开辟了博客空间，只要履行简单的申请手续，任何人都可以建立自己的博客。在众多网站都可免费进行博客申请，提供傻瓜式操作，模板和个性化功能丰富，还配备了相册、音乐、圈子等功能。其创建步骤通常如下。

第一步，登录该网站，按步骤申请一个有效的用户名，即ID。

第二步，使用新申请的用户名登录进入网站主页，点击进入“博客”页面，通过阅读“博客使用手册”获得必要的帮助，然后按照向导提示申请自己的blog，通常需要输入博客日志标题和日志描述。

第三步，为博客选择一个博客风格的模板，至此，就完成了博客的创建。

（三）国内著名博客网站简介

1. 新浪博客

新浪网博客是全中国最具人气的博客频道之一，拥有娱乐明星博客、最知性的名人博客、最动人的情感博客、最自我的草根博客，其网址为http://blog.sina.com.cn。

2. 网易博客

网易博客是方便、易用、极具价值的网络个人表达和用户交流分享生活平台。拥有2万多套精美博客风格，4000 万首在线音乐、空间无限大相册、个性冲印等增值服务，其网址为 http://blog.163.com。

3. 36 氪

36 氪是一个关注互联网创业的科技博客，旨在帮助互联网创业者实现创业梦。由媒体、氪加和氪空间三条产品线，构成了 36 氪专注互联网创业的生态圈模式，其网址为 http://www.36kr.com。

4. 科学松鼠会

科学松鼠会是一个会聚了当代华语青年科学传播者的非营利性机构，旨在“剥开科学的坚果，帮助人们领略科学之美妙”，其网址为 http://www.songshuhui.net。

5. 医学博客

39 健康博客，汇集健康行业专家，设有医生博客、行业博客（如医疗、药业）、达人博客（如美容、减肥、保健、美食、健身、整形）、育儿博客（如儿科专家、产科专家、亲子专家、营养专家）等主题版块，同时按疾病分类专科提供内科、外科、肿瘤科、传染科、五官科、皮肤科、中医科等专科博文，提供博客名录、博客排行的功能，方便利用，是医药行业人群进行交流和展示自我的专业平台，其网址为 http://blog.39.net/。

其他常见的医学博客还有丁香博客，其网址为 http://www.dxyer.cn/；生物谷博客，其网址为 http://blog.bioon.com/。

在新浪博客等平台上，医学期刊杂志社也开通了博客，如《中华急诊医学杂志》博客，其网址为 http://blog.sina.com.cn/jizhenyixue/；《中华全科医师杂志》博客，其网址为 http://blog.sina.com.cn/u/2364764842/。

6. 专利之家

专利之家提供全球最新的发明与设计资讯，为用户提供产品和设计的宣传，其网址为 http://www.patent-cn.com。

7. 人民网强国博客

人民网强国博客是国家重点新闻网站进军博客的领先者。强国博客的两会“代表委员博客”、官员博客群、将军博客群等广受各界关注。以时政博客为特色，开设了军事、生活等十多个频道，拥有最快最全的时政博客评，其网址为 http://blog.people.com.cn/。

（四）博客搜索方法

博客搜索可以从博文标题、博主名称等途径进行检索，一般有下面三种途径。

（1）利用分类搜索引擎，如谷歌、搜狐等，找到博客网站列表，然后进入博客网站，使用站内搜索查找具体的博客，如图 10-3 所示新浪健康类博客分类检索，又分为专家学者、草根博客和媒体机构博客，并提供博客全文、文章标题、博客作者、标签等多途径检索，其网址为 http://blog.sina.com.cn/lm/search/health/。

（2）利用通用搜索引擎，选用适当的关键词，配合特定语法（如 inurl：blog 等），直接搜索具体的博客，如李开复 inurl：blog。

（3）使用博客专用搜索引擎，采用分类浏览或关键词搜索的方法，查找某类或某一具体的博客，如搜狗博客搜索、新浪博客搜索、Google 博客搜索等。

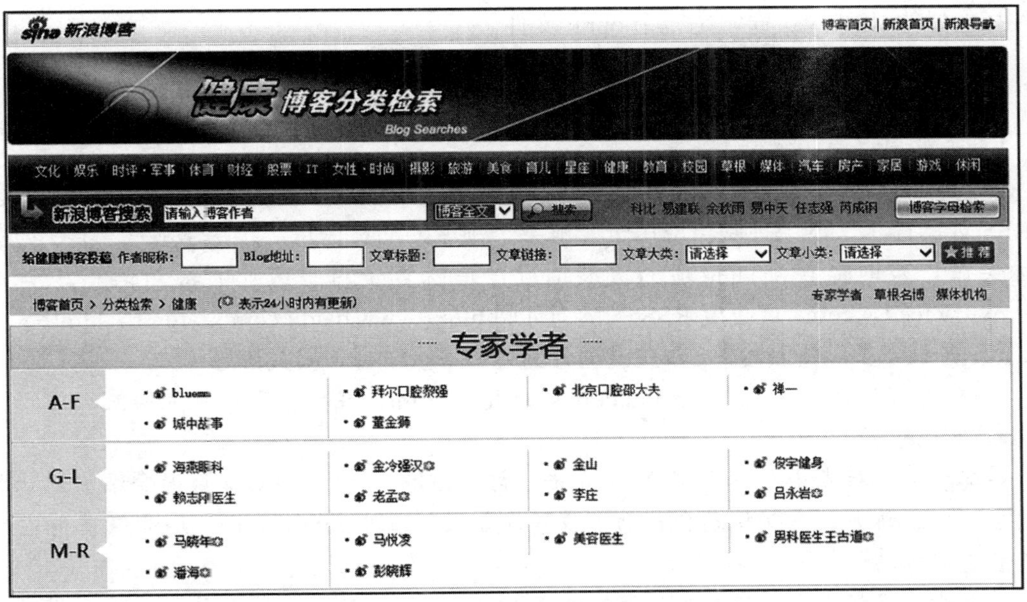

图 10-3　新浪健康类博客分类检索网络截图示意

二、聚合内容（RSS）

（一）RSS 及其工作原理

RSS（Really Simple Syndication，简易信息聚合）是基于 XML 技术的因特网内容发布和集成技术，RSS 服务能直接将最新的信息即时主动推送到用户端，被广泛应用于资源共享领域。通俗地描述 RSS 就是方便订阅感兴趣的内容的小工具，方便用户订阅 BLOG、新闻、杂志文章、订阅你感兴趣的最新搜索结果，其订阅结果每一个条目都以标题和摘要形式出现，方便用户快速、高效地浏览，用最少的时间来获得最需要的信息，具有信息来源多样化、个性化，信息发布高时效、成本低，无“垃圾”信息、便于管理，不易感染病毒的资料库等技术特点。

（二）RSS 阅读器及其使用方法

1. RSS 阅读器

RSS 阅读器可供用户进行获取信息、阅读信息、管理信息、收藏信息及.导入导出信息。RSS 阅读器有离线和在线之分。在线的 RSS 阅读器，需要注册账号使用，如 Google Reader、鲜果、抓虾、新浪点点通等。离线的 RSS 阅读器则需要安装客户端软件使用，如 Foxmail、Outlook、IE8 内置 RSS 阅读器等。移动端 RSS 阅读器有：Reader，feedly，Inoreader、鲜果联播，newsify，Zaker，Flipboard 等。用 RSS 最大作用就是快速告诉你网站的更新，广泛应用于跟踪最新学术信息。

2. RSS 阅读器的基本操作步骤

第一步，用户在线注册或下载安装一个 RSS 阅读器。

第二步，选择一种方式添加频道。方法一，从网站提供的 RSS 目录列表中订阅感兴趣的频道；方法二，按鼠标右击发现的 RSS 图标，复制快捷方式，手动添加频道；方法三，导入打包好的 RSS 源，通常是一个 opml 文件。

第三步，随时打开阅读器，畅读订阅频道的最新信息。

（三）如何利用 RSS 订阅学术资源

1. 关键词订阅（定制）

搜索引擎基于关键词的订阅，是针对众多的微信息源提供的 feeds。搜索关键词后会出现 RSS 订阅提示。网上订阅可应用于了解某一领域的动态信息，跟踪学科（事件）动态、国际会议，及时监控新闻报道的进展情况，追踪竞争对手或业界最新信息。例如，http://www.feedss.com/ 、百度 RSS 关键词订阅 http://www.baidu.com/search/rss.html 等。

【案例 10-3】利用百度 RSS 关键词订阅“中华医学会”相关信息

第一步，进入 http://www.baidu.com/search/rss.html，在检索条件框中输入欲订阅的相关内容“关键词”。

第二步，鼠标点击“百度搜索”，点击“订阅该源”，订阅源后，该源会添加到“常见源列表”中。该源的更新信息会自动下载到计算机，通过 Internet Explorer 及其他程序可以查看这些信息。

第三步，鼠标点击“查看我的源”就可以在 Internet Explorer 及使用“常见源列表”的其他程序中查看更新内容。

2. 期刊订阅

万方数据的数字化期刊、中国知网、生物医药文献网络资源中的 PubMed 数据库系统、加拿大 UBC 生物信息学中心、开放出版机构生物医学中心、生物谷等专业网站大都提供 RSS 服务。

订阅学术期刊最新发布的文献信息有两种方法。方法一：直接订阅期刊，直接链接到杂志社网站查找 RSS 源进行订阅；方法二：搜索 RSS 源，在找不到某个期刊的直接订阅地址时，就可利用搜索 RSS 源的方法解决，这种方式与关键词订阅实质上是一样的，只是将关键词换成了期刊名称，数据库搜索订阅期刊的时效性要比直接订阅期刊略差。

【案例 10-4】利用 CNKI 数据库订阅《中医杂志》文献信息

第一步：登录 http://www.cnki.net，在期刊导航中检索到要订阅的《中医杂志》，进入相关页面（图 10-4）。

第二步：鼠标点击《中医杂志》页面上“RSS-订阅”按钮，按步骤完成相关设置，完成订阅（图 10-5）。

3. RSS 在图书馆网站上的应用

RSS 在图书馆网站上被广泛应用，如图书馆公告信息，新书通报、预约通知、到期通知，专题数据库资源更新，聚合外部信息资源等。

总之，我们可充分利用 RSS 工具，尽可能保存订阅的内容，充分利用文件夹分类管理信息源，将自己相关度高的频道单独分类，可利用星标（收藏/Favorite）、标签（Tag）管理每一条有价值的资料，充分利用碎片时间阅读，并定期整理信息源，这样的个性化管理与利用将让 RSS 阅读器成为个人知识库的工具及跟踪最新学术信息的利器。

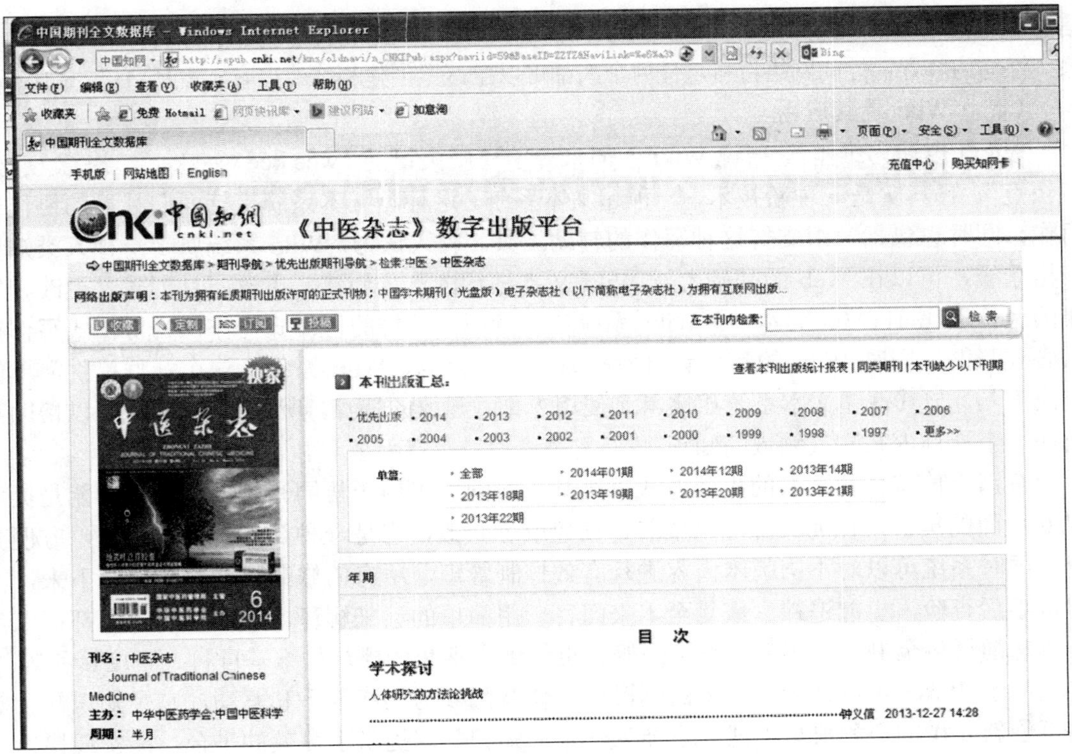

图 10-4　进入订阅文献期刊页面示意图

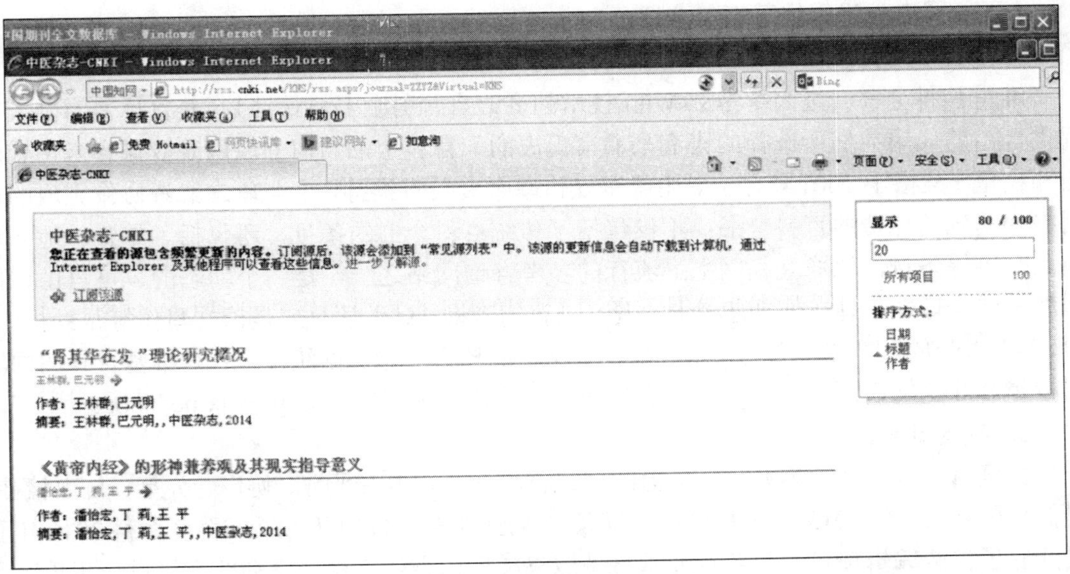

图 10-5　订阅文献期刊结果示意图

三、网络百科

（一）网络百科概述

网络百科内容往往是经过数量众多的网友多次修正，甚至还会有些专门的团队对百科中的信息中进行较为权威的修正和确认，所以其信息具有高度组织及较高权威性的特点。兼具知识系统性与内容开放性的网络百科，任何个人都可以在这里创建和修改内容，贡献自己的知识。

（二）Wiki 及其应用

Wiki（也译为维基），据说 Wiki 一词来源于夏威夷语的“wee kee wee kee”，原意为“快点快点”。它其实是一种新技术，一种超文本系统。这种超文本系统支持面向社群的协作式写作，同时也包括一组支持这种写作的辅助工具。有人认为，Wiki 系统属于一种人类知识网格系统，可以在 Web 的基础上对 Wiki 文本进行浏览、创建、更改，且创建、更改、发布的代价远比 HTML 文本小；Wiki 系统还支持面向社群的协作式写作，为协作式写作提供必要帮助；同时 Wiki 的写作者自然构成了一个社群，Wiki 系统为这个社群提供简单的交流工具。与其他超文本系统相比具有使用方便、开放的特点，所以 Wiki 系统可以帮助我们在一个社群内共享某领域的知识。

有别于传统百科全书的出版方式，维基百科网大多用于协同写作，其主要功能是提供 Web 页面的集合，任何人都可以读取、创建或者修改，它是一种简单的标签语言，方便交流。同时系统可以对不同版本内容进行有效控制管理，所有的修改记录都会保存下来，不但可事后查验，也能追踪、恢复至本来面目。用简单的话来解释，维基就是人人都可以参与编写的百科全书。多年来，维基的概念也得到丰富和传播，如维基百科、百度百科等。

由于 WiKi 可以调动最广大的网民的群体智慧参与网络创造和互动，它是知识社会条件下创新 2.0 的一种典型形式。它能为师生的知识共享提供了高效的平台，能实现快速广泛的信息整合。

（三）国内外优秀维基百科介绍

1. 维基百科全书

维基百科全书就是一个基于 Wiki 技术的多语言百科全书协作计划，其目标是为全人类提供自由的（用他们所选择的语言来书写而成的）百科全书，由互联网企业家吉米·威尔士和拉里·桑格于 2001 年创立，由维基媒体基金会负责维持，由全球志愿者协作完成的以网络为基础的免费的百科全书；不仅包括了传统百科全书的条目，还包括了年鉴、地名词典、时事等条目，已成互联网上最流行的参考咨询网站之一，是一个动态的、可自由访问和编辑的全球知识体。它拥有海量的资料供我们查询，对于学习或是论文写作等帮助极大。“平等”、“开放”、“协作”、“共享”是维基精神的核心理念。据统计，目前维基百科的内容已经是 SCI 论文引用的第一名，可见其学术性价值，其网址为 http://wikipedia.org/。

2. 百度百科

百度百科是一部内容开放、自由的网络百科全书，本着平等、协作、分享、自由精神，提倡全民参与。至 2015 年 5 月已收录词条已收录词条约 1169 万余个。百度百科 2010 年正式开启了权威编辑项目，与各行业垂直领域权威机构合作，这一系列的举措进一步提高了词条的专业质量，实现从 UGC（用户生产内容）到 PGC（专家生产内容）的转变。2014 年以来，突破了传统的百科功能，不仅集聚了逻辑严谨、内容丰富的文字内容，对于图片的表现形式也多样化。目前百度百科推出了“百度百科数字博物馆”、“城市百科”、“企业百科”、医疗词条“彩虹计划”、科友“任务系统”等特色功能，其中医疗词条“彩虹计划”通过对 4 万个医疗类常用百科词条进行锁定、邀请权威医学专家进行认证编辑的方式，为广大网友提供更为权威、专业的医疗卫生知识分享平台。锁定后的医疗类词条将不再接受普通网民的修改，其网址为 http://baike.baidu.com。

3. 互动百科

互动百科由互动在线科技有限公司创立于 2005 年 7 月。互动在线深入 Wiki 领域，专注于 Web 2.0 互联网和无线增值业务应用的高新技术，互动百科是基于中文维基技术的网络百科全书，是全球最大的中文百科网及百科全书。互动百科以词条为核心，与图片、文章等其他产品共同构筑一个完整的知识搜索体系。截止到 2015 年 5 月，互动百科拥有 937 万余个词条、提供百科分类方式，推出微百科、IN 词、图片、百科商城、知识导航、企业百科、企业词条、名人百科、新知社、科普汇、百科视频、百科游戏、科普大赛、有奖任务、认领词条等栏目，具有明显的行业竞争优势，其网址为 http://www.hudong.com。

四、社会网络 SNS

（一）关于社会网络 SNS

社交网络即社交网络服务，源自英文 SNS（Social Network Service）的翻译，中文直译为社会性网络服务或社会化网络服务，意译为社交网络服务。中文的网络含义包括硬件、软件、服务及应用，由于四字构成的词组更符合中国人的构词习惯，所以人们习惯上用社交网络来代指 SNS。

SNS 网站实际上就是利用网络技术来实现人们真实的人际网络，一般都要求用真实的身份注册，在结识新朋友、扩大交际网络时依据“六度分割理论”、“不约陌生人”，提倡通过朋友找朋友，从而保证朋友的可信度和真实度，目前的 SNS 已经远不止“熟人的熟人”这个层面，比如根据相同话题进行凝聚，如贴吧；根据学习经历进行凝聚，如 Facebook；根据周末出游的相同地点进行凝聚等，都被纳入“SNS”的范畴，例如蜂巢网就是这样一家专为视觉艺术家服务的 SNS 网站（http://www.artcomb.com）。目前有些为商务人士提供的社交网站同时也兼具了求职招聘的功能。

知识链接

六度分割理论

1967 年，哈佛大学的心理学教授 Stanley Milgram 创立了六度分割理论，其主体思想是：“你和任何一个陌生人之间所间隔的人不会超过六个，也就是说，最多通过六个人你就能够认识任何一个陌生人。”按照六度分割理论，每个个体的社交圈都不断放大，最后成为一个大型网络。这是对社会性网络（Social Networking）的早期理解。后来有人根据这种理论，创立了面向社会性网络的互联网服务，通过“熟人的熟人”来进行网络社交拓展，这就是所谓的 SNS 网络。

（二）著名 SNS 网站简介

1. 人人网

人人网是由千橡集团将旗下著名的校内网更名而来，是中国最大实名制 SNS 社交网络，是目前中国大学生市场具有垄断地位的校园网站，它以用户实名制为基础，已经开放

3000 所国内大学和 1500 所海外大学，垄断中国大学生用户 80%以上的市场份额，目前已对社会上所有人开放，从而跨出了校园内部这个范围。人人网为整个中国互联网用户提供服务的 SNS 社交网站，给不同身份的人提供了一个互动交流平台，提高用户之间的交流效率，通过提供发布日志、保存相册、音乐视频等站内外资源分享功能搭建了一个功能丰富高效的用户交流互动平台。2011 年 5 月 4 日，人人网在美国纽交所上市。2011 年 7 月人人网与中国电信联袂推出的人人网 brew 客户端，专家认为这是“SNS 网站朝移动商务发展的方向”，其网址为 http://www.renren.com/。

2. Facebook（脸谱网）

Facebook 是创办于美国的一个社交网络服务网站，于 2004 年 2 月 4 日上线。主要创始人为美国人马克·扎克伯格。Facebook 是世界排名领先的照片分享站点，何用户输入有效电子邮件地址和自己的年龄段，即可加入。据 2015 年报道 Facebook 拥有约 14 亿用户，其网址为 http://www.facebook.com。

3. 搜狐白社会

搜狐白社会由搜狐开发，定位的种子人群是白领，是让您跟同事、朋友、同学开心交流，并保持紧密联系的网络工具。其可以用来写日志，传照片，玩在线游戏，分享资讯、心情、快乐，其网址为 http://bai.sohu.com。

五、Tags，标签

Tags 标签，是一种更为灵活有效的文章或图片等信息的分类方式。用户可以为每篇文章、每张图片或每条信息添加一个或多个标签，从而根据这些标签把这些文章、图片或信息进行分类。Tags 的应用使得信息之间的逻辑相关性和用户之间的交互性大大增强，在网络信息爆炸的今天，让用户检索到需要的信息或者是让用户能更可能地找到你都是至关重要的。目前对于 Tags 没有统一的定义。有人把它称为大众分类（folksonomy），是一种细化分类，并不考虑分类目录结构而给文章进行自由地的分类，各个 tag 之间的关系是一种平行的关系，又可以根据相关性分析，将经常一起出现的 tag 关联起来，产生一种相关性的分类。

Tags 也可以说是一种关键词标记，利于搜索查找，它不同于一般的关键词。用关键词进行搜索时，只能搜索到文章里面提到了的关键词，但 Tag 却可以将文章中根本没有的关键词作为标记。从本质上说 Tags 就是通过对文献进行主题分析，识别其重要特征，赋予确切的检索标识，如类号、标题词、叙词、关键词、人名、地名等，用以反映该文献内容，其标注的质量对文献的检索效果有直接的影响。通常情况下不同网站对标注的数量和长度也会有所限制。

【案例 10-5】Tags 应用于博客管理与推广

在博客上往往会有大量的资源，如果这些资源缺乏有效的分类整理，就会造成博客内容的混乱，给快速准确地查询所需资料造成困难，但利用 Tag 功能，我们能把个人的资源按照一定的权限上传，并使用 Tag 进行分类整理。这样在别人根据关键字搜索时就能搜到你加在 Tags 标签中的内容。Tags 标签保持与网站内容高关联性，才能把网站 Tags 标签的作用发挥到最大，让网站内容更易被检索与推广，Tags 的应用使得日志之间的逻辑相关性和用户之间的交互性大大增强。参考实例体验：Leica 中文摄影杂志日志标签的应用，网址 http://www.leica.org.cn/tag.php。

六、IM，即时信息

（一）即时信息

即时信息（Instant Messaging，IM），指可以在线实时交流的工具，也就是通常所说的在线聊天工具。它是一个终端服务，允许两人或多人使用网路即时地传递文字讯息、档案，进行语音与视频交流。具有多任务作业、异步性、交互性、不受时空限制及时消息等特点。

即时通讯按使用用途分为企业即时通讯和网站即时通讯，根据装载的对象又可分为手机即时通讯和 PC 即时通讯，手机即时通讯代表是短信，网站、视频即时通讯。截至 2014 年 12 月，我国即时通信网民规模达 5.88 亿，即时使通信使用率位居第一。

即时信息服务可以让不同地点或者公司的多个用户互相交流，他们可以实时发送信息，交换对某些问题的看法，这种快速的交流方式提高了员工的工作效率。现在有许多网站或者公司提供即时信息服务，目前常用的即时信息工具有国外的 ICQ、Yahoo! Messenger、MSN Messenger、AOL 及时信使（AIM）等，以及国内网站经营的 QQ、新浪 UC、百度 HI 和搜狐小纸条等。企业即时通讯更专注工作沟通及企业内外协作办公，整合相关应用，能减少企业运营成本，促进企业办公效率，符合未来趋势的移动化办公需要，有更好的发展与应用前景。目前，中国市场上的企业级即时通信工具主要包括：信鸽、通软联合的 GoCom、腾讯公司的 RTX、恒创 ActiveMessenger 等，相对于个人即时通信工具而言，企业级即时通信工具更加强调安全性、实用性、稳定性和扩展性。

（二）微信、微信公众平台及其应用

1. 微信及其特点

微信是腾讯公司于 2011 年 1 月推出的一个为智能终端提供即时通讯服务的免费应用程序，可通过网络快速发送免费语音短信、视频、图片和文字（需消耗少量网络流量），同时，也可通过共享流媒体内容的资料和基于位置的社交插件，如“摇一摇”、“漂流瓶”、“朋友圈”、“公众平台”、“语音记事本”等服务插件。微信的出现得益于移动网络的发展及智能手机的普及。

微信具有信息表现形式多样化的特点，支持语音短信、视频、图片和文字、多人群聊、LBS 定位等功能；支持主流的智能手机系统，具有极强的社交媒体性，成长潜力大。微信正在改变传统的生活消费方式。

在满足个人用户的基础上，微信开发团队于 2012 年 8 月又推出了面向名人、政府、媒体和企业等机构进行合作推广业务的微信公众平台。通过微信公众平台，机构可以与关注其用户进行实时交流、消息推送和品牌传播。

微信公众平台最为突出的优点是与用户的在线互动，即微信公众平台以自定义的方式为公众账号提供接口。公众账号可以预设一些问题及答案，关注某一公众账号的网友只要回复相应的语句就可以得到相关的信息。微信公众平台在机构用于宣传方面具有其他媒体不可比拟的优势，其用户量庞大，操作简单，宣传的费用低。用户可在微信平台上实现与特定群体的文字、图片、语音、视频的全方位沟通互动。

微信公众平台同样在医药行业、图书馆行业、教育行业得到广泛应用。优质专业性的微信公众订阅号有丰富的内容，使用便捷，是我们获取专业知识信息的重要来源。

2．微信公众号在医药行业的应用

1）微信公众号在医药行业的应用

医药学专业公众号主要有以下几类：一是专业学会的公众账号，功能主要为发布最新动态信息、会议通知、领域前沿资讯、学术会议日程安排，联系学会会员，交流学术信息等；二是医院科室的公众平台；三是药企微信公众号，功能主要为向企业内部员工传递公司信息，树立企业品牌形象，向关心企业的人士传达官方信息，做成与企业产品相关的微友群，为产品服务，传递产品信息。

2）国内医学专业公众号选介

（1）医药人才互平台（微信 ID：rencaihutu）医药人才互平台联合医药行业最大的免费招聘网站英伯来招聘，致力于帮助 1000 万医药从业者做出明智职业选择。平台每日推送行业最新要闻和高薪职位，破除信息壁垒，还原招聘本质。

（2）康复医学网（微信 ID：cnkfyx），发布最新的康复医疗资讯，最实用的运动、健康、养生、养老的常识。

（3）中国药店（微信 ID：zgyd666），全国首家定位于药品流通领域的行业媒体，注重权威资讯，分享中国药品零售业的重磅资讯、是药企与药店互动、互通的互联网平台。

（4）中国医学论坛报（微信 ID：CMT-zonghe），中国医学论坛报官方微信，医生的老朋友，移动时代新形象。密切关注国内外医学动态，及时准确传播最新鲜、最前沿的医学资讯；致力于以专业视角解读医学热点新闻，为用户提供权威专家的深度点评；并勇于担当社会责任，汇集传递正能量。

（5）《生命时报》（微信 ID：LT0385），《人民日报》主管，环球时报主办，以“报道世界医药新成果，介绍健康生活新理念”为宗旨，坚持“科学、权威、实用”风格，与 20 多位院士顾问、国内数千名权威专家、40 多家政府机构、300 多家全国三甲医院，以及遍布全球的 500 多位驻外记者共同携手，传递权威的防病知识、实用的生活指导、科学的饮食习惯信息。

（6）医学论坛网（微信 ID：cmt59085300）是中国医学论坛报的官网，专注于为广大医务工作者用户提供最新的国内外医学资讯、疾病诊疗的研究进展，报道重大国际医学会议、提供一些临床问题的解决方案，是医生相互交流的平台。

（7）掌上医讯（微信 ID：doctorpda.cn）由青岛掌上医讯信息技术有限公司开发。“关注医师执业环境，助力医师职业发展”是掌上医讯的定位和使命。“掌上医讯”是一个搜索、订阅专业医学新闻、病例、指南、学术进展、维权等资讯，医护的交流平台。设有妇儿、消化、肝病、呼吸、心血管、肿等科室微信，受到业界人员关注。

（8）丁香园（微信 ID：dingxiangwang），由杭州联科美讯生物医药技术有限公司提供，面向医生、医疗机构、医药从业者及生命科学领域人士，提供医学、医疗、药学、生命科学等相关领域的交流平台，并推出一系列公众号，如丁香医生（微信 ID：DingXiangYiSheng）、中老年健康（微信 ID：baojiandaifu）、用药助手（微信 ID：DrugsApp）、丁香人才（微信 ID：JobmdCN）、临床用药（微信 ID：dxyguancha）、医学生考研（微信 ID：medpass）等，相关产品见 http://app.dxy.cn/wx.htm。

3. 微信公众号在图书馆、图书行业的应用

1）微信公众号在图书馆、图书行业的应用

图书馆微信服务平台应用主要如下：一是开展主动推送服务模式，发布如读书活动、学术讲座等有关图书馆的最新信息；二是利用微信开展图书续借、催还和预约等功业务办理服务；三是利用微信为读者提供如馆藏书目、借阅规则、开闭馆时间等信息查询帮助服务；四是利用微信开展在线咨询活动，利用微信的SNS属性形成读者与图书馆馆员等相关人员的在线交流圈，实现共享互动和在线交流与咨询；五是结合智能问答系统，形成以微信为入口，以智能问答系统为后端知识库的智能问答系统；六是利用微信的第三方消息接口和自定义菜单，把微信公众账号做成图书馆的移动端门户。

2）国内图书馆/图书业公众号选介

（1）国家图书馆官方微信公众平台（微信ID：chnlibrary）国家图书馆在第19届“世界读书日”正式推出国家图书馆微信公众平台。平台致力于为读者提供优质的文化资讯信息，揭示宏富的馆藏特色资源。其中“又见文津”专题阅读栏目，读者可免费阅读部分历届文津图书奖的获奖和推荐图书全文及其他新增电子资源。

（2）重庆市图书馆微信公众号（微信ID：重庆图书馆）通过重庆图书馆微信公众号，读者可以检索馆藏书刊，了解重庆图书馆开馆时间、办证须知、服务窗口及最近动态等实用信息，还可结合GPS功能提供到馆的路线引导；持证读者将读者卡与微信号绑定后，可以即时查询个人借阅记录，完成续借手续，接收还书提醒等。目前国内很多的公共图书馆开通了相关有服务微信公众号。

（3）清华大学图书馆微信公众平台（微信ID：Thu-lib）图书馆利用“Thu-lib”微信公共号定期发布新闻消息和图书馆资源动态，通过文字、图片、语音与用户全方位沟通和互动，扩大信息交流和文化宣传服务，定期制作和发布“微报”，并开发约束性互动模块。微报每期发布关于学校或图书馆事务的热点报道、精选新入馆藏图书推荐、新增电子资源与新技术新服务介绍、图书馆藏珍品和特色馆藏介绍、读者心声和图书馆故事等内容。读者可以输入“帮助”、“help”或“互动”，在线了解如何与“清华图书馆”微信互动。目前很多高校图书馆也开通了相关服务微信公众号，提供高校图书馆业务服务，并应用平台开展丰富多彩的阅读推广服务。

与读者关系密切的图书出版业也应用微信平台进行特色服务。

（1）十点读书（微信 ID：duhaoshu），就是基于信息推送、朋友圈和微信支付进行图书营销的阅读类微信自媒体。

（2）青岛微书城（微信ID：ibooks7），为青岛出版传媒股份有限公司与腾讯微信平台合作推出的全国第一个微信书城，实现了手机选书购书与微信安全支付的最佳结合，并首创推出“新书全国独家预售”活动。“青岛微书城”不但可以为读者提供最新的图书资讯、线上购书服务，同时还可以提供线上客服，打造城市移动阅读服务平台。

（3）石门书库（微信ID：smsk2014），一个基于O2O线上线下互动融合的微书城，它将以全新的经营模式为传统书店注入新的元素，并在致力于本土文化的传承和发展中焕发新活力。

（4）中医书友会（微信 ID：zhongyishuyou），中医书友会由灵兰书院创业团队倾情打

造，每天分享精彩的中医内容，以书会友。

（5）好酷网，是国内首家微信公众账号分享平台、微信资讯门户、微信群交友社区。其范围横跨科技、财经、娱乐、时尚、健康、读书、教育等领域。平台及时收录官方认证的优质微信公众账号，关注热点话题、深度话题，实时更新热门精品公众微信账号，提供一键订阅功能和微信群交友功能，方便用户查找、分享交流，其网址为 http://www.haokoo.com/ 。

4. 微信号关注操作方法

方法一，手机打开“微信”，点“扫一扫”，扫描二维码即可添加关注。

方法二，手机打开“微信”，点“通讯录”添加朋友，输入微信号搜索，添加成功。

可以说 Web2.0 作为更为高效的互联网技术蕴涵了平等、自由和分享理念，为大众提供了知识沉淀、共享、学习、应用和创新的平台，成为个人知识管理的有力工具。在网络学习环境中，我们可借助于 Blog 完成个人知识的过滤、积累、与其他学习者的深度交流；利用 Tag 标签进行学习资源的管理，筛选网络学习资源；利用 RSS 订阅自己感兴趣的内容，以提高学习效率，跟踪最新学术信息；我们也可以把 Wiki 作为学习者开展协作学习的平台，基于共同的兴趣去完成创作；同样，IM 即时通讯技术是学习中进行同步和异步交流不可或缺的重要工具。把 Web2.0 技术的应用融合到日常的学习、科研工作中，不断实现学习资源的共享、流动与创新，就能发挥更大的作用。

【背景资料】国家网信办发布《即时通信工具公众信息服务管理暂行规定》

即时通讯的安全威胁包括：ID 被盗、隐私威胁、病毒威胁、信息发布规范等。2014 年 8 月，国家网信办发布《即时通信工具公众信息服务发展管理暂行规定》，对即时通信工具服务提供者、使用者的服务和使用行为进行了规范，对通过即时通信工具从事公众信息服务活动提出了明确管理要求。主要内容包括：服务提供者从事公众信息服务需取得资质；强调保护隐私；实名注册遵守“七条底线”；公众号需审核备案；对时政新闻发布设限，并明确违规如何处罚规定。

2015 年 1 月，国家网信办发布信息：根据网民举报，微信平台中一批公众账号以“揭秘”、“真相”为噱头，打着“你不知道的历史”、“这才是历史”、“我知道的历史”等旗号，捏造事实，歪曲历史，混淆视听，大肆传播歪曲党史国史等违法和不良信息，呼吁严厉查处。国家网信办随即展开调查，依法关闭了 133 个相关微信公众账号。

第四节　综合案例分析

【案例 10-6】搜索引擎药品营销应用案例分析

［**实例**］有一从事药品营销的网友女儿因鼻泪管阻塞导致眼睛发炎，在去医院就诊前，其先到网上查“婴幼儿结膜炎用什么眼药水”，得到众多信息，通过比较发现多人推荐托百士（妥布霉素滴眼液）或左氧氟沙星滴眼液两种治疗药品，该网友再分别搜索两种药品的适应证、疗效和毒副作用，后咨询医生确定使用了左氧氟沙星治愈。受此事件的启发，他们发现将诊疗过程写成帖子发到论坛中，与消费者分享、推荐药物的方式能起到有效的推广作用。（资料来源：http://www.chinavalue.net/Article/Archive/2009/3/12/164328_2.html）

［**分析**］从上面的药品搜索引擎营销的例子我们发现搜索引擎营销就是根据用户使用

搜索引擎的方式，利用用户检索信息的机会尽可能将营销信息传递给目标用户。其基本过程是：企业将信息发布在网站上成为以网页形式存在的信息源；搜索引擎将网站/网页信息收录到索引数据库；用户利用关键词进行检索（对于分类目录则是逐级目录查询）；检索结果中罗列相关的索引信息及其链接；根据用户对检索结果的判断选择有兴趣的信息并点击链接进入信息源所在网页，从而完成了企业从发布信息到用户获取信息的整个过程。

目前有大量的药品尝试进行着有目的性的网络营销传播，比如："诺和诺德"糖尿病信息网，高血压处方药"伲福达"，紧急避孕药物"后定诺"，抑郁症药物"百忧解"、"帕罗西汀"等。但药品营销推广有其特定的属性，如何合法、有效、真实进行药品网络营销推广是值得我们认真探索。上面发帖分享潜在推广的实例说明对于药品网络营销也许 Search（搜索），Share（分享）、Praise（口碑）是个不错的途径。

知识链接

搜索引擎营销（SEM）

搜索引擎营销（Search Engine Marketing，SEM），其基本思想是让用户发现信息，并通过搜索引擎搜索点击进入网站/网页进一步了解他所需要的信息。一般认为，搜索引擎优化设计主要目标有两个层次：被搜索引擎收录、在搜索结果中排名靠前。根据相关研究报道：一般情况下电子商务网站做 SEM 的转化率为 1%，正是搜索引擎营销所具有的高转化率、低成本等特点，逐渐成为企业青睐的网络营销手段之一。搜索引擎营销可能带来更多的点击与关注，可以带来更多的商业机会，企业也可利用它树立行业品牌知名度。

【案例 10-7】利用网络信息技术进行企业竞争情报收集与应用案例

竞争情报（competitive intelligence，CI）是关于竞争环境、竞争对手和竞争策略的信息研究。其核心是关于竞争对手信息的收集和分析，是情报和反情报技术。据统计，在财富 500 强公司中，有 72%的企业在产品研发和市场竞争中采用了竞争情报的分析方法，可见企业竞争情报关系到企业的生存和发展。

竞争情报系统的主体内容包括宏观环境监测、行业结构扫描、竞争行为锁定、综合情报评审几大方面。对企业竞争情报调研包括情报信息的收集和分析研究两方面的内容。随着互联网的普及，网络载体逐渐成为情报信息的收集主战场，网上企业情报源具有多样性、分布随机和无序性的特点。企业情报常分布于新闻网站、政府网站、专利与标准网站、高校网站、研究机构网站、厂商网站、年度报告、有关公司的商业新闻、贸易报告和海关数据等信息，以及专利、商标、版权等知识产权资源，其他如论坛、博客等。

利用搜索引擎、检索数据库、网络导航信息搜索方式是网络上获取竞争情报的主要方式。下面从利用几个应用案例来讨论竞争情报的网络收集内容与方法。

1. 搜索引擎提高情报的检索准确性方法

搜索引擎是情报调研重要的也是最有效的工具，企业可以根据各类搜索引擎发现竞争者相应的竞争目标和竞争网站，得到所需的各类竞争情报。网络搜索引擎使用的是关键字检索，因此关键字或词的选择至关重要，用户应该尽可能准确地确定目标文献的关键词，以提高文件查找的准确性。同时可以选定可能包涵检索主题的组织或机构、重新组合所要的关键词、使用组配检索等方式获取竞争情报信息。

应用搜索引擎语法提高检索准确性的方法是一种不错的检索措施。利用 site：语法，把搜索范围限定在.com（公司）、.net（网络）、.biz（商务）、.cc（商业）等与企业相关的域名之内，或限定在.cn（中国大陆）、.tw（中国台湾）、.hk（中国香港）、.us（美国）等国家或地区，甚至把搜索范围限定在某一城市，后再用关键词和特征词构建检索式，进行针对性信息筛检。同时需注意相关特征词的不同书写形式，如 e-mail、电话、Tel、传真、Fax 等如“site：com 盐酸左旋咪唑 e-mail Tel”。

2. 利用商情数据库进行企业竞争情报收集

通过商情数据库获取竞争情报备受青睐。商情数据库是指可以获取竞争情报的一切数据库，它可以提供多中检所手段。用户可以根据公司名称中任何一个词进行检索，甚至可以凭着对公司的规模印象进行检索，同时还可以结合多种字段进行检索，这样用户就可以根据某种特定需求来进行灵活的检索。

商情数据库是指那些能提供与国际国内商务活动有密切联系的各类信息的数据库，即有关公司、产品、市场行情、商业动态、金融活动、专利、技术标准及有直接关联的税法、国家政策等方面的信息数据库。提供者多为政府、商业性机构、学术机构和机构联合。按其内容划分为：公司厂商及产品数据库、市场产品信息数据库、行业信息库、金融信息库、市场贸易数据库、观经济数据库、技成果及技术项目数据库、经济预测数据库、政策法规数据库、专利商标及标准数据库、新闻报刊数据库及统计调查数据库等类型。国内常用的有以下三种。

（1）国研网，由国务院发展研究中心主管、国务院发展研究中心信息中心主办、北京国研网信息有限公司承办，创建于 1998 年 3 月，是中国著名的专业性经济信息服务平台。以“专业性、权威性、前瞻性、指导性和包容性”为原则，全面汇集、整合国内外经济金融领域的经济信息和研究成果。目前已建成了内容丰富、检索便捷、功能齐全的大型经济信息数据库集群：《国研报告》、《宏观经济》、《金融中国》、《行业经济》、《世界经济与金融评论》、《国研财经》、《区域经济》、《企业胜经》、《高校管理决策参考》、《基础教育》和《对外贸易》等，同时针对金融机构、高校用户、企业用户和政府用户的需求特点开发了四个专业版产品。是我国经济研究、投资决策过程中的重要辅助工具，其网址为 http://www.drcnet.com.cn/。

（2）中经网，中经网数据有限公司是国家信息中心控股的有限责任公司，成立于 1996 年 6 月，依托国家信息中心丰富的信息资源和信息分析经验，利用自主开发的数据分析和网络化平台，为政府部门、金融机构、高等院校、企业集团、研究机构及海外投资者提供宏观经济、行业经济、区域经济、法律法规等方面的动态信息、统计数据和研究报告，帮助各类机构准确了解经济形势、政策导向和投资环境，为其经营决策和战略研究提供强有力的信息支持。目前已经形成了包括动态信息推送、信息综合集成、研究报告制作、数据库群开发、辅助决策平台研发、视频培训课程、研究咨询服务，以及网络技术服务等全产业链服务，是国内核心的经济信息综合服务商。其主要数据库产品有中经网统计数据库、中经网产业数据库、中国权威经济论文库、中国地区经济发展报告、中国环境保护数据库、中国法律法规库及中经专网等，其网址为 http://www.cei.gov.cn/。

（3）百度商情，2014 年百度启用大数据产品“百度商情”。主要针对的用户群是中小企业，主要功能是辅助它们完成营销决策。百度商情将百度积累的搜索数据进一步梳理为产品需求，并以地区、时间等多种分类形式展现给用户，其网址为 http://shangqing.baidu.com/。

3. 收集 E-mail、电话与传真号码、通讯地址的方法及途径

商界信息搜索引擎是查询商界信息的搜索工具，也称黄页搜索引擎。在网上有许多机构允许通过网络浏览器进行姓名查找检索，通过填入需查询的姓名即可联机得到所需 E-mail 地址，其中常用的有如下几种。

1）全球性白页服务和 E-mail 地址查找

（1）Four11，是著名个人信息搜索引擎，因美国电话查号台号码 411 而得名，它具有超级的搜索能力、综合能力以及对用户友好的界面，只使用名字搜索，当搜索电子函件地址时，Four11 允许按“域”进行搜索。其网址为 http://www.four11.com。

（2）FlightWeb，按学科分类查找，提供可检索全球医疗专业的 E-mail 目录。其网址为：http://flightweb.com。

（3）Yellowed，可检索一些商业机构和公司的名字、电话、传真和 E-mail 和网页。其网址为：http://yellowweb.com。

（4）中华大黄页，http://www.chinabig.com

（5）中国 114 网，http://www.china114net.com

2）一些著名搜索引擎也提供 E-mail 查找服务

（1）Whowhere，在该搜索引擎中，可根据需要进行精确的匹配。以提供搜索结果显示控制措施而著称，其网址为 http://www.whowhere.com。

（2）BigBook，是著名的商界搜索引擎，具有智能化的功能。可以直接从主页开始搜索，在搜索输入框下面有 Category（类别）和 Business Name（商业名）两个单选按钮，用来选择按类别查询或按商业名称查询。也可使用类别、名称、地区代码和邮政编码的任意组合搜索。BigBook 提供了搜索范围选择，允许用户通过一个下拉框定义一个搜索半径，搜索结果就按照距离源的远近而排列，其网址为 http://www.bigbook.com。

中国经济信息网，连接全国各地的信息中心，提供各地的宏观经济、每日经济、工商网页等，仅工商网页就提供了 9 万多家企业、 近万种产品的详细数据，其网址为 http://www.cei.gov.cn.

从案例 10-7 可见：利用电子邮件可以获取竞争目标、竞争对手和竞争市场情报等，尤其是通过电子邮件可以获得潜在的用户信息，可以将企业内部无序的、分散的信息汇集成一个有序的属于企业整体的信息集合，这些信息集合将对企业决策产生重大影响。如利用用户注册资料，可以分析用户收入、职业、消费能力，用户的兴趣爱好等信息；查询竞争对手利用电子邮件发布公司的产品、最新动态信息。通过电子邮件搜集信息是快捷有效的渠道。该方式简便易行、工作量小，数据统计方便，可以直接利用软件操作，对于规模小、经费少的竞争情报机构搜集信息更为有效。

如果知道对方的工作单位，建议使用搜索引擎找到该单位的服务器地址，进入该地址检查该单位是否提供 E-mail 地址查找服务。

4. 公司名录的网络查询

利用公司名录对竞争对手进行确定和定期观察，企业名录通常可从政府相关部门，行业协会、学会，企业名录网站、电子商务网站以及出版物等处获取，常用公司名录网站有如下几种。

（1）EC Plaza 作为一家全球知名的全球性电子商务网站，采用网上（online）和网下（offline）资源相整合，网上电子商贸工具和网下商务手段相结合的方式，为全球买家和卖家提供信息沟通以及贸易成交服务。以亚洲国家为重心，提供企业目录、免费的网上产品展示、商务新闻等信息。EC Plaza 商务网站被商人们评为“最受欢迎的 B2B 网站之一”，其网址为 http://www.ecplaza.net。

（2）环球资源是世界著名的商业网站点，它有亚洲最大的商品信息数据库，多达 8 万种商品的详细资料，和 4200 家供应商。该网站为买家和供应商提供产品采购、产品展示、供应商的搜索、展会搜索、市场推广及目录管理等全套产品和服务。其网址为 http://www.globalsources.com 。

（3）网库是中国最大的企业社会网络。其服务对象是企业网站，提供网址导航、信息搜索、创建企业圈的整合网络营销服务。 它的服务目的是帮助上下游企业、同业企业创建基于供求关系的价值链。网库推广您的网站，辨别追踪浏览您网站信息的人，聚合您的同业企业、上下游企业，通过您的员工（个人会员）与您（企业会员）的“捆绑”多途径传播您的信息，通过交换“网络名片”与其他企业或个人建立供求关系，其网址为 http://www.netkoo.net 。

（4）阿里巴巴网站是目前世界上最大的、基于 Internet 的国际贸易商业网。公司黄页提供按产品、按地区、按行业查找公司信息。信息量大，检索功能强大。阿里巴巴是全球著名的企业间（B2B）电子商务服务公司，阿里巴巴网站在全球网站浏览量排名中，稳居国际商务及贸易类网站第一。阿里巴巴公司目前由四大业务群组成：阿里巴巴（B2B）、淘宝（C2C）和雅虎（搜索引擎）和支付宝（电子支付）。其中阿里巴巴网站由三个相连网站组成：中国站（http://china.alibaba.com），主要为国内市场服务；国际站（http://www.alibaba.com），面向全球商人提供专业服务；日文站（http://japan.alibaba.com），主要为日本当地市场服务。

行业门户网站也是公司名录的网络查询的有效途径，在行业协会网站、学会站点的主页常常会提供会员的名单、新闻、出版物分析、统计数据等信息，主页上的重要链接可显示出企业间的一定商务关系。例如，美国化工网（http://www.chemindustry.com/）、中国化工网（http://china.chemnet.com/）就包含大量化学相关产品和厂商讯息。

国内一些大型数据库也提供企业企业名录查询的途径，如万方数据、CNKI 数据库、维普中文数据库等。国家食品药品监督管理总局数据查询平台提供医药相关有多种类信息检索，其网址为 http://app1.sfda.gov.cn/datasearch/face3/dir.html。

5. 商品价格网络查询方法

据艾瑞咨询于 2008 年 10 月发布的调研报告显示，有 57.5%的网络购物消费者在购买前获取商品信息要先通过搜索查询比较。查找商品价格可利用购物搜索引擎，购物搜索主要用于产品价格查询比较和市场调查，获得价格、说明、商户、税额、消费者评论等相关商品信息。常用网站有如下几个。

（1）淘宝网是亚洲最大网络零售商圈，致力于打造全球首选网络零售商圈，由阿里巴巴集团于 2003 年 5 月 10 日投资创办。淘宝网目前业务跨越 C2C（个人对个人）、B2C（商家对个人）两大部分，其网址为 http://www.taobao.com。

（2）一淘网是 2010 年淘宝网推出的一个全新搜索服务，提供了站内搜索功能，访客可以直接在搜索框输入自己感兴趣的话题去寻找相关的文章。一淘网标签板块，集合了所有该网站各个文章的标签，访客也可以通过点击自己想要了解的标签去浏览相关信息，实现快速、便捷、直观地搜索到在线商品和相关资讯的功能，为用户提供整套购物的选择方案，其网址为 http://www.etao.com。

（3）有道购物搜索是网易于 2009 年 1 月全新推出的搜索产品。有道购物搜索支持寻找稀缺商品、比价商品、提供独立评价等功能，在同种商品之间可以进行产品价格、商城等级、库存状态等方面的比较，还可以可以方便地就各家 B2C 商城中同一种商品的价格进行比较与排序，还可以通过缩小价格查询范围、选择商品品牌、选择来源商家等设定进一步限定比较范围，使用方便，其网址为 http://gouwu.youdao.com/。

（4）聪明点，比较购物搜索引擎，旨在帮助消费者在线购物时做出聪明的决策。为用户网上购物提供详细的产品报价、规格参数，用户可以在数百万件商品中进行搜索查找和比较挑选，针对每件商品都可以比较不同商家的售价和服务承诺，查看商品和商家的各种评论、评分，最终做出购买的决定，其网址为 http://www.smarter.com.cn/。

（5）中国医药价格网　为国家发展改革委指定报价网站，发布医改政策、国家及各省医药价格政策，提供政府定价药品目录、医疗服务价格、药品最高零售价格、二类疫苗价格、医疗器械价格、药品出厂（口岸）价格、平价药店零售价格、各省医疗服务价格查询、全国药品招标数据、社会零售药店购销价格、各省药品成本和出厂价格调等数据检索，其网址为 http://www.zgyyjgw.com/main.action。

（6）中国医药网——药品价格查询，医药网由浙江网盛生意宝股份有限公司创建于 1999 年，是医药类综合网站。其中“药品价格数据”可以查询国内外药品信息，方便及时了解所查询的药品在价格、产地及生产企业等多方面信息，其网址为 http://www.pharmnet.com.cn/search/。

检索国外商品信息可利用 Google、Bing 等搜索引擎和专用购物搜索引擎，如在 Google 上打上“产品名称关键词 Shop”。也可利用国外 B2C 或者 C2C 商务网站找产品零售价信息，批发价格就找 B2B 网站。

【案例 10-8】利用讨论组与 Web 2.0 发现竞争情报

利用公告栏和新闻组也可以发现各类竞争情报，特别是可以发现竞争者和竞争目标的情报。一是通过设立 BBS，Usenet 或者 News Groups 来发布有关消息，可以从访问者的讨论中获得最洁净市场的客观资料，在与企业需求主题相关的 BBS 网站或新闻组了解竞争者和竞争目标的情况。

网上的信息众多、无序，导致人工搜集竞争情报效率比较低，通过 Web2.0 技术进行自动信息跟踪，可以减轻情报搜集人员的负担，大大提高情报工作效率。如利用 Blog 来获取竞争情报，博客的应用和发展实现了编码化策略和人格化策略的融合，成为具有记录、链接、订阅和回访四大功能的员工个人的知识管理工具。再如利用搜索网站定制服务，目前许多搜索网站提供了“新闻定制”服务。利用这种服务，可以监控新闻报道的进展情况、追踪竞争对手或业界的最新动态、了解名人或时事件，如有关产品的最新情况等。它在一定程度上满足了企业用户对信息采集的动态要求。定制服务一般用于实现海量非结构信息的整理，并且从中挖掘有价值的数据。把以前只能有人来做的归类、分析、比对等工作由计算机自动完成。

【案例 10-9】求职就业信息的获取与利用应用案例

在一年年的就业人潮中，竞争是不可回避的现实问题，就业信息调研有助于我们客观理性地进行职业规划，其中了解专业（行业）的正常薪酬水平、职场岗位及专业前景分析是必要的，那我们如何利用网络信息资源进行相关调研呢？

（一）专业（行业）的岗位薪酬调研

利用网络进行岗位薪酬调研，这要求要能进行检索出权威、真实的信息，并做出分析与判断，为求职提前进行一些理性的准备。

第一步，对求职就业信息要有整体把握，薪酬标准应留意以下几方面的参照系数。一是国家定价，即国家对机关公务员、事业单位职工规定的工资标准。国家公务人员、事业单位职工规定的工资一般分为基础工资、职务工资、级别工资、工龄工资，以及各种津贴和补贴等，不同地区、不同行业的差别仅在于津贴和补贴。二是有关部门发布的最低工资标准和工资指导价位，一般来说最低工资标准的高低反映着一个地区的薪酬水平。而由国家和地方劳动部门公布的劳动力市场工资指导价位是求职者确定自身价位的重要“参考系数”。三是有关调查机构发布的市场价位，由于这些机构所调查的对象和数据太多取自于市场，所以统计结果基本上是“行情价”。四是招聘单位在人才市场公布的职位薪水标准，这一标准因不同经济性质、不同行业、不同企业规模而异此外，还应结合招聘单位的具体情况、行业地域或差异、供需状况及你的个人实际能力等多方面因素。如果应届毕业生是在平均薪资水平排在前几位的深圳、广州、上海、北京等城市找工作，那么对于相同行业、相同职务的其他城市来说，就可以提出相对高一些的薪水要求。

第二步，确定网上查询课题的关键词或词串，以保证准确、快速地查找信息；如：毕业生工资指导价、工资指导价、工资指导价位、劳动力市场导价、薪酬行情、劳动力市场就业指导价、薪资行情 热门职业薪酬状况等等关键词或词串都是相关信息查询的入口。更进一步的查询，需针对专业确定更精确的关键词检索式，包括岗位名称、工资指导价、工作城市、就业年份等关键词，如工资指导价、药剂师、重庆市、2014 年。

第三步，上常用人才招聘网站，收集相关求职岗位的参考信息；如各地区劳动保障网等查找相关信息，对相关网站的选择使用，关系到所查资料的权威性与真实性。从范围划分约有以下几类网站。

（1）国家一级高校毕业生就业信息网的利用。

全国招聘信息公共服务网，http://www.cjob.gov.cn。

全国大学生就业公共服务立体化平台，http://www.ncss.org.cn。

中国国家人才网，http://www.newjobs.com.cn。

中国人力资源市场网，http://www.chrm.gov.cn。

中国就业网，http://www.chinajob.gov.cn。

中国人事考试网，http://www.cpta.com.cn。

中国中小企业信息网，http://www.sme.gov.cn。

中国青年创业国际计划，http://www.ybc.org.cn。

（2）各地高校（此处以重庆地方为例）毕业生就业信息网的利用。

重庆市人力资源社会保障局网，http://www.cqhrss.gov.cn。

重庆大学生就业网，http://www.cqxsjy.com。

重庆人才公共信息网，http://www.cqrc.net。

重庆高校毕业生就业信息网，http://www.cqbys.com。

（3）专业协会/学会网站、知名专业网站及论坛的利用。

在这类网站上往往会发布业内行针对性强的招聘信息，如医药器械网。

第四步，调研招聘单位在人才市场公布的职位薪水标准。这一标准因不同经济性质、不同行业、不同企业规模而异。

（二）企业招聘信息的收集与分析

招聘是一个双向选择的过程。企业要选择能够胜任岗位工作，能为企业创造价值的员工，而个人则是在寻找一份报酬公平、能够体现个人价值、有良好发展前景的工作。就应聘者而言在利用网络上大量的信息是，你更需要对相关招聘信息进行甄选。

（1）企业招聘信息主要信息点内容。

招聘的岗位、人员需求量、每个岗位的具体要求；招聘信息发布的时间；工作职责要求；招聘岗的要求及特殊条件。

（2）企业外部招聘渠道与发布。

企业外部招聘渠道包括应聘者自荐、员工推荐、广告招聘、猎头公司、就业机构、校园招聘、招聘会、人才交流中心等。招聘信息发布通常可通过报纸、杂志、广播电视、网络、海报、公告、传单、小册子等方式进行发布宣传。

（3）招评企业合法性基本判断方法。

利用“全国企业信用信息公示系统”或各地的工商行政管理局公众信息网等进行查询。还可以通过搜索引擎检索：招聘企业名称、电话、联系人等信息，有些被曝光过的信息就会显示出来。

“全国企业信用信息公示系统”是由中华人民共和国国家工商行政管理总局建设，系统提供全国企业、农民专业合作社、个体工商户等市场主体信用信息的填报、公示和查询服务。查询市场主体信用信息，输入名称或注册号进行查询，系统也支持按名称的关键词模糊查询，对于无效的查询条件，系统将不会显示查询结果。其网址为 http://gsxt.saic.gov.cn/。

通常，我们从以上多方面进行信息的收集、评价就能能得到符合真实情况的相关资源，利用的参考性将提高。

（三）职场岗位及专业前景的分析调研

对于职场岗位的调研我们要注意以下几个问题。

一是网上这类信息存在的形态如何，实际上在企业的岗位招聘信息中大多就有相关岗位要求的信息，只是在描述上有些区别，如职位说明书、岗位要求、岗位职责、职位要求等，在查找时按相关同义词进行检索策略调整就能很好地找到所需检索结果。

二是在对行业前景预测分析这类信息的分析时，可从了解专业环境着手进行分析，对专业环境信息做出评价，了解欲从事职业的内容及要求，了解欲从事职业的现状及发展前景，找出机会与威胁；分析自身条件，优势或劣势；决定对策，制定行动方案。具体可从如下内容进行收集、分析、评定：①所从事专业职位分类及基本要求与自己实际情况的评估；②所从事专业人员薪资状况（参见上）；③制定个人的生活预算，评估你想过的生活开支与实际收入状况：要求在提供的工作单上写出你的预算，尽可能在互联网上获得你需要的信息，这一过程包括找房、找车，最为重要的是找到一份工作，其收入能够支付你的预算；④准目标公司情况分析；岗位职责需求调研、企业文化、产品、技术等综合信息收集；⑤从整体上对人生职业规划有更远的打算和准备，如专业现状、发展前景、人才需求状况、就业方向岗位从低到高的职位发展脉络等等信息；⑥分析定位，总结自己的职业发展策略及职业发展路径，包括对现岗位、发展岗位的系统调研。

从上面的案例我们可以看见，实际上，对就业信息的调研与分析，其实质是通过以相关信息的收集分析，再结合自己的实际能力情况，做出理性的择业定位，这包括政策定位、时间定位、区域定位、岗位定位及待遇定位等，就业信息调研不仅仅是具体用人单位的需求信息，它还需要检索分析多方面信息，诸如国家有关毕业生就业的方针、政策、法规，地方制定的有关就业政策，不同部门、不同行业在国民经济和社会发展中所处的地位、作用和发展趋势；某一个用人单位的性质、人员结构、经营状况、发展前景、工作环境、企业文化等等，若我们忽视对这些信息的搜集分析，你就难于做出全面、准确的判断。

本 章 小 结

面对大数据给个人知识管理带来的压力，充分信息过滤与知识管理工具，我们可以最快、最全地获得科研动态、跟踪科研进展、管理参考文献、理清科研思路、挖掘科研精髓、记录科研灵感、管理科研项目并进行科研协作等。

Web2.0 技术在信息获取中的应用，其开放获取、开放协作分享的模式为我们提供了更多的网络交流与学习的空间和手段，更多的应用有待于我们去实践、去挖掘。可以说在 Web2.0 的环境下，信息来源更加多元，相关的应用提供了更为完善的信息交流生态圈，利用 Web2.0 用户间可以更广泛的信息发布、交流与共享。如用户围绕某个主题，可建立的个人或群体 Blog 与 WiKi，借助于 Tag、RSS、SNS 可以让更多对此有兴趣的用户参与进来展开交流、评价与讨论，这样就可以很自然地搭建起网上交流平台。

对于包罗万象的信息收集，大家可能因为网络的便利性而更多地在网上免费资源进行相关的检索活动，事实上，我们不能忽略图书馆中的优秀的商业全文数据产品的利用，对于全文数据库我们往往仅付出少量的查询费用就能得到更权威、更准确的数据或资料，同时能节省大量的时间和精力。

通过本章的学习，综合选择运用前面所学的信息知识、信息检索工具，使用一系列的信息方法，在进一步掌握文献积累、整理及评价方法的基础上，能运用网络及数据库检索结果完成特定主题综合检索报告的撰写。

总之，在获取和使用信息资源时，我们要学会充分利用网络检索技术查找资源，用批判性思维审视我们所面临的信息来源。在利用信息的过程中，对信息进行快速获取、有效筛选整合及创新利用才是信息检索的精髓所在。

实习七 Web2.0 在信息获取中的应用实践

实习目的

掌握常用 Web2.0 技术的操作方式，通过应用理解 Web2.0 用途。

掌握资料下载与上传的基本方法，能应用如电子邮件、新闻组、即时通讯、论坛、博客等方式进行网络交流。

掌握微信公众账号的注册与使用方法。

实习参考项目

1. 建立自己的“求职博客”

在就业压力下你希望换个更好的工作吗？你还在为简历难以展示自己的特长而发愁吗？快来建立一个“求职博客”吧！求职博客，全方位展示自己的专业才能和个性品质，增加别人了解您的机会。再动手前建议大家通过网上查询设计一下“求职博客”建立的基本思路，需要注意的问题等，展示出自己的特色。

2. RSS 学术信息的订阅

（1）网上学术期刊的 RSS 订阅。

根据所学专业需求，在中国知网（CNKI），按期刊名、按关键词进行 RSS 订阅设置。

（2）网上频道订阅、关键词订阅。

试用频道订阅、关键词订阅方式建立一个你喜爱的专业主题动态行情渠道，尝试用它建立自己专业的情报收集平台。

（3）订阅专业人的博客。

尝试用 RSS 订阅业界专业人博客。

3. 应用百度百科、百度文库

申请百度账号，在百度百科中创建或者编辑“你的名字”的词条，输入你的简单的个人信息，编辑后，并尝试搜索，“你的名字”信息。

尝试创建 2 条百度百科词条，要求能通过百度百科审核。

在百度文库中，上传 3 份你认为有价值的文档，文档格式不限。将已成功上传的文档截图填入实习报告中。

4. 微信/微信公众号利用

（1）个人微信设置。

掌握微信公众账号的注册与使用方法。注册并设置个人对公微信，包括名称、头像、个人签名、朋友圈等。

（2）微信公众号利用。

关注 3 个医学类微信公众号，并分享体验心得。

实习八　个人数字图书馆创建与应用实践

实习目的

通过CNKI创建个人数字图书馆。

了解“研究型个人馆”的优点。

学会如何在个人馆内构建本人全面、系统的医学情报资讯系统的思路与方法。

实习参考项目

1. 创建CNKI个人数字图书馆

（1）了解个人数字图书馆的功能与作用。

个人数字图书馆实现了自动跟踪读者所研究主题的最新发文功能，为读者提供管理，也是评价本人成果的平台。连通机构馆后能免费下载文献，是打造属于自己的个性化阅览室的利器。

（2）掌握创建步骤，实现个人馆的创建。

（3）根据学科特点定制个人数字图书的资源。

个人数字图书馆功能十分丰富，个人可通过“建设和管理个人馆”链接进入管理后台进行更详细、个性化的定制；各个栏目也可以通过“选配内容”链接进行资源的个性化定制。

（4）创建个人数字图书馆的自定义栏目。

利用个性化选择来定制丰富的资源类型：如自己的专业学习、投稿的期刊、会议论文集，选择业内重要学者、机构、项目的科研产出情况、选择相关学术会议信息。

（5）申请一个关联机构馆。

2. 通过个人馆管理本人的科研文献。

3. 如何通过数字图书馆检索辅助临床诊疗（或所学专业领域）工作？

4. 通过个性化定制了解本人关心的国家级科研项目。

5. 个性化定制您所关心的热点专题快讯。

6. 个性化定制跟踪学科、专业领域里的最新动态，学科领域专家的科研成果和研究动态。

7. 尝试订制某个学者专家发表的专业论文，并了解这些论文的影响力和传播情况。

学 习 检 测

一、选择题

（一）单项选择题

1. 免费博客的存在方式不包括（　　）。

A. 托管博客　　B. 自建博客　　C. 匹配博客　　D. 附属博客

2. RSS在网站上常标记为（　　）。

A. XML　　B. RSS　　C. Tags　　D. SNS

3．最著名的网络百科是（　　）。
A．百度百科　B．维基百科　C．互动百科　D．大众百科
4．目前较好的中文文献管理软件是（　　）。
A．NoteExpress　B．EndNote　C．文献之星　D．医学文献王
5．检索出现在网页的标题有"求职简历"的 WORD 文档，合适的检索表达式是（　　）。
A．求职简历
B．求职简历 word 文档
C．intitle：求职简历 filetype：doc
D．求职简历 标题 word 文档

（二）多项选择题

1．网络学术信息资源评价要素包括（　　）。
A．权威性评价　B．准确性评价　C．稳定性评价
D．可获得性评价　E．时效性评价
2．Web2．0 主要技术有（　　）等。
A．blog　B．RSS　C．Wiki
D．SNS　E．Tags
3．网络信息资源评价方法按照评价者划分为（　　）。
A．第三方评价　B．机构评价　C．用户自我评价
D．网络计量法　E．图书馆评价
4．文献信息资源的评价要素包括（　　）。
A．可靠性评价　B．先进性评价　C．可获得性评价
D．适用性评价　E．时效性评价
5．云笔记软件的基本功有（　　）。
A．能够随时随地记录
B．自动汇集，跨平台多设备云同步
C．支持共享、协同工作
D．支持录音、照片、文字、涂鸦、网址、网页、邮件、各种格式文件

二、判断题

1．定量分析是对明显的文献内容作客观且有系统的量化并加以描述。（　　）
2．维基百科网大多用于协同写作。（　　）
3．文献管理软件不能在论文中的指定位置方便地添加文中注释。（　　）
4．Tags 标签是一种更为灵活有效的文章或图片等信息的大众细化分类方式。（　　）
5．微信公众平台最为突出优点是与用户的在线互动。（　　）

三、思考题

1．如何通过检索与分析获得有关行业领域权威专家或团队的信息。
2．简述检索过程中对资料评价、网站评价、数据库评价的要素。
3．完成课程学习后请阐述您对信息素养的理解。
4．谈谈 Web20 网络信息技术可如何改变你的学习方式并实践。
5．谈谈甄别信息的方法。网络负面医学信息存在的主要表现。
6．试述如何合理有效地使用互联网医学、药学信息交流模式。
7．检索相关资料，了解与你专业有关的核心期刊情况？如何理解核心期刊的动态性？

（陈　燕）

第十一章 医学论文投稿及文献综述撰写

学习目标

1. 掌握医学论文投稿信息的获取途径与选择方法。
2. 了解核心期刊及其评价工具，掌握医学论文在线投稿的方式。
3. 掌握医学文献综述的特点及写作方法。
4. 了解并规避医学文献综述写作时的常见问题，能够撰写规范的医学文献综述。

第一节　医学论文投稿

大多数作者都期待自己的研究成果能尽快被心仪的期刊接受、发表，在影响医学论文发表的因素之中，除了论文本身的质量和价值以外，正确而对路的投稿策略和投稿技巧也非常重要。

一、医学论文投稿期刊选择

医学期刊种类繁多，各刊的定位、报道范围、侧重点、读者群等各有不同，所以作者在投稿前须详细了解目标期刊的具体情况，选择学术水平相当的刊物进行投稿。一般来讲，选择投稿期刊可以从以下三个角度进行考虑。

（一）咨询同行专家

在选择拟投稿期刊时，我们可以当面征求同一研究领域其他专家的意见，他们当中的一些人本身就是某些学术期刊的编辑或者审稿人，因此在选择投稿期刊时更有经验，大多数的同行也非常乐于分享他们的经验；或者加入一个与你的研究领域相关的电子邮箱新闻组，利用它来获得关于拟投稿期刊选择的反馈意见，并且参考该领域内其他人对某些特定期刊投稿的经验教训；还可以通过网上咨询，如丁香园网站（http://www.dxy.cn/）的“论文写作投稿”、小木虫（http://emuch.net/）网站的“论文投稿”版块中均有很多关于如何选择拟投稿期刊的咨询帖，回帖也较具有针对性。

（二）利用期刊评价研究成果

学术期刊的评价工具也是了解投稿信息的有效途径，利用学术期刊的评价工具能保证检索者在众多的期刊中全面、准确、快速地找到本专业权威核心期刊，从中了解本专业学术动态。

“核心期刊”是指那些信息密度大、内容质量高、论文寿命长、被引率、被索率、被摘率、借阅率也较高，能代表某学科、专业最新发展水平和趋势的，较受该学科读者重视的期刊。确定核心期刊和评价期刊质量的常用方法有载文率法（布拉德福定律）和引文法（加菲尔德定律）。由于学科发展及期刊质量等因素的变化，核心期刊不是固定不变的，它是一个动态的概念。核心期刊能为学术成果评价提供参考依据，是了解专业权威资源的有效途径，我们可以用来检索拟投稿期刊信息的国内外科技核心期刊遴选体系有下面两种。

1. 国内核心期刊遴选体系

1）中国科学引文数据库

中国科学引文数据库（China Science Citation Database，CSCD）通过著者、机构名或主题词查找文献；通过引文索引了解某一课题研究过程，揭示文献间相互联系情况；利用引文著者检索该著者论著被引用情况，引用频率，为科研工作提供参考性的定量材料。还可为机构发文量，地区和国家发文量提供统计数据。

CSCD 编排的基本依据是美国 SCI，主要内容分别是引文索引、来源索引、机构索引（内含地理部分、国家重点实验室部分和机构部分）和轮排主题索引。引文索引是本索引的主要部分，用以检索引文被引用的情况；来源索引是以来源著者作为检索入口，详尽表达出来源论著的题目，体例，文种，来源刊物，年、卷、期、起页—止页和参考文献篇数。机构索引的地理部分是以汉语拼音为序，按省、市（县）、机构名称、部门名称、著者和文献号顺序，从地理范围的大到小排列的，解答该机构近期论著，查得文献号，然后查来源索引了解更详尽的情况、国外机构则以国家字顺排，下不细分。机构索引中的国家重点实验室部分含实验名称，近期有哪些著者新作发表的本刊文献是根据文献号查来源索引了解更多的情况。机构索引中的机构部分是地理部分的辅助部分，内含机构、机构所在城市、邮政编码，便于联系。轮排主题索引系利用来源文章的关键词编制的索引，它由主题词和副主题词，以及其后的文献号组成。来源文章的每个关键词分别与同篇文章的其他关键词组成词对，网址为：http://sdb.csdl.ac.cn/forbid.jsp（需授权使用）。

2）中文社会科学引文索引

中文社会科学引文索引（Chinese Social Sciences Citation Index，CSSCI）由南京大学中国社会科学研究评价中心开发研制，用来检索中文社会科学领域的论文收录和文献被引用情况。它采用数据统计的客观指标，从文献计量学的角度为学术成果评价提供参照，揭示科研成果的实际影响力，是科研工具性质的引文数据库。目前收录范围包括法学、管理学、经济学、历史学、政治学等多个领域，是科学研究与发展文献资料的重要检索二具。

对于社会科学研究者，CSSCI 从来源文献和被引文献两个方面向研究人员提供相关研究领域的前沿信息和各学科学术研究发展的脉搏，通过不同学科、领域的相关逻辑组配检索，挖掘学科新的生长点，展示实现知识创新的途径。对于社会科学管理者，CSSCI 提供地区、机构、学科、学者等多种类型的统计分析数据，从而为制订科学研究发展规划、科研政策提供科学合理的决策参考。对于期刊研究与管理者，CSSCI 提供多种定量数据——被引频次、影响因子、即年指标、期刊影响广度、地域分布、半衰期等，通过多种定量指标的分析统计，可为期刊评价、栏目设置、组稿选题等提供科学依据。CSSCI 也可为出版社与各学科著作的学术评价提供定量依据，网址为：http://cssci.nju.edu.cn/login_u.html（需授权使用）。

3）《中文核心期刊要目总览》

北京大学出版社出版的《中文核心期刊要目总览》是根据期刊影响因子等诸多因素所划分的期刊，是收录国内期刊中学术水平较高的刊物，目前受到了学术界的广泛认同。该书由北京多所高校图书馆及中国科学院国家科学图书馆、中国社会科学院文献信息中心、中国人民大学书报资料中心、中国学术期刊（光盘版）电子杂志社、中国科学技术信息研究所、北京万方数据股份有限公司、国家图书馆等27个相关单位的百余名专家和期刊工作者参与研究，项目研究成果以印刷型图书形式出版。目前最新版第七版（2014年版）已于2015年5月由北京大学出版社出版发行。

《中文核心期刊要目总览》对每种核心期刊作了简单描述，包括期刊著录信息，如刊名、出版地、出版单位、出版频率、编辑单位、创刊年、中图分类号、国内邮发代号、期刊内容简介等。由北京大学图书馆协同北京义华数图科技有限公司开发的商业产品"核心期刊网络信息服务系统"提供包括核心期刊、专业期刊及检索性期刊等内容，提供刊名检索、浏览查询方式，能反映历年入选核心期刊历史收录情况，使用更为便捷。

4）《中国科技论文统计源期刊》

《中国科技论文统计源期刊》是中国科技信息研究所（ISTIC）受科技部委托，利用中国科技论文与引文数据库十几年积累的丰富数据，结合中国科技期刊发展的实际情况，从诸多期刊中评选出来的核心期刊。ISTIC 每年会进行遴选和调整，采取以定量评估数据为主、专家定性评价为辅的原则，对前一年度已经入选的中国科技核心期刊和评估当年申请成为中国科技论文统计源期刊的期刊进行评估，开展中国科技核心期刊的遴选工作。期刊定量指标每年以《中国科技期刊引证报告》（CJCR）（核心版）和（扩展版）的形式向社会发布。其核心版选用的就是中国科技论文统计源期刊。CJCR 以总被引频次、影响因子、即年指标、他引率、引用刊数、扩散因子、学科扩散指标、学科影响指标、被引半衰期等多种指标，根据不同的权重系数对期刊进行综合评价，以帮助我国的广大科技工作者、期刊编辑部和科研管理部门科学快速地评价期刊，客观准确地选择和利用期刊，也为科技期刊和科研人员客观地了解自身的学术影响力，提供了公正、合理、科学、客观的评价依据。《中国科技论文统计源期刊》正式名单在 ISTIC 网站（http://www.istic.ac.cn/）上发布并提供免费检索和下载（注意，仅是期刊名单），同时通过每年公开出版的《中国科技论文统计与分析》年度研究报告、《中国科技期刊引证报告》（核心版）公布期刊的各项指标。

2. 国外核心期刊遴选体系

1）《科学引文索引》

美国《科学引文索引》（Science Citation Index，SCI）于1957年由美国科学信息研究所（Institute for Scientific Information，ISI）在美国费城创办，现为汤森路透（Thomson Reuters）公司最重要的产品之一。引文索引除一般的文献检索功能外，还提供独特的引证途径，具备评价功能。被引频次高，说明该论文在它所研究的领域里产生了巨大的影响，被国际同行重视，学术水平高。通过引文检索功能可查找相关研究课题早期、当时和最近的学术文献，同时获取论文摘要；可以看到所引用参考文献的记录、被引用情况及相关文献的记录。SCI 因其严格的选刊原则和强大的评价功能，成为当今世界上最著名的检索工具之一，被列在国际六大著名检索系统之首。目前 SCI 分为核心版和扩展版，SCI 网络版即 SCI 扩展版（SCIE），其网址为 http://www.isiwebofknowledge.com/（授权方能检索）。SCI 所收录的期刊同样每年在发生变化。为对期刊进行评价和遴选，ISI 对期刊影响因子、被引频次、即年指标等量化指标进行计算并对期刊分区，其分区是按照学科进行的，就是把某一个学科的所有期刊都按照上一年的影响因子降序排列，然后平均 4 等分（各 25%），分别是 Q1，Q2，Q3，Q4；同时每年 6 月下旬发布《期刊引用报告》（Journal Citation Reports，JCR），公布 SCI 所收录期刊在前一年的各项指标，也以此作为今后 SCI 选刊的依据。汤森路透公司免费在网络上提供 SCI 核心版及扩展版所收录期刊名单的浏览和检索。网址分别是 http://www.thomsonscientific.com/cgi-bin/jrnlst/jloptions.cgi?PC=K（核心版）和 http://www.thomsonscientific.com/cgi-bin/jrnlst/jloptions.cgi?PC=D（扩展版）。

2）《工程索引》

《工程索引》（The Engineering Index，EI）创刊于 1884 年，由美国工程信息公司编辑出版，是供查阅工程技术领域文献的综合性情报检索刊物。每年摘录世界工程技术期刊约 3000 种，还有会议文献、图书、技术报告和学位论文等，报道文摘约 15 万条，内容包括全部工程学科和工程活动领域的研究成果。主要特点是摘录质量较高，文摘直接按字顺排列，索引简便实用。其网址为：http://www.engineeringvillage.org/。

EI 每月出版 1 期，文摘 1.3 万～1.4 万条。数据库每年新增 500 000 条工程类文献，数据来自 5100 种工程类期刊、会议论文和技术报告，原始文献来自 40 余个国家，涉及的语言多达 39 种，其中 3600 种有文摘。年报道文献量 16 万余条。每期附有主题索引与作者索引；每年还另外出版年卷本和年度索引，年度索引还增加了作者单位索引。

3）《科技会议录索引》（ISTP-S）

科技会议录索引（（Index to Scientific & Technical Proceedings，ISTP）创刊于 1978 年，由美国科学情报研究所编辑出版。该索引收录生命科学、物理与化学科学、农业、生物和环境科学、工程技术和应用科学等学科的会议文献，包括一般性会议、座谈会、研究会、讨论会、发表会等。其中工程技术与应用科学类文献约占 35%，其他涉及学科基本与 SCI 相同。

ISTP 收录论文的多少与科技人员参加的重要国际学术会议多少或提交、发表论文的多少有关。我国科技人员在国外举办的国际会议上发表的论文占被收录论文总数的 64.44%。

在 ISTP、 EI、 SCI 这三大检索系统中，SCI 最能反映基础学科研究水平和论文质量，该检索系统收录的科技期刊比较全面，可以说它是集中各个学科高质优秀论文的精粹，该检索系统历来成为世界科技界密切注视的中心和焦点。ISTP、EI 这两个检索系统评定科技论文和科技期刊的质量标准方面相比之下较为宽松。

4）爱思唯尔

荷兰爱思唯尔（Elsevier）出版集团是全球最大的科技与医学文献出版发行商之一，该公司出版的期刊是世界公认的高品位学术期刊，且大多数为核心期刊，被世界上许多著名的二次文献数据库所收录。Science Direct Onsite 是 Elsevier 公司的核心产品，自 1999 年开始向读者提供电子出版物全文的在线服务，是全球最著名的科技医学全文数据库之一，包括 Elsevier 出版集团所属的 2200 多种同行评议期刊和 2000 多种系列丛书、手册及参考书等，其网址为

http://china.elsevier.com/ElsevierDNN/Default.aspx?alias=china.elsevier.com/elsevierdnn/ch。

5）施普林格

施普林格（Springer-Link）是世界著名的科技出版社，该社通过 Springer-Link 系统发行电子图书并提供学术期刊检索服务。目前共出版有 530 余种期刊，其中 498 种已有电子版，其检索系统名称为 Link。Springer-Link 通过纯数字模式的专家评审编辑程序，从以卷期为单位的传统印刷出版标准过渡到以单篇文章为单位的网络出版标准，现在已有超过 200 种期刊优先电子方式（OnlineFirst）出版，大大提高了文献网上出版的速度和效率，并保持了文献的高质要求。Springer 的发展目标是把 OnlineFirst 出版方式应用到所有 Springer-Link 提供全文服务的期刊上。Springer-Link 电子期刊覆盖的学科有：生命科学、化学、医学、工程学等，其中大部分期刊是被 SCI、SSCI 和 EI 收录的核心期刊，是科研人员的重要信息源，其网址为：http://www.springer.com/cn/。

（三）其他因素

1. 期刊的栏目设置

作者在投稿前应该对目标期刊的风格和栏目设置有所了解，以确定稿件的主题是否适合期刊所规定的范围。要认真阅读准备投稿期刊的作者指南，尤其要注意其中有关刊载论文范围的说明，还要仔细阅读最近几期拟投稿期刊的目录和相关论文，以确认是否与自己的稿件内容相适应，了解撰写要求、格式及编辑特点。

2. 期刊文章发表的时间周期

期刊文章发表的时间周期即稿件自被接受至发表的时间需要多久，作者可以根据拟投稿期刊在线投稿数据平台上面说明的发稿时间周期推测其是否符合自己的时间安排。

二、在线投稿

明确了投稿期刊，便可根据期刊网站上的投稿须知对论文进行修改。修改完成后，就可以投稿了。互联网时代，医学论文出版与传播的发展日新月异，期刊的投稿方式也发生了巨大的变化，目前大多数期刊基本都采取了在线投稿方式（图 11-1，中国知网学术期刊论文投稿平台），极大地方便了编者、作者和审稿人之间的联系与沟通。为了提高论文投稿的命中率，在线投稿时须注意下面几个事项。

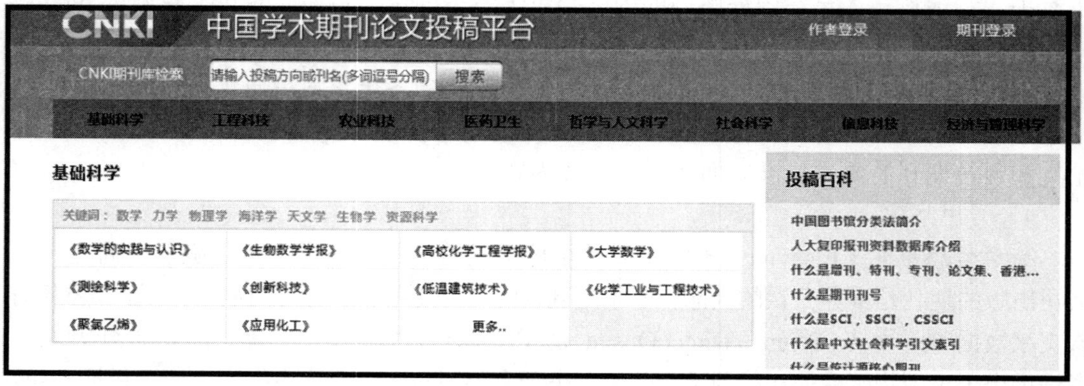

图 11-1 中国知网学术期刊论文投稿平台

1. 在线投稿技巧

（1）注意查询拟投稿期刊的最新要求，以便在稿件的准备中尽早开始遵循期刊的习惯和格式，如摘要、文件类型、辅助信息、图件、建议的审稿人等，以满足期刊的要求。

（2）Email 地址必须准确，有些期刊要求主要作者和通信作者有相互独立的用户名和密码，并且主要是与通信作者进行投稿及投稿后的联系，这也是在投稿时需要注意的。

（3）在投稿系统完成注册以后，作者便拥有自己的网页，该网页通常分为几个区域，如投稿、查询已投稿件的状态、继续已经开始的投稿、传送修改稿、已录用稿件的出版阶段等，因此，对于特定的期刊（群），应尽量保持自己唯一的用户名和密码，以免导致混乱。

除了 Email 和 FTP 投稿形式需要一次性投稿外，通过网页的投稿可以采取暂时保存的形式分多次完成投稿任务，在最终递交稿件前，投稿系统需要作者确认所有项目均已完成并且允许作者修改。通常情况下投稿完成以后就不允许作者对已投的稿件进行修改，除非编辑和出版商要求作者作某些修改。

（4）投稿成功以后，作者通常会收到一份来自编辑或系统的确认函，作者可根据确认函提供的稿件编号跟踪稿件状态及进行投稿后的联系（如要求加快稿件处理速度），可通过投稿系统规定的渠道或 Email 与编辑联络。当稿件需要修改时，编辑会通过邮件通知作者需要修改的细节，作者应该通过指定的方式（投稿系统，Email 或 FTP）递交修改稿。

2. 在线投稿进程跟踪

论文从投稿到最终发表，通常需要多次修改。现在我们可以使用在线投稿系统平台及时跟踪查询论文的编辑状态，并进行相应的处理。

期刊编辑部在收到稿件后，会挑选 2～3 名审稿人对论文进行评审，大多采用匿名形式，这一过程可能需要 2～3 个月时间。最终有 4 种结果：拒绝、修改后再投、退修及接受、接受又包括直接接受或有条件接受。如果需要退修，一定要分析审稿人的意见，逐条修改，尽量满足审稿人的要求，满足不了的也不要回避，说明不能修改的合理理由；如果有不同的意见，可以委婉而有技巧地回答；对于审稿人推荐的文献一定要详细阅读，并加以引用。如果论文被接受，则不宜撤稿。因为，撤稿也有可能被视为学术不端行为，特别是在国外学术期刊领域更是如此。

论文即使被拒也不必气馁，只要认真分析原因，努力修改完善，找准适合的期刊投稿，终会在学术出版的世界中找到合适的位置。

【案例 11-1】怎样在《中药材》期刊上进行在线投稿

第一步，选择《中药材》杂志在线投稿中心（http://zyca.cbpt.cnki.net/EditorCN/index.aspx?t=1），进行注册（图 11-2）。

第二步，注册成功之后，就可以在线投稿。而且还可以查询自己稿件目前的编辑状态（图 11-3）。

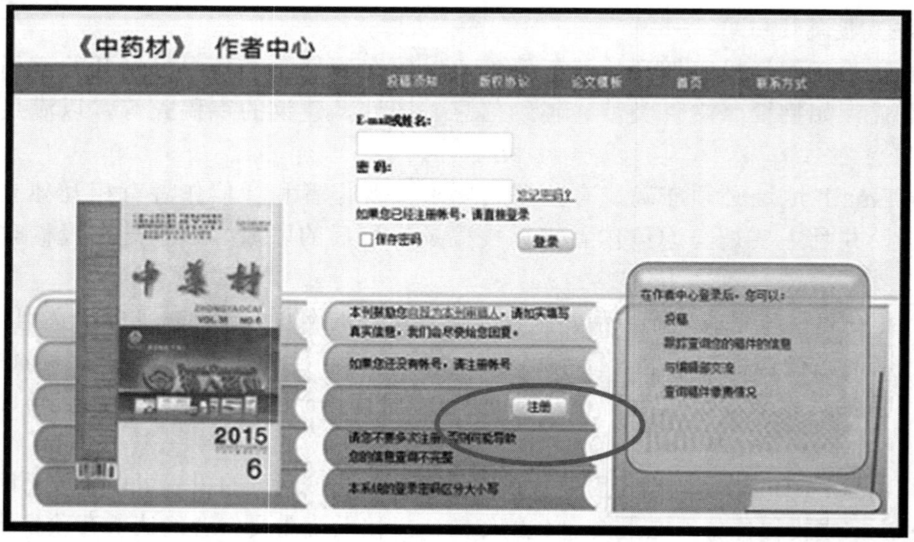

图 11-2 在《中药材》杂志在线投稿中心注册

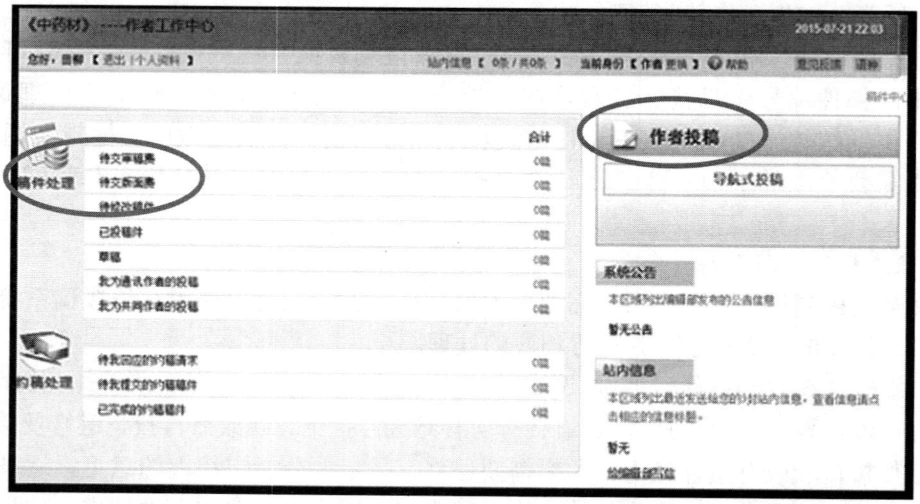

图 11-3 在线投稿，查询已投稿件的编辑状态

三、投稿常见注意事项

1. 稿件的修改

许多实际上还处在草稿阶段的文章，因为各种原因匆匆投稿，既浪费了编辑部和审稿专家的精力，同时也给自己的学术声誉造成负面影响。稿件修改一定要精益求精，像标点符号、英文拼写、文献格式等细节问题一定要注意准确完整，对文稿认真负责。

2. 一稿多投

作者投稿总是期望尽早得到编辑部的回音，但是审稿是有一定时间周期的。因此，有些作者就会将同一篇稿件同时投往多个刊物，哪个刊物接受或接受得早，最后就确定在哪个刊物上发表。如果论文被多个期刊同时接受，就选择影响因子更高的期刊发表。但是这种做法是有违学术道德的。一份稿件，编辑部、审稿专家需要耗费大量的精力去审阅、处理。如果这样做不仅浪费了专家的精力，而且对编辑部、审稿专家都是非常的不尊重，同时你也糟蹋了自己和自己研究组（甚至研究单位）的学术声誉。因此，在没有收到编辑部的拒稿通知之前，绝对不能再投其他刊物。

3. 稿件被拒

如果稿件被拒，作者一定要认真阅读专家的审稿意见，按照审稿意见仔细修改后，再考虑投合适的刊物。如若一字不改便再投其他刊物，可能还会遭遇退稿和相同的退稿意见。因此，修改文稿要脚踏实地，不可存侥幸心理。

4. 引用文献不当

引用文献不当，有些是属于作者不清楚，有些是属于作者没有认真查阅国内相关领域的进展，盲目迷信国际上的研究，忽视国内的相关研究等等。引用文献不当其实是不尊重前人的工作，是有违科研人员的学术修养和学术道德的。

从事科学研究，作为作者，要做到：尊重读者，尊重编辑，尊重审稿人，尊重自己。要树立和珍惜自己和自己所在研究集体的学术声誉。

【案例 11-2】引用不正确的文献难以得出正确结论

20 世纪 60 年代初期，为解决胆肠 Y 型吻合术后反流性胆系统感染问题，有人“发明”了胆肠吻合活瓣成形术。其“道理”很简单，即在 Y 型吻合处做一个只能允许胆汁向下通过进入肠道，而不使肠内容物反流进入胆管的“人工瓣膜”①。该术式一经报道，很快得到很多外科医师效仿，以总结该术式经验为主题的文章可见于所有有影响的杂志，且无一不引用冉瑞图的文献②，使后来的各种类型的“人工瓣膜”应运而生。直到 1993 年张长弓等人在《实用外科杂志》上发表不同的观点的文章“胆肠吻合桥袢空肠人工套叠利弊探讨”，它指出在肠管内做的“人工瓣膜”起不到理想的防逆流作用，当腹压增加（如咳嗽、大便等）时，肠内容物照样能通过“人工瓣膜”进入胆管，腹压恢复后，进入胆管的肠内容物反而易被“人工瓣膜”隔住，甚至造成梗阻，即完全否定了“人工瓣膜”的防逆流作用。这次引用“错误结论文献”的泛滥，造成我国外科在防治反流性胆系感染的研究迷途达 20 余年，教训深刻。

（资料来源：汤先忻，孙茂民.医学写作技巧与评价. 第 3 版.北京：科学出版社：121. 2014. 有修改）

四、非法出版物的鉴别

【案例 11-3】非法出版物的鉴别

2003 年 8 月，符某夫妇成立公司专门从事非法期刊经营活动，通过假冒、伪造国内各省市刊号，7 年来利用只有中学文化程度的员工组成“审稿编辑部”编印了《中华医学护理杂志》、《中国教育教学杂志》等 20 多种非法学术期刊。还设立数十个网站发布征稿信息，诱骗全国 20 多个省区市需要晋升职称的人向其投稿。

---

① 冉瑞图. 胆总管末端十二指肠吻合活瓣成形术. 中华外科杂志，1964，12（2）：1133.

② 曾宪九.空肠 Y 型吻合后反流的预防. 中华外科杂志，1977，15（1）：54.

2011 年 2 月，海南省“扫黄打非”办公室根据举报，联合海口警方历时 4 个多月，一举将该起特大非法学术期刊诈骗案侦破，查获非法期刊 24 种两万余册、假公章 93 枚，抓获 9 名犯罪嫌疑人。据统计，受害人达两万多人，涉案金额 1060 余万元。该案被列为 2011 年全国“扫黄打非”十大案之一。

2012 年，海口市琼山区人民法院作出判决，以非法经营罪判处符某有期徒刑 5 年，并处罚金 600 万元，分别判处郭某、符某倩有期徒刑 3 年，缓刑 4 年，并处罚金 20 万元。

资料来源 http://legal.people.com.cn/n/2012/1108/c42510-19523702.html，有删减。

非法出版物是指未经批准擅自出版、印刷或者复制的出版物，伪造假冒出版单位或者报刊的名称出版的出版物，非法进口的出版物，买卖书号、刊号、版号出版的出版物等。合法出版物是指经过国家新闻出版部门批准的出版物，它又分为正式出版物和非正式出版物两种，正式出版物由国家新闻出版署严格审批，既有国际标准刊号 ISSN，也有国内统一刊号 CN；非正式出版物一般只限行业内部交流，不公开发行，其出版必须经过行政部门审核，并领取“内部报刊准印证”。

国内期刊分为正式期刊和非正式期刊，正式科技期刊是由国家新闻出版署与国家科委在商定的数额内审批，并编入“国内统一刊号”，办刊申请比较严格，要有一定的办刊实力，主编与副主编必须由高级专业技术职务的人员担任，对编辑人员的素质名额都有一定的要求，正式期刊有独立的办刊方针。非正式期刊是指通过行政部门审核领取“内部报刊准印证”作为行业内部交流的期刊（一般只限行业内交流不公开发行），但也是合法期刊的一种，一般正式期刊都经历过非正式期刊过程。

非法期刊是指没有通过国家新闻出版署和国家科委批准也没有注册为“内部刊物”的非法出版物，以营利为首要目的，收取高额的版面费，在技术上和政治上不负责任，不能在国内公开发行或内部发行，它们通常是在国外花钱购买一个 ISSN 刊号来欺骗作者。

一般来讲，我们可以从以下两点对期刊的合法性进行甄别。

1. 刊号信息

我国正规期刊的刊号是由国际标准刊号（ISSN）和国内统一刊号（CN）两部分组成，“CN”是中国国别代码，只有 ISSN 国际刊号而无国内统一刊号的期刊在国内被视为非法出版物。只有国际标准刊号 ISSN，而没有国内统一刊号 CN，或者虽然有国内统一刊号 CN，但 CN 号有问题的一定是非法出版物。

《中国标准连续出版物号》规定：CN 号是由国家出版管理部门负责分配给各省连续出版物的代号，它以 CN 为前缀，由 6 位数字和分类号组成，其结构格式为 CNXX-XXXX/YY，CN 与 6 位数字之间空半个汉字空，6 位数字的前 2 位与后 4 位之间用半字线“—”隔开，前 2 位为地区号，依据 GB/T 2260 中的数字码前两位给出，后 4 位数字为地区连续出版物的序号，其中，0001～0999 为报纸的序号，1000～5999 为印刷版连续出版物的序号，6000～8999 为网络连续出版物的序号，9000～9999 为有形的电子连续出版物（如光盘等）的序号。”

国内公开发行的期刊允许在国内外发行，有国内统一刊号，其刊号结构式为：CN 报刊登记号/分类号，只有 ISSN 国际刊号而无国内统一刊号不允许在国内公开发行，有的印有 CN（HK）或 CNXXX（HK）/R 这是国内不法分子欺骗那些急于想发论文评职称的读者而编造的国内刊号.合法的国内统一刊号需注意，国内正式期刊一般有国内国家机关主管单位（不是什么中国/中华 XX 协会），并有详细的编辑出版通信地址和印刷出版地都在国内，除自办发行外大多通过邮局征订和发行，故常常有邮发代码。而非法期刊只有国际标准刊号或乱造的国内 CN 刊号。

2. 网站查询

我们可充分利用国家新闻出版广电总局及各地区新闻出版局网站查询拟投稿期刊的合法性，凡是平台查不到的即为非法刊物。此外，这类网站上也会不定期发布“非法刊物”名单，是了解国内相关出版物信息的权威性途径。

第二节　医学文献综述

随着我国医学技术的快速发展，科学、规范地撰写医学文献综述不仅成为医务工作者必须具备的一项基本功，而且也是医学生信息素养能力的基本要求。

一、医学文献综述概述

（一）医学文献综述

文献综述（review of the literature）简称综述，是对某一领域、某一专业或某一方面的课题、问题或研究专题搜集大量相关资料，通过分析、阅读、整理、提炼当前课题、问题或研究专题的最新进展、学术见解或建议，做出综合性介绍和阐述的一种学术论文。综述属于三次文献，综述论文的数据主要来自于文献资料。医学综述是在查阅了医学某一专题在一定时期内的相当数量的文献资料的基础上，经过分析研究，选取有关情报信息，进行归纳整理，作出综合性描述的文章。

（二）医学文献综述的特点

1. 信息含量大

综述是对一定时期范围内发表的有关某一学科或主题的原始文献进行归纳、整理、分析、综合，信息含量大、综合性强，既能反映研究对象的历史、现状和发展趋势，已取得的成果，又能反映有争议的观点和尚待解决的问题。作者要写好一篇综述，需要阅读 20~40 篇原始文献，有的甚至还不止，故可以认为综述是浓缩的情报，为科研人员节省了大量查阅原始文献的时间。

2. 先进性

综述不是写学科发展的历史 ，而是要搜集最新资料，获取最新内容，将最新的医学信息和科研动向及时传递给读者。一般要求 5 年内的文献占全部参考文献的 70%以上。

3. 综合性强

综述写作过程中，作者需要对大量信息进行有序加工，根据自己所选的专题，搜集大量的一次文献，打破单元，横向提炼，重新组织布局编撰。文献综述既反映历史背景，又反映科研现状；既有综合归纳，又有分析探讨；既有发展的脉络，又有前景的展望；既有综合评述，又有专题特色。

4. 评述性

评述性是指比较专门地、全面地、深入地、系统地论述某一方面的问题 ，对所综述的内容进行综合、分析、评价，反映作者的观点和见解，并与综述的内容构成整体。一般来说，综述应有作者的观点，否则就不成为综述，而是手册或讲座了。

知识链接

学术论文与文献综述的区别

文献综述与学术论文是两个相近但不相同的概念，但很多人会将其混淆，以致在写论文的时候出错，

文献综述的撰写需要阅读大量资料文献，在分析资料的过程中，发现提炼出共通问题，论述内容提纲挈领，简明扼要，全面，完整。综述不含个人观点，叙述客观，主要是对过去研究的介绍。综述以叙述性、介绍性的书面语言为主。语言具有客观性、描述性。文献综述是三次文献。

学术论文的撰写是在一定的资料阅读基础之上，选定论题，再根据论题聚焦论点，收集更多相关资料，整理分析出作为引证论点的论据。学术论文必须要有明确的个人观点，论题、论点明确，论据充分，论证严谨。学术论文以理论性较强的语言进行逻辑性的论证与推理，语言条理清晰，论点鲜明。学术论文是一次文献。

（三）医学文献综述的作用

1. 了解学科的进展

综述文章信息量大，文后的参考文献还提供了相关文献索引，可帮助读者大大节省挑选和阅读文献的时间。通过对文献综述的写作，作者能对本学科的研究近况有较充分的了解。

2. 综合性训练

医学综述写作实践是提高医学生综合素质的重要方法之一，因为在综述的写作过程中，需要检索、搜集、阅读大量的文献，同时要对文献进行归纳和整理，在提高作者分析综合问题能力的同时也提高了写作和文字表达能力。

二、医学文献综述的基本结构

综述一般都包括标题、著者、摘要、关键词、正文、参考文献几部分。其中正文部分又由前言、主体和总结组成。

1. 标题

标题是综述所涉及的对象和说明语。在考虑标题时，要注意标题能高度概括综述的主要内容，使读者从标题中可大致了解综述所涉及的主要内容，但文字应简明扼要和醒目，能吸引读者，不落窠臼。

2. 摘要和关键词

综述摘要和论文摘要一样，包括综述的目的、研究现状、存在问题、解决方法和今后研究方向，为陈述性摘要，使读者通过阅读摘要就能大概了解该综述的主要内容。关键词可列出 3～5 个。

3. 前言

前言用200～300字的篇幅，提出问题，包括写作目的、意义和作用，综述问题的历史、资料来源、现状和发展动态，有关概念和定义，选择这一专题的目的和动机、应用价值和实践意义，如果属于争论性课题，要指明争论的焦点所在，使读者阅读后有一个初步轮廓。

前言和摘要在写作上有一些相似的地方，因此我们在写作时一定要注意把握好它们之间的区别。摘要是以提供论文内容梗概为目的，不加评论和补充解释，简明、确切地陈述论文重要内容的短文，其基本要素包括研究的目的、方法、结果和结论。前言简要说明研究工作的目的、范围，相关领域的前人工作和知识空白、理论基础和分析，研究设想、研究方法和实验设计，预期结果和意义等，一般最好要有最新的文献资料。

摘要具有独立性，能使读者了解论文的主要内容，方便读者检索查询。前言是论文正文的一部分，是论文的前奏，不能单独成篇。

4. 主体

主体是综述的核心部分，主要包括论据和论证。一般是提出问题、分析问题，通过综合前人文献中所提出的理论和事实，比较各种学术观点，阐明所提问题的历史、现状及发展方向等，从而反映作者的见解。为把问题说得明白透彻，可分为若干个小标题分述。这部分应包括历史发展、现状分析和趋向预测几个方面的内容

这部分内容要写得客观、准确，不但要指明方向，而且要提示捷径，为有志于攀登新高峰者指明方向，搭梯铺路。主体部分没有固定的格式，有的按问题发展历史依年代顺序介绍，也有按问题的现状加以阐述的。不论采用哪种方式，都应比较各家学说及论据，阐明有关问题的历史背景、现状和发展方向，以及对这些问题的评述，主体部分应特别注意代表性强、具有科学性和创造性的文献引用和评述。

5. 总结

总结对主体内容进行扼要的概括，要求能与前言内容相呼应，简要总结主体部分的内容、意义、价值、存在问题及发展趋势。与研究性论文的小结有些类似，对全文主题进行扼要总结，对所综述的主题有研究的作者，最好能提出自己的见解。

6. 参考文献

写综述应有足够的参考文献，这是撰写综述的基础。它除了表示尊重被引证者的劳动及表明文章引用资料的根据外，更重要的是使读者在深入探讨某些问题时，提供查找有关文献的线索。因此，参考文献的编排应条目清楚，查找方便，内容准确无误。参考文献是综述的重要组成部分，不能省略。

1）参考文献著录标准

根据国家标准GB 3469规定，以单字母方式标识（表11-1）以下各种参考文献类型。

表11-1　文献类型和标识代码

参考文献类型	专著	论文集	报纸文章	期刊文章	学位论文	报告	标准	专利
文献类型标识	M	C	N	J	D	R	S	P

对于数据库（database）、计算机程序（computer program）及电子公告（electronic bulletin board）等电子文献类型的参考文献，以下列双字母（表11-2）作为标识。

表 11-2 文献类型和标识代码

电子参考文献类型	数据库	计算机程序	电子公告
电子文献类型标识	DB	CP	EB

对于非纸张型载体的电子文献，当被引用为参考文献时需要在参考文献类型标识中同时标明其载体类型，采用双字母表示电子文献载体类型：磁带（magnetic tape）——MT，磁盘（disk）——DK，光盘（CD-ROM）——CD，联机网络（online）——OL，并以下列格式表示包括了文献载体类型的参考文献类型标识（表 11-3）。

表 11-3 电子资源载体和标识代码

[DB/OL]	联机网上数据库（database online）
[DB/MT]	磁带数据库（database on magnetic tape）
[M/CD]	光盘图书（monograph on CD-ROM）
[CP/DK]	磁盘软件（computer program on disk）
[J/OL]	网上期刊（serial online）
[EB/OL]	网上电子公告（electronic bulletin board online）

2）常见参考文献著录格式及示例

（1）专著著录格式。

[序号] 著者．书名 [M]．版本（第一版不写）．出版地：出版者，出版年．

例：[1] 吴小青．我要控制高血压 [M]．山西：山西科学技术出版社，2015．

（2）期刊著录格式。

[序号] 作者．题名 [J]．刊名，出版年份，卷号（期号）：起止页．

例：[3] 李姣，冯方，许峰，等．急性缺血性脑卒中伴吞咽困难患者营养支持治疗临床观察 [J]．内科急危重症杂志，2015，28（3）：249～252．

（3）论文集著录格式。

[序号] 作者．题名 [A]．主编．论文集名 [C]．出版地：出版者，出版年．起止页．

例：[R] 陈琴 ．中西医结合治疗抑郁症的研究 [A] 见：李兆华，高洁萍，文永莲，等．全国第十一次精神卫生高级论坛论文汇编．[C]．湖北宜昌：中国社会工作协会康复医学工作委员会，2011．89-91．

（4）学位论文著录格式。

[序号] 作者．题名 [D]．保存地点：保存单位，年．

例：[6] 刘顶鼎．芎麻汤药效部位对偏头痛的治疗机制研究 [D]．长沙：湖南中医药大学，2015．

（5）国际或国家标准著录格式。

[序号] 标准编号，标准名称 [S]．

例：[8] GB 12346-1990，经穴部位 [S]．

（6）专利著录格式。

[序号] 专利所有者．专利题名 [P]．专利国别：专利号，出版日期．

例：[9] 姜锡洲．一种温热外敷药制备方案 [P]．中国专利：881056073，1989-07-06．

（7）电子文献著录格式。

［序号］作者．题名［文献类型标志］．电子文献的出处或可获得地址，发表或更新日期．

例：［10］医学教育网．临床执业医师标准报名条件［EB/OL］．http://www.med66.com/linchuangyishi/tiaojian/li1411064151.shtml，2015-03-11.

3）参考文献写作注意事项

参考文献应是公开出版物，按在论著中出现的先后用阿拉伯数字连续排序；外国人名书写时一律姓前名后，姓用全称，名可缩写为首字母（大写），不加缩写点；参考文献中作者为3人或少于3人应全部列出，3人以上只列出前3人，后加“等”。

三、医学文献综述的撰写步骤

1. 选题

选题是撰写综述的重要步骤之一，选择自己从事的专业或科研相关的题名写作比较容易完成，这种题目具有专业熟识、针对性强、指导意义大等优点。文献综述选题范围广，题目可大可小，大到一个领域、一个学科，小到一种疾病、一个方法、一个理论，可根据自己的需要而定。初次撰写文献综述，所选题目宜小些，这样查阅文献的数量相对较小，撰写时易于归纳整理，否则，题目选得过大，查阅文献花费的时间太多，而且归纳整理困难，最后写出的综述大题小做或是文不对题。以下几类题目可供选题时参考：①医学基础理论的新进展、新观点；②新发现的疾病或对疾病的新认识；③诊断治疗的新技术、新方法；④某一疾病诊断、治疗的进展；⑤新药物、新仪器设备的应用；⑥各学科之间的相互渗透和新产生的边缘科学。

2. 查阅文献、整理材料

选定题目后，要围绕题目进行相关文献检索。检索文献要拟好检索策略，选好检索词。收集文献要求越全越好，并且要认真地对相关文献进行阅读、归纳、整理，从这些文献中选出具有代表性、科学性和可靠性大的研究文献。

从某种意义上讲，所阅读和选择的文献的质量高低将直接影响文献综述的水平。因此，在阅读文献时，要写好“读书笔记”、“读书心得”和做好“文献摘录卡片”，用自己的语言写下阅读时得到的启示、体会和想法，将文献的精髓摘录下来，这不仅为撰写综述时提供了有用的资料，而且对于训练自己的表达能力，阅读水平都有好处。

3. 构思、拟写提纲

构思是对论文整体布局进行设计，包括对论文结构的总体安排，中心内容的突出，段落之间的衔接，文章前后呼应等等。拟写提纲可完善构思，使构思条理化。拟定一个详细的写作大纲，列出大标题，注意把主要的观点放在前面，次要观点放在后面，做到层次清楚、前后呼应。拟定提纲后，把材料安排到各标题下，最后再全面检查一下材料是否充分，观点和材料是否一致，必要时，再进行调整、调换和补充。

4. 写作与修改

医学综述主体部分没有固定的格式，有的按问题发展历史依年代顺序介绍，也有按问题的现状加以阐述的。不论采用哪种方式，都应比较各家学说及论据，阐明有关问题的历史背景、现状和发展方向。文稿写作完成后应不断修改调整，力求目的明确、观点鲜明、逻辑严密、层次清晰、语句通顺。

四、文献综述写作的注意事项

（一）综述写作的内容要求

1. 搜集文献应尽量全

掌握全面、大量的文献资料是写好综述的前提，否则，随便搜集一点资料就动手撰写是不可能写出好的综述的，甚至写出的文章根本不能成为综述。

2. 注意引用文献的代表性、可靠性和科学性

在搜集到的文献中可能出现有的文献观点雷同，有的文献在可靠性及科学性方面存在着差异等情况，因此在引用文献时应注意选用代表性、可靠性和科学性较好的文献。

3. 引用文献要忠实文献内容

由于文献综述有作者自己的评论分析，所以在撰写时应分清作者的观点和文献的内容，不能因自己表达观点之需而随意篡改文献的内容。

4. 参考文献不能省略

医学综述中的参考文献应是论文中引用过的，能反映主题全貌的并且是作者直接阅读过的文献资料。参考文献是文献综述的重要组成部分，不能省略。

5. 关于基金项目资助的表达

在科技论文的首页下方，一般都要求作者将该课题的各种基金资助标出来。基金资助特别是国家自然科学基金资助的首要条件是原创性，综述论文不是原创性论文，故标上XX基金资助显然是不合适的。

（二）综述写作的常见问题

1. 根据已有的综述直译转抄

综述论文写作时可以借鉴他人已发表的综述启发思路，但切不可照抄照搬。也就是说，必须结合自己的工作体会写出有别于他文的特色，有自己的侧重点。要做到这一点，首先必须进行文献更新，补足与自己侧重点有关的和该课题最新发表的文献，然后按照自己的侧重点重新命题。将全文重新整理，综合分析，提出自己的见解。

2. 资料的堆积

有的作者对所综述的专题不熟悉，体验不深，不能很好地把握主题，而只是资料的堆积。因此，作者在综述写作时最好选择自己比较熟悉的题目，哪怕是写一个较小的题目，只要在该专题范围内写得系统、深入，这样的文章也是一篇好综述。

3. 参考文献过多，引文不当

综述论文著录的文献应是作者亲自阅读过的原文，但并不是所有读过的文献都统统列出，应选择最主要和最新近的文献，包括：综述论文论点和论据来自的文献；为分析讨论提供有力依据的文献；为理论和机制提供实验依据的文献；注意引用知名度高的期刊；以新近的文献代替旧的文献。

文献偏旧会给人资料不新的感觉而留下不好的印象。事实上，医学科学发展日新月异，一项有价值的文献综述课题，其论文每年都以成百上千的数量增长，而新文献基本

都是旧文献的发展，即新文献能涵盖旧文献，因此，一定要注意文献的及时更新，大胆舍弃旧文献。

阅读摘要检索类文献（二次文献或三次文献）是一种快捷的途径，它能引导读者进一步查阅原始文献，但在参考文献列表中若仅有第二手或第三手材料，文章的可信度就会大打折扣。

在国内外期刊族大家庭中，由于刊物的历史、办刊条件和实力，以及地域等不同，不同刊物的知名度是有高下之分的，综述论文的主要观点和论据应该是来自最具说服力的研究结果。知名度高的刊物所报道的结果应该更具权威性，因此，综述论文引用文献时应特别关注本专业较权威的刊物的动向。

4. 把综述写成讲座

讲座和综述的共同点是文章的综合性、新颖性和进展性。一般认为，综述是专业人员写给同专业和相关专业人员看的，要求系统、深入；讲座是专业人员写给相关专业人员和非相关专业的“大同行”看的，一般在深度上不作太高要求。

把综述写成讲座最显著的特征是，文章中夹带大量的基础知识性的内容，文章冗长而深度不足。为避免此种情况，作者应大力删减专业人员所熟知的内容，进一步挖掘提炼原始文献中的科研信息，从理论和机制的高度上进行分析归纳，从而使其达到综述论文的要求。

本章小结

选择投稿期刊，可以通过国内外著名或重要的检索系统进行查询。这些检索系统不仅可以帮助作者评估期刊的学术质量和权威性，还可以了解文章的主题是否在征稿范围内。

在文献综述写作之前，一定要理清学术论文与文献综述的区别，掌握文献综述的规范格式。参考文献的规范著录格式是论文写作的重要组成部分。掌握查找、阅读、积累并运用医学文献写出合格的医学文献综述是医学生信息素养能力的基本要求。

实习九　研究性学习活动——文献综述综合报告撰写

实习目的

研究性学习是以“问题解决型学习”和基于开放性学习资源的学习活动，我们可以用自己的理解方式去解释、吸收信息，并以类似科学研究的方式获取、应用知识，达到解决问题的目的，提高信息素养综合能力。本课程的研究性学习实践成果为文献综述综合报告。

文献综述综合报告是“信息检索与利用”课程实训环节的书面总结，实习成绩的依据之一，具体要求是以课题小组为单位，综合利用各类型信息资源，完成文献综述综合报告的撰写。

实训内容

利用本课程所学知识，自拟一个研究课题或从参考选题中选择课题，广泛收集（例如从图书馆、数据库资源、搜索引擎等）有关资料，撰写完成文献综述综合报告。

基本要求

（1）选题要有一定的针对性，如学科发展的前沿问题、科学研究的新成果和新技术、行业（专业）热点问题、生产实践中的实际问题等。专业文献综述必须结合所学专业就某一主题进行综合论述。

（2）专业文献综述是在大量搜集和阅读原始文献的基础上，经分析对比、归纳，综合论述有关主题的文献资料而撰写成的论文。文献综述应论述某一主题的全貌，包括历史概况、最新进展、存在问题和发展 方向等，必须是有论点、有见地的分析对比，不能是简单的文献堆砌。

（3）报告以小组形式完成，每小组不超过 3 人，各司其职，明确分工。教师评判报告成绩将依据每位同学在报告中所完成任务部分及报告综合表现情况给分。每班将选择优秀综合检索报告小组制作 PPT 汇报片，由同学主讲，课堂交流分享。

（4）综合检索报告中出现结果与课题无关、所用检索系统非要求限定、检索步骤不全、综述结构不完整均视为不符合要求。

实习参考项目

一、就业、创业类参考选题

（1）大学生创业优惠政策及申请条件。

（2）创业调研之——企业申办程序。

（3）开办小型中医美容院的调研总结。

（4）如何做好创业信息采集。

二、文献检索类参考选题

（1）三大中文检索数据库比较研究（CNKI、万方、维普）。

（2）如何利用微信平台辅助专业学习。

（3）如何鉴别微博信息的真伪。

（4）常用文献管理软件比较。

（5）结合自己的专业资格考试查找相关的信息资源。

三、医学类参考选题

（1）椎间盘突出症的手术治疗。

（2）糖尿病的饮食疗法综述。

（3）高血压的药物治疗综述。

（4）无痛分娩综述。

（5）微量元素影响儿童发育的研究进展。

（6）氟化物预防儿童龋齿。

（7）高度近视眼的治疗方法综述。

（8）突发性耳聋的治疗。

（9）过敏性哮喘的预防。

（10）医疗器具相关感染问题的研究进展。

（11）乙型病毒性肝炎的诊断。
（12）老年性痴呆治疗研究综述。
（13）大学生心理咨询的现状。
（14）家庭护理现状与进展。
（15）临终关怀（临终护理）研究综述。
（16）药物生物转化生产新工艺探索。
（17）药品标准中制剂测定方法的改进。
（18）氧氟沙星的不良反应综述。
（19）避孕药的研究动向。
（20）新型中药制剂技术。
（21）医院药房管理模式转变的探讨。
（22）Internet 与药学情报工作。
（23）医院药房现代管理。
（24）磁共振成像诊断股骨头坏死。
（25）经颅多普勒检测脑疾病。
（26）脑血管意外与磁共振成像。
（27）X 线照片质量评价。
（28）血流动力学改变对硬膜外镇痛时效的影响。
（29）脑外伤后认知功能康复。
（30）脑卒中的早期干预。

学 习 检 测

一、选择题

（一）单项选择题

1.（　　）是联机网络参考文献的标示代码。

A. J　　B. M　　C. DB　　D. OL

2.（　　）是对某一领域，某一专业或某一方面的课题，问题或研究专题搜集大量相关资料，通过分析，阅读，整理，提炼当前课题，问题或研究专题的最新进展，学术见解或建议，做出综合性介绍和阐述的一种学术论文。

A. 文献综述　　B. 学位论文　　C. 科技报告　　D. 会议论文

3. 文献综述不是原创性论文，故（　　）的表达不适宜放在论文首页下方。

A. 基金项目　　B. 作者　　C. 中图分类号　　D. 关键词

4. 对于非纸张型载体的电子文献，当被引用为参考文献时需要在参考文献类型标识中同时标明其载体类型 。联机网上数据库（database online）的正确表达是（　　）。

A.［DB/OL］　　B.［DB/MT］　　C.［J/OL］　　D.［EB/OL］

5. 论文在线投稿时，我们首先需要在投稿系统（　　）。

A. 登录　　B. 审稿　　C. 跟踪进程　　D. 注册

（二）多项选择题

1. 医学论文在投稿时，我们可以通过（　　）途径进行目标期刊选择。

A. 向同行专家咨询　　B. 通过期刊评价研究成果查询拟投稿期刊

C．在搜索引擎中查询　　D．查阅图书

2．非法出版物的鉴别可以通过（　　）。

A．询问他人　　B．学术不端检测系统

C．新闻出版总署网站查询　　D．刊号查询

3．以下（　　）是投稿常见注意事项。

A．稿件没有修改完善便匆匆投稿

B．一稿多投

C．稿件被一个刊物拒绝后，不理会修改意见，直接再投其他刊物

D．引用文献不当

4．医学文献综述的基本结构包括（　　）。

A．标题　　B．前言　　C．主体　　D．参考文献

5．以下（　　）途径可供作者进行拟投稿目标期刊信息获取与选择。

A．《中文核心期刊要目总览》　　B．《中国科学引文索引数据库》（CSCD）

C．《科学引文索引》　　D．爱思唯尔（Elsevier）

二、思考题

1．医学文献综述写作的基本格式是什么，医学文献综述写作时的常见问题有哪些？

2．医学论文投稿常见注意事项有哪些？

3．医学综述与一般学术论文的区别是什么？

4．怎样为已经写作完成的医学论文选择适合的投稿期刊？

5．结合自己所学专业，利用“中国科学引文索引”选择 3 本自己专业领域内的核心期刊？

6．结合自己论文写作投稿实际情况，思考一下论文在进行投稿时有哪些具体步骤？

7．为了提高论文投稿的命中率，我们需要注意哪些方面，你认为重点是什么？

8．结合自己写作投稿实践情况，分析说明医学综述从撰写到投稿的过程中，哪些环节是需要特别注意的。

（田　柳）

参考文献

白浩，郝晶晶．2013．微信公众平台在高校教育领域中的应用研究．中国教育信息化，（4）：78-81．

陈红琴，梁平，杨慕莲．2014．医学信息检索与利用．武汉：华中科技大学出版社．

陈燕．2013．医药信息检索．第 2 版．北京：人民卫生出版社．

笪佐领，陈馥瑛．2011．网络信息检索及应用教程．南京：南京大学出版社．

戴维民．2009．信息组织．北京：高等教育出版社．

邓景康．2015-6-29．美国高等教育信息素养新框架、新视野［PPT］．呼和浩特：2015 年全国高校信息素养教育研讨会．

甘绍宁．2012．专利文献研究．北京：知识产权出版社．

高金玉，朱小梅．2014．MeSH 在医学信息检索中的应用研究．数字图书馆论坛（10）：27-31．

郭继军．2013．医学文献检索与论文写作．第 4 版．北京：人民卫生出版社．

国家知识产权局专利文献部．2013．专利文献与信息检索．北京：知识产权出版社．

韩丽风、王茜、李津，等．2015．高等教育信息素养框架-chinese（ACRL 授权翻译发布）．北京：清华大学图书馆．

黄晴珊．2014．全媒体时代的医学信息素养．广州：中山大学出版社．

黄如花．2010．信息检索.武汉：武汉大学出版社．

黄晓鹂．2012．信息检索与利用．北京：科学出版社．

花芳．2014．文献检索与利用．第 2 版．北京：清华大学出版社．

金晓祥．2013．数字信息检索与创新．北京：中国书籍出版社．

孔云，廖寅，资芸，等．2013．基于微信公众账号的图书馆移动信息服务研究．情报杂志，（9）：167-170．

来茂德，马景娣．2007．医学研究必备手册．杭州：浙江大学出版社．

李红梅，王振亚．2013．医学信息检索与利用．北京：人民邮电出版社．

李晓玲，符礼平．2014．医学信息检索检索与利用．第 5 版．上海：复旦大学出版社．

李正元．2010．学术论文写作概论．武汉：中国地质大学出版社．

刘涛．2015．走向元素养：高校图书馆信息素养教育新动向．新世纪图书馆，（01）：9-12．

梅谊，邱悦，缪幽竹．2011．医学文献检索与利用．苏州大学出版社．

潘俊杰．基于网络的竞争情报搜集．
http://blog.sina.com.cn/s/blog_4b4d33860100bym7.html

祁延莉，赵丹群．2013．信息检索概论．第 2 版．北京：北京大学出版社．

邱均平，陈敬全．2001．网络计量学及其应用研究．情报理论与实践，（3）：161-163．

萨莉·拉姆奇著．2007．如何查找文献（21 世纪引进版精品教材·学术道德与学术规范系列）．晓玲译．北京：北京大学出版社．

汤先忻，孙茂民．2014．医学写作技巧与评价．第 3 版．北京：科学出版社．

吴慰慈．图书馆学概论．2008．第 2 版．北京：国家图书馆出版社．

杨海亚．2015．迈向元素养：对信息素养发展未来的思考—从《元素养》的出版说起．情报探索（01）：38-41．

杨鹤林．2014．元素养——美国高等教育信息素养新标准前瞻．大学图书馆学报，（03）：6-12．

杨志萍．2013．个人知识管理工具综述．知识管理论坛，（3）：9-14．

郁笑春，胡芒谷．2007．论全文型文献数据库的评价标准及应用．现代情报，(4)：86-88．
詹德优．2006．中文工具书导论．第2版．武汉：湖北教育出版社．
张怀涛，黄健，岳修志．2012．信息检索新编.武汉：武汉大学出版社．
张黎．2010．怎样写好文献综述．北京：科学出版社．
赵文龙，李小平，肖凤玲．2010．医学文献检索．第3版．北京：科学出版社．
朱雷，熊军．2012．医疗网站信息服务质量评价标准．中华医学图书情报杂志，(6)：6-7.
Jacobson T E，Mackey T P．2011．Metaliteracy：Advancing Learning After Library．Syney：Institute For Libraries：62-78．
Mackey T P，Jacobson T E．2004．Metaliteracy：Reinvening Information Literacy to Empower Learners. Chicago：Neal-Schuman/ALA Editions．

《医学信息检索》教学参考大纲

一、课程定位

信息素养是全球信息化要求人们必须具备的一种基本能力，“信息检索”课程是高校素质教育主干课程，是提高学生信息素养的重要途径。国家教育部在《文献检索课教学基本要求》中明确指出：文献检索课的性质是“培养学生的情报意识，掌握用手工方式和计算机方式从文献中获取知识和情报的一门科学方法课”。

医学是一个对信息高度依赖的学科，以医学信息获取、评价和利用能力为核心的信息素养是医学人才综合素养的核心要素之一，也是医学工作者胜任专业工作的重要条件。

通过本课程学习，可以系统了解专业信息资源的状况，了解各种有效的信息传递渠道，使学生具有一定情报意识，比较熟练地掌握手工检索与计算机检索文献情报的基本技能，学会并总结高效的检索方法，能有效地进行信息交流，初步具备利用信息进行分析的创新意识与能力；同时能培养学生的竞争合作意识，提高其团队协作能力；树立信息道德观。课程学习有助于提高学生在专业研究实践和文献检索两个领域综合能力的提高。

二、课程目标

“医学信息检索”课程以培养学生对专业信息的获取、评价和利用能力为目标，以文献信息及其相关检索系统的特点及使用方法为研究对象，旨在使学生了解并掌握各种信息检索技术，熟练掌握医药学专业文献的检索方法和技巧，能高效进行资源检索及个人知识管理与信息交流，全面提高学生综合信息素养能力，为其将来从事医学专业工作及继续教育奠定一个良好的基础。

通过本课程学习，能够理解信息环境变化对学习研究的影响，树立工具为学习、研究与创新信息提供综合服务的观念，具备查找、分析评价、选择与应用信息资源的能力，建立融会贯通信息查询全过程的方法体系，培养具备运用信息查询结果创新信息的思维与技能。

三、教学时间分配

授课内容	理论教学时数	实习教学时数	合计教学封数
第 1 章　信息素养及其评价	2		2
第 2 章　信息检索基础	1		1
第 3 章　信息检索技术与检索策略构建	1		1
第 4 章　网络免费医学学术信息检索	2		4
实习 1　网络免费学术资源检索实践		2	

续表

授课内容	理论教学时数	实习教学时数	合计教学时数
第 5 章 图书馆及其利用	1		3
实习 2 图书馆利用实践		1	
实习 3 移动图书馆应用实践		1	
第 6 章 工具书及其利用	1		1
第 7 章 中外学术数据库检索	2		6
实习 4 数据库检索实践		4	
第 8 章 电子图书数据库	2		4
实习 5 电子图书数据库检索实践		2	
第 9 章 特种文献检索	2		4
实习 6 特种文献检索实践		2	
第 10 章 学术性信息资源评价、管理与利用	2		6
实习 7 Web2.0 在信息获取中的应用实践		2	
实习 8 个人数字图书馆创建与应用实践		2	
第 11 章 医学论文投稿及文献综述撰写	2		4
实习 9 研究性学习活动——文献综述综合报告撰写		2	
学时合计	**18**	**18**	**36**

四、教学内容及要求

（一）基本理论和基本知识

（1）掌握信息素养的概念，了解信息素养的发展概况；掌握元素养的概念，了解元素养的领域和目标；了解高等教育信息素养框架的六项主要内容。

（2）理解信息素养与文献检索的关系；理解提高大学生信息素养教育的必要性；

（3）掌握信息伦理与学术规范、学术行为不端的含义；了解知识产权与知识共享的关系。了解 CC 协议的宗旨及四个主要部分内容；理解学术道德及学术规范要求，自觉培养良好的信息意识与学术道德规范。

（4）文献检索的基本原理：文献检索的意义和作用，文献检索的类型、程序和方法，检索语言与排检法。

（5）了解信息检索技术定义和常用的几种信息检索技术。

（6）了解信息检索策略定义和类型，熟悉信息检索的步骤，掌握检索策略构建与优化，掌握与运用信息检索理论与技术。

（7）掌握参考工具书的类别、特点及功用。

（8）了解学术性信息资源评价的重要性，掌握理解不同资源的信息评价标准。

（二）基本技能

（1）掌握布尔逻辑检索、截词检索、限定检索、邻近检索、精确检索等技术及运用。

（2）掌握若干种基本的综合性和专业性中外文检索工具（书目、索引、文摘），了解其内容特点、结构和著录格式，能够通过多种途径使用它们检索和专业相关的不同类型的文献。

（3）掌握若干种主要的综合性和专业性参考工具书（辞书、百科全书、年鉴、手册、名录、表谱、图录、资料汇编、文献指南等）了解其内容特点、适用范围和查阅方法，能够使用它们进行事实检索和数据检索。

（4）掌握数据库、计算机检索的基本技巧方法。

（三）应用技能

能具备查找利用信息的综合能力，包括认识各种信息源、能够检索、评价和使用信息，具有信息交流的能力、批判性的思考能力和解决问题的能力。能进行文献信息的分析与研究。能利用现代信息技术手段进行更快捷的信息收集与查找，能效而又高效地获取所需要的信息。同时在获取和使用信息中遵守公德和法律，合理有效地利用信息。具备分析和解决信息检索实践中的具体问题的基本能力。

（1）掌握计算机检索的方法，包括选择数据库、制定检索策略、分析检索结果。

（2）能够独立地根据检索课题选用适当的检索工具，并综合使用多种检索工具和参考工具完成检索课题。

（3）掌握初步整理文献资料的方法。

（4）学会多种类型的信息资源的综合分析整理利用，具备一定的信息获取、评价与利用能力。

（5）理解信息过滤与知识管理工具的使用原理及方法，能应用 Web2.0 技术有效地进行信息收集，能应用文献管理软件进行高效资源管理。

（6）能有效、合理利用信息资源，利用检索理论与技术解决专业学习、科学研究及生活中的具体问题，能有效地整合检索资源并加以创新利用。

（7）掌握综述撰写的步骤、方法及格式规范。

（8）培养科学批判性思维能力，提高信息组织与信息创新的能力。

（四）实训教学内容及要求

本课程实习要求学生要学会图书馆的利用途径与方法，搜索引擎、网络学术资源、综合性及专业性数据库的检索与利用；掌握各种检索技术与技巧，使用信息查询方法规范信息检索行为；在此基础上，学会对文献信息的基本处理及利用方法，通过实习训练、检索报告完成、岗位/专业信息资源检索实践等多种形式，以资源的查找与学习让课程融合到就业创业教育、专业拓展学习中，让课程更好地适应职业岗位培养的需要，实践环节以着重培养医药专业学生运用信息解决实际问题的能力，能促进学生检索技能及信息分析、评价、应用综合能力的提高。

实习课是文献检索课学习中十分重要的环节，实习成绩占考评成绩的 50%，以专业课题（项目）研究性学习和文献检索报告作为实习考核的主要依据，要求按要求认真，凡作业抄袭者，当次作业不给予成绩。

五、大纲说明

（一）适用对象与参考学时

本教学大纲主要供医学、药学类专业应用本科、高职高专层次教学使用，总学时为 36

学时，其中理论教学 18 学时，实践教学 18 学时，各校可根据专业培养目标、学科/专业知识结构需要、职业技能要求及教学实验条件自行调整内容。

（二）教学要求

本课程教学内容组织按掌握、熟悉、了解、应用 4 个层面组织教学。①掌握：指学生对所学的知识和技能能够熟练应用，能快速获取所需信息，并对信息进行综合分析和解决药学领域的信息应用实际问题；②熟悉：指学生对所学的知识的理解把握；③了解：指对学过的知识点能记忆和理解；④应用：指在理解的基础上，能运用基本概念、基本原理、基本方法分析和解决实际问题的能力要求。

“信息检索”课程体现“以就业为导向、以能力为本位、以发展技能为核心”的职业教育理念，是一门实践性很强的课程，实训教学要以“技能应用能力培养”为原则，加强实训操作实践，是消化课堂理论知识掌握检索技巧的有效途径，更是培养学生独立思考、分析问题和解决问题能力的强有力的手段。通过本门课程的学习，学生能掌握医学领域信息的获取和应用的基本理论与方法，对于信息的分析研究以及信息分析方法的熟练运用还需在实际工作中进一步应用提高。

（三）教学建议

“医学信息检索”课程也是一门应用性很强的方法课，课程教学需着眼于学生的整个职业生涯，学生终身学习及适应职业变化的需要，职业核心能力培养。以信息素养为主线，按信息基础知识、信息的检索技术及信息评价与利用应用能力三个层次进行课程体系模块化重构，以“模块”内容适应医学及相关专业的学科信息需求。

课程采用课堂教学与实践环节相结合的教学方式，建议更多地采用多媒体教学和网络在线演示等方式，以保证教学的直观生动性。教学中安排课堂讨论、案例分析等教学活动，鼓励独立思考、科学交流、批判性思维的科学研究精神，培养学生对学术研究的关注兴趣及学习、研究能力的提高。

（四）课程考核

建议课程考核采用理论考试与实习相结合的考评方式进行，要求学生利用课程所学知识与技能完成学科/ 专业项目的综合文献检索报告撰写。通过实习加强和巩固对所学内容的理解，以有利用于促进学生动手能力的培养，总评成绩构成建议：考试成绩占 50%，实习作业及检索报告完成占 50%。

（陈　燕）

学习检测参考答案

第一章

一、选择题

（一）单项选择题

1．D　2．B　3．C　4．D　5．A

（二）多项选择题

1．ABCD　2．BCE　3．ACDE　4．ABCD　5．ABCD

第二章

一、选择题

（一）单项选择题

1．B　2．B　3．A　4．D　5．A

（二）多项选择题

1．ABCD　2．ABD　3．ABC　4．BCE　5．ABC

二、判断题

1．×　2．×　3．√　4．×　5．√

第三章

一、选择题

（一）单项选择题

1．B　2．C　3．C　4．A　5．D

（二）多项选择题

1．ACE　2．ACDE　3．ABD　4．ABCDE　5．ABCDE

二、判断题

1．×　2．√　3．×　4．×　5．√

第四章

一、选择题

（一）单项选择题

1．A　2．B　3．D　4．C　5．A

（二）多项选择题

1．ABCDE　2．ACE　3．ABCD　4．ABCD　5．ABE

二、判断题

1．√　2．√　3．×　4．×　5．√

第五章

一、选择题

（一）单项选择题

1．C　2．A　3．A　4．C　5．B

（二）多项选择题

1．ABCD　2．ABCDE　3．ABCDE　4．ABCDE　5．BCDE

第六章

一、选择题

（一）单项选择题

1．C　　2．B　　3．D　　4．B　　5．D

（二）多项选择题

1．ACE　　2．AC　　3．AB　　4．ABD　　5．BCD

第七章

一、选择题

（一）单项选择题

1．A　　2．D　　3．B　　4．A　　5．C

（二）多项选择题

1．ABCDE　　2．ABCD　　3．ABCDE　　4．CD　　5．ABCD

二、判断题

1．×　　2．×　　3．√　　4．×　　5．×

第八章

一、选择题

（一）单项选择题

1．A　　2．B　　3．D　　4．D　　5．B

（二）多项选择题

1．ABCDE　　2．ABCE　　3．ABCDE　　4．ABCDE　　5．ABCDE

第九章

一、选择题

（一）单项选择题

1．B　　2．D　　3．A　　4．B　　5．D

（二）多项选择题

1．ABD　　2．ABCDE　　3．BCE　　4．ABCD　　5．ACE

二、判断题

1．√　　2．×　　3．×　　4．√　　5．√

第十章

一、选择题

（一）单项选择题

1．C　　2．B　　3．B　　4．A　　5．C

（二）多项选择题

1．ABCDE　　2．ABCDE　　3．ACD　　4．ABD　　5．ABCD

二、判断题

1．√　　2．√　　3．×　　4．√　　5．√

第十一章

一、选择题

（一）单项选择题

1．D　　2．A　　3．A　　4．A　　5．D

（二）多项选择题

1．AB　　2．CD　　3．ABCD　　4．ABCD　　5．ABCD